구마 겐고

건축 산책

그의 건축을
바라보는
새로운 시선

미야자와 히로시 지음
김현정 옮김 | 김홍철 감수

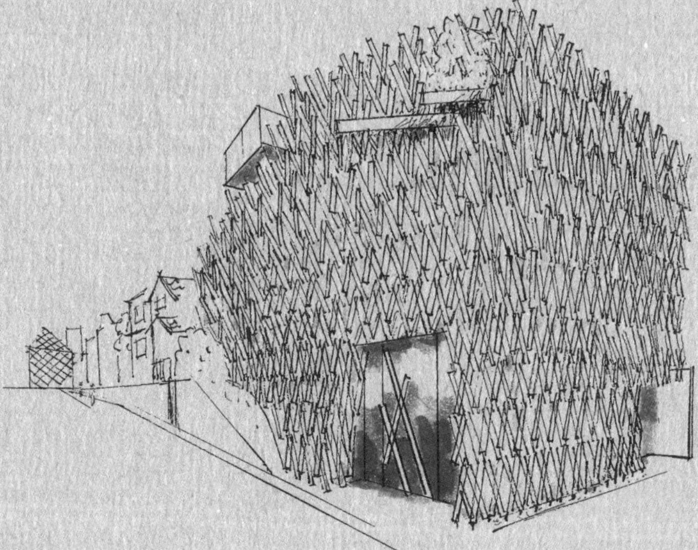

BOOKERS

시작하며

《구마 겐고 건축 산책》은 건축가 구마 겐고의 건축물을 통해 대중에게 현대 건축의 묘미를 알려야겠다는 생각에서 기획한 책이다. 건축 전문 잡지의 전(前)편집장이자 현재 일러스트레이터로 활동하는 미야자와 히로시가 구마 겐고의 설계를 바탕으로 지은 50개의 주요 건축물을 실제로 찾아가 그 특징을 일러스트로 그려냈다. 50개의 건축물을 '의외성의 건축', '감성의 건축', '가벼움의 건축', '드러나지 않는 건축'의 4가지 특징으로 분류한 뒤, 각각 준공년도가 빠른 순서대로 실었다.

기획 단계에서 구마 겐고와 상의는 했지만, 건축물의 선택과 분류 방법은 미야자와 히로시의 판단에 따랐다. 이를 구마 겐고가 어떻게 생각하는지는 이 책에 실린 인터뷰(➔ P.008)를 보면 알 수 있다.

메인으로 다룬 건축물은 50개이지만, 일러스트 안에서 추가적으로 다룬 것까지 모두 합하면 총 69개에 달한다. 건축가로서 활동한 지 35년이 넘어, 작업한 프로젝트만 1000건 가까이(미완성 프로젝트와 전람회 등을 포함) 되는 구마 겐고의 경력을 생각하면 극히 일부분에 지나지 않는다. 하지만 이 책처럼 기간이나 테마를 한정하지 않고 구마 겐고의 활동을 개관한 책은 드물다. 앞서 언급한 구마 겐고의 인터뷰도 지금까지의 변천사를 진지하게 되돌아보는 흥미로운 내용으로 구성되어 있다.

일반 대중을 위해 쓴 책이지만, 완성하고 보니 의외로 전문가들에게도 힌트가 될 만한 요소가 많은 책이 된 것 같다. 일단 가볍게 페이지를 넘기면서 보고, 그 후에 인터뷰와 건축정보 페이지를 찬찬히 보면 좋을 듯하다.

미야자와 히로시

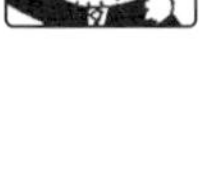

[전체 구성]

이 책은 건축물을 4가지 특징(의외성의 건축, 감성의 건축, 가벼움의 건축, 드러나지 않는 건축)에 따라 분류했으며, 각 장은 3가지 항목(건물사진, 건축정보, 일러스트 해설)으로 구성된다.
건축물은 각 장 내에서 준공년도가 빠른 순으로 열거했다.

1 —— 건물사진

각 장의 건축물 중에서 특히 상징적인 것을 6개 정도 선택해 게재했다
(사진은 미야자와 히로시가 촬영한 것).

2 —— 건축정보

일러스트 해설 부분에 실은 건축물(추가적으로 다룬 것도 포함)의 건축정보를 게재했다
(출처가 없으면 미야자와 히로시가 촬영한 것).
견학하려면 예약을 해야 하거나 현재 견학이 불가능한 것도 있으므로,
가기 전에 먼저 웹사이트 등을 확인하길 바란다.

3 —— 일러스트로 보는 건축물

제목 주변의 항목을 보는 법은 다음과 같다.

- Ⓐ '의외성의 건축', '감성의 건축', '가벼움의 건축', '드러나지 않는 건축'의 4가지 분류 중 어디에 속하는지를 보여준다.
- Ⓑ 해당 건축물의 특징을 의성어나 의태어로 표현했다.
- Ⓒ 준공년도(공사가 완료된 해)로, 개업연도보다 빠르거나 늦은 경우도 있다.
- Ⓓ 일러스트에서 건축물 이름 뒤의 괄호 안에 쓰인 숫자는 준공년도다(Ⓒ참고).
- Ⓔ ➔ P.000은 해당 건축물의 '일러스트 해설'이 실린 페이지를 표시한 것이다.

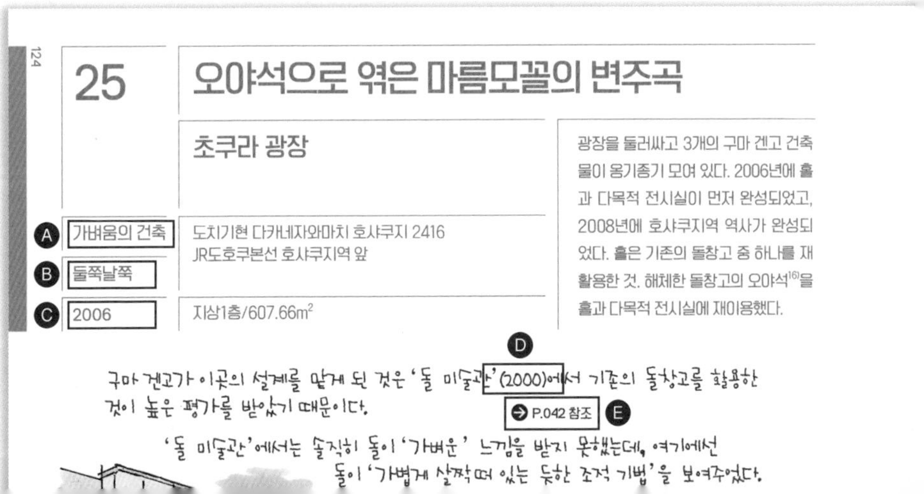
124
25 오야석으로 엮은 마름모꼴의 변주곡
초쿠라 광장
Ⓐ 가벼움의 건축
Ⓑ 둘쭉날쭉
Ⓒ 2006
도치기현 다카네자와마치 호샤쿠지 2416
JR도호쿠본선 호샤쿠지역 앞
지상1층/607.66m²
광장을 둘러싸고 3개의 구마 겐고 건축물이 옹기종기 모여 있다. 2006년에 홀과 다목적 전시실이 먼저 완성되었고, 2008년에 호샤쿠지역 역사가 완성되었다. 홀은 기존의 돌창고 중 하나를 재활용한 것. 해체한 돌창고의 오야석[16]을 홀과 다목적 전시실에 재이용했다.
Ⓓ
구마 겐고가 이곳의 설계를 맡게 된 것은 '돌 미술관'(2000)에서 기존의 돌창고를 활용한 것이 높은 평가를 받았기 때문이다.
➔ P.042 참조 Ⓔ
'돌 미술관'에서는 솔직히 돌이 '가벼운' 느낌을 받지 못했는데, 여기에선 돌이 '가볍게 살짝 떠 있는 듯한 조적 기법'을 보여주었다.

차례

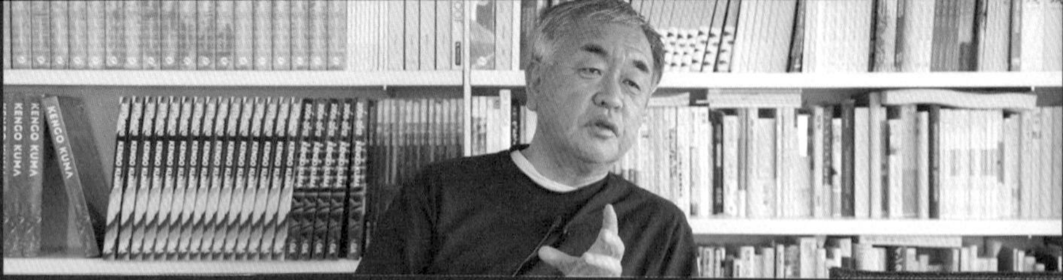

인터뷰 | 구마 겐고를 바꾼 10개의 건축물

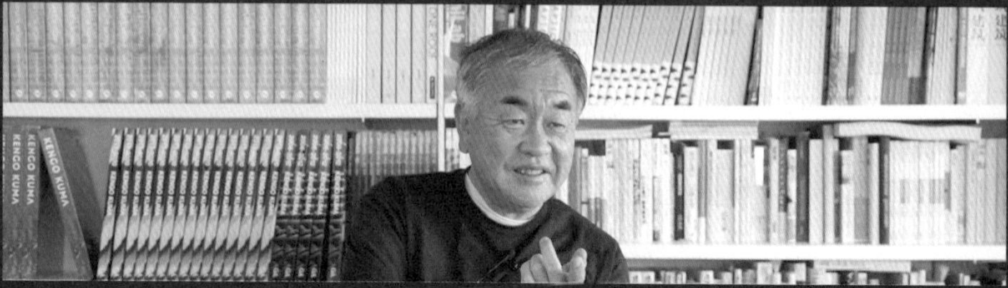

- 1 -

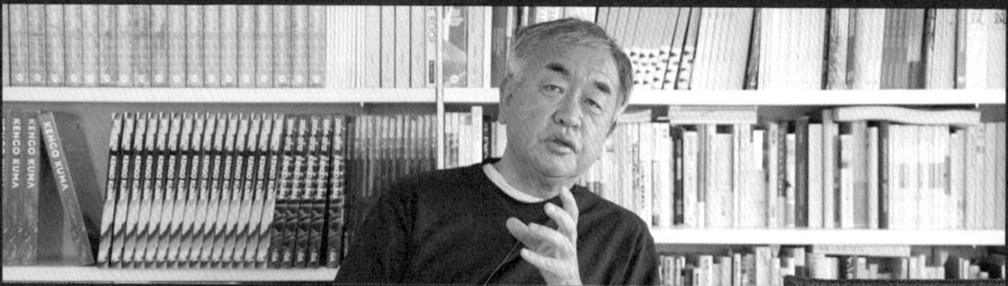

'M2'가 트라우마가 되어

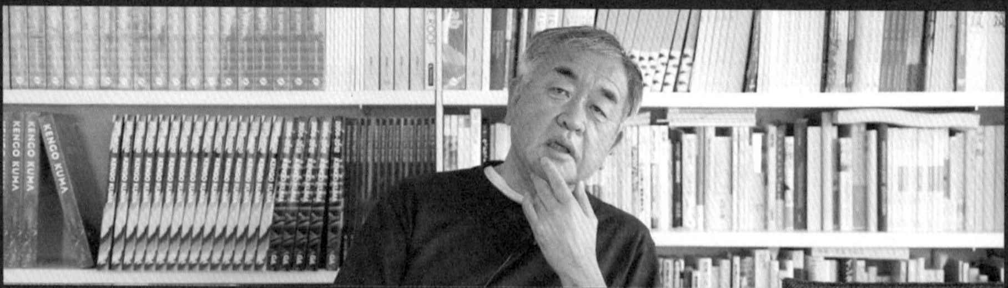

그냥 '묻어버리자'고 생각했던 시기도 있었다

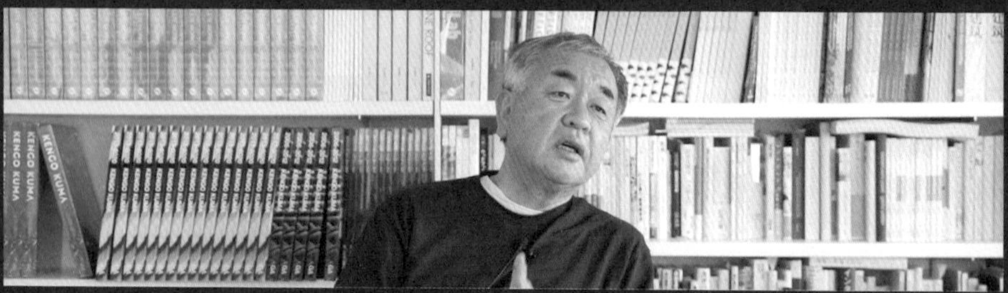

[인물사진] 시마지 쇼 / 닛케이크로스테크

구마 겐고의 건축에는
'한 번으로 끝나는 도전'이
거의 없다.

한 번의 도전 후에는
반드시 다음 도전이 이어지고
조금씩 진화하는 과정 속에서
이따금씩 커다란 돌파구를
만나게 된다.

그중에서도 중요한 전환점이 된
10개의 건축물을
구마 겐고와 인터뷰를 진행하며
꼽아 보았다.

인터뷰어: 미야자와 히로시

__ 일단 이 책의 내용을 보고 어떤 생각이 드셨습니까?

- 제가 직접 원고를 쓰거나 마무리한 책은 보통 테마를 쉽게 알아볼 수 있게 만듭니다. 예를 들어, 이 책에 나오는 '감성의 건축'을 테마로 잡는다면 '감성의 건축'에 해당하는 건축물만 모아서 만드는 것이죠. 작가로서의 정체성을 유지하려다 보니 늘 그렇게 되더군요. 하지만 이 책은 저의 여러 면을 전체적으로 내려다보고 있습니다. 오히려 다면성이 주는 재미에 초점을 맞추어 그리고 있죠. 지금까지 한 번도 해 본 적이 없는 방식이라 매우 신선했습니다.
- 또 한편으로 다면성을 뛰어넘어 보편성, 즉 공통된 것을 꼽아냈더군요. 디테일한 부분을 그리면서 다면성을 뛰어넘어 변하지 않는 것, 즉 '구마 겐고만의 스타일'을 꼽았다는 느낌이 들어 흥미로웠습니다.
- 다면성과 보편성은 논리적으로 따지자면 전혀 다른 차원의 것일 수도 있습니다. 하지만 이 책은 매우 시각적인 책이기 때문에 그

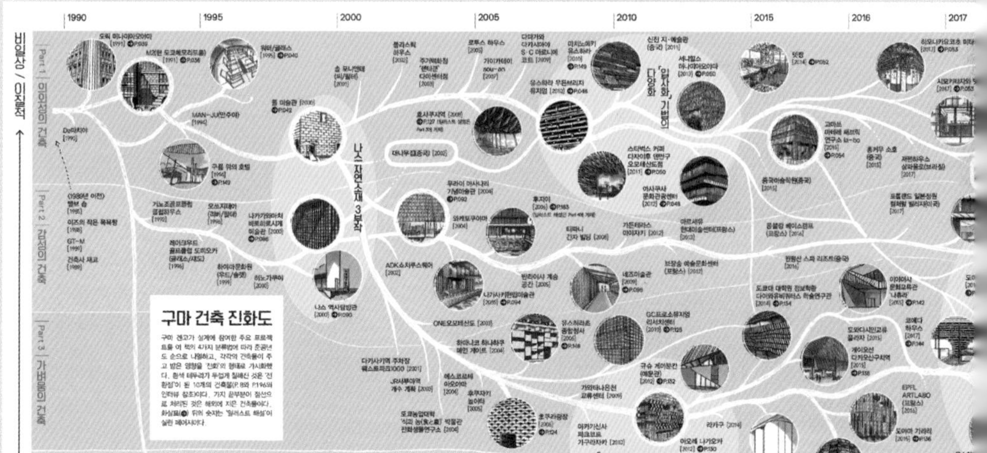

둘을 무리하게 연관 짓지 않고 마치 '그림으로 보니 재밌지?'라고 말하듯 모순까지도 흥미롭게 보여줍니다. 이 책의 표현법과 분류법이 아주 적절하다는 생각이 들었습니다.

__ 기가 막힌 분석이네요, 감사합니다. 4가지 분류법에 대해서는 어떻게 생각하십니까? 전 특히 '가벼움'에 주목했는데, 이 영역은 유명 건축가들이 지금까지 별로 주력하지 않았던 부분이라 생각합니다. 그에 반해 구마 겐고 씨는 최근 10년간 그러한 스타일의 매력적인 건축물을 지어오셨는데, 여기에 대한 개인적인 의견을 말씀해 주시겠습니까?

• 여기서 말하는 '가벼움'을 전 '느슨함'이라 말합니다. 뭔가 느슨하고 한가로운 건축물. 그것을 발견해주셨다는 점에서 새로운 시도라 느꼈습니다. 저도 일부러 더 그런 건축물을 지으려 하고 있거든요.

__ 역시 그러시군요.

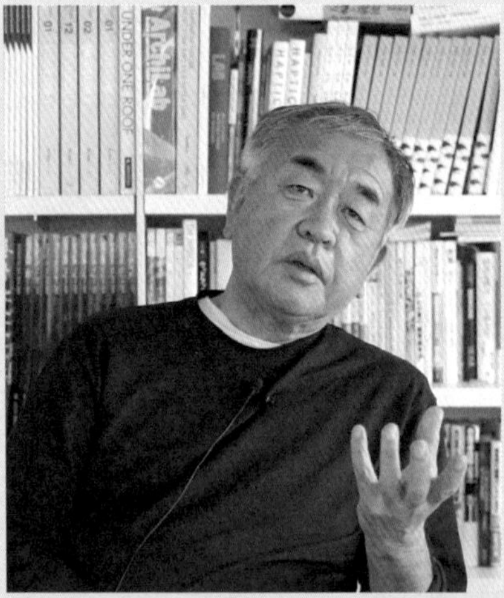

구마 겐고

구마겐고건축도시설계사무소 대표이자 도쿄대 특별교수. 1954년 출생. 1979년 도쿄대 대학원 수료. 1987년 공간연구소 설립. 1990년 구마겐고건축도시설계사무소 설립. 2008년 구마 겐고&어소시에이츠 유럽(프랑스 파리) 설립. 2009년부터 도쿄대 교수로 재직했으며 2020년 4월에는 도쿄대 특별교수가 되었다.

• 지금까지 건축가들이 별로 다루지 않았던 스타일에 일부러 더 도전했습니다. 그에 대한 수요가 있는데도 기존의 건축가들은 그걸 거부했죠. 그래서 저는 일부러 더 적극적으로 그러한 영역을 개척하려 노력했습니다. 이 책에 '지금까지는 지역 내의 작은 설계사무소나 대형 설계사무소가 하던 프로젝트다'라는 말이 있던데, 그러고 보니 그 말이 맞는 것 같네요. 특히 규모가 작은 지역 설계사무소들이 주로 했죠.

__ 건축가로서는 깜짝 놀랄 만큼 '의외성'을 띠거나 '감성적'인 스타일 중 하나로 유명해지는 것이 일반적인데, 그러면 보통은 거기서 더 저변을 넓히려 하지는 않습니다. 구마 겐고 씨가 말하는 '느슨함' 즉 이 책에서 말하는 '가벼움'을 적극적으로 시도한 유명 건축가는 이토 도요(1941~) 정도가 아닐까 싶은데⋯⋯.

• 이토 씨는 대지진이 발생한 3.11을 계기로 느슨한 스타일의 건축을 해야겠다는 의식을 가진 것 같은데, 체질적으로 그런 게 맞지 않는 사람이라 생각합니다(웃음). 막상 직접 가서 그 건축물들을 보면 느슨한 느낌이 아닌 것들이 많거든요.

__ 뭔가 알 것 같기도 하네요.

• 느슨함을 느슨하게 표현하려면 의외로 고도의 기술이 필요합니다(웃음).

__ 그 점은 이 책에서 일러스트로 설명할 예정입니다. 그럼 본론인 '전환점이 된 10개의 건축물' 이야기로 넘어갈까요? 구마 겐고 씨가 고른 5개의 건축물과 제가 고른 5개의 건축물을 더하면 10개가 되는데, 프로젝트 준공년도순으로 여쭤보겠습니다. 미리 5개를 골라오라고 내드렸던 숙제는 잘 해오셨나요?

• 네, 골랐습니다.

__ 그럼 제가 고른 5개를 말씀드리겠습니다. 아, '돌미술관'이 겹치네요. 그럼 저는 1개 더 골라보겠습니다. 이렇게 다섯 개로!

• 그런데 재미있는 게, 둘이 거의 안 겹치네요.

구마 겐고가 꼽은 5개의 건축물

1 나카가와마치 바토히로시게미술관
2000년

2 돌 미술관
2000년

3 대나무집
중국 | 2002년

4 유스하라 우든브리지 뮤지엄
2010년

5 V&A(빅토리아&앨버트) 뮤지엄 던디
영국 | 2018년

미야자와 히로시가 꼽은 5개의 건축물

1 M2(현재 도쿄메모리드홀)
1991년

2 기로잔전망대
1994년

3 돌 미술관
2000년
※구마 겐고 씨와 중복되어 1개를 추가 선택함

4 아오레 나가오카
2012년

5 고마쓰 마테레 패브릭 연구소 fa-bo
2015년

추가 선택:
무라이 마사나리 기념미술관
2004년

M2(현 도쿄메모리드홀)

[1991년 ➔ P.036]

일단 받아들인 다음 '새로운 싸움'을 시작하다

_그럼 10개의 건축물 중에서 가장 오래전에 지어진 'M2'부터 볼까요? 이건 제가 꼽은 것이니 이유를 먼저 설명하겠습니다. M2는 처음 딱 보면 '지금의 구마 겐고 건축과는 완전히 다른 느낌'이죠. 정중앙의 이오니아 양식 기둥에 먼저 시선이 가기 때문인데, 하지만 외관의 공간 구성 방법 자체는 지금의 구마 겐고 건축과 비슷한 부분이 있다고 생각합니다. 근본적인 것은 다르지 않지만 상징성이 강한 그 기둥 때문에 엄청난 비판을 받게 되어 다른 표현 방법을 모색하기 시작하셨죠. M2는 그런 의미에서 큰 전환점이 된 건축물들 중 하나라고 할 수 있습니다. 그 점에 대해서는 어떻게 생각하시나요?

• 맞습니다, 저도 지금의 제 건축 스타일과 비슷하다고 생각합니다. 뭐가 비슷한지를 정확히 말로 표현하기는 힘든데, 우선 작가로서의 스타일 면에서 닮은 부분이 있습니다. M2의 경우, 클라이언트가 '유럽의 격식 있는 전통적인 디자인으로 지어 달라'는 조건을 붙였습니다. 당시 M2의 클라이언트는 자동차 경주를 하며 유럽 전역을 순회하는 감성이 예민한 사람들이었죠. 그들은 일본의 요즘 건축이 너무 밋밋하고 깊이가 없다고 하더군요.

• 저도 공감하는 부분이 있었기에 그 제안을 수용해 일단 설계를 했습니다. 당시 저도 마이클 그레이브스(미국의 건축가, 1934~2015) 같은 스타일의 포스트모던 건축 방식은 멋이 없다고 생각하고 있었거든요. 그 미국풍 짝퉁 같은 느낌을 없애고 싶었죠. 철저한 단편화로 리얼리티를 구현해내고 싶었습니다. 작가

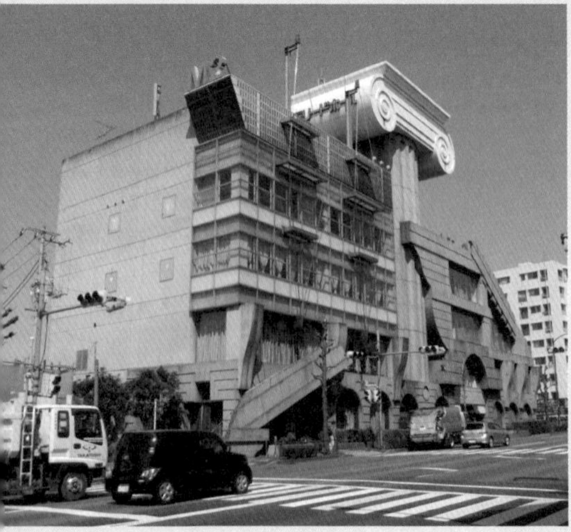

건축 사진・출처가 없으면 미야자와 히로시가 촬영한 것

로서의 제 스탠스는 리얼리티를 찾는 데에 있다고 생각합니다.

- 지방에서 작업을 할 때는 그 지방의 환경과 전통에 맞춰야겠다는 생각이 드는데, 그런 '주어진 것들'을 가지고 '모조품처럼 만들고 싶지는 않다', '리얼리티가 느껴지게 하고 싶다'는 마음은 당시나 지금이나 여전히 변함이 없습니다.

_ 유럽의 전통적인 디자인으로 지어달라는 건 클라이언트 측의 요청이었군요.

- 그렇죠. 분명 그런 조건을 들었을 때 '그건 좀 별로일 것 같은데요'라며 그 자리에서 반박하는 사람도 있을 겁니다. 아마도 지금까지의 모더니즘 건축가였다면 누구나 그랬겠죠. 예를 들어 안도 다다오(건축가, 1941~)씨나 마키 후미히코(건축가, 1928~)씨도 그 자리에서 반대 의견을 냈을지 모릅니다. 하지만 전 싸움을 포기하고 일단 그 제안을 받아들인 다음 리얼리티를 추구하기 위한 '새로운 싸움'을 시작합니다.

_ 방금 말하신 그 '리얼리티'는 뭐였나요?

- 일종의 '날카로움'과 '동굴적인 느낌'이 아닐까 싶은데요. 'M2'는 정중앙에 동굴 같은 구멍이 뚫려 있습니다. 그 구멍은 바토히로시게미술관(2000년 ➔P.086)을 관통하는 구멍과도 일맥상통합니다. 영국 스코틀랜드에 지은 V&A(빅토리아&앨버트) 뮤지엄 던디(2018년)도 마찬가지고요.

_ 그렇군요. 듣고 보니 그렇네요.

- '동굴'과 '날카로움', 동굴적인 공간에 내가 둘러싸인 느낌이랄까요? 전 영상으로만 보는 것이 아니라 직접 들어가 실제로 떨림을 느끼는 걸 좋아합니다. 지금껏 그런 방식으로 설계를 해 왔습니다.

_ '날카로움'이란 건 어떤 느낌인가요?

- 뭔가 찔릴 것 같은 그런 느낌이죠. 예를 들자면 도코로자와 사쿠라타운의 가도카와 무사시노 뮤지엄(2020년 ➔P.072)이 전형적인 예입니다. 돌로 덮여 있지만, 절단면을 드러내서 소재가 건축물 자신을 찌르게 만드는 듯한 느낌을 주고 싶었습니다. M2에서도 어떻게 하면 다양한 소재가 건축물 자신을 찌르게 할 수 있는지 고심하다가 결국 절단면을 더하게 된 겁니다.

_ 역시. 확실히 M2도 잘라 붙인 듯한 절단면이 보이니까 무언가가 덕지덕지 붙은 듯한 느낌이 드네요.

- 폐허적 표현은 그때까지만 해도 포스트모던 건축물에 종종 사용되곤 했죠. 예를 들어 이소자키 아라타(건축가, 1931~)씨의 폐허적 표현은 비주얼적인 폐허를 의미합니다. 전 절단면을 드러내 질감을 표현하고 싶었습니다.

_ 지금 돌이켜 보면 포스트모던을 상징하는 건축물은 이소자키 씨의 '쓰쿠바센터 빌딩'(1983년)이나 구마 겐고 씨의 'M2'가 아닐까 싶은데, 당시 M2가 그렇게 비판을 심하게 받았나요? '그 후 10년간 도쿄에서 일이 끊겼다'는 말을 자주 하셨는데, 제 기억에는 그 정도까진 아니었던 것 같아서…….

- 뭇매를 맞았죠(웃음). 이토 도요 씨와 대담을 했을 때도 얼마나 공격을 받았는지 모릅니다. 마지막 원고에 얼마나 실렸을지는 모르겠지만. 이소자키 씨에게도 한소리 들었습니다. M2가 지어진 게 포스트모더니즘이

거의 저물어가던 시기였잖아요? 이소자키 씨는 M2를 심하게 비판하면서 포스트모던에서의 탈출을 노린 게 아닐까 싶습니다.

No.02 전환점이 된 10개의 건축물

기로잔전망대

[1994년 ➔ P.174]

묻어버리는 것엔 성공하지만 100% 만족하진 못하다

_ 다음은 1994년에 완성된 기로잔전망대입니다. 이건 사진으로만 봤었는데, 이 책 때문에 이번 기회에 직접 보러 갔습니다. 정말 멋진 건축물이던데요. 계단식으로 된 미로 같은 공간이 매우 흥미로웠습니다. 관광객들이 다들 시설 내부를 구석구석 둘러보더군요. 건축물의 형태는 없고 '장소'만 있었습니다. '드러나지 않는 건축'을 하고 싶어 하는 건축가는 거의 없는데, 실제로도 그 정도로 건축물을 완전히 숨긴 사례는 매우 드물지 않나요?

• M2로 비판을 받고 트라우마가 생겨, 이 책에서 말하는 '감성의 건축'으로 작업을 해봤습니다. 그런데 감성적인 느낌을 주는 건 의외로 어렵더라고요. 처음에는 흙으로 다 덮어버릴까도 생각했습니다. 건축물 하나가 우뚝 서 있는 느낌을 없애고 싶었거든요. 이소자키 아라타 씨나 구로가와 기쇼(건축가, 1934~2007)씨 세대의 특징이라고 할 수 있는, 정치적·경제적 이유의 전시행정적 콘크리트 상자를 혐오했기 때문에, 반대로 땅에 다 묻어버리면 어떨까 하고 생각한 거죠. 그게 바로 기로잔 전망대입니다.

_ 전 엄청난 건축물이라 생각하는데, 구마 겐고 씨는 어떠셨나요? 뿌듯하셨나요?

• 뿌듯했죠. 늘 땅속에 묻어버리고 싶어 안달이 났던 사람이니(웃음). 학생 때 설계 과제를 하면서 땅속에 묻지 않아도 되는 것들까지도 죄다 묻어버리곤 했었는데, 이렇게 실제로 묻은 건 처음이어서 '드디어 해냈다!'라는 느낌이 들었죠.

• 하지만 한편으로는 땅에 묻고 난 '나머지' 부분의 콘크리트 질감이 신경 쓰이더라고요. 브리지 같은 것도 콘크리트 질감을 그대로 노출 시켰거든요.

_ 그렇게 콘크리트 느낌이 강하게 나진 않던데요.

• 그때는 고작 그 정도의 콘크리트 면을 보는 것조차 싫었습니다(웃음). 늘 하고 싶었던 걸 이제야 겨우 실현했는데 만족도가 100%가 아니라니, 다른 방식을 썼으면 어땠을지 생각하던 시기도 있었습니다.

_ 사람들이 엄청 많더군요. 전부 걸어가는데, 그 모습을 보니 저도 걸어갈 수밖에 없었습니다(웃음).

• 그렇죠. 계단식으로 된 것이 흥미로웠다고 말씀하셨는데, 사람들로 북적거린 것은 한가운데의 보이드(void) 때문이 아닐까 생각합니다. 보이드 공간 주변으로 사람들이 보이니까 걸어가고 싶어지는 것이죠. 그건 나중에 아오레 나가오카(2012년 ➔ P.130)로도 이어지는데, 커다란 보이드 공간 주변이 북적거리다 보니,

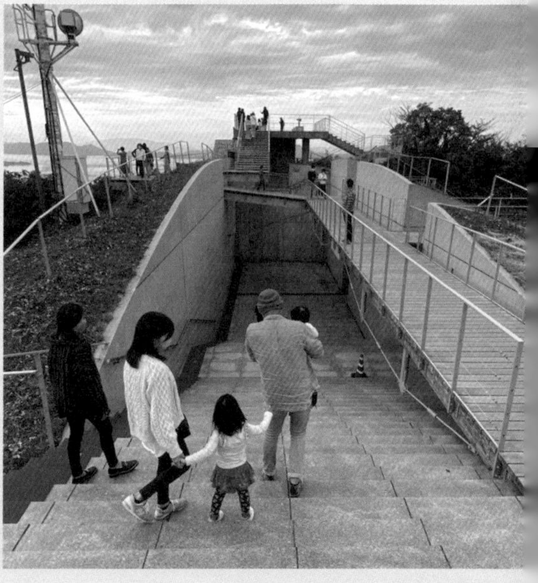

시선이 계속 교차하게 되는 겁니다. 기로잔 전망대는 그냥 무의식적으로 한 거였고, 그걸 방법론적으로 제대로 이용한 것은 나가오카 즈음부터였을 겁니다.

No.03 전환점이 된 10개의 건축물

나카가와마치 바토히로시게미술관

[2000년 ➔ P.086]

바로 직전 하야마문화원에서 세로 루버가 활약하다

__ 다음에 이야기할 바토히로시게미술관(2000년)은 구마 겐고 씨가 꼽은 것이니 이유를 들어볼 수 있을까요?

• 기로잔전망대 후에도 해외 공모전 등에는 매립식 설계안을 꽤 많이 출품했습니다. 모리부타이(전통예능전승관)(1996년 ➔P.178)도 매립식 건축이라고 할 수 있죠. 전시실과 분장실을 땅속으로 넣어버리고 그 위를 객석으로 만들었으니까요.

• 하지만 매립안은 좀처럼 먹히질 않더군요(웃음). 매립하는 데에 비용도 많이 들고, 애초에 클라이언트가 그런 걸 바라지도 않고요. 그러면 아예 건축물을 드러내지 않는 또 다른 방법이 있지 않을까 생각했습니다.

• 돌 미술관(2000년 ➔P.042)도 그중 하나인데, 나무루버를 사용한 건축물이라면 바토히로시게미술관 전에 하야마문화원(회원제 커뮤니케이션 클럽, 1999년, 우측 페이지 사진)이라고 있습니다. 세로로 세운 나무루버를 가장 먼저 사용한 곳이 바로 하야마문화원이죠.

__ 가로로 된 나무루버는 모리부타이에서 사용하시지 않았나요?

• 맞습니다. 하야마문화원은 '적은 예산으로 나무의 질감이 느껴지는 게스트하우스를 만들고 싶다'고 했습니다. 거기에도 처음에는 가로 루버를 사용하려고 했는데, 부지도 좁고 주위도 온통 숲이라 세로로 세워보면 어떨까 하고 세워 봤죠. 사실 그 전까지는 세로 형태에 거부감이 있었습니다. 흔히 말하는 모더니즘이 수평적인 이미지가 있어서 가로 루버를 사용하는 편이 더 '건축물을 드러내지 않는' 효과가

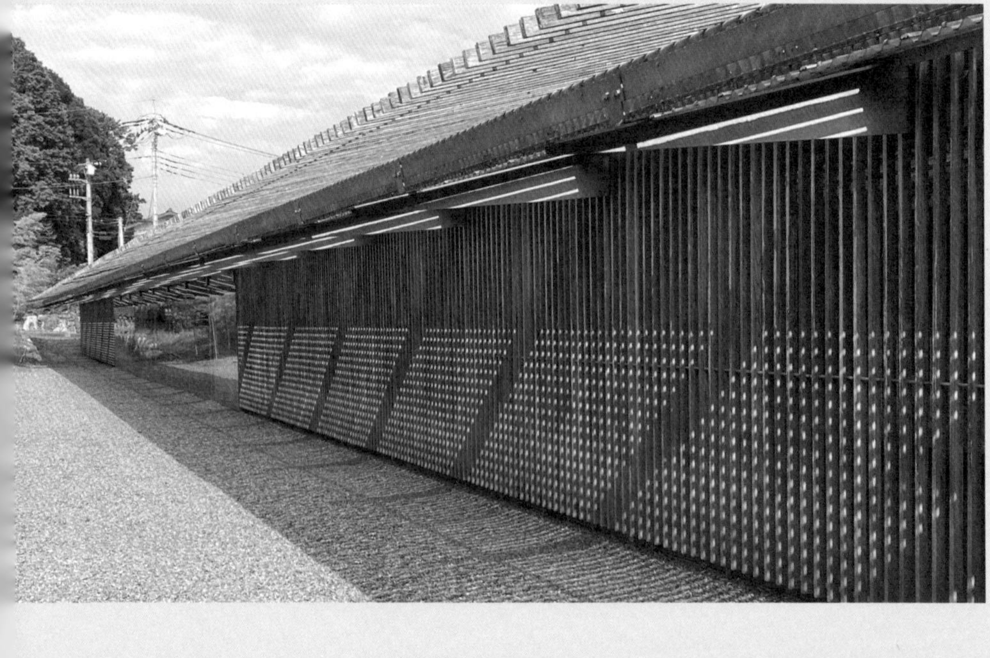

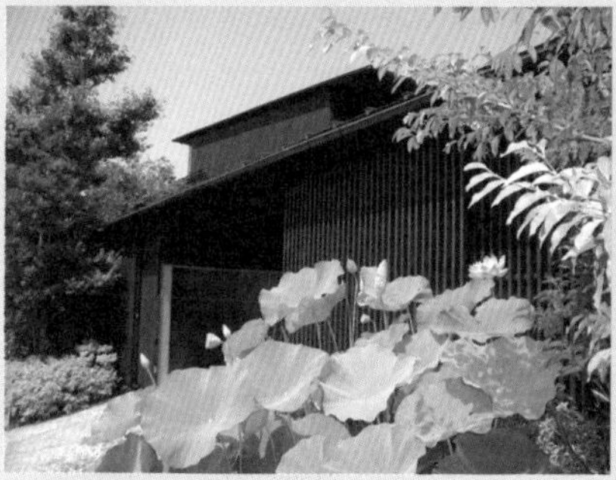
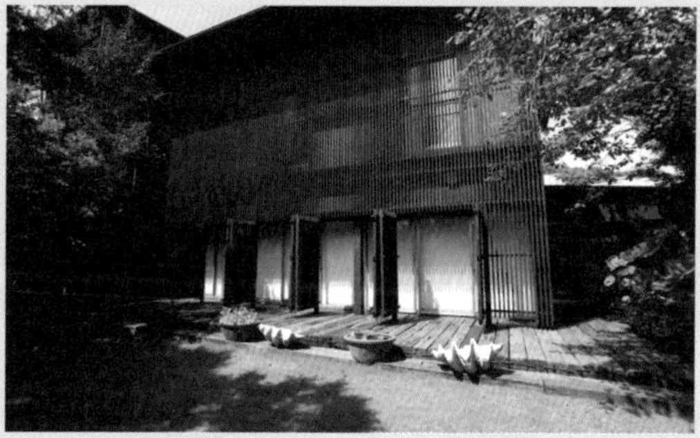

하야마문화원(우드/슬랫). 1999년 3월 준공.
제작: 기타야마 다카오 | 설계: 구마 겐고 | 목조 2층(일부 3층) | 연면적 612.51m² (사진: 오이시 가즈오)

있을 거라고 생각했거든요. 하지만 세로로 세워보니 생각보다 괜찮더라고요. 뭔가 참신하면서도 차분한 느낌이었습니다.

- 그 정도로 나무를 짧게 재단하면 비용이 적게 듭니다. 클라이언트가 원한 '저비용' 문제도 해결할 수 있지요.

- 미닫이를 맹장지로 처리한 것도 첫 시도입니다. 맹장지란 미닫이의 창살이 보이지 않게 앞뒤를 종이로 싹 두르는 방식입니다. 그것도 가성비가 아주 좋아요. 창살이 보이게 만들면, 창살의 질이나 목수의 실력에 따라 자칫하면 싸구려처럼 보일 수도 있거든요. 맹장지로 하면 종이의 질감만으로 승부를 볼 수 있죠.

__ 하야마문화원의 세로 루버가 바토히로시게미술관 탄생의 복선인 셈이네요?

- 네. 바토히로시게미술관을 지을 때도 '히로시게다운 건물을 지어 달라'고 해서 맞배지붕으로 그 요청에 응하려 했습니다. 하지만 도시재건 차원에서 짓는 건물은 보통 기와의 끝 부분을 하얀 회반죽으로 처리하는데, 그렇게 하지 않고 좀 더 리얼리티를 살리기 위해 나무루버로 뒤덮는 방법을 생각한 겁니다.

__ 지붕까지 루버로 처리한 것이 정말 기발하던데요.

- 벽 전체를 루버로 둘러도 지붕을 기와지붕이나 금속지붕으로 하면 이도 저도 아닐 것 같아 전부 루버로 처리했습니다.

No.04 전환점이 된 10개의 건축물

돌 미술관

[2000년 ➔ P.042]

지금껏 꺼려 왔던 돌과의 씨름으로 '소재'에 눈을 뜨다

__ 다음은 유일하게 구마 겐고 씨와 제가 동시에 꼽은 '돌 미술관'입니다. 이건 바토히로시게 미술관과 마찬가지로 2000년에 완성된 것인데, 이걸 꼽은 이유는 무엇인가요?

- 돌 미술관 이후 파빌리온(가설 건축물)에 관심이 생겼습니다. 잡지에는 거의 소개되지 않았고 가설 건물이라 이 책에도 실리지 않았습니다만, 파빌리온은 제 활동 가운데 중요한 부분 중 하나입니다. 학생들과 함께 손수 제작해서 해외 전람회에 출품한 경우도 많았죠.

- 2000년 이후 파빌리온을 짓기 시작한 것이 제게는 커다란 전환점이 되었다고 생각하는데, 그 계기가 바로 돌 미술관입니다. 그리고 그 원점을 거슬러 올라가면 학교에서 학생들을 가르치기 시작했던 시점까지 이르겠네요.

__ 처음에는 게이오기주쿠대학에서 강의를 하셨죠?

- 거의 게이오에서 10년, 도쿄대에서 10년 가르쳤습니다. 게이오에 제 연구실이 생긴 게

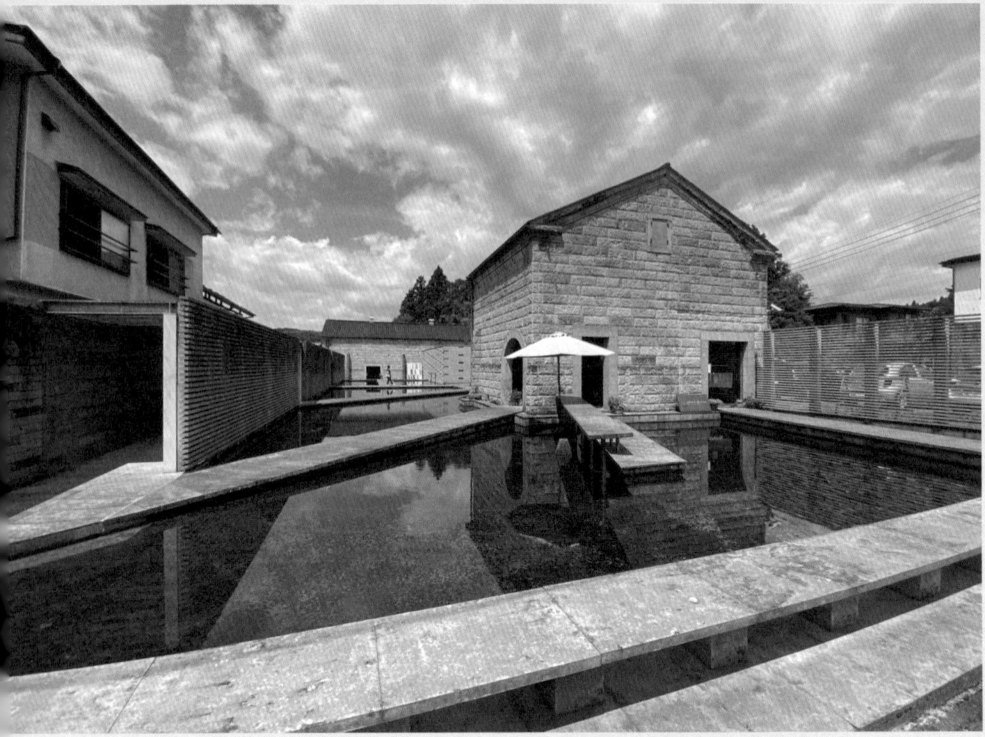

2001년부터였는데, 그 전에도 강사로 일하긴 했지만 연구실을 갖게 되자 학생들에게 일방적으로 지식을 전달하기만 하는 게 싫더군요. 학생들이랑 같이 뭔가 하고 싶었습니다. 제 학창시절 스승이신 하라 히로시(교토역 등을 설계한 건축가, 1936~) 선생님께 취락 조사 방법을 배운 것도 있었고요.

- 다양한 건축 재료에 도전해 보는 것도 파빌리온 덕분에 가능했습니다. 건축 현장에선 한 번도 사용한 적이 없는, 말도 안 되는 재료에 도전하기 시작한 것도 그즈음부터입니다.

- 다양한 소재에 도전하게 된 계기는 대학 연구실을 갖게 된 것이 가장 크지만, 어떻게 사용하면 좋을지 방법을 찾아낸 계기는 돌 미술관이라 할 수 있습니다. 석공들과 함께 돌을 어떻게 사용하면 좋을지 끊임없이 고민했죠. 그때 소재에 눈을 뜨게 되었습니다. 돌은 그 전까지만 해도 꺼렸던 소재거든요.

— 돌을 일부러 쓰지 않았다는 말씀인가요?

- 돌을 이용한 건축물은 뭔가 어설픈 모조품처럼 느껴졌습니다. 포스트모던 특유의 모조품 느낌이랄까? 콘크리트에 얇은 돌을 붙이니까 그렇게 보인 거겠죠. 그런 방법을 쓰지 않고도 돌로 리얼리티를 표현할 수 있다는 사실이 돌 미술관을 통해 입증된 셈입니다.

— 얼마 전, 돌 미술관을 보러 갔는데 '구마 겐고 돌 건축 전람회'가 열렸더군요. 거기에 전시된 구마 겐고 씨의 메시지를 보고 감동을 받았습니다. '건축가에게 가장 필요한 자질은 남 탓을 하지 않는 것이다'라는 메시지요(우측 페이지 참조).

- 뭐라고 썼더라? 아, 좋은 말을 썼네요(웃음).

— 저는 돌 미술관에서 보여주신 돌 활용법도 물론 멋지다고 생각하지만, 주변 환경을 자연스럽게 이용하는 것도 훌륭한 선택이었다고 생각합니다. 전면 도로에서 훤히 다 보일 뿐만 아니라 양쪽 담장 위로 민가 건물 2층이 보이던데, 그건 어쩌다 그렇게 된 건가요?

돌 미술관에 전시된 구마 겐고의 메시지

난 우리 사무소 투덜이 직원들에게 '돌 미술관' 이야기를 자주 한다. '투덜이 직원'이란 뭐든 남의 탓을 하는 직원을 말한다. '클라이언트가 센스가 없다', '클라이언트가 돈이 없어서 그렇다', '나만 예산이 부족한 것 같다', '내가 왜 이런 한심한 프로젝트를 해야 하나'라고 불만을 토로한다. 그런데 난 건축가에게 가장 필요한 자질이 '남 탓을 하지 않는 것'이라 생각한다.

왜냐하면, 건축 설계 시 남 탓을 하게 되면 끝이 없기 때문이다. 건축을 하다 보면 끝도 없이 남의 탓으로 돌릴 만한 문제들이 생겨난다. 예산, 법률, 센스 부족 등 하나하나 꼽자면 몇 날 며칠을 새도 모자랄 지경이다. 건축가는 남 탓을 하기보다 어떠한 악조건 속에서도 자신이 건축이란 형태로 남기고 싶은 게 무엇인지 죽을힘을 다해 고민하는 자세가 필요하다.

온실 속 화초처럼 자라 툭하면 남 탓으로 돌리기 바쁜 투덜이 직원들에게 난 '돌 미술관' 사례를 들려준다. 클라이언트인 시라이 씨에게는 죄송하지만, 이만큼 조건이 까다로운 프로젝트도 없었기 때문이다. '낡은 돌창고를 개조해줬으면 좋겠는데 예산이 거의 없습니다. 하지만 우리 석공들(70세 정도 됨)을 마음껏 갖다 쓰세요'라는 시라이 씨의 달콤한 말에 넘어가, 시라이 씨의 채석장에서 다듬은 돌이랑 두 명의 석공과 4년간 옥신각신하면서 돌로 아무도 시도한 적 없는 디테일을 창조해냈고, 아무도 본 적 없는 돌 건축물을 만들어냈다. 그래서 난 투덜이 직원들에게 '이렇게 힘든 작업에 비하면 너희가 담당한 프로젝트는 천국의 장밋빛 프로젝트다'라며 일갈하곤 한다.

돌 미술관 후에도 시라이 씨와는 다양한 형태의 돌로 다양한 시도를 해 왔고, 그 후에도 다양한 재료를 사용해 다양한 도전을 하고 있다. 시라이 씨와 함께 보낸 4년간 나는 '남 탓을 하지 않는 법'을 배웠다.

(구마 겐고)

- 예산 부족이 모든 것의 시작이었습니다. 돈이 많았다면 전면 도로에서 건물 안이 좀 더 보이지 않도록 가렸겠죠. 담장도 비용을 줄이려다 보니 민가 건물 2층이 가려질 정도로 높이 쌓을 수가 없었습니다. 그런데 그게 오히려 더 좋을 것 같다는 생각이 문득 들었죠. 일종의 차경(자연의 경치를 빌림–옮긴이)이긴 하지만, 흔히 말하는 '아름다운 차경'은 아니었습니다. 하지만 아름답지 않은 것도 거기에 보조선을 더하면 멋지게 보이지 않을까 생각했죠.
- 워터/글래스(1995년 ➔P.040) 때도 보조선을 생각하긴 했지만, 거긴 보조선 너머가 바다라서 차경 자체가 아름답습니다. 그 정도까지는 아니더라도 '보조선이 아름다우면 그 너머에 있는 것도 아름답게 보이지 않을까?'라는 생각에 시도한 것이 바로 돌 미술관의 낮은 담장입니다. 지금까지 건축가들이 별로 시도하지 않은 방법이죠.

대나무집

[중국 | 2002년]

'허용성'이 나의 특징이라는 것을 해외 현장에서 깨닫다

__ 다음은 구마 겐고 씨가 꼽은 '대나무집'(2002년)입니다. 중국에 지은 건물이라 전 보지 못했는데, 어떤 점 때문에 전환점으로 꼽은 건가요?

- 우선 '대나무집'은 해외에서 본격적으로 작업한 첫 건축물입니다. 1990년대부터 여러 의뢰가 들어오긴 했지만, 처음으로 성공시킨 해외 프로젝트죠. 해외 작업 시 기본이라 할 수 있는 '현지와의 협업' 방식을 거기서 발견할 수 있었습니다.

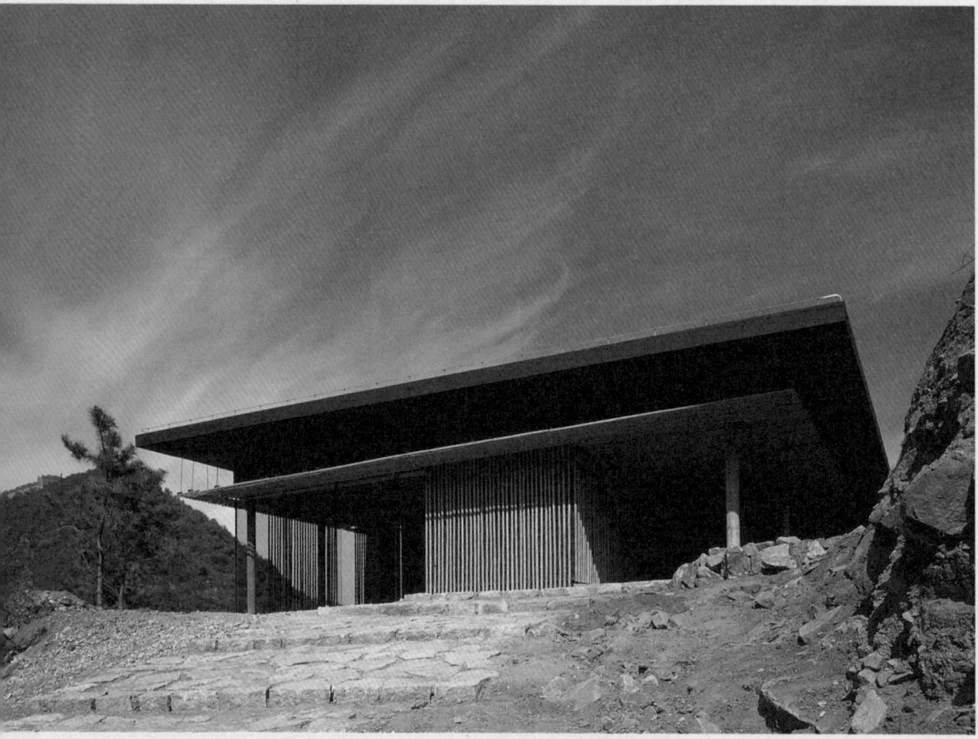

사진・구마겐고건축도시설계사무소

• 안도 다다오 씨가 해외에 지은 건축물과는 대조적일 겁니다. 안도 씨는 해외에서도 정밀도 높은 노출 콘크리트 공법에 성공했습니다. 그건 정말 대단한 일입니다. 그런데 저는 그와는 완전히 반대되는 선택을 했습니다. 해외의 낡고 엉성한 느낌의 표현법을 대나무집을 통해 발견할 수 있었죠.

__ 사진에서는 균질하게 보이는데요(웃음).

• 전경 사진만 봐서는 잘 알 수 없지만, 가까이 가서 보면 꽤 틈이 많고 엉성합니다.

• 사실 대나무집을 짓기 전에, 일본에서 대나무를 사용해 집을 지은 적이 있습니다. 잡지에 실리진 않았지만, 대나무 속을 파고 그 안에 콘크리트를 넣어 구조체를 만들었죠.

__ 일본에서는 그런 구조가 건축 심사를 통과할 수 있나요?

• 콘크리트 안에 철로 된 앵글이 들어가서, 건축 심사에서는 구조를 가진 철골조로 분류됩니다. 콘크리트는 휘어짐을 방지하는 역할을 하는 거죠.

• 엄청 고생해서 만들었는데, 이런저런 문제로 잡지에는 실리지 못했습니다. 그게 너무 아쉬워서 대나무로 건축물을 또 짓고 싶다는 생각을 하던 참에 중국에서 의뢰가 들어와 대나무 집을 지어야겠다고 생각했죠. 일본의 주택은 규모가 작았는데, 그걸 옆으로 확장해 크게 만들었습니다.

__ 중국의 대나무집도 대나무 안에 콘크리트가 들어 있군요.

• 중국의 대나무집은 대나무 안쪽을 파서 콘크리트를 그 안에 넣지 않고, 콘크리트에 대나무 피스를 감았습니다.

__ 짓기 수월했겠네요.

• 그런데 예상치 못한 일이 벌어졌죠. 곧게 뻗은 대나무가 현장에 들어오지 않는 겁니다(웃음). 휜 대나무거나 두께를 60mm로 지정했는데 60mm가 아닌 대나무가 들어오더라고요. 현장에 상주하던 직원이 "구마 씨, 큰일 났습니다!"라고 말하기에 당장 날아갔습니다.

• 그런데 직접 가서 보니, 휘어지고 두께가 제각각인 대나무가 의외로 그 장소와는 잘 맞더군요. 그래서 '어? 이것도 괜찮은데? 이걸로 가자.' 이렇게 된 거죠.

__ 해외에서의 대응법을 배우셨군요.

• 네, 평화적으로. 예를 들어 이토 도요 씨나 세지마 가즈요(건축가, 1956~)씨의 건축 같은 경우, 유리가 프레임에서 조금이라도 튀어나오면 '이토 도요의 건축'이나 '세지마 가즈요의 건축'이라 할 수 없습니다. 안도 다다오 씨의 건축도 노출 콘크리트가 틈이 많고 엉성하면 그건 안도 건축물이라 할 수 없을 테고요.

• 전 대나무집 현장에서 평화적인 대응을 중시했는데, 제 건축물에는 그런 허용성이 원래부터 있지 않았나 싶습니다. 살짝 어긋나더라도 여전히 구마 겐고의 건축물로 보니까요. 그 점을 깨달은 겁니다. 그 부분을 좀 더 확장하면 훨씬 '구마 건축'답지 않을까 생각했습니다.

__ 어떻게 자신을 그렇게 객관적으로 볼 수가 있죠?

• 그때 그런 생각이 들었습니다. 건축가는 도면대로 정확하게 만들어야 하는 것이 당연했는데, 그러한 발상을 완전히 뒤집은 사람이 바로 프랭크 게리(미국의 건축가, 1929~)입니다. 프랭크 게리는 값싼 함석판을 덕지덕지 붙여서 지은 건축물이 오히려 더 멋있을 수도 있다는 점을 보여주었죠.

• 하지만 게리는 경제적으로 여유가 생기고 유명해지자 반듯하고 깔끔하게 건물을 짓게 되었습니다. 빌바오(스페인 빌바오구겐하임미술관, 1998년) 같은 경우는 엄청 으리으리하고 거창하게 지어서 미국 로스앤젤레스의 게리하우스(1950년대~1960년대에 설계한 자신의 집) 때와 같은 매력이 사라졌다는 느낌도 듭니다.

나머지 5개의 건축물은 2편(➔P.196)에서

Part 1

생각지도 못한 독특한 발상으로 구현해낸

[의외성의] 건축

건축을 '사회에 펼치겠다'는 소신을 표명하다

—

건축에 흥미가 있든 없든
누구나 첫눈에 보자마자 깜짝 놀라는 건축물.

—

이 책의 첫머리를 장식하는 것은
구마 겐고의 출세작이라고도 할 수 있는 'M2'(1991)이다.
'M2'를 완성했을 때 구마 겐고의 나이는 서른일곱.
서양 건축사 책에 등장하는
다양한 디자인 요소를 콜라주한 외관은
일본 '포스트모던 건축'의 대표적인 예로 꼽힌다.

—

물론 그러한 건축계의 사정을 모르더라도
한 번 보면 두세 번 더 보고 싶게 만드는 건물임엔 틀림없다.
이는 '전문가들만 아는 건축물은 짓지 않겠다'
'건축을 펼치겠다'는 소신표명으로도 보인다.

—

Part 1에서는 구마 겐고식 설계의 근간이라 할 수 있는,
클라이언트의 요청에 따라 주어진 조건 안에서 독특한 방식으로
자신의 건축을 펼치려는 건축물을 '의외성의 건축'으로 분류했다.

P.036

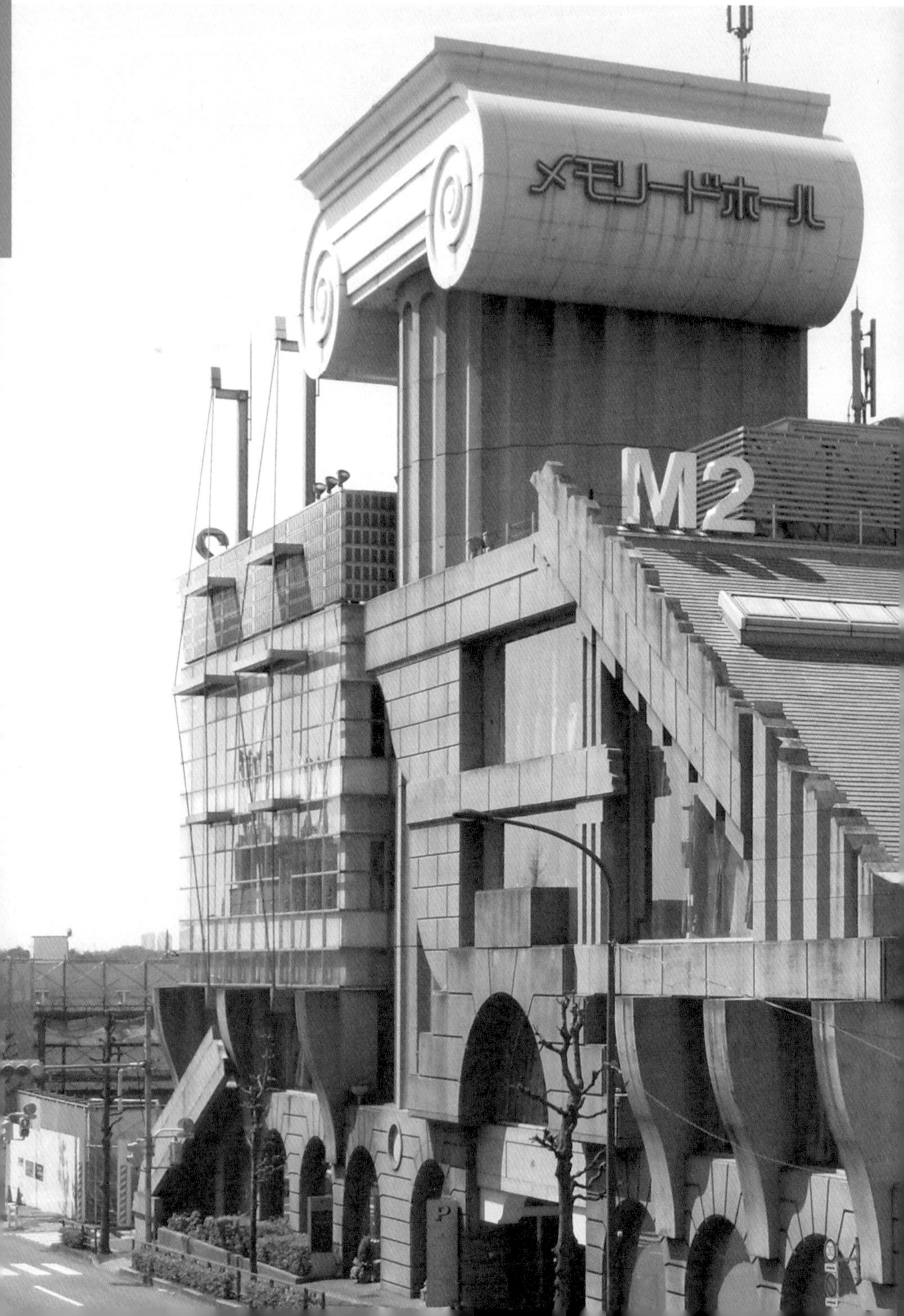

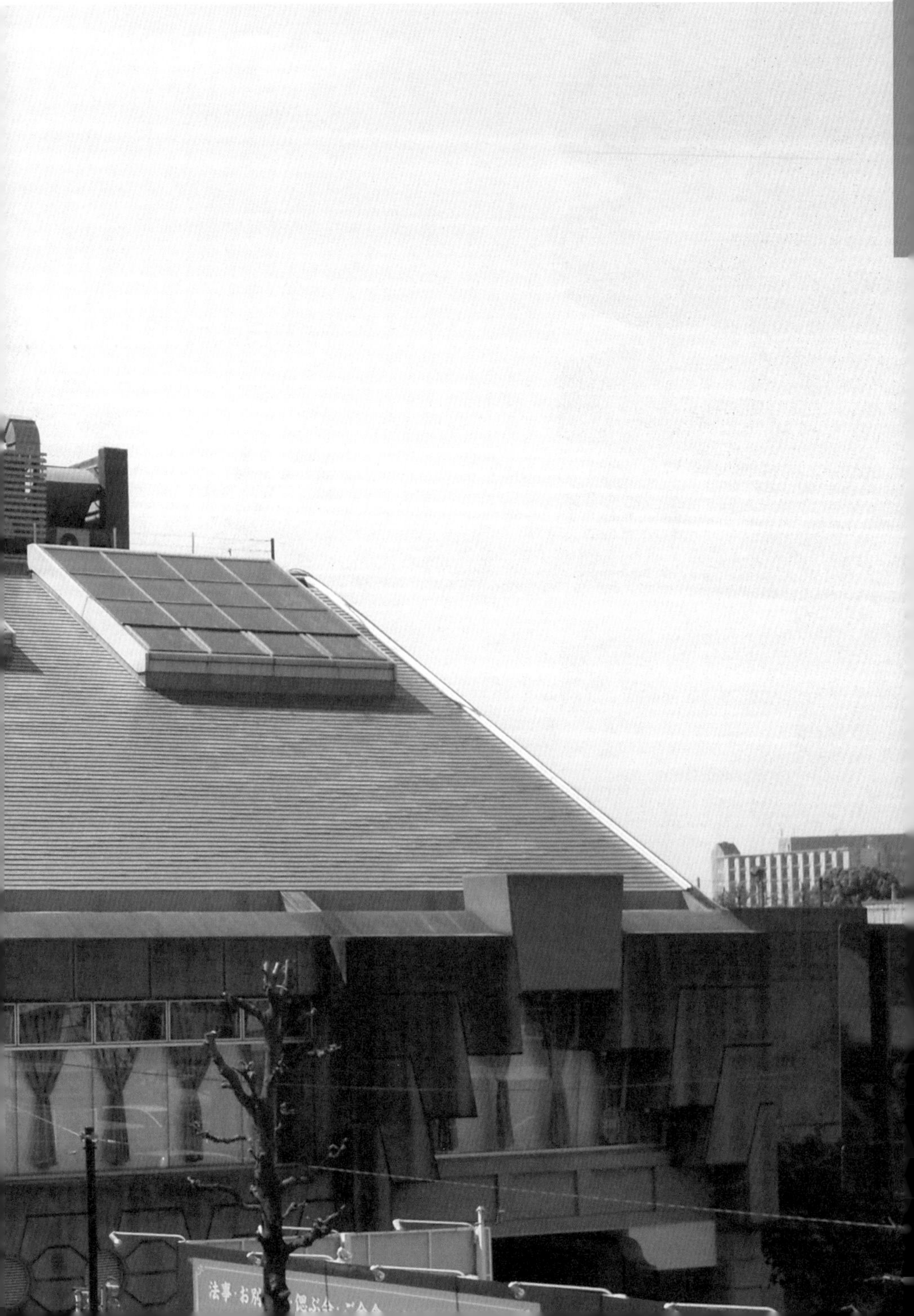

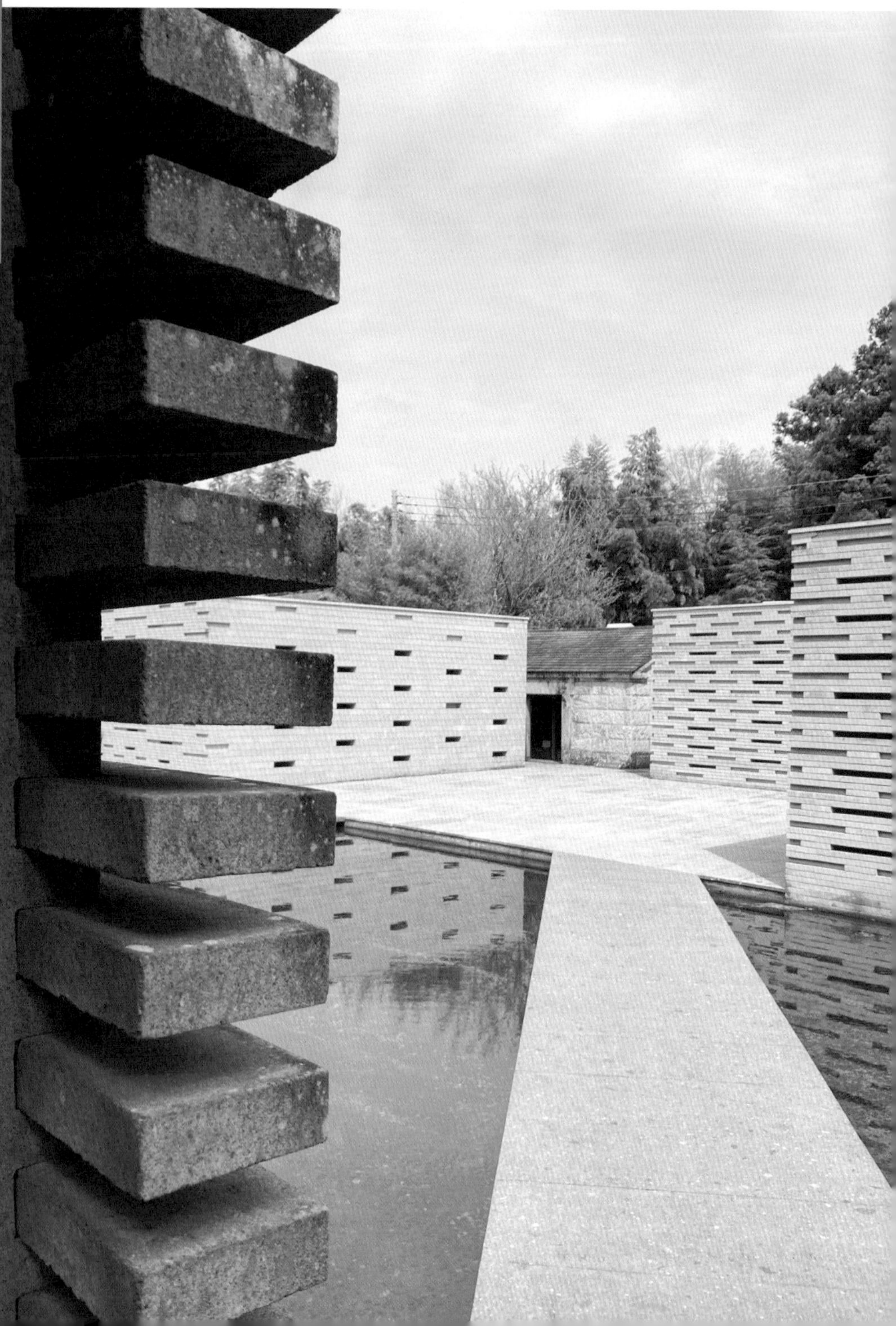

P.046

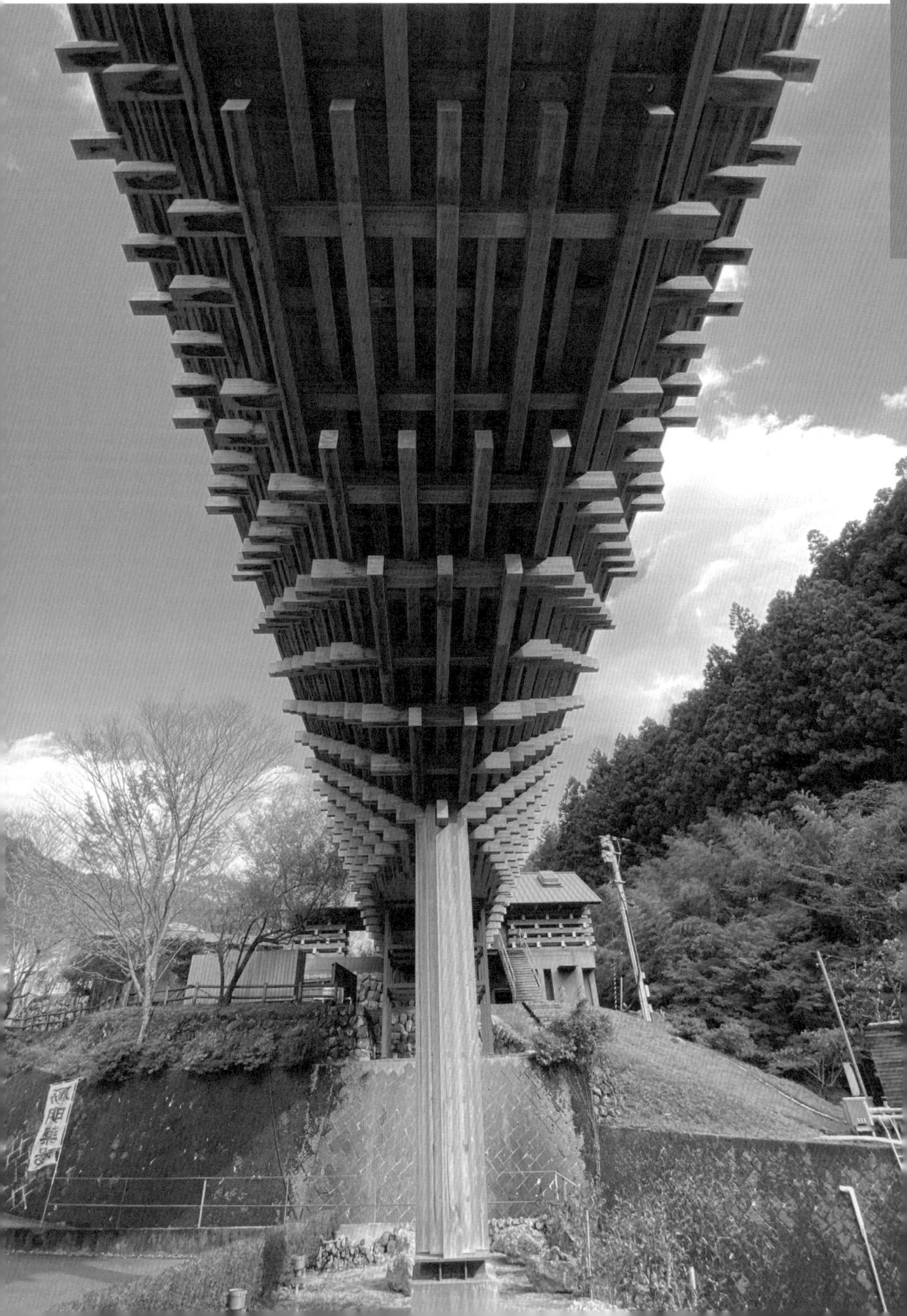

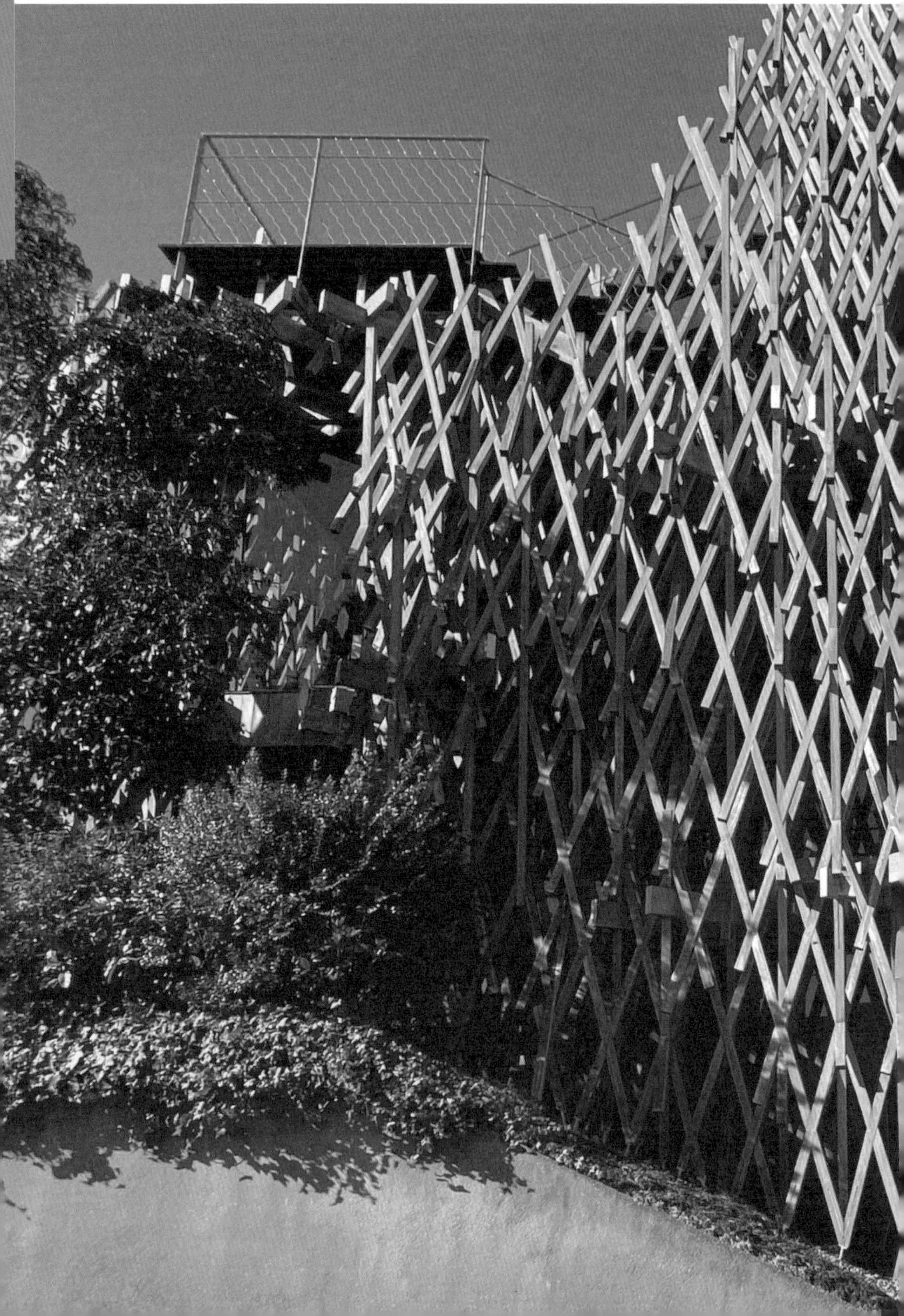

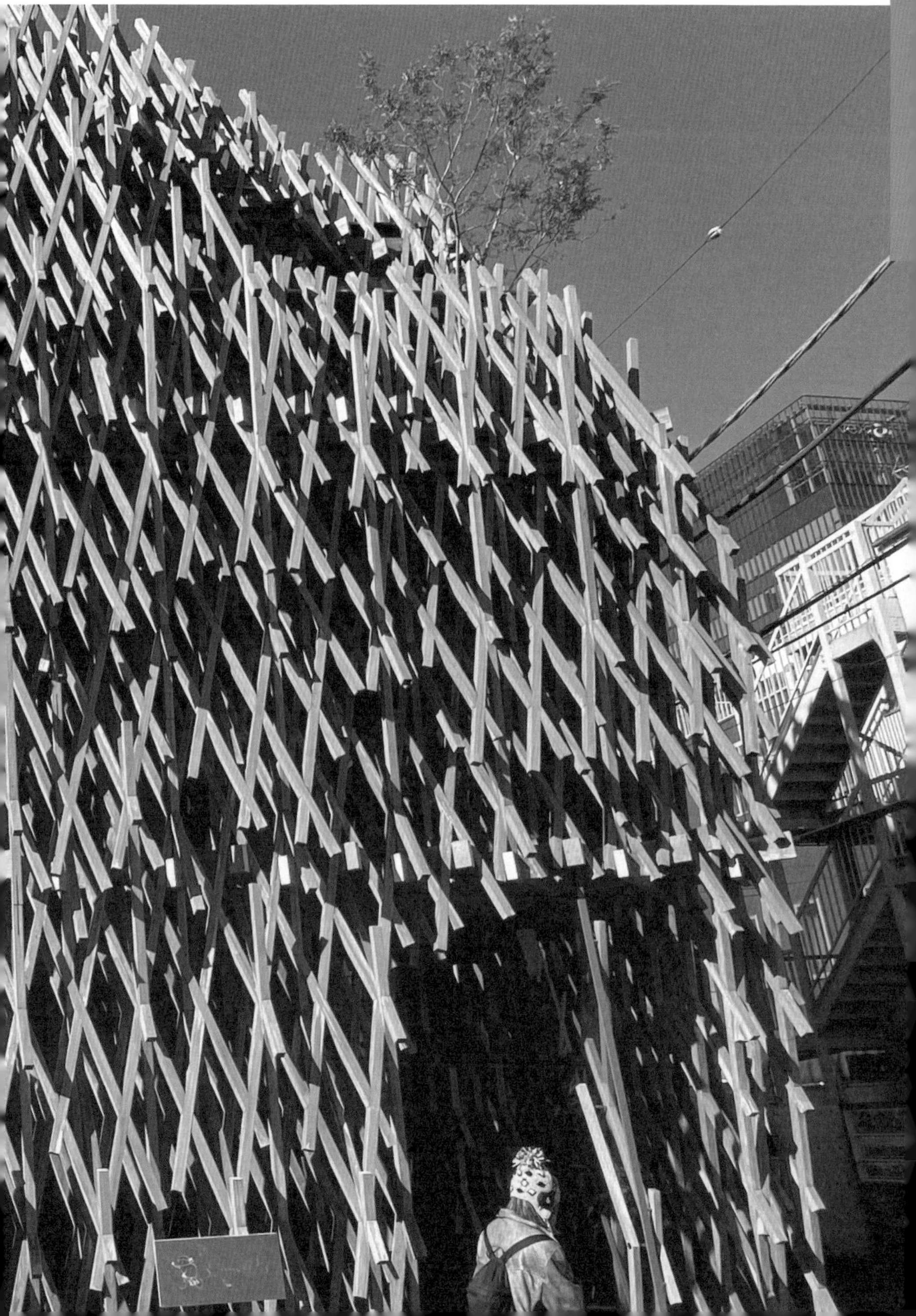

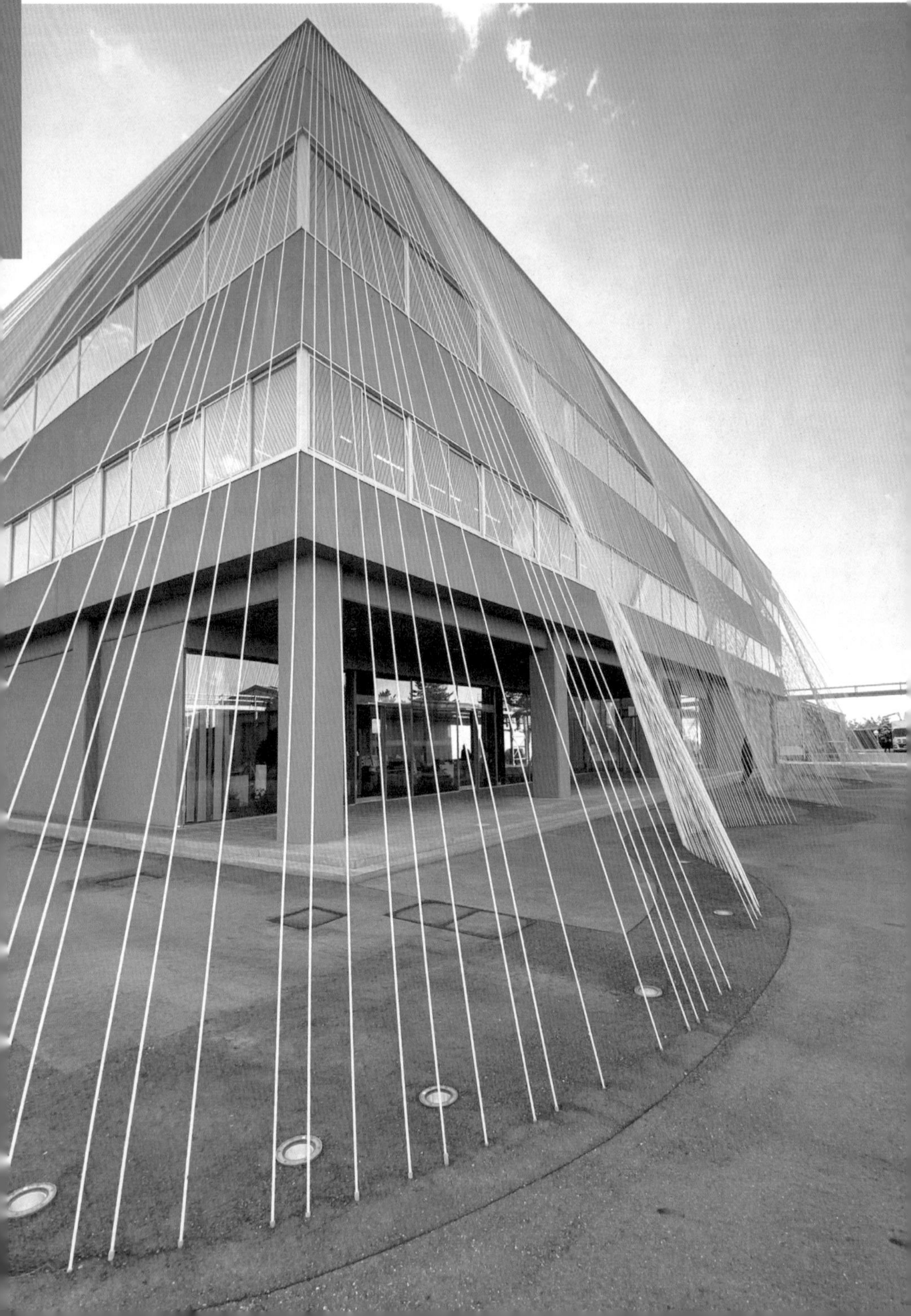

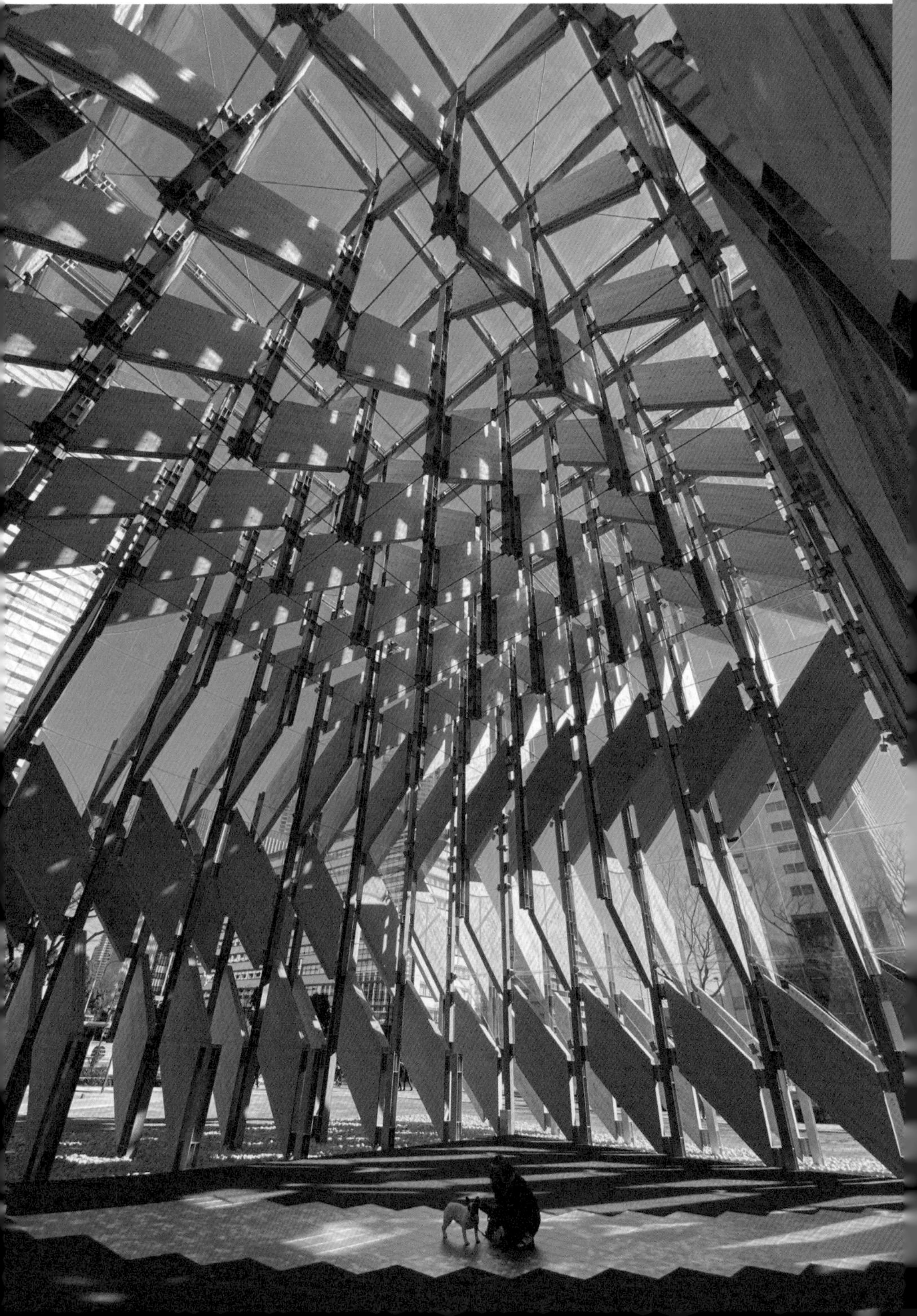

건축정보

건물 명칭은 준공 시 명칭을 기본으로 하며, 구 명칭으로는 한 번에 알기 어려운 경우에 현재 명칭을 앞에 썼다. —는 공표하지 않거나 불명확한 것.

01 M2(현 도쿄메모리드홀)

소재지: 도쿄도 세타가야구 기누타 2-4-27
발주자: 마쓰다자동차
설계자: 구마겐고건축도시설계사무소
구조설계자·설비설계자: 가지마건설
시공자: 가지마건설
구조: 철근콘크리트조, 일부 철골조
층수: 지하1층·지상5층
연면적: 4482.15m²
설계기간: 1989년 10월~1990년 5월
시공기간: 1990년 6월~1991년 10월
교통: 오다큐선 지토세후나바시역에서 도보 12분

➔ P.036

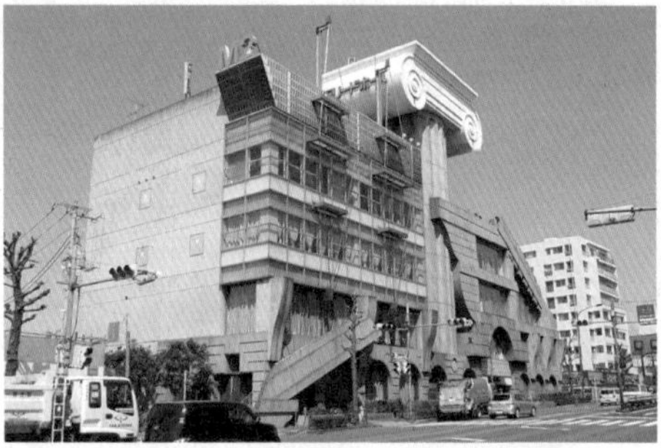

01-2 도릭 미나미아오야마

소재지: 도쿄도 미나토구 미나미아오야마 2-27-14
발주자: —
설계자: 구마겐고건축도시설계사무소
구조설계자: 아오키시게루연구실 | 설비설계자: 기아설계
시공자: 도카이흥업(건축), 니치에이공조(공조·위생), 히로타전기(전기)
구조: 철골철근콘크리트조 | 층수: 지하1층·지상7층
연면적: 1131.4m²
설계기간: 1989년 10월~1990년 4월
시공기간: 1990년 5월~1991년 9월
교통: 도쿄메트로긴자선 가이엔고엔마에역에서 도보 3분

➔ P.039

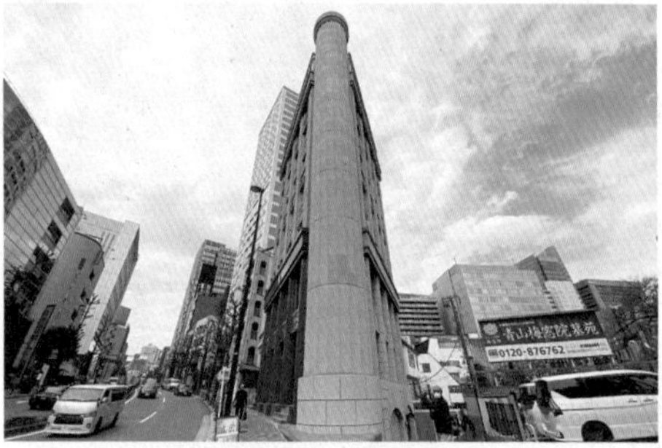

02 워터/글래스(현 아타미 카이호로)

소재지: 시즈오카현 아타미시 가스가마치 8-33
발주자: —
설계자: 구마겐고건축도시설계사무소
구조설계자: 나카타가쓰오연구실
설비설계자: 가와구치설비연구소
시공자: 다케나카공무점
구조: 철근콘크리트조, 철골조
층수: 지상3층 | 연면적: 1125.19m²
설계기간: 1992년 7월~1994년 3월
시공기간: 1994년 3월~1995년 3월
교통: JR아타미역에서 도보 8분

➔ P.040

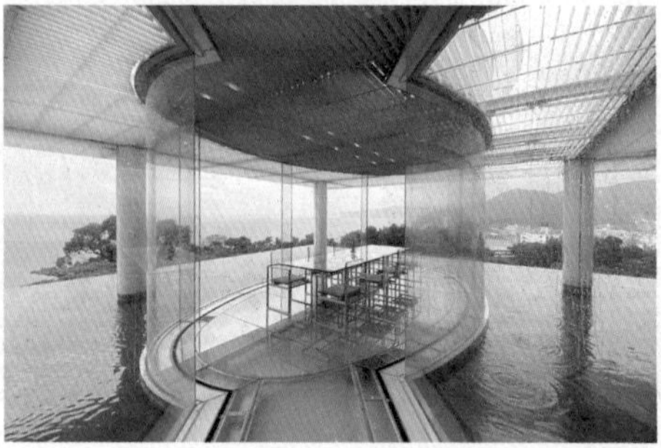

03 돌 미술관

P.042

소재지: 도치기현 나스마치 아시노 2717-5
발주자: 시라이석재 | 설계자: 구마겐고건축도시설계사무소
구조설계자: 나카타가쓰오연구실
설비설계자: 엠아이설비컨설턴트
시공자: 이시하라공무점(건축), 시라이석재(석조 공사)
구조: 돌 조적조, 철골조
층수: 지상1층 | 연면적: 527.57m^2
설계기간: 1996년 5월~12월
시공기간: 1997년 12월~2000년 7월
교통: JR도호쿠본선 구로다하라역에서 간토버스로 11분, 아시노나카마치 버스정류장 하차, 도보 1분

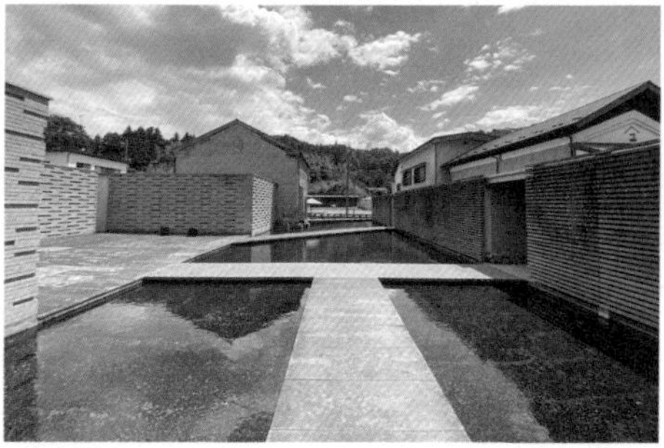

04 유스하라 우든브리지 뮤지엄(현 구름 위의 갤러리)

P.046

소재지: 고치현 유스하라초 다로가와 3799-3
발주자: 유스하라초 | 설계자: 구마겐고건축도시설계사무소
구조설계자: 나카타가쓰오연구실
설비설계자: 시그마설비설계실
시공자: 시마가와종합건설
구조: 목조, 일부 철골조, 철근콘크리트조
층수: 지하1층·지상2층 | 연면적: 445.79m^2
설계기간: 2009년 8월~11월
시공기간: 2010년 2월~9월
교통: 고치고료교통버스를 타고 다로가와고엔마에 버스정류장 하차, 도보 2분

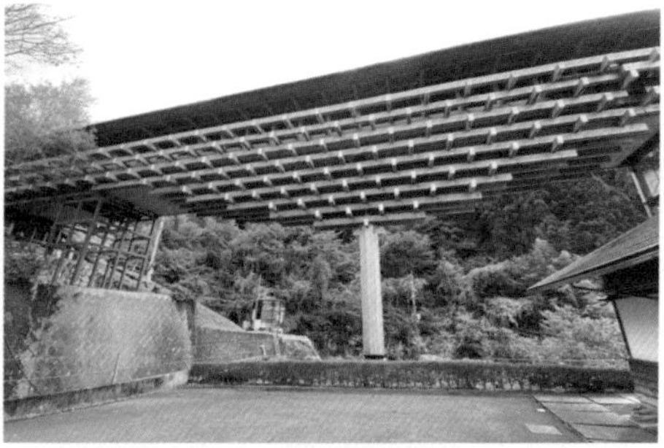

05 아사쿠사 문화관광센터

P.048

소재지: 도쿄도 다이토구 가미나리몬 2-18-9
발주자: 다이토구
설계자: 구마겐고건축도시설계사무소
구조설계자: 마키노구조설계
설비설계자: 환경엔지니어링
시공자: 후지타 · 다이유 특정건설공사공동기업체
구조: 철골조, 일부 철골철근콘크리트조
층수: 지하1층·지상8층 | 연면적: 2159.52m^2
설계기간: 2009년 1월~2010년 1월
시공기간: 2010년 8월~2012년 2월
교통: 도쿄메트로 긴자선 아사쿠사역에서 도보1분

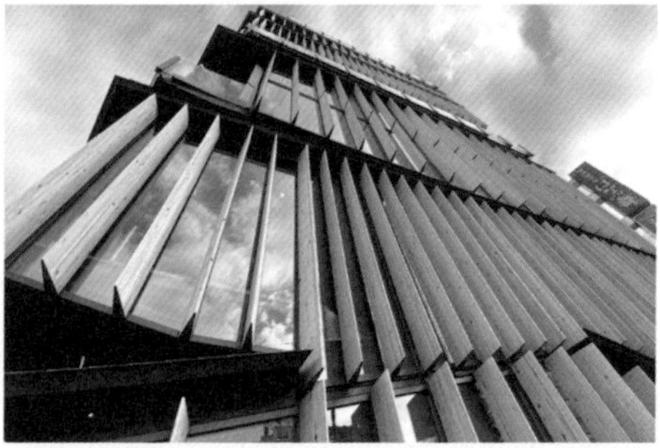

06 서니힐스 미나미아오야마

P.050

소재지: 도쿄도 미나토구 미나미아오야마 3-10-20
발주자: SunnyHills Japan
설계자: 구마겐고건축도시설계사무소
구조설계자: 사토준구조설계사무소
설비설계자: 환경엔지니어링
시공자: 사토 히데
구조: 철근콘크리트조, 일부 목조
층수: 지하1층·지상2층 | 연면적: 293m^2
설계기간: 2012년 1월~10월
시공기간: 2012년 11월~2013년 12월
교통: 도쿄메트로 긴자선 등 오모테산도역에서 도보 6분

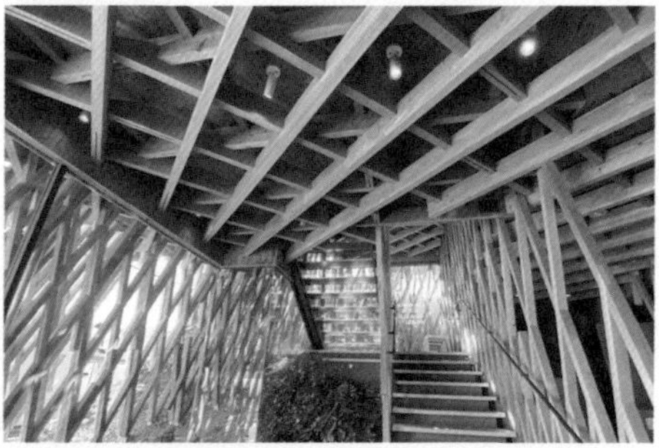

06-2 스타벅스 커피 다자이후 덴만구 오모테산도점

P.040

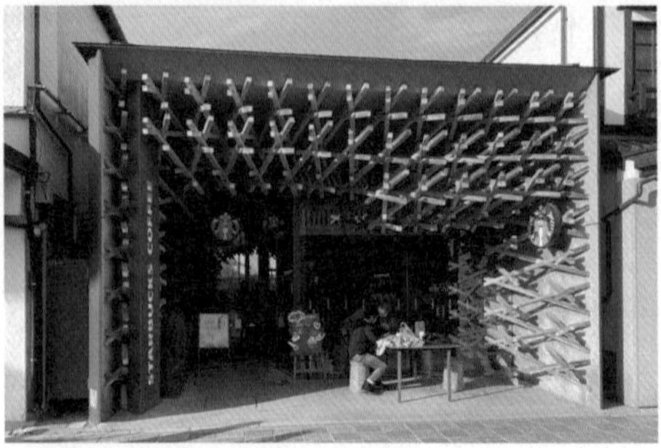

소재지: 후쿠오카현 다자이후시 자이후 3-2-43
사업주: 만텐
설계자: 구마겐고건축도시설계사무소, 스타벅스커피재팬
구조설계자: 사토준구조설계사무소
시공자: 마쓰모토 구미
구조: 목조 | 층수: 지상1층
연면적: 210.03m²
준공시기: 2011년 11월
교통: 니시테쓰 다자이후선 다자이후역에서 도보 4분

07 뎃짱

P.052

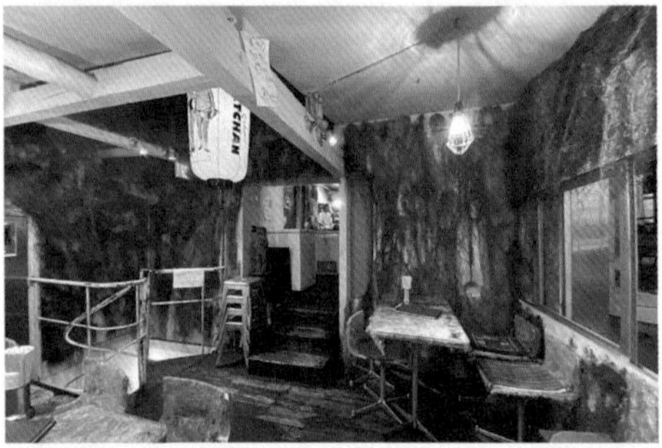

소재지: 도쿄도 무사시노시 기치조지혼초 1-1-2
하모니카요코초 내
발주자: VIC(Video Information Center)
설계자: 구마겐고건축도시설계사무소
시공자: 다키신
구조: 목조 | 층수: 지상2층
점포면적: 31.18m²
설계기간: 2014년 3월~4월
시공기간: 2014년 7월~10월
교통: JR주오선·게이오이노카시라선 기치조지역에서 도보 1분

07-2 시모키타자와 뎃짱

P.053

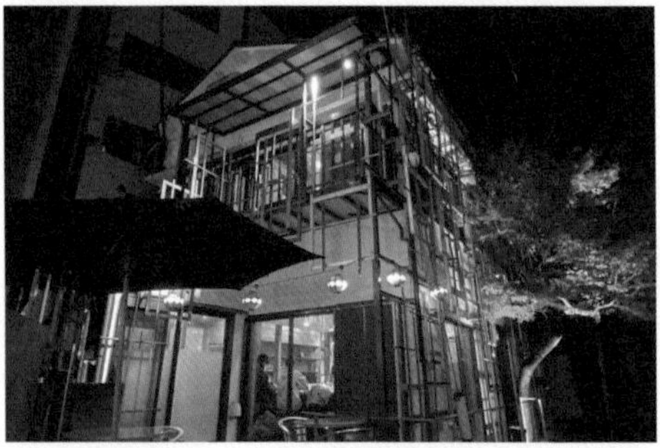

소재지: 도쿄도 세타가야구 기타자와 2-1-5
발주자: VIC(Video Information Center)
설계자: 구마겐고건축도시설계사무소
시공자: 다키신
구조: —
층수: 지상2층
점포면적: 98m²
준공시기: 2017년 6월
교통: 게이오이노카시라선 · 오다큐선 시모키타자와역에서
도보 3분

07-3 하모니카요코초 미타카

P.053

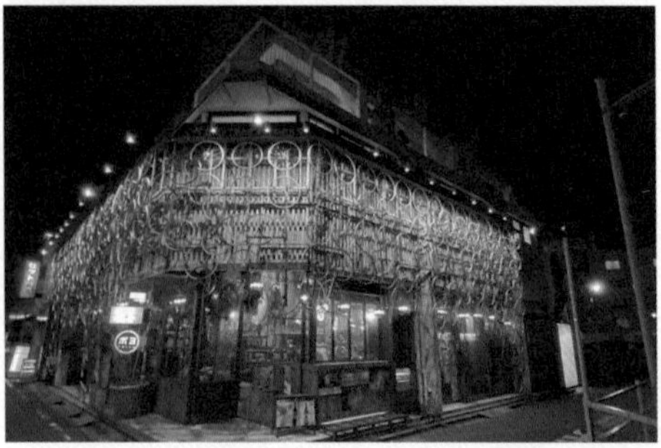

소재지: 도쿄도 무사시노시 나카마치 1-5-8
발주자: VIC(Video Information Center)
설계자: 구마겐고건축도시설계사무소
시공자: 다키신
구조: 철근콘크리트조
층수: 점포는 지상 1층 부분
점포면적: 308m²
준공시기: 2017년 10월
교통: JR미타카역에서 도보 2분

08 고마쓰 마테레(구 고마쓰 세이렌) 패브릭 연구소 fa-bo

P.054

소재지: 이시카와현 노미시 하마마치 누167 고마쓰 마테레 본사 공장 내
발주자: 고마쓰 마테레(구 고마쓰 세이렌)
설계자: 구마겐고건축도시설계사무소
구조설계자: 에지리건축구조설계사무소
설비설계사: 환경엔지니어링
시공자: 시미즈건설
구조: 철근콘크리트조
층수: 지상3층 | 연면적: 2873.42m^2
설계기간: 2013년 8월~2014년 11월
시공기간: 2015년 2월~11월
교통: JR호쿠리쿠본선 노미네아가리역에서 도보 24분

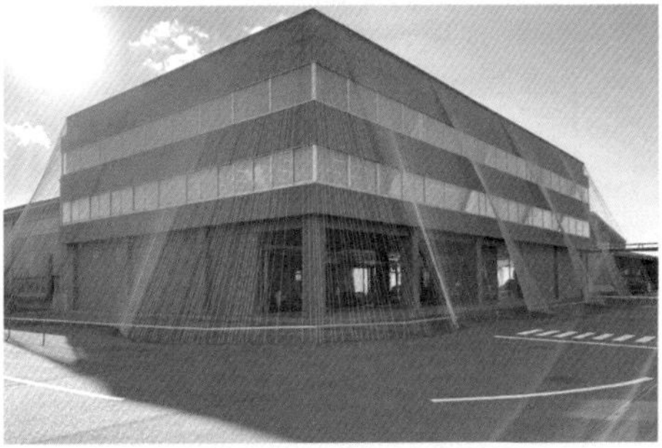

08-2 구타니 도자기 공방(CERABO KUTANI)

P.057

소재지: 이시카와현 고마쓰시 와카스기마치 아91
발주자: 이시카와현 구타니카마모토공업협동조합
구조설계자: 에지리건축구조설계사무소
설비설계자: 환경엔지니어링
시공자: 도켄링크
구조: 목조 | 층수: 지상1층
연면적: 624.26m^2
준공시기: 2019년 5월
교통: JR호쿠리쿠본선 고마쓰역에서 차로 약 10분

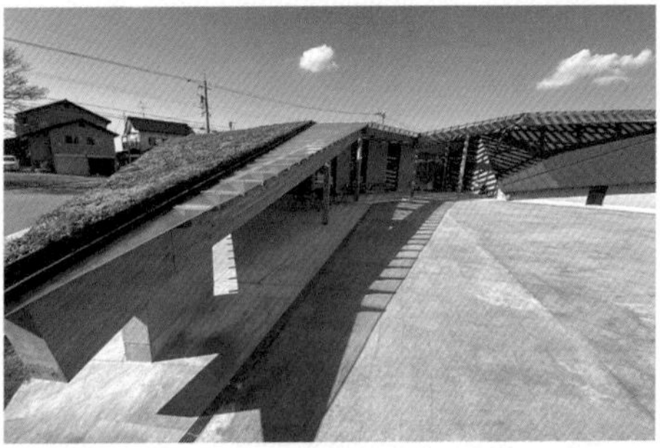

09 니혼바시 미쓰코시 본점 리뉴얼 프로젝트

P.058

소재지: 도쿄도 주오구 니혼바시무로마치 1-4-1
사업주: 미쓰코시 이세탄
설계자: 구마겐고건축도시설계사무소(환경디자인),
Lighting Planners Associates 멘데 가오루(조명디자인)
시공자: 미쓰코시 이세탄 프로퍼티·디자인
구조: 지상7층 중 1층부
리뉴얼 면적: 5237.9m^2
준공시기: 2018년 10월
교통: 도쿄메트로 미쓰코시마에역에서 도보 1분

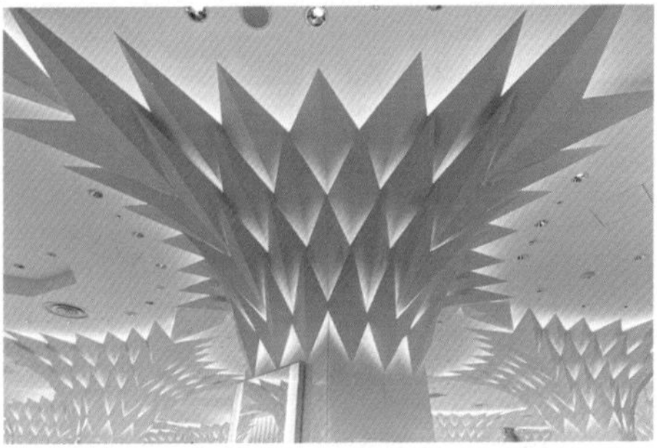

10 스타벅스 리저브 로스터리 도쿄

P.060

소재지: 도쿄도 메구로구 아오바다이 2-19-23
발주자: 스타벅스커피재팬
설계자: 구마겐고건축도시설계사무소(건축),
스타벅스 디자인스튜디오(인테리어)
구조설계자: 에이럽(Arup) | 설비설계자: 에이럽(Arup)
시공자: 가지마건설(건축), 노무라공예사(인테리어, 캐스크)
구조: 철골조, 일부 철근콘크리트조
층수: 지하1층·지상4층 | 연면적: 3186.78m^2
시공기간: 2017년 8월~2018년 12월
교통: 도큐 도요코선·도쿄메트로 히비야선 나카메구로역 및
도큐 덴엔도시선 이케지리오하시역에서 도보 14분

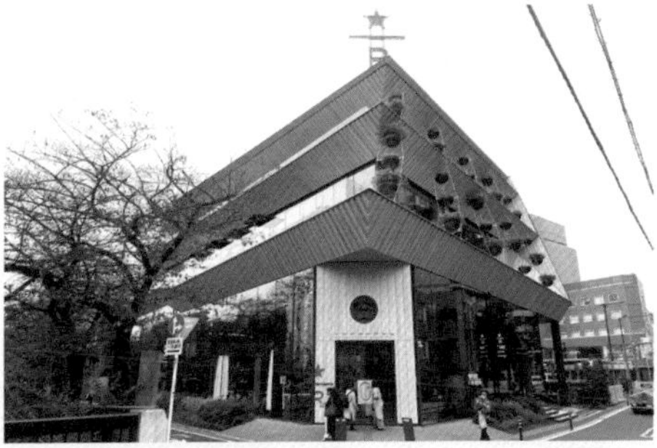

11 시부야 스크램블스퀘어 제1기(동관)

P.062

소재지: 도쿄도 시부야구 시부야 2-24-12
사업주: 도큐, 동일본여객철도, 도쿄지하철
운영자: 시부야 스크램블스퀘어
설계자: 시부야역주변정비계획 공동기업체(닛켄설계, 도큐설계컨설턴트, JR동일본건축설계, 메트로개발)
디자인 설계: 닛켄설계(동관 고층부), 구마겐고건축도시설계사무소(동관 저층부, 어반 코어), SANAA사무소
시공자: 시부야역가구동관신축공사 공동기업체 (도큐건설, 다이세이건설)
구조: 철골조, 철근콘크리트조, 철골철근콘크리트조
층수: 지하7층·지상47층
연면적: 18만1000m^2
설계기간: 2011년 11월~2014년 5월
시공기간: 2014년 6월~2019년 8월
교통: 시부야역과 직통

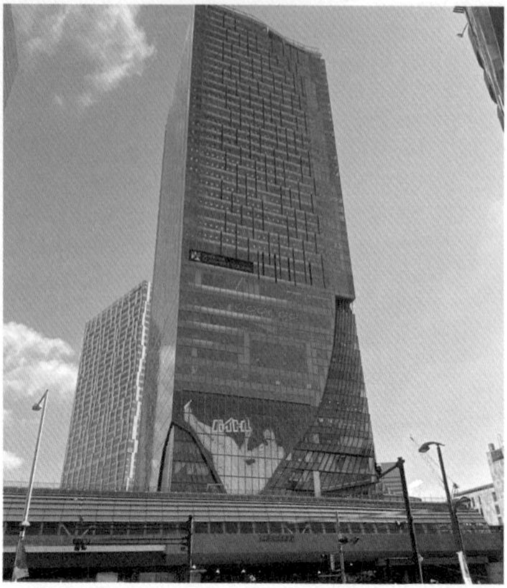

12 국립경기장

P.064

소재지: 도쿄도 신주쿠구 가스미가오카마치 10-1
발주자: 독립행정법인 일본스포츠진흥센터
설계자: 다이세이건설·아즈사설계·구마겐고건축도시설계사무소 공동기업체
시공자: 다이세이건설
구조: 철골조, 일부 철골철근콘크리트조, 철근콘크리트조(지붕 트러스: 목재와 철골을 조합한 부재로 구성), 제진 구조
층수: 지하2층·지상5층 | 연면적: 19만2000m^2
설계기간: 2016년 1월~2017년 1월
시공기간: 2016년 10월~2019년 11월
교통: JR소부선 각역정차(Local) 센다가야역, 시나노마치역에서 도보 5분. 도에이지하철 오에도선 국립경기장역에서 도보 1분. 도쿄메트로 긴자선 가이엔마에역에서 도보 9분

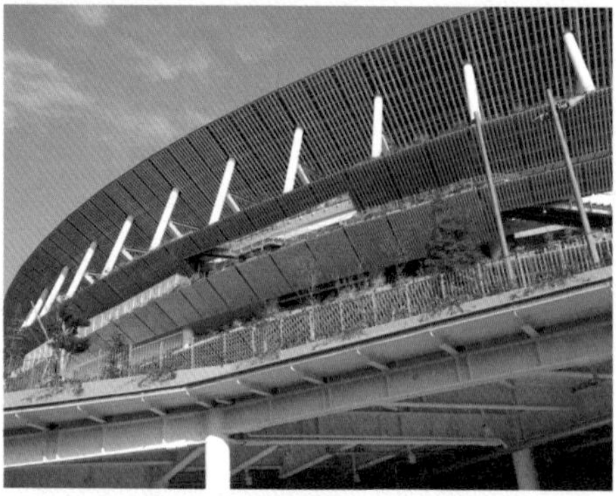

13 CLT 파크 하루미
(2021년 여름부터는 '그리너블 히루젠')

P.068

소재지: 도쿄도 주오구 하루미 3-2-15
(이축 후: 오카야마현 마니와시 히루젠카미후쿠다 1205-220)
사업주: 미쓰비시지쇼 (이축은 마니와시)
설계자: 미쓰비시지쇼설계(설계 감리), 구마겐고건축도시설계사무소(디자인 감수)
구조설계자: 에지리건축구조설계사무소(협력)
시공자: 미쓰비시지쇼홈(이축 시공은 가지오카건설·미키공무점 특정건설공사공동기업체)
구조: 목조(CLT), 철골조
층수: 지상1층(파빌리온), 지상2층(건물 내 전시동)
연면적: 600m^2(파빌리온), 985m^2(건물 내 전시동)
준공시기: 2019년 12월(이축 후: 2021년 7월 15일 오픈)
교통(이축 후): JR오카야마역에서 히루젠고원센터까지 주테쓰버스, 마니와시 커뮤니티버스로 약 3시간

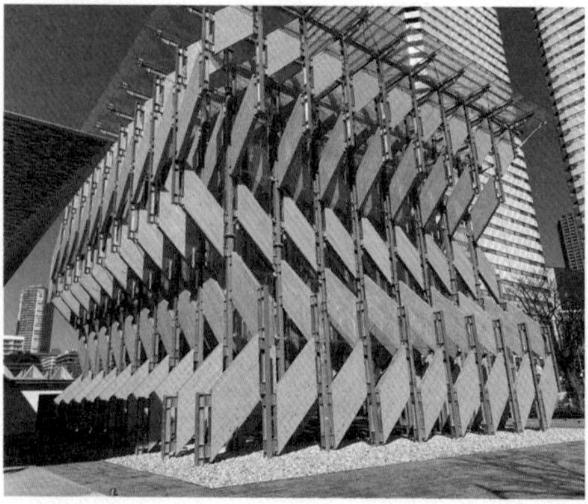

14 호텔 로열클래식 오사카

P.070

소재지: 오사카시 주오구 난바 4-3-3
발주자: 벨코
설계자: 구마겐고건축도시설계사무소(설계 감리),
가지마건설(설계 감리 협력)
구조설계자 · 설비설계자: 가지마건설 | 시공자: 가지마건설
구조: 철골조, 일부 철근콘크리트조
층수: 지하1층·지상19층
연면적: 2만6574.31m^2
설계기간: 2014년 4월~2016년 4월
시공기간: 2016년 6월~2020년 1월
교통: 오사카메트로 난바역과 직통

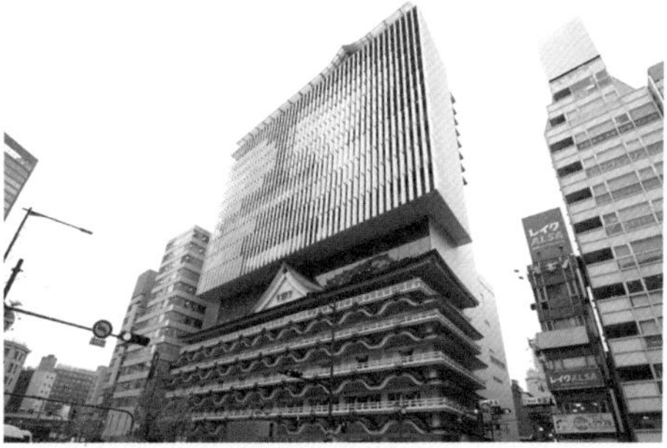

15 도코로자와 사쿠라타운

P.072

소재지: 사이타마현 도코로자와시 히가시토코로자와
와다3-31-3
발주자: KADOKAWA, 가도카와문화진흥재단
설계자: 가지마건설(건축), 구마겐고건축도시설계사무소
(디자인 감수)
시공자: 가지마건설(건축), 시라이시건설(신사),
단세이샤(가도카와 무사시노 뮤지엄 인테리어)
구조: 철골조, 철근콘크리트조, 철골철근콘크리트조
층수: 지하2층·지상5층 | 연면적: 8만7433.71m^2
설계기간: 2014년 11월~2018년 1월
시공기간: 2018년 2월~2020년 4월
교통: JR무사시노선 히가시토코로자와역에서 도보 10분

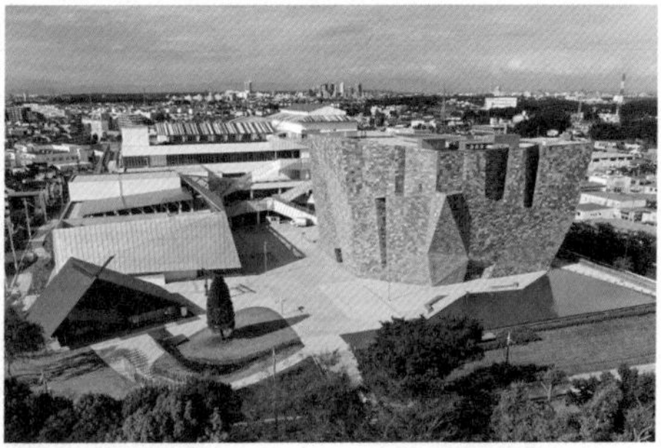

(사진: KADOKAWA)

01 서양건축사를 인용한 압도적 존재감

M2(현 도쿄메모리드홀)

의외성의 건축	도쿄도 세타가야구 기누타 2-4-27
더덕더덕	오다큐선 지토세후나바시역에서 도보 12분
1991	지하1층·지상5층/4482.15m^2

처음엔 마쓰다자동차의 자회사 'M2'의 본사 건물이었다. 외관은 서양건축사를 다수 인용했다. 구마 겐고의 현재 건축 스타일과 비교했을 때 마치 다른 사람의 작품인 것처럼 더덕더덕한 느낌이 있다. 2003년에 장례식장으로 바뀌었는데 전혀 위화감이 없다.

구마 겐고의 '의외성의 건축'의 원점이자 '더덕더덕'한 느낌의 최고봉. 'M2'의 현재 정식 명칭은 도쿄메모리드홀. 엄청난 조형물이라 생각한다.

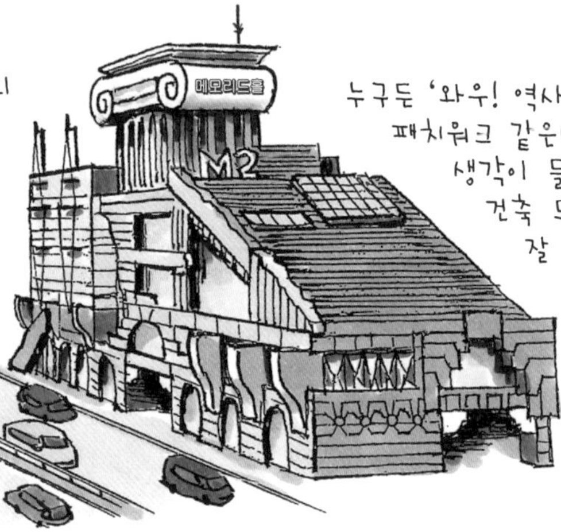

칸조 8호선

누구든 '와우! 역사적인 무언가의 패치워크 같은데, 뭡지?'라는 생각이 들 것이다. 건축 도감의 첫머리에 잘 어울리는 디자인이다.

그리스에서 러시아 아방가르드까지

우선 중앙의 거대한 기둥부터 보자! 주두(기둥머리) 부분에 꼬불꼬불한 저게 뭡였더라…

그리스의 3대 '주두 장식'

M2는 이거↓

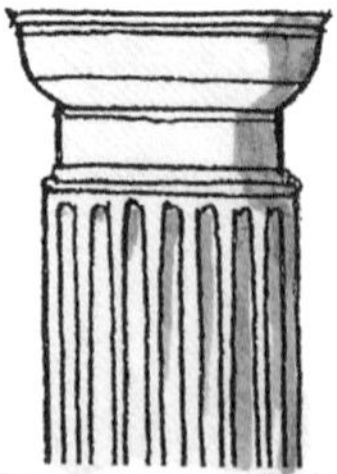

도리스 양식(도리아 양식)

고대 그리스 건축의 기본 (파르테논 신전 등)

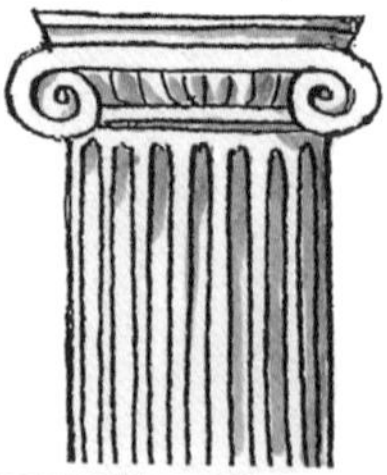

이오니아 양식

기원전 5세기경 그리스에 전해짐

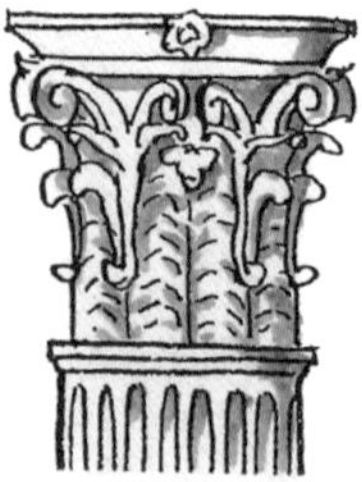

코린트 양식

그리스에서 시작되어 로마 등에 전해짐

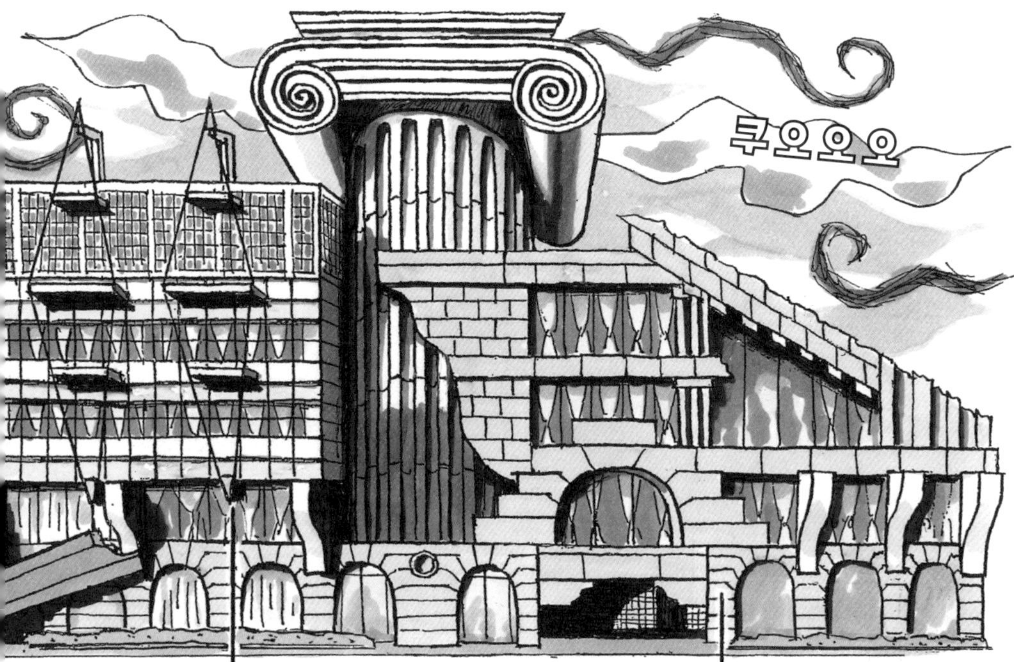

유리면 밖으로 툭 튀어나온 활 모양의 장식.
이것이 어디에서 따온 건지 아는 사람은
건축에 상당한 지식이 있는 것!

기단부는 조적조
아치의 아치돌(voussoir)을
과장한 디자인

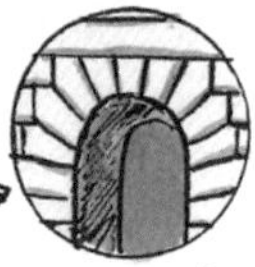

2500년치를 리믹스해 더덕더덕한 외관

정답은
이게!

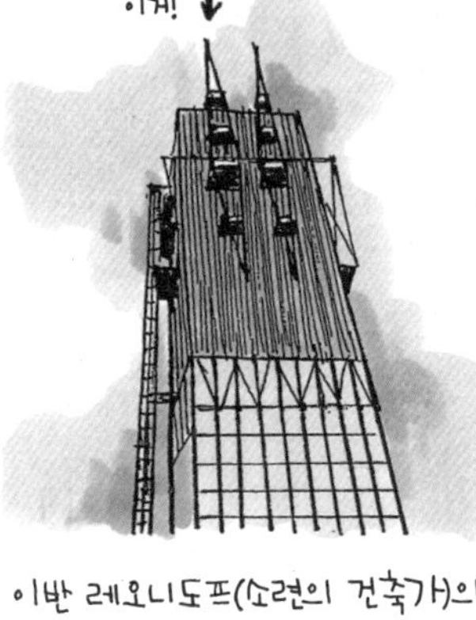

이반 레오니도프(소련의 건축가)의
'소련중공업성' 설계안(1934).
러시아 아방가르드의 명작이다.

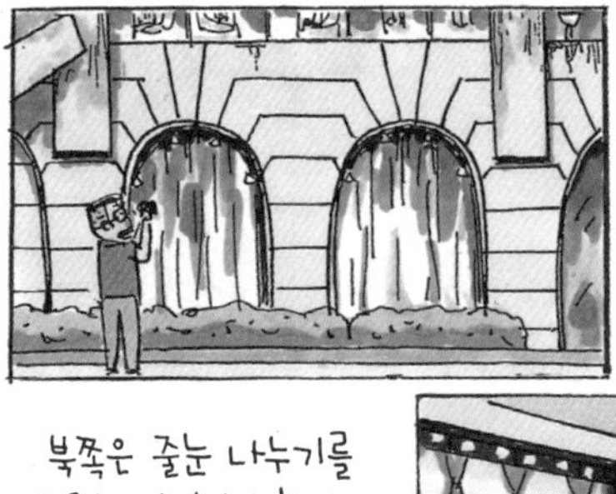

칸조8호선 도로 쪽
(동쪽)은 정통적인
아치가 연속적으
로 이어진다.
이것도 상당히
더덕더덕한
느낌이…

북쪽은 줄눈 나누기를
응용해 이런 느낌으로…
로봇으로 변신할 것
같은데?!

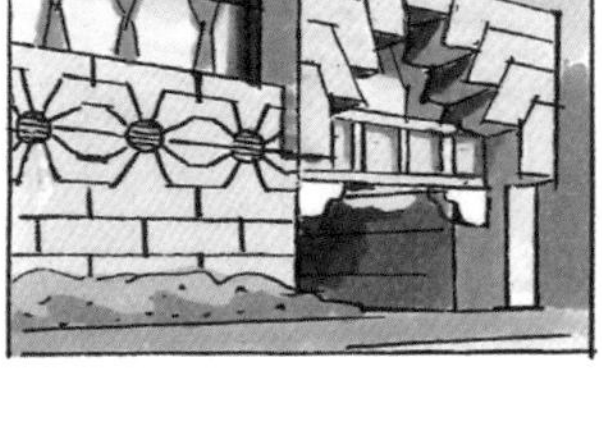

'원래 장례식장이었나?' 라는 착각이 들 정도로 위화감이 없는 실내

장례업체인 '메모리드'가 인수하여 2003년에 장례식장으로 바꾸었다.

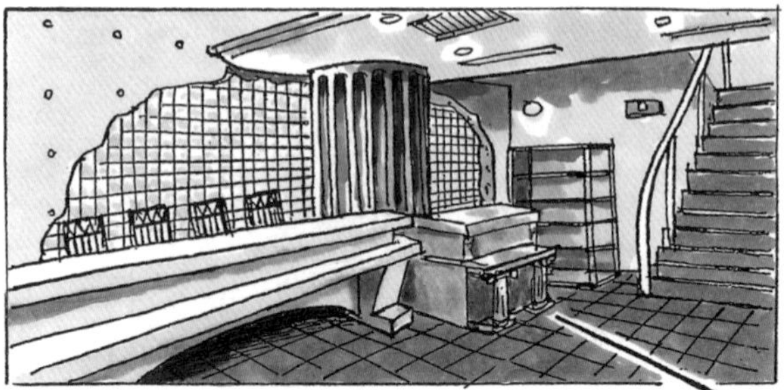

4층 입구는 처음 설계한 그대로다. 유리 블록으로 마감한 벽면 앞에 그리스풍 기둥이 자리하니 장례식장다운 뭔가 신비로운 분위기를 자아낸다.

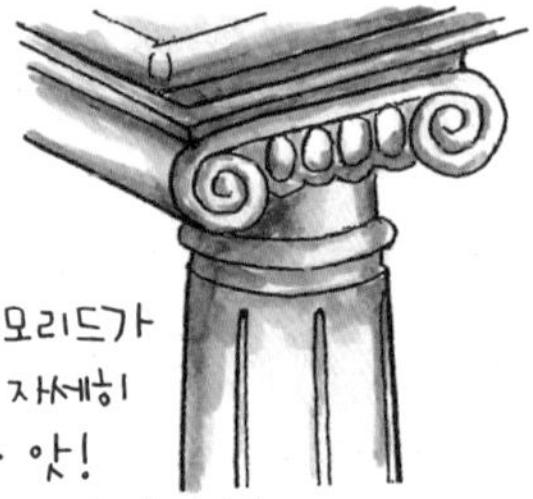

접수대는 메모리드가 제작한 것. 자세히 들여다보니… 앗! 여기에도 이오니아 양식이! Good Job!

단면도

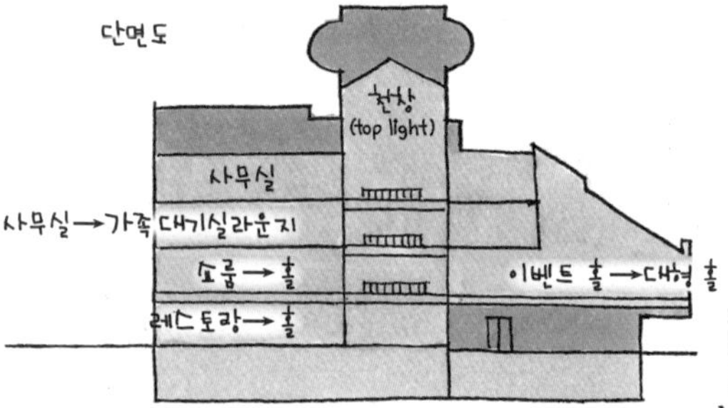

놀라운 것은 2층 동쪽에 있는 대형 홀이다. 제단과 천사링 모양의 조명을 설치함으로써 완전히 장례 홀로 탈바꿈했다.

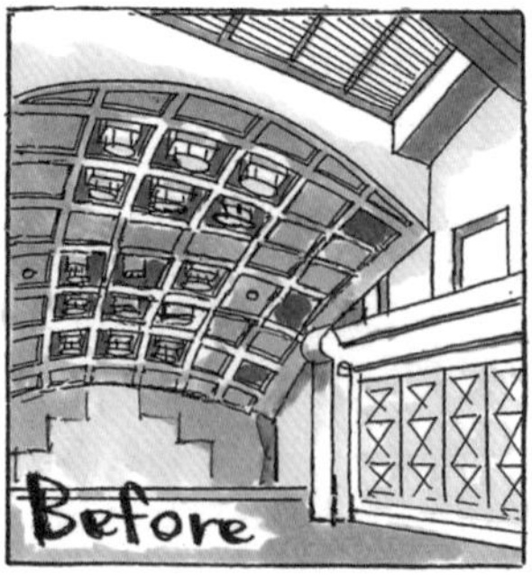

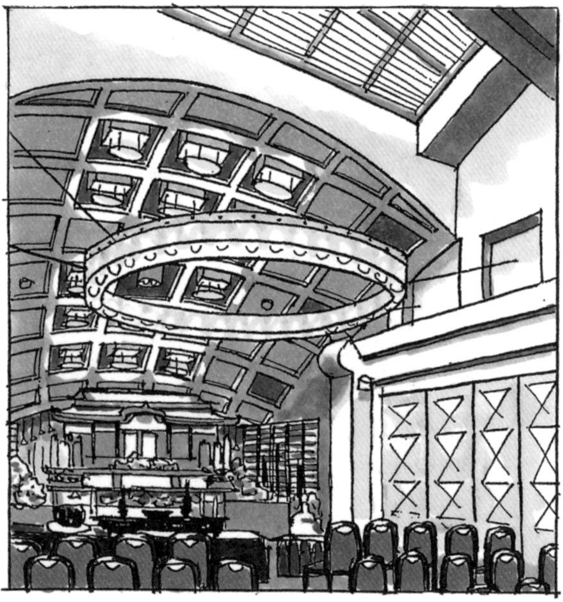

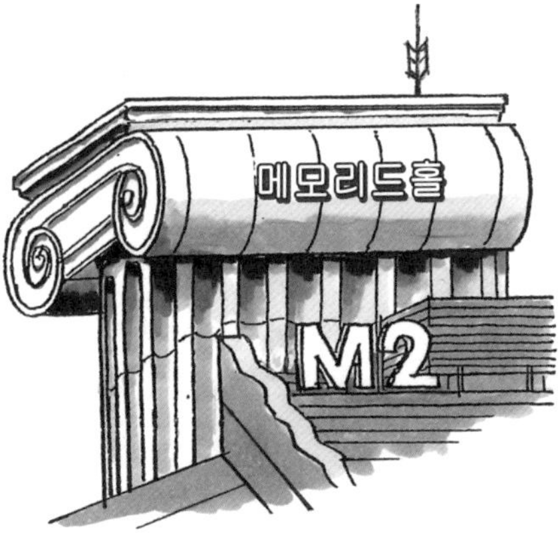

옥상에는 지금도 'M2' 간판이 붙어 있다.
왜 떼지 않았을까? 사실 메모리드 입장에서도
이 시설이 도쿄에 진출한 두 번째 건물이었기
때문에 'M2'(메모리드2)라는 의미에서
그대로 두기로 한 것! 기가 막힌 우연이네!!

이 M2 건물과 세트로 언급되는 또 하나의
건축물이 있다. 구마 겐고가 설계하여 같은 해인
1991년에 준공한 '도릭 미나미아오야마'다.
이 건물은 교차로 방향으로 도리스 양식의
거대한 기둥 하나를 떡하니 세운 7층짜리 건물이다.

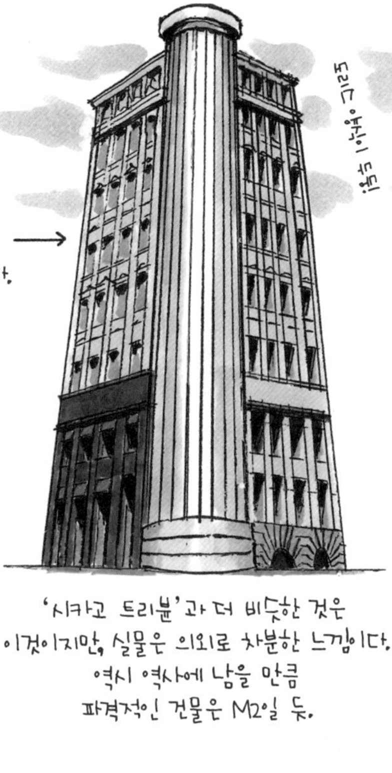

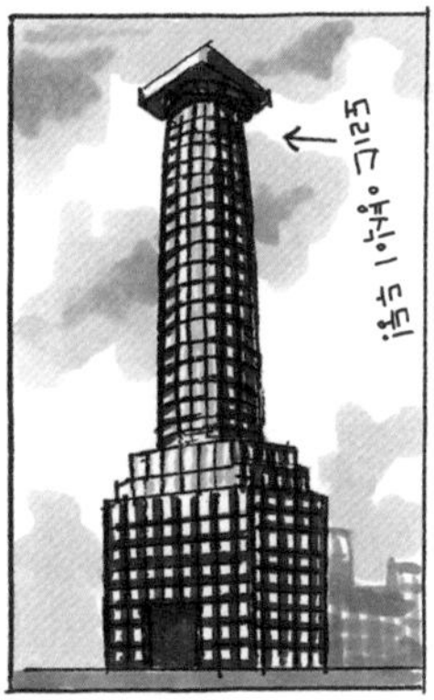

둘 다 아돌프 로스
(오스트리아의 건축가)의
'시카고 트리뷴' 설계안
(1922)을 오마주한
작품으로 볼 수 있다.

'시카고 트리뷴'과 더 비슷한 것은
이것이지만, 실물은 의외로 차분한 느낌이다.
역시 역사에 남을 만큼
파격적인 건물은 M2일 듯.

이것도 '인용'일까?

주두의 뒷부분은
반으로 잘라낸
양송이버섯처럼 생김

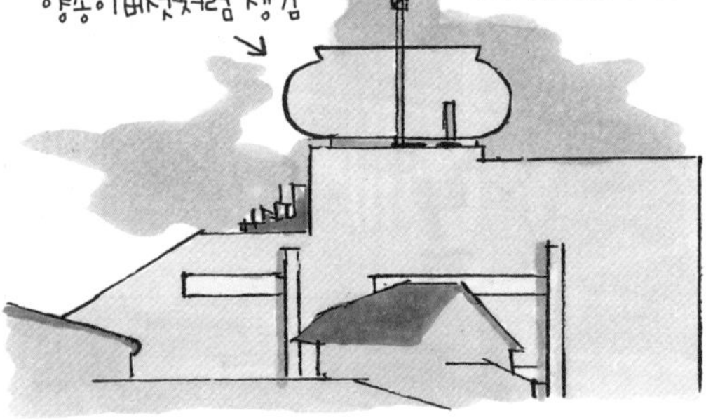

M2를 보러 간다면 꼭 서쪽도 보길 바란다.
깜짝 놀랄 만큼 아무것도 없는 벽이
보일 것이다! 적어도 주두 정도는 장식을
붙였어도 좋지 않았을까 싶은데…. 어쩌면
이건 '포스트모던 디자인 = 표층 디자인'[1]
이라는 포스트모더니즘 사상 자체를
인용한 표현인지도?!

➔ 건축정보는 P.030

02 '드러나지 않는 건축'의 발견

워터/글래스(현 아타미 카이호로)

의외성의 건축	시즈오카현 아타미시 가스가마치 8-33 JR아타미역에서 도보 8분
어른어른	
1995	지상3층/1125.19m²

사방이 통유리인 라운지가 수반에 떠 있다. 주변의 어느 위치에서 봐도 외관은 거의 보이지 않는다. 구마 겐고가 '내부 공간'에 집중하는 계기가 된 건축물 중 하나. 원래는 기업의 손님용 숙박시설로 사용되었지만, 2010년에 호텔로 바뀌었다.

1995년 완성 당시에도 취재차 이곳을 찾은 적이 있다. 25년 만의 재방문이다. 전에는 모 기업의 손님용 숙박시설로 사용되었지만, 현재는 호텔'카이호로'로 바뀌었다.

구마 겐고는 이 건축물이 동쪽에 있는 '구 휴가별장 별채'(1936년에 독일의 건축가 브루노 타우트가 설계함)를 오마주한 것이라 말했다.

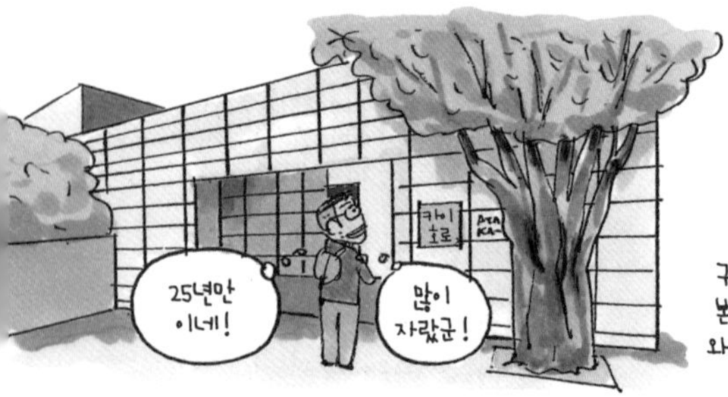

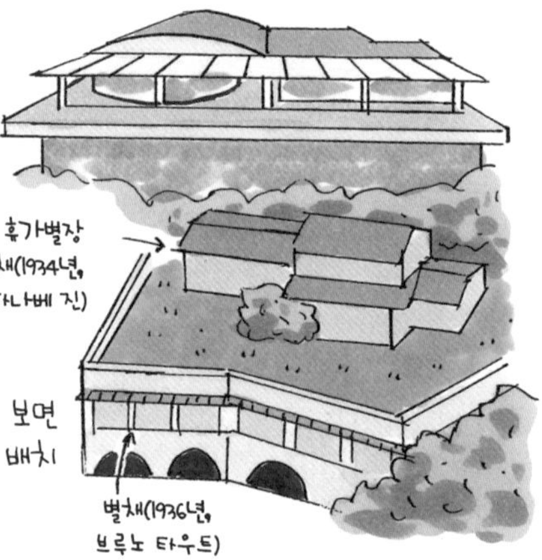

구글 어스에서 보면
이런 식의 배치

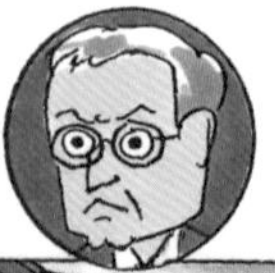

본론으로 들어가기 전에…
브루노 타우트(1880~1938) 독일의 건축가로 가쓰라 이궁의 아름다움을 전 세계에 알린 인물.
구 휴가별장 별채 브루노 타우트가 일본에 남긴 유일한 건축물.

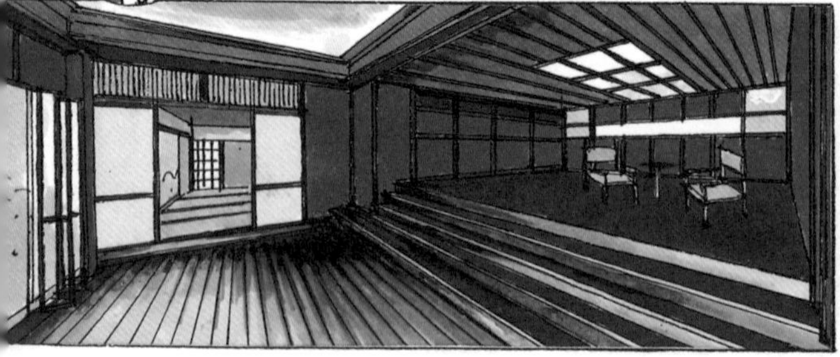

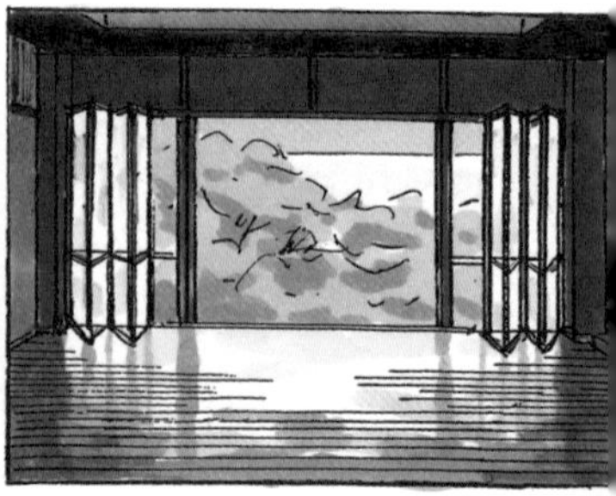

'별채'는 지하에 있으며 외관이 없다. 있는 것이라곤 인테리어와 '한 폭의 그림이 된 바다'뿐.

그래서 카이호로(海峯楼)라고 하는 것이다. 수반, 유리, 루버로 둘러싸여 어른거리는 투명함은 여전히 건재하다. 바다를 액자에 담듯 잘라서 보여주지 않고, 모든 방향에서 볼 수 있도록 설계했다.

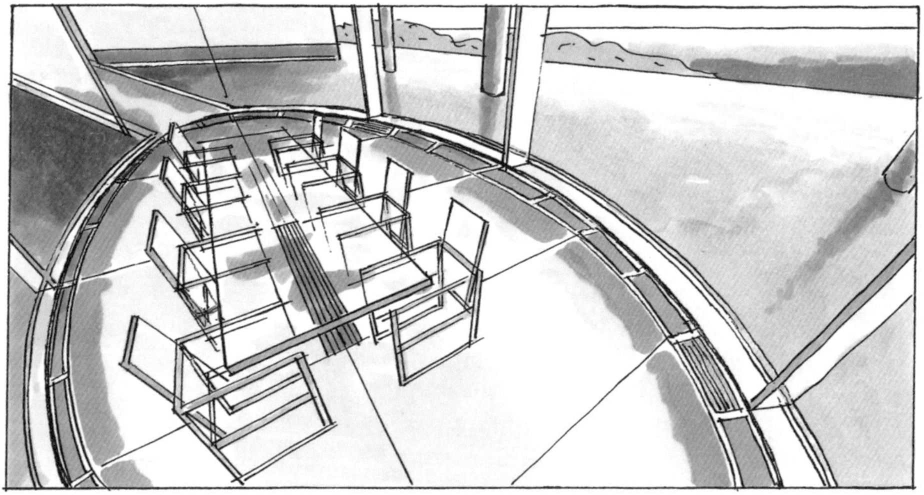

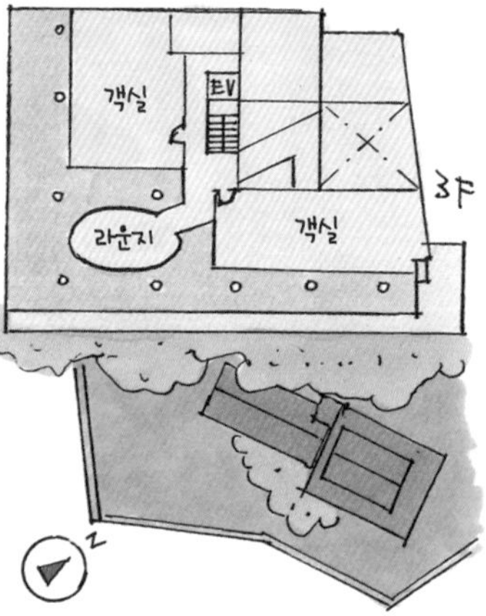

유리로 된 라운지는 3층 남쪽에 위치한다. 그냥 보여주기 위한 곳이라고 생각했는데, 실제로 숙박객이 식사를 하는 다이닝룸으로 사용된다고 한다.

유리와 철로 만든 의자. →
거의 20kg이라 엄청 무겁다!! 그야말로 기억에 남는 식사가 될 듯하다.

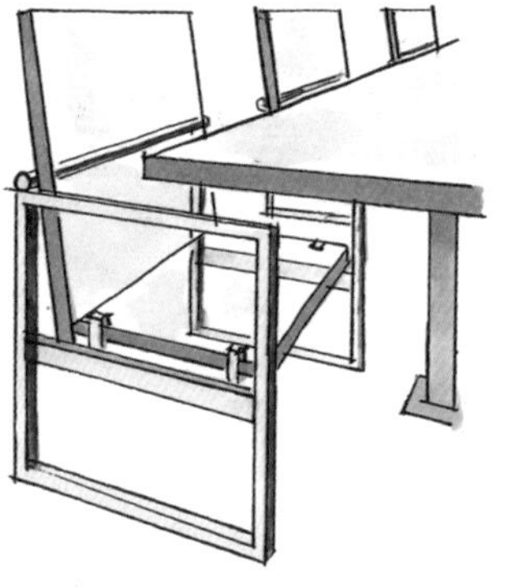

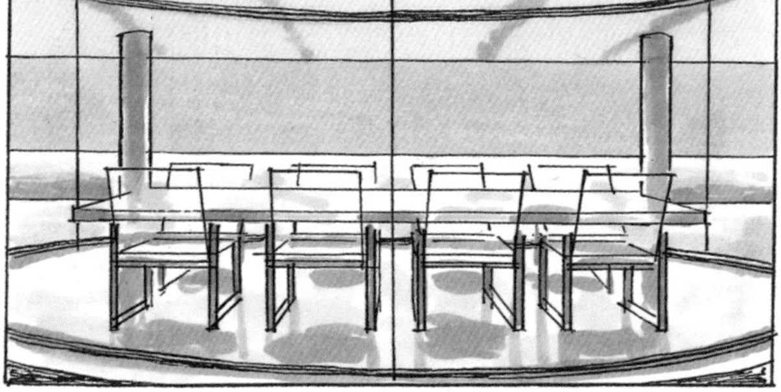

내부에서 어떻게 보이는지가 건축의 근간이다. 이 건축이 구마 겐고에게 큰 전환점이 된 것임은 틀림없다. 그리고 그걸 깨닫게 한 것이 바로 타우트라니…. 죽어서도 여전히 위대한 지도자가 아닌가!

건축정보는 P.030

03 일품 재료들로 만든 풀코스 요리

돌 미술관

의외성의 건축	도치기현 나스마치 아시노 2717-5
조각조각	JR도호쿠본선 구로다하라역에서 간토버스로 11분, 아시노나카마치 버스정류장 하차. 도보 1분
2000	지상1층/527.57m^2

2000년에 완성된 '나스 자연소재 3부작' 중 하나. 기존의 돌창고가 미술관으로 재탄생. 석공들과 함께 다양한 디테일을 고안했다. 조각조각 흩어져 있는 기존의 건물들을 그대로 놔둔 채 건축한 이곳은 훗날 구마 겐고에게 큰 영향을 주었다.

구마 겐고의 전환점이라고 한다면 '바토히로시게미술관'(도치기현 나카가와마치)을 꼽는 사람이 많을 것이다. 하지만 개인적으로는 바토히로시게미술관에서 북쪽으로 약 35km 떨어진 나스마치에 위치한 이곳 '돌 미술관'이 더 중요하다고 생각한다. 이곳은 바토히로시게미술관과 마찬가지로 2000년에 완성되었다.

➔ P.086 참조

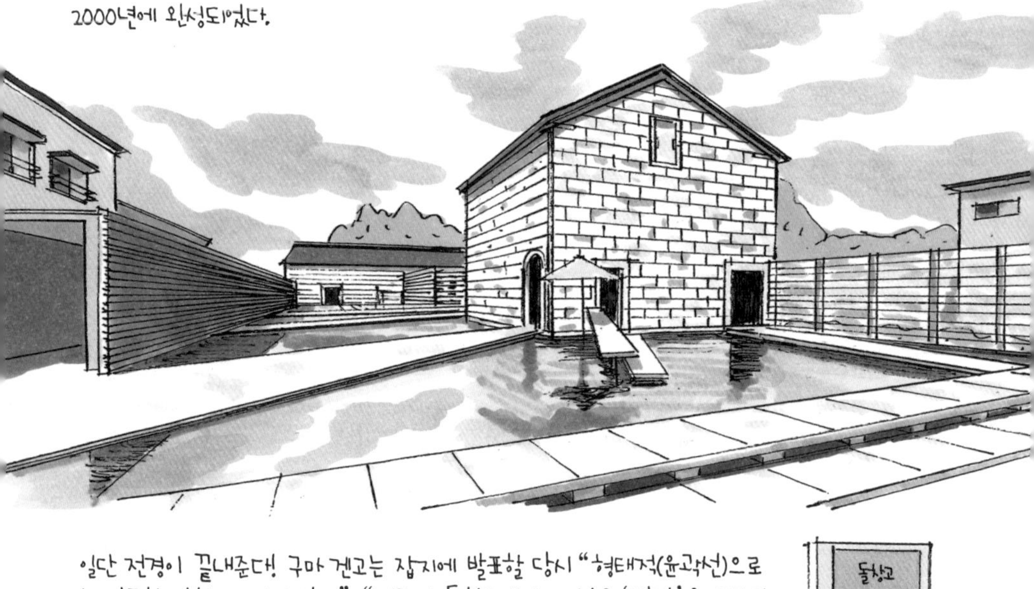

일단 전경이 끝내준다! 구마 겐고는 잡지에 발표할 당시 "형태적(윤곽선)으로는 언급할 만한 게 거의 없다", "기존의 돌창고 주위에 낮은 '담장'을 두르면 좋을 것 같다는 생각을 했을 뿐이다"라고 겸손하게 말했다. 하지만 '낮은' 담장이 바로 '신의 한 수'였던 것! 옆에 위치한 민가의 지붕이 빼꼼 머리를 내밀어 마치 '윤곽'이 이어진 듯 보이는 것이 아닌가!

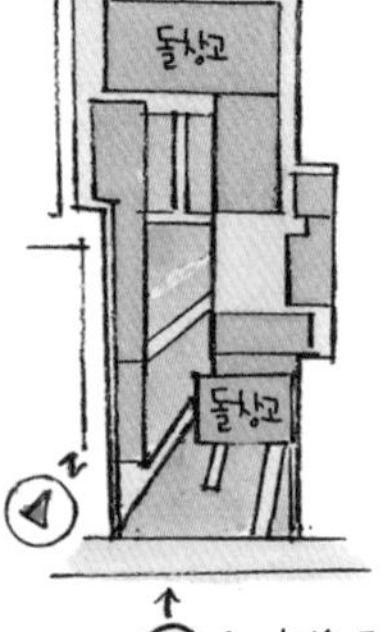

위 일러스트

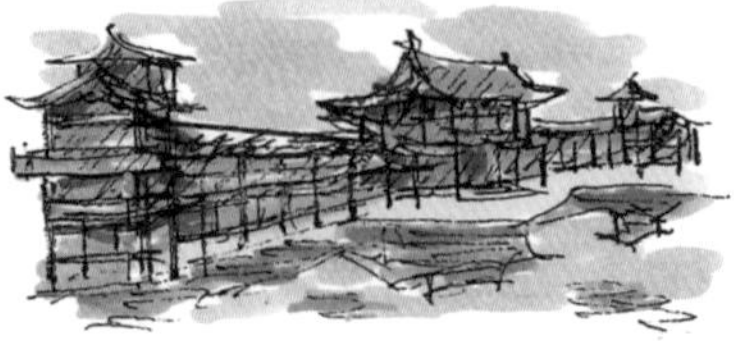

← 실루엣이나 물에 비치는 모양새가 교토의 뵤도인 호오도와 비슷한 듯!

주변 소음마저도 디자인으로 승화

구마 겐고도 처음에는 담장을 높게 세워 주위의 소음을 차단하려 했다. 하지만 예산이 없었던 것. 그렇다면 '민가를 배경으로 이용하자'고 발상의 전환을 꾀한 것이다…라는 내용은 아무 데도 쓰여 있지 않고, 애초에 잡지에 실린 사진은 대부분 좌우가 잘린 것들이라 알 수가 없다.

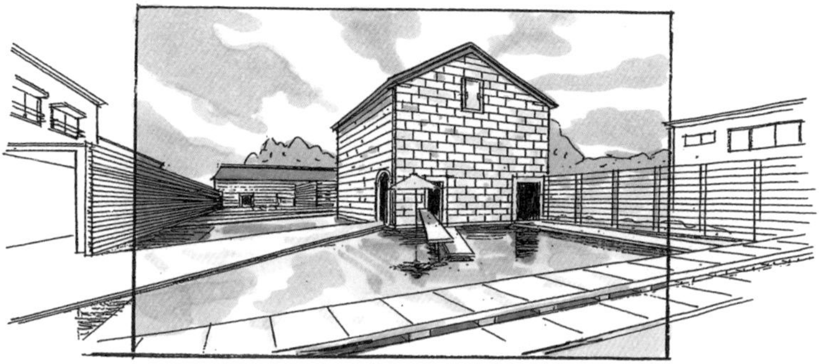

흐음… 사진작가가 그렇게 찍은 건지, 아니면 편집자의 센스가 부족한 건지… 역시 건축은 현지에 직접 가서 보지 않으면 알 수 없는 법이다!

조각조각 떨어진 그대로 놔두기

원래 있던 돌창고 2개를 어떻게 이었을까? 보통은 건물 두 개 사이에 커다란 건물을 하나 지어 둘을 연결시킬 것이다. →
하지만 그럴 예산도 없었던 것…

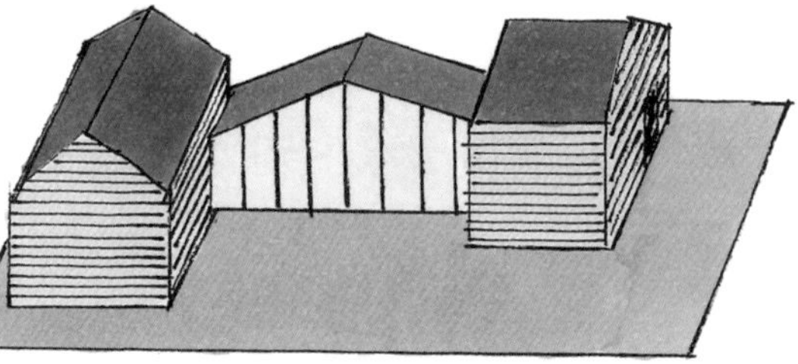

그렇다면 아예 '조각조각 떨어트려 놓자'고 생각을 바꾼 것이 아닐까?(이것도 상상) ↘
그 결과, 구마 겐고는 지금까지와는 전혀 다른 '군조형'(造形, group form)이라는 접근법을 시도할 수 있었다.

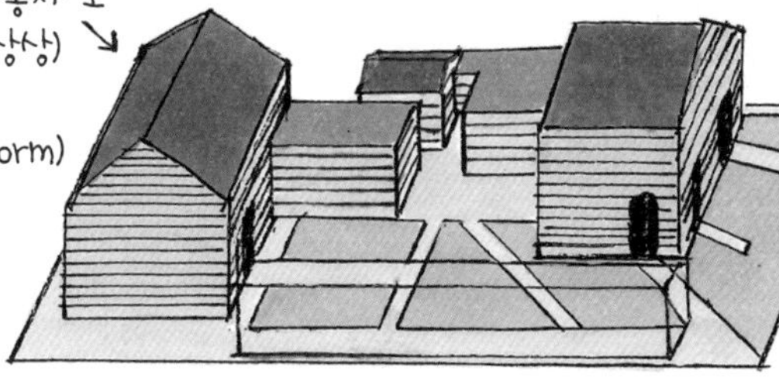

거친 목재의 매력을 살리다

돌창고 두 개의 내부는 새 목재와 오래된 목재가 다이내믹하게 공간을 감싼다.

갤러리2 →

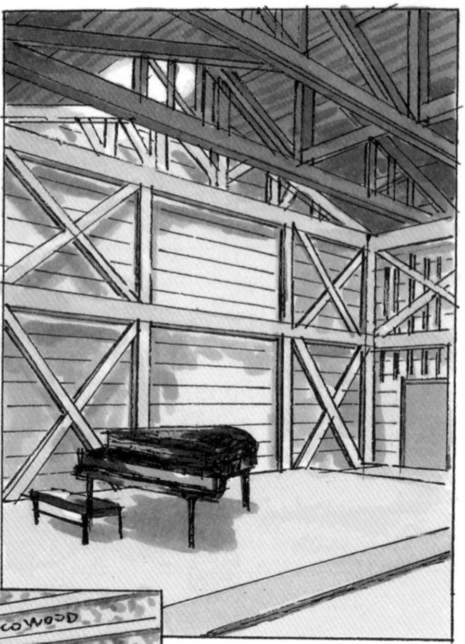

바토히로시게미술관과는 대조적인 양감을 보여준다. 훗날 '구마겐고식 목조 건축'은 이 거친 느낌에서 분화된 것이 아닐까?

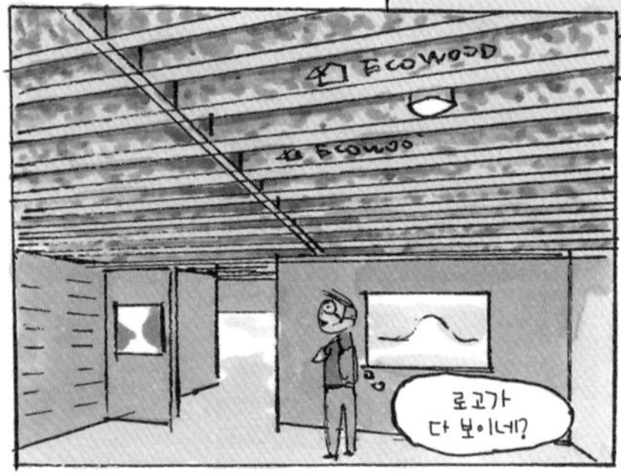

신설된 갤러리1의 들보는 OSB합판이 노출된 상태로 깔려있다. 나무의 매력에 눈을 떴다는 것이 느껴진다.

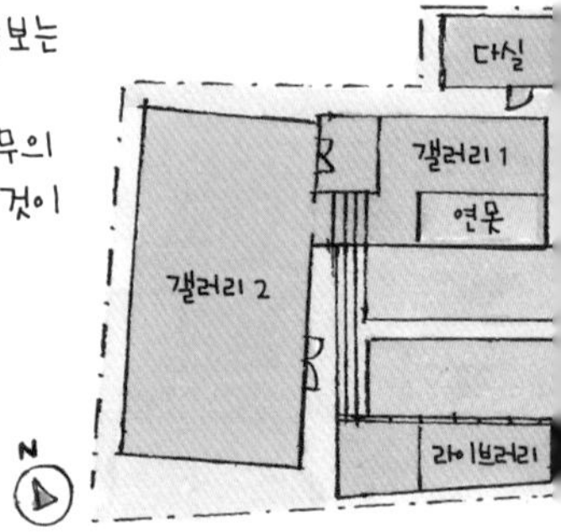

그리고 주역은 '돌'이다. 놀라운 돌 사용법을 보자. 일단 갤러리1은 '돌을 격자형'으로! (돌을 군데군데 빼놓아서 공기가 통하는 통로를 확보함)

다실은 '컬러풀한 돌기둥'으로!

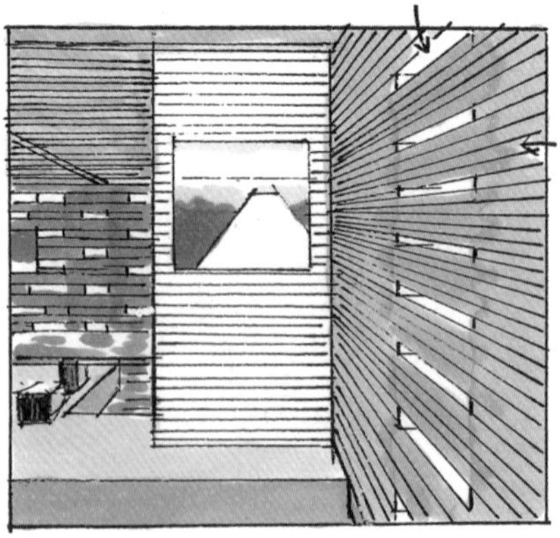

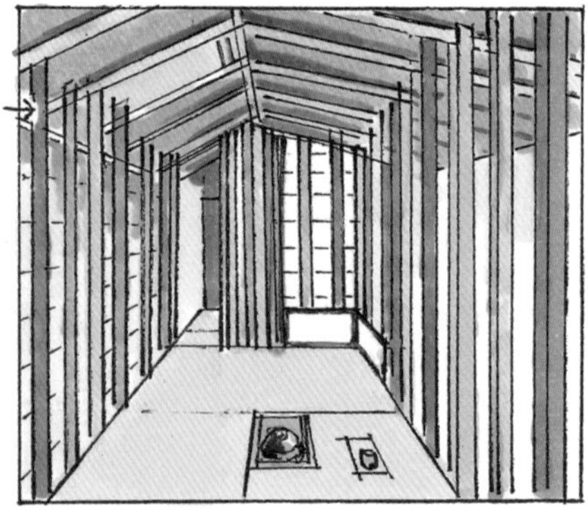

가장 깜짝 놀란 것은 전시실1이었다. 들어간 순간 처음에는 살짝 어두워서 잘 보이지 않지만, 눈이 어둠에 익숙해지면 이런 식으로 보인다. 갤러리1과 똑같은 듯하면서도 다르다.

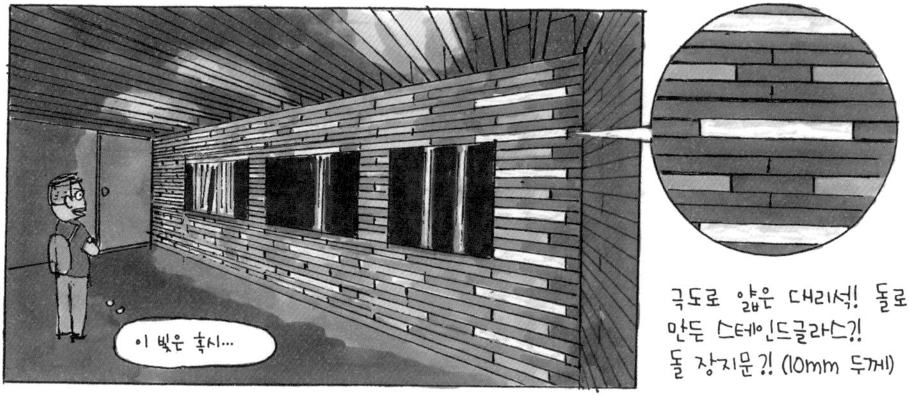

그리고 별것 아닌 듯이 보이지만 사실은 기가 막힌 것이 이 담장이다. 뭐가 대단하냐고? 자세히 볼까?

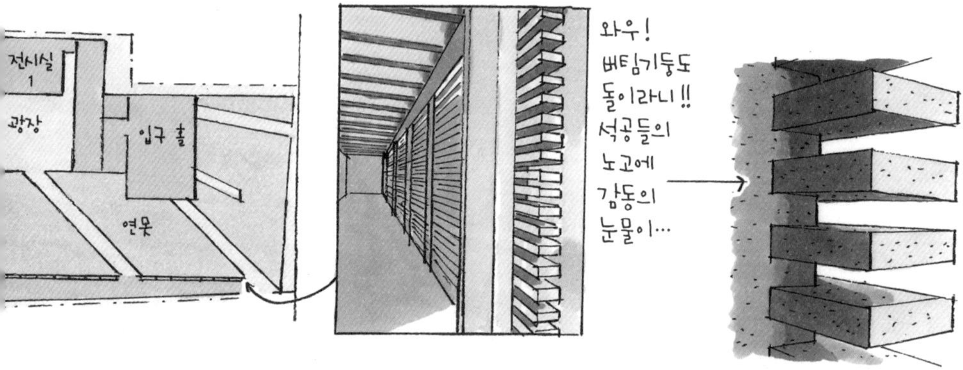

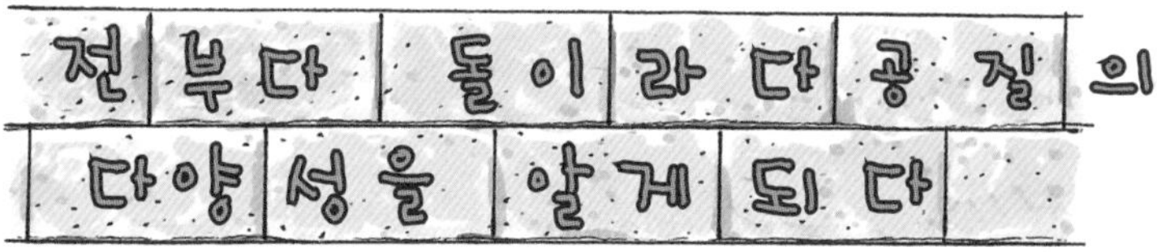

음식으로 말하자면 일품 재료들로 만든 풀코스 요리라 할 수 있다. 전부 다 둘러본 후에는 솔직히 '잘 봤다! 이제 돌은 그만 봐도 될 것 같은데?'라는 느낌이었다. 하지만 이렇게 질릴 정도로 보여주니 돌의 다양성과 함께 '다공질'(porous)의 다양성을 알게 될 수밖에 없는 듯. 루버도 다공질의 일종(가늘고 긴 구멍)이다. 구마 겐고도 그 점을 알았던 것이 아닐까?

건축정보는 P.031

04 가교에서 토목에 대한 의지를 엿보다

유스하라 우든브리지 뮤지엄
(현 구름 위의 갤러리)

의외성의 건축	고치현 유스하라초 다로가와 3799-3
첩첩	고치고료교통버스를 타고 다로가와고엔마에 버스정류장에서 하차. 도보 2분
2010	지하1층·지상2층/445.79m²

고치현 유스하라초에 위치한 관광시설. 브리지(가교) 형태의 통로와 경사면 위의 전시 공간으로 이루어졌다. 브리지는 '하네기'[2]를 첩첩 쌓아서 만든 하네바시[3] 구조이며, 구조설계는 나카타 가쓰오가 맡았다. 2020년에는 '구마 겐고의 작은 박물관'이 개관했다.

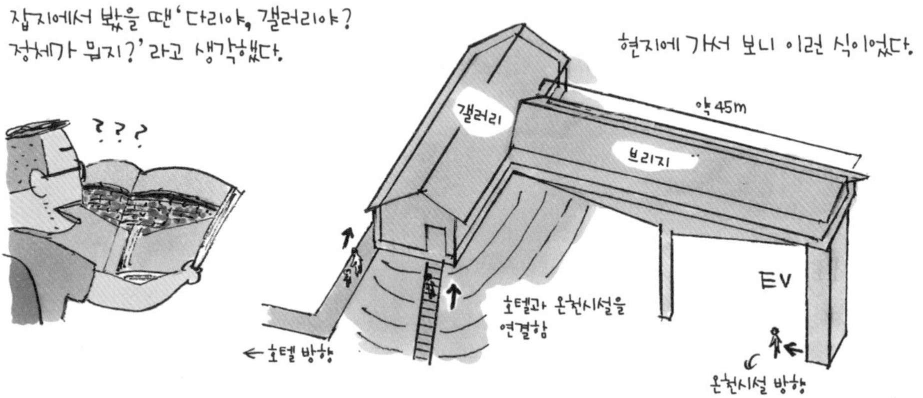

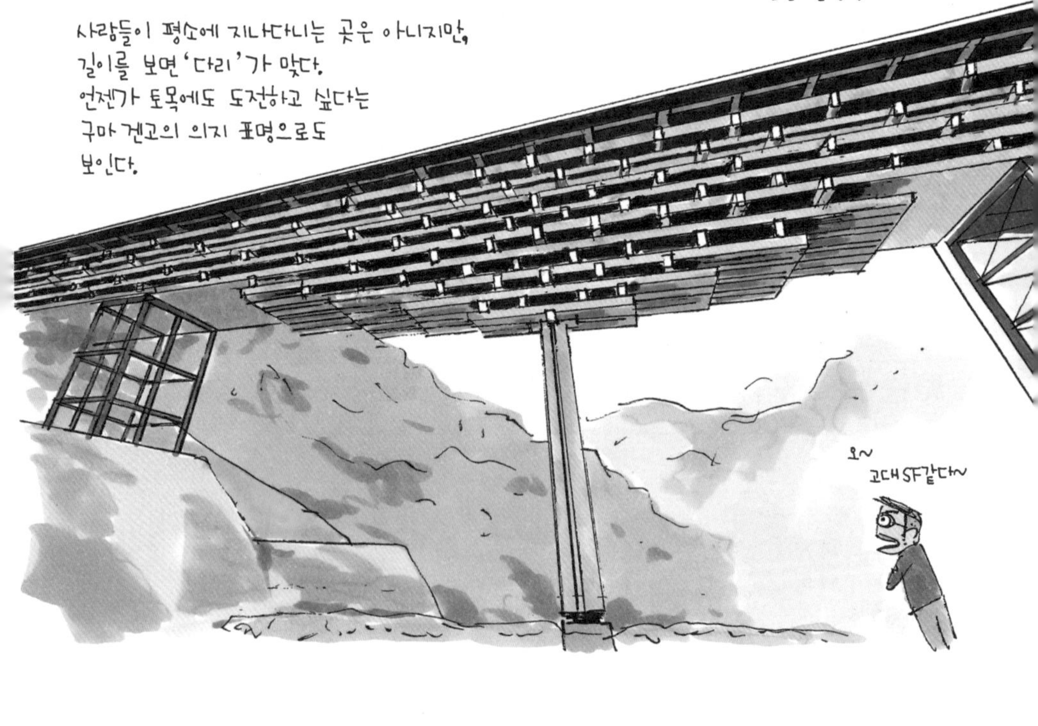

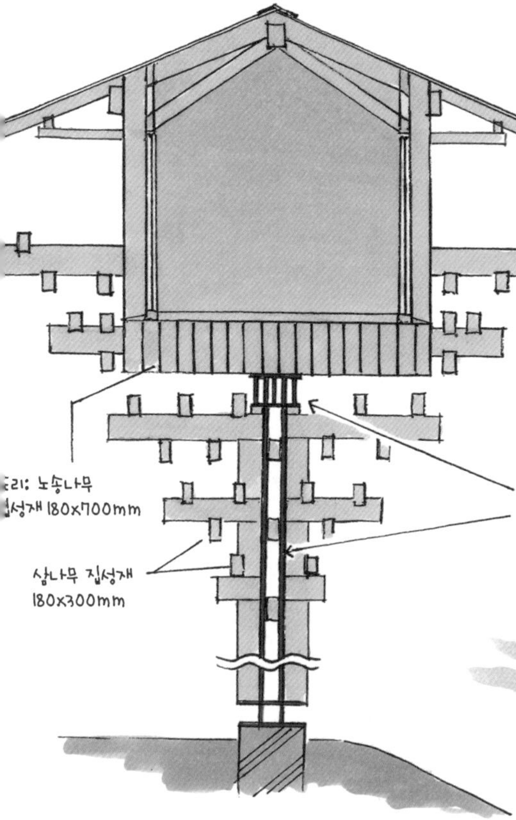

브리지 내부는 이런 느낌이다.
양쪽으로 숲이 보여 너무 좋다.

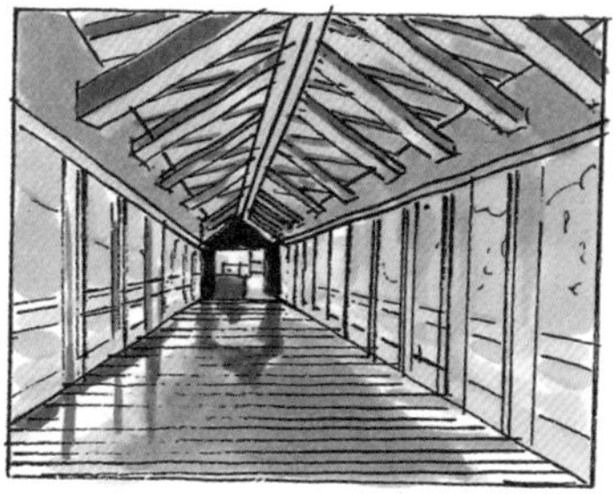

실제로는 철골 구조일 것이라 생각했는데, 완전히 오산이었다. 도리[4] 중앙 부분과 기둥 내부에 철골이 들어 있기는 하나 그 양쪽으로는 실제로 나무가 지탱하고 있다.

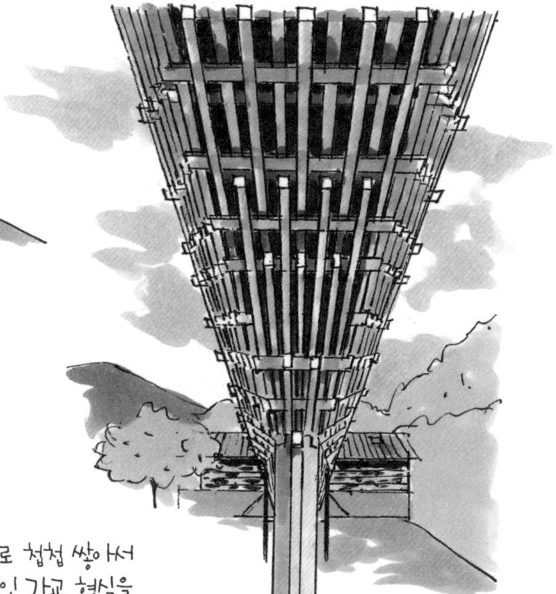

뮤지엄에는 건축 과정에 대한 상세한 설명이 있어 큰 공부가 되었다.

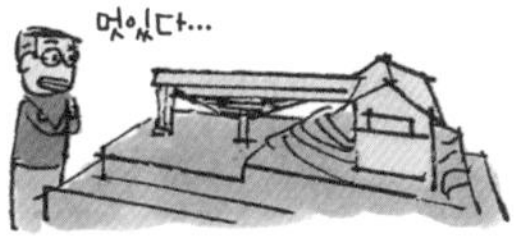

예를 들자면, 이 브리지는 '하네기'를 양쪽으로 첩첩 쌓아서 도리를 지탱하게 하는 '하네바시'라는 전통적인 가교 형식을 부활시킨 것이다. 그리고 이곳 외에 야마나시현 오쓰키시에도 '사루하시'[5]라는 하네바시가 존재한다고 한다. 뭔가 박식해진 기분인데? ↘

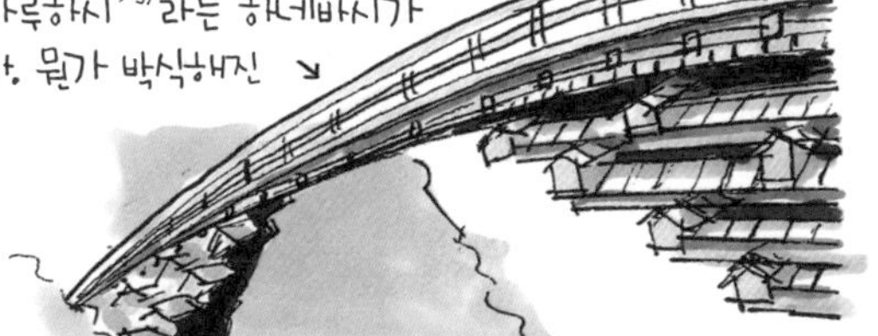

➜ 건축정보는 P.031

05 야경마저 환상적인 '언밸런스'

아사쿠사 문화관광센터

의외성의 건축	도쿄도 다이토구 가미나리몬 2-18-9 도쿄메트로 긴자선 아사쿠사역에서 도보 1분
어긋어긋	
2012	지하1층·지상8층/2159.52m^2

센소지의 가미나리몬(바람의 신과 천둥의 신이 있는 문) 바로 앞에 우뚝 서 있는 다이토구 관광정보센터. 주요 구조는 철골조이나 언뜻 보면 목조 건물이 포개져 있는 느낌이다. 각 층의 미묘한 어긋남과 처마의 경사를 이용해 그렇게 보이도록 교묘하게 지은 것이 포인트!

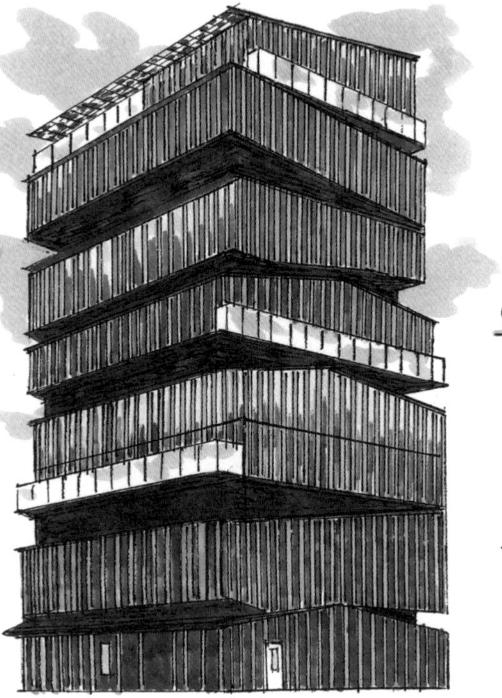

특별히 지정받아 발주를 받기도 하지만 구마 겐고는 공모전을 통해 따낸 프로젝트가 많은 편이다. 아사쿠사 문화관광센터(2012)도 그중 하나. 이 건물을 보면 구마 겐고가 공모전에 강한 이유를 알 수 있다.

① 명쾌한 콘셉트

아이들이 보면 '와아! 집을 층층이 쌓았어!'라고 생각할지도. 단순하면서도 임팩트가 크다.

② 일본 고유의 멋을 살림

맞배지붕으로 설계하고 주위를 나무루버로 둘러, 일본의 목조 건물이 연상된다.

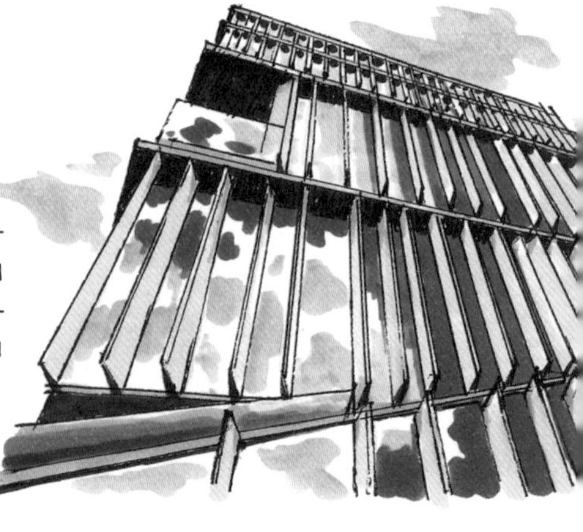

③ 기가 막힌 뷰

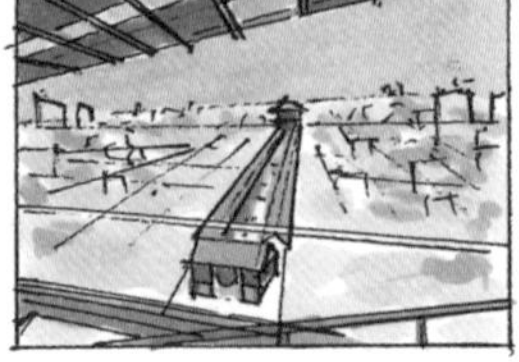

최상층의 처마 끝이 가리키는 쪽을 봤을 때 가미나리몬과 센소지가 일직선으로 보이는 끝내주는 앵글!

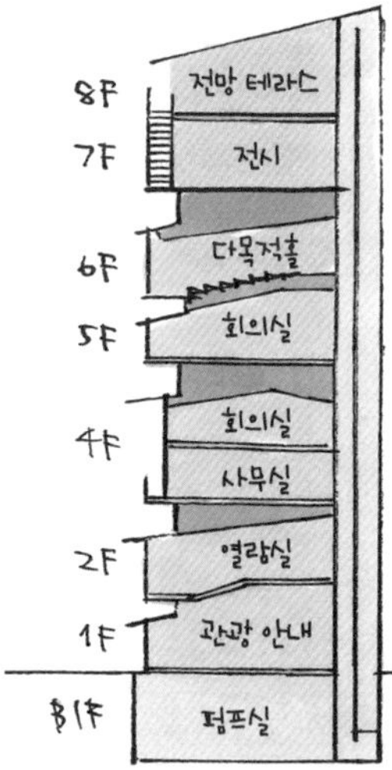

④ 보기보다 합리적인 단면

2010년경 이유는 모르겠지만 세계 곳곳에서 '집을 겹겹이 쌓아 올린 형태의 건축'이 등장했다.

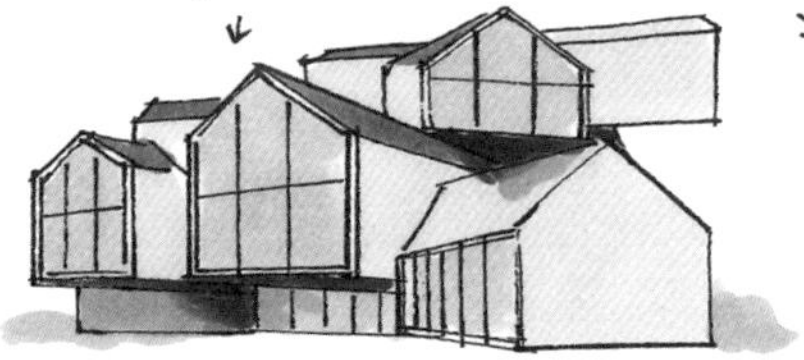

독일 비트라하우스(2010년)
설계: 헤르조그&드 뫼롱

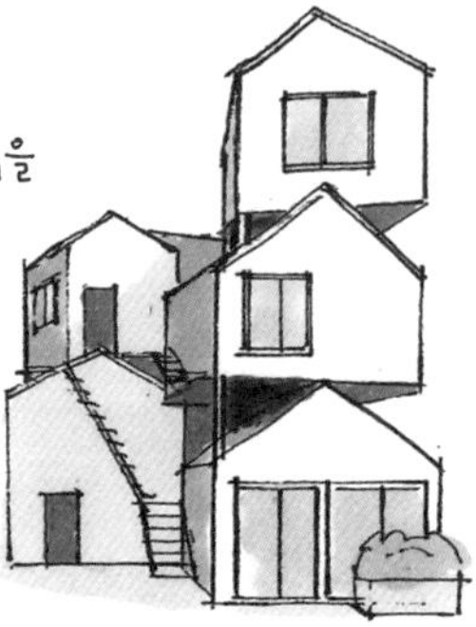

도쿄아파트먼트(2010년)
설계: 후지모토 소스케

아사쿠사 문화관광센터는 그에 비해 외팔보(cantilever)[6]나 허공에 붕 떠 있는 외부 공간이 적다. 구조적으로 무리하지 않고 각 층 바닥면을 미묘하게 어긋나게 만들어 '포개짐'을 연출했다.

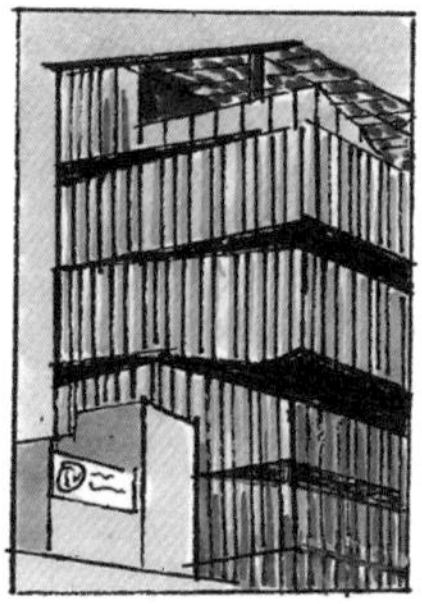

어긋난 방향은 최소한으로 했으며, 가미나리몬이 있는 북서쪽에서 보는 것을 전제로 하여 지은 것이기에 동쪽 벽면은 거의 평평하다. 어긋난 것처럼 보이게 만드는 검은색 라인 때문에 얼룩말처럼 보여 재미있다.

⑤ 야경으로 즐거움이 배가 됨

바닥과 처마의 경사, 나무루버의 세로 라인을 강조한 조명이 일품이다. 어딘가 모르게 신비로움마저 느껴지는 야경은 과거 아사쿠사 부근에 존재했던 요시하라 유곽을 연상시킨다.

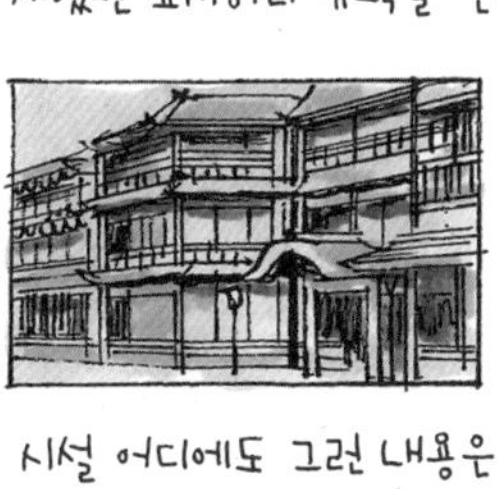

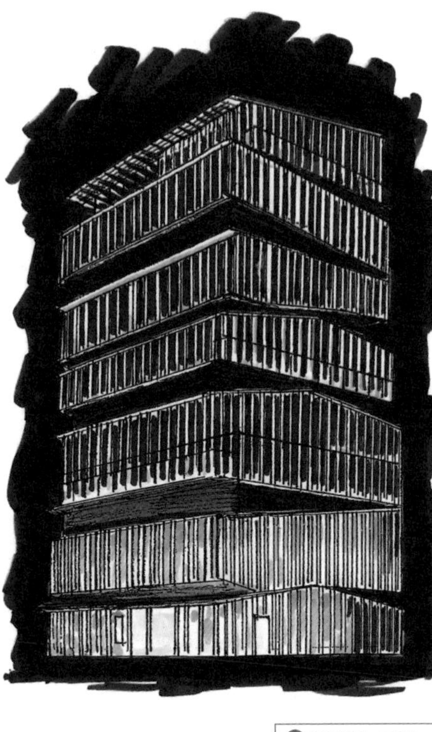

시설 어디에도 그런 내용은 쓰여 있지 않지만, 보는 이로 하여금 멋대로 상상의 나래를 펼치게 만드는 것이 바로 구마 겐고의 건축물이 지닌 하나의 힘일 것이다.

➔ 건축정보는 P.031

06 ‘지고쿠구미’는 장식에 그치지 않는다

서니힐스 미나미아오야마

의외성의 건축	도쿄도 미나토구 미나미아오야마 3-10-20 도쿄메트로 긴자선 등 오모테산도역에서 도보 6분
삐죽삐죽	
2013	지하1층·지상2층/293m^2

파인애플케이크 전문점. 의외로 구마 겐고의 건축물은 비용 대비 효과가 좋은 것들이 많은데, 이 건물은 보이는 것보다 훨씬 난도가 높다. ‘지고쿠구미’라는 일본의 전통적 목조 기법을 응용했다. 도쿄대 준교수이기도 한 사토 준이 구조설계를 맡았다.

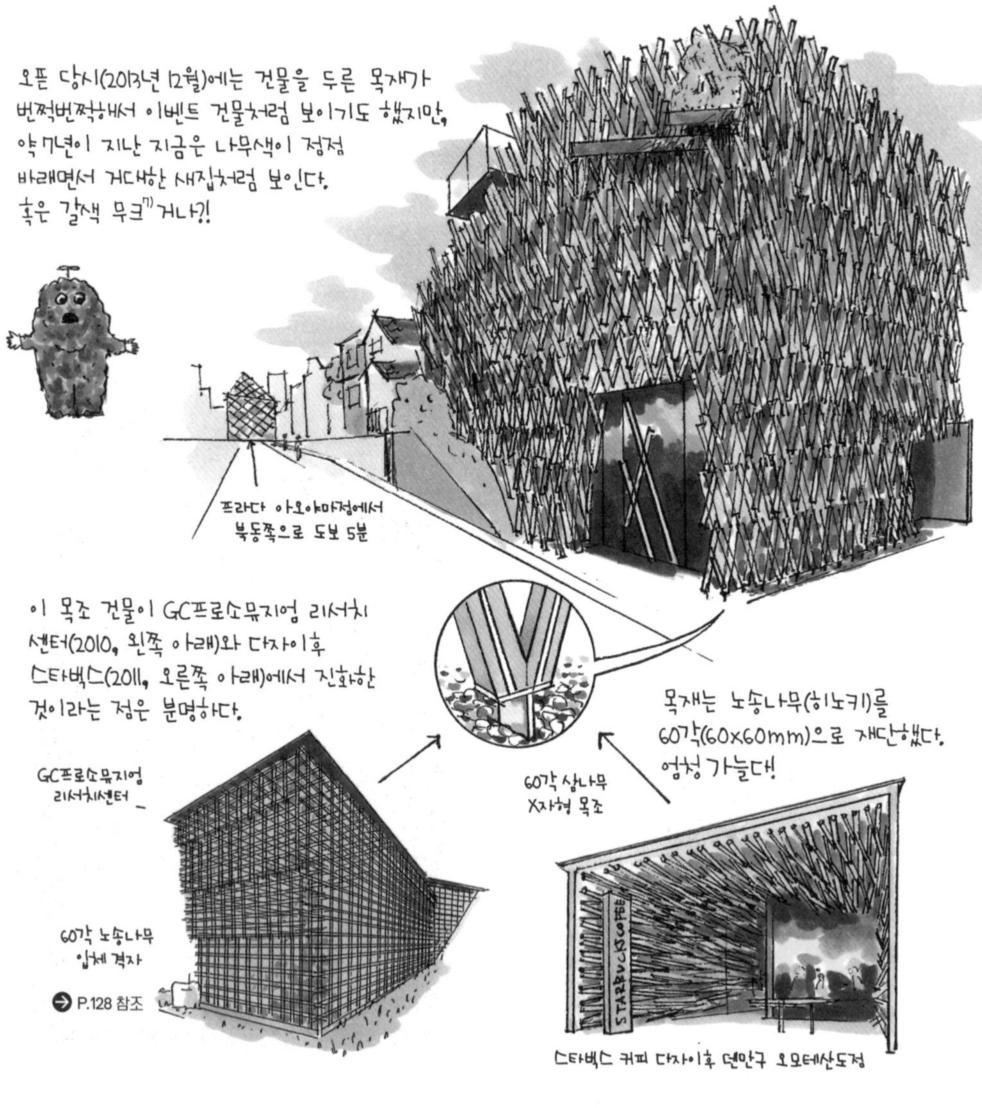

➔ P.128 참조

이 건축물로 인해 유명해진 것이 '지고쿠구미'[8]라는 일본의 전통적 목조 기법이다. '지고쿠'(지옥)라는 단어의 어감상 삐죽삐죽한 모양 때문에 붙은 명칭이라 생각할 수도 있지만(나도 그랬다), 알고 보니 그런 이유가 아니었다.

What's 지고쿠구미 ?

< 준비물 >

양쪽을 번갈아 가며 홈을 판 목재 10개. 단면의 2/3를 홈으로 판 목재 8개, 단면의 1/3을 홈으로 판 목재 2개.

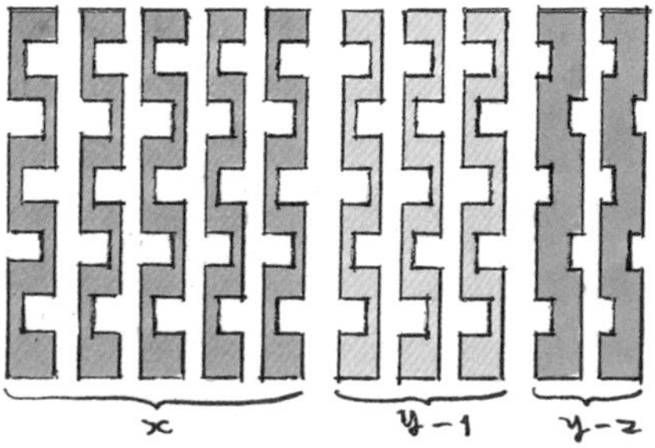

< 조립법 ① > x랑 y-1을 끼운다.

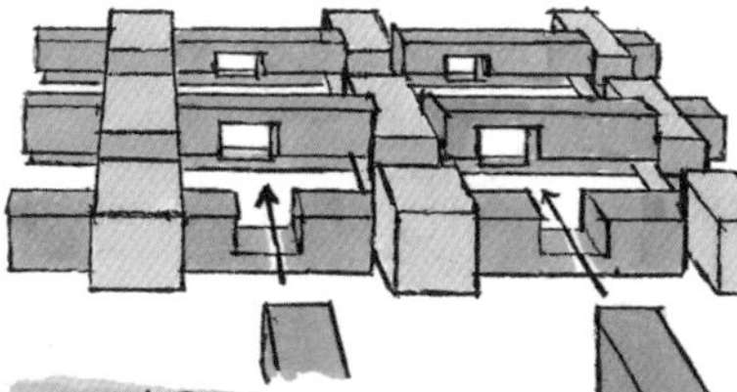

< 조립법 ② >

목재 1개가 들어갈 만한 구멍이 생기는데, 거기에 y-2를 끼워 넣는다. 각 면을 모두 채우면 완성.

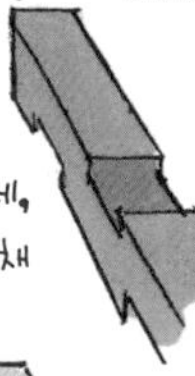

< 장점 > 홈이 양쪽으로 번갈아 나 있기 때문에 잘 휘지 않는다.

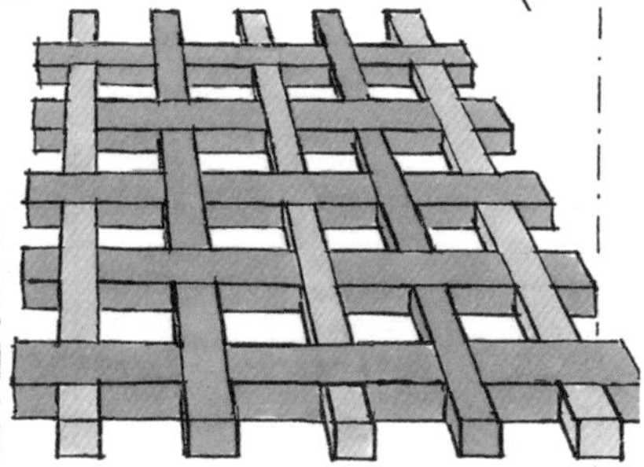

이 건물은 교차각이 90도가 아닌 33.7도가 되도록 하여 마름모꼴로 구성했다.

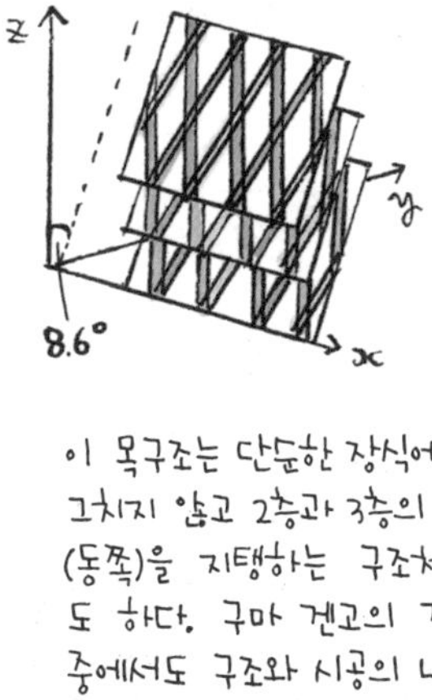

게다가 이걸 비스듬한 목재로 연결해 입체화한 뒤 8.6도 기울여 외벽을 장식했다. 그래서 목재의 끝부분이 삐죽삐죽 튀어나온 듯 보이는 것이다.

이 목구조는 단순한 장식에 그치지 않고 2층과 3층의 바닥(동쪽)을 지탱하는 구조체이기도 하다. 구마 겐고의 건축물 중에서도 구조와 시공의 난이도를 따지자면 최상위 수준이다. 놀랄 만한 것은 외관뿐만이 아니었다.

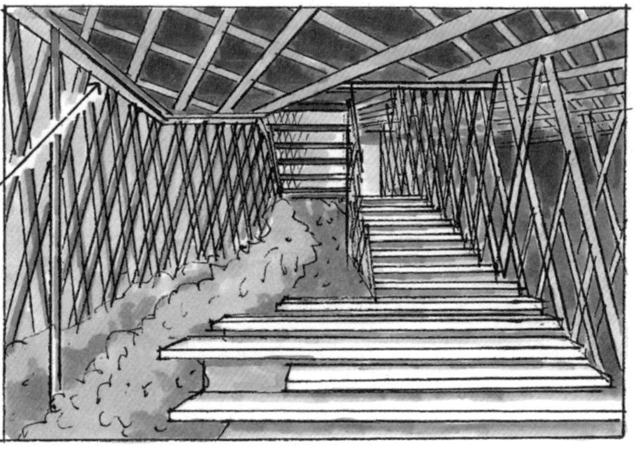

➔ 건축정보는 P.031

07 잡다함을 승화시킨! '이자카야 3부작'

뎃짱

의외성의 건축	도쿄도 무사시노시 기치조지혼초 1-1-2
알록달록	하모니카요코초 내 JR주오선·게이오이노카시라선 기치조지역에서 도보 1분
2014	지상2층/31.18m^2

3개 지점 모두 VIC(Video Infor-mation Center, 대표 데즈카 이치로)가 운영하는 이자카야다. '하모니카요코초'라는 이름은 '한가운데에 통로가 있고 그 양쪽에 하모니카 모양으로 술집이 늘어서 있는 것'에서 유래했다고 한다.

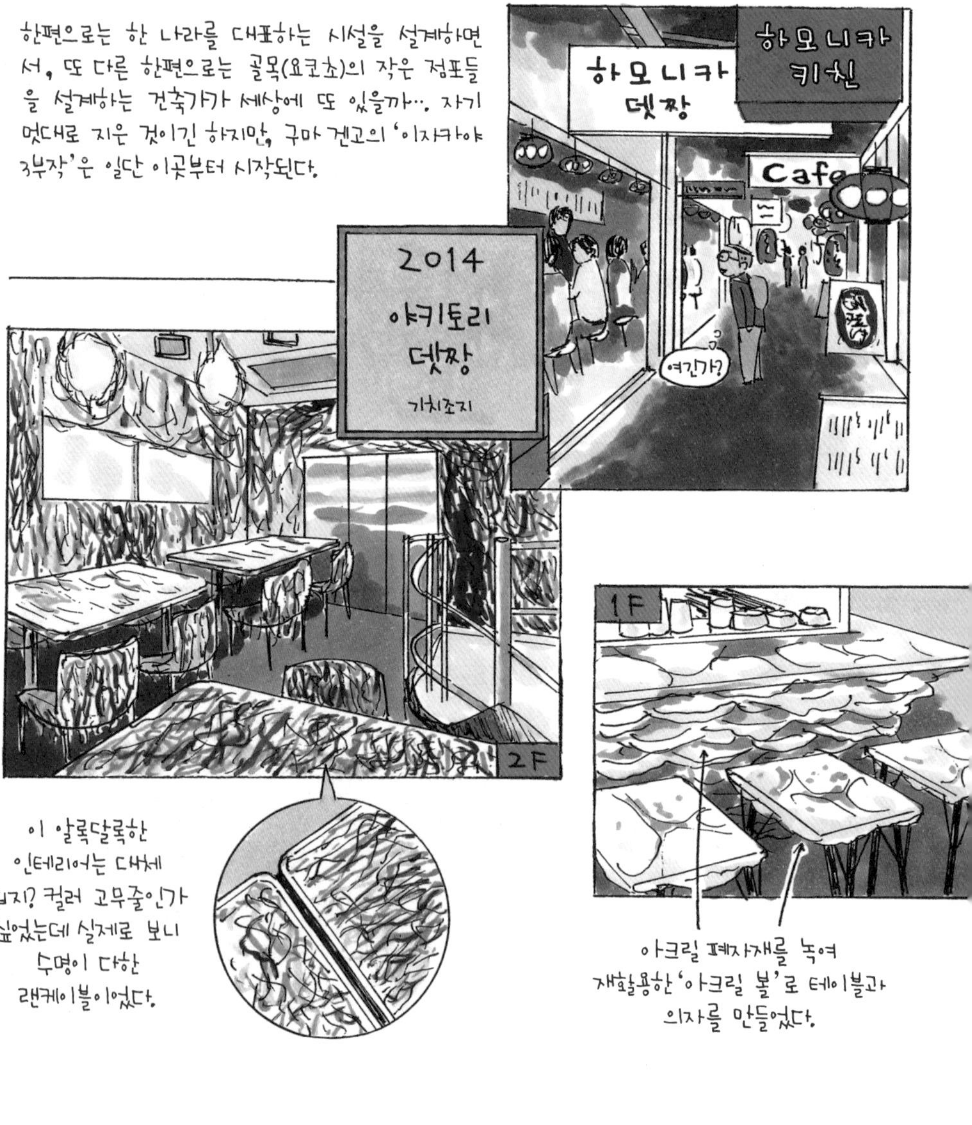

시모키타자와 뎃짱은 외벽이 알루미늄 새시 폐자재로 되어 있다.

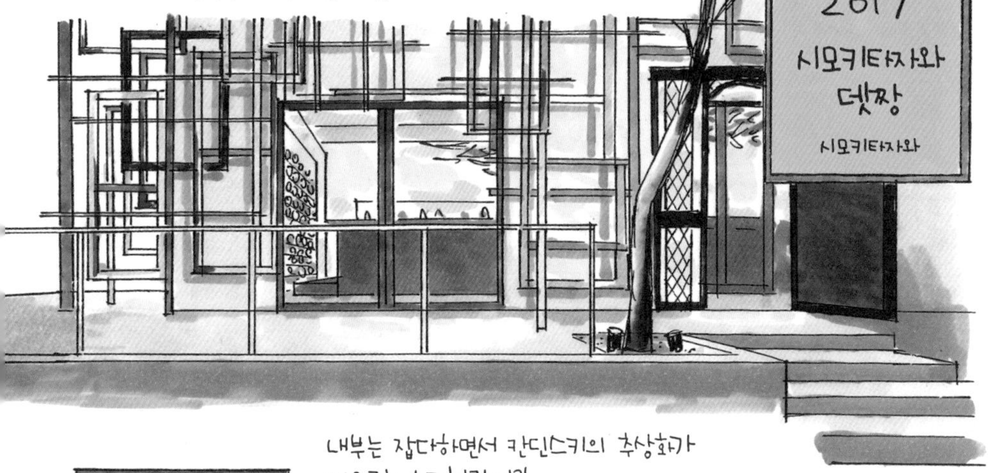

2017
시모키타자와 뎃짱
시모키타자와

내부는 잡다하면서 칸딘스키의 추상화가 떠오르는 느낌이랄까?!

2017
하모니카 요코초 미타카
미타카

개인적으로는 여기가 가장 좋았는데, 외벽에 잔뜩 걸려 있는 자전거 바퀴가 특이하다! 어떻게 보면 고급 부티크 같기도….

바퀴를 테이블 상판으로!

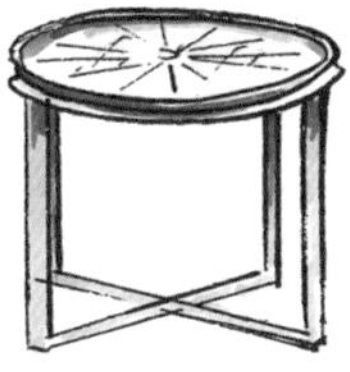

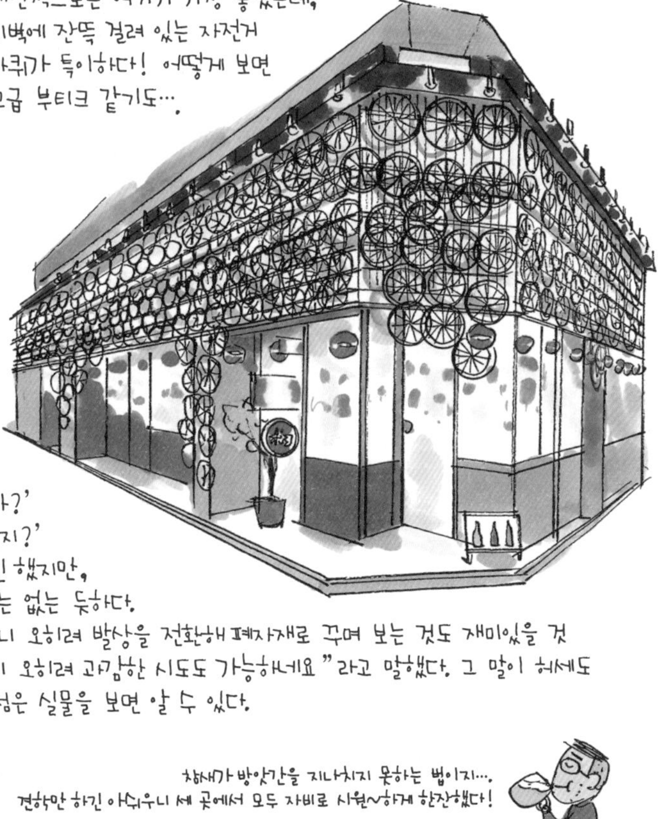

'왜 랜케이블을 사용했을까?'
'왜 자전거 바퀴를 사용했지?'
그 이유가 문득 궁금해지긴 했지만, 선택한 폐자재에 큰 의미는 없는 듯하다. 구마 겐고는 "예산이 없으니 오히려 발상을 전환해 폐자재로 꾸며 보는 것도 재미있을 것 같았습니다. 예산이 없으니 오히려 과감한 시도도 가능하네요"라고 말했다. 그 말이 허세도 아니고 변명도 아니라는 점은 실물을 보면 알 수 있다.

참새가 방앗간을 지나치지 못하는 법이지….
견학만 하긴 아쉬우니 세 곳에서 모두 자비로 시원~하게 한잔했다!

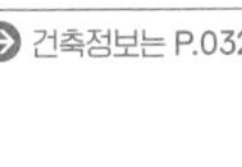

건축정보는 P.032

08 '줄로 보강한다'는 발상의 전환

고마쓰 마테레(구 고마쓰 세이렌) 패브릭 연구소 fa-bo

의외성의 건축	이시카와현 노미시 하마마치 누167 고마쓰 마테레 본사 공장 내 JR호쿠리쿠본선 노미네아가리역에서 도보 24분
팽팽	
2015	지상3층/2873.42m^2

섬유회사 연구개발시설. 탄소섬유 로드로 기존 건물의 구조체를 잡아당겨 보강했다. 구조설계는 나가오카조형대 교수이기도 한 에지리 노리히로가 맡았다. 이때부터 로드로 팽팽하게 잡아당기는 디자인이 꽃을 피우게 된다.

구마 겐고의 건축물 중에서뿐만 아니라 건축 역사상 신기원을 열었다고 할 만한 건축물일지도…

2015년 고마쓰 마테레(구 고마쓰 세이렌) 본사 부지 안에 생긴 소재 개발 연구소 '파보'(fa-bo)

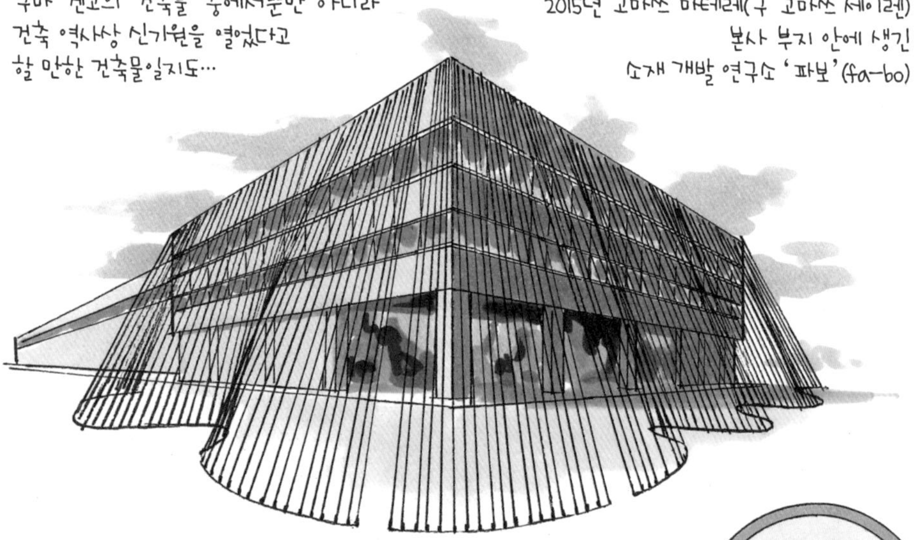

정확히 말하면 기존의 건물을 개수한 것인데, 외관이 정말 획기적이다!

KEYWORD 1 FIBER 섬유

카보코마 스트랜드 로드(CABKOMA Strand Rod)

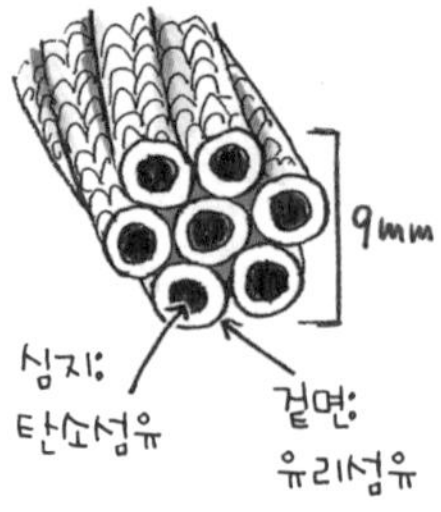

7가닥을 로프 형태로 꼰 것.

전체적으로 고마쓰 마테레가 개발한 열가소성 탄소섬유 복합재(CFRP의 일종)를 사용해 옛 본사 건물의 내진 보강을 꾀했다.

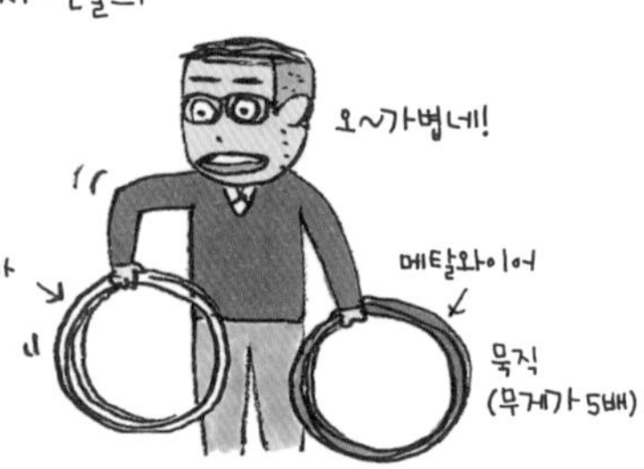

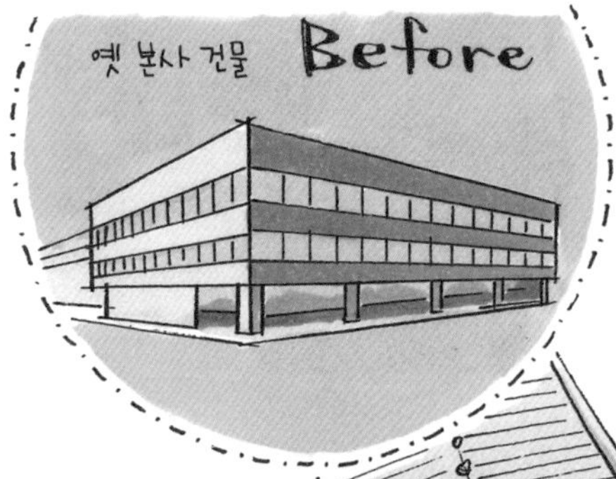

녹슬지 않고 처짐이 없는 특성을 살려
건물 주위를 빵 둘렀다.

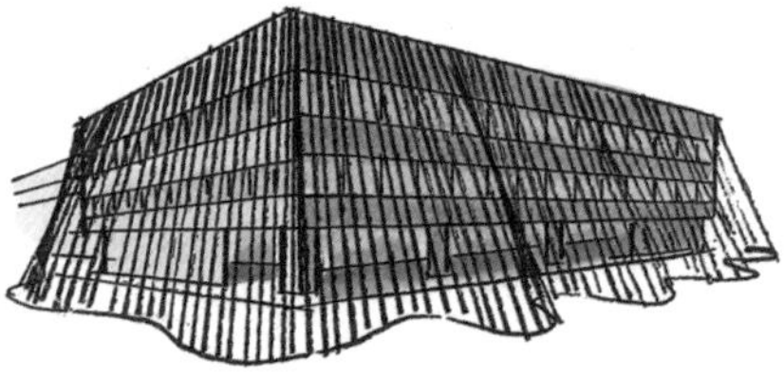

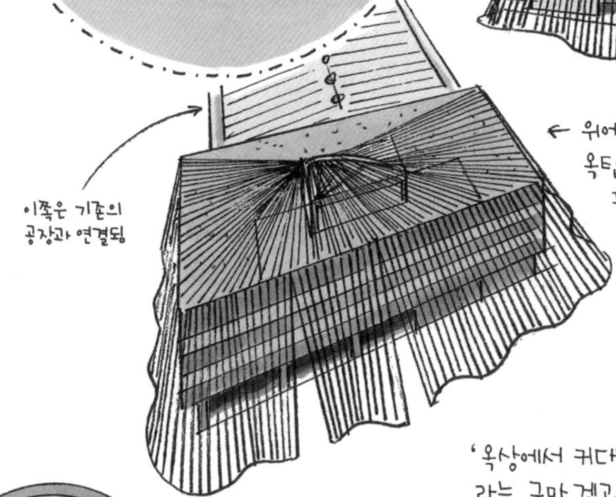

← 위에서 보면 이런 느낌…
옥탑 위에서부터 방사 형태로
펼쳐진다. 지면에 닿는 부분이
직선이 아닌 물결 모양이
되도록 두른 것이 신의 한 수.

'옥상에서 커다란 천※을 폭 덮은 듯한 이미지'
라는 구마 겐고의 설명이 이해가 된다.

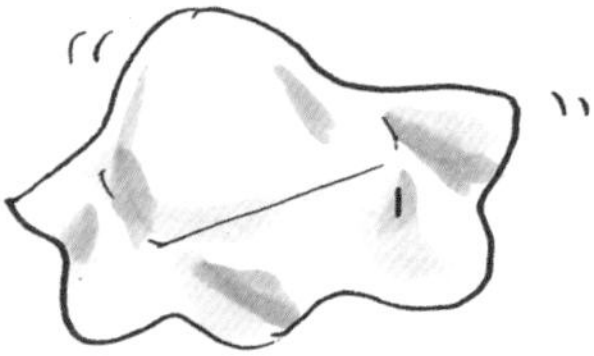

※고마쓰 마테레의 주력
제품이 원래 패션 소재다.

KEYWORD 2 DRAPE
주름

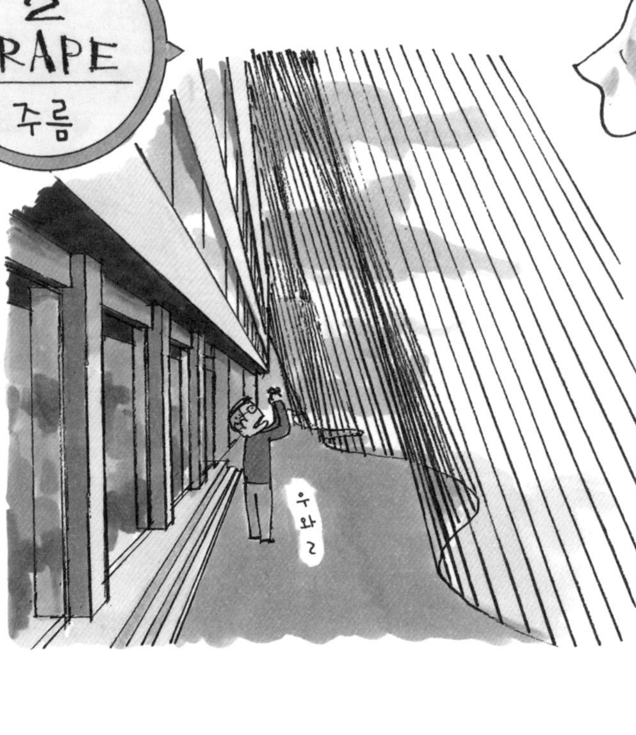

주름 안쪽에서 보면
그야말로 장관이다.
사선이 미묘하게
교차하여 부드러운
그러데이션을 이룬다고
할까? 이런 것까지
모두 계산하고
만들었다면 정말
대단한 걸.

구조적으로 중요한 역할을 하는 것이 실내에 설치된 탄소섬유 로드(rod)다.

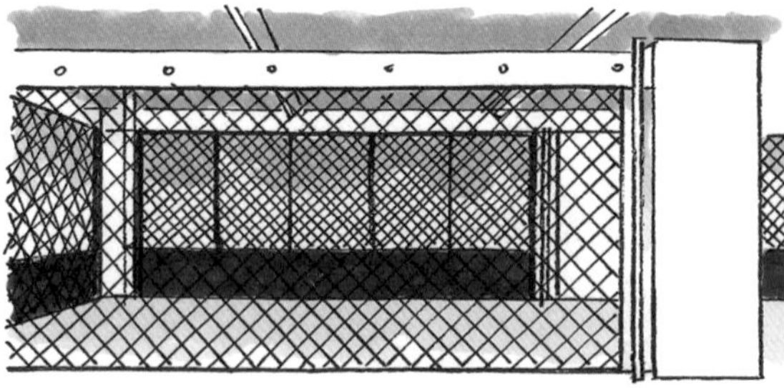

여기서는 마름모꼴을 이루도록
X자 형태로 촘촘하게 교차시켰다.

그게 또 안쪽
로드와 겹쳐
보인다.

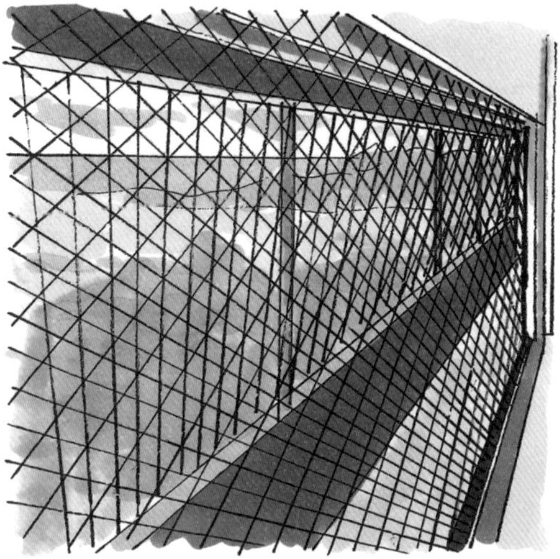

미디어에 실린 파보의
사진은 외관을 찍은
것이 대부분이지만
실내 디자인도
매우 멋지다!

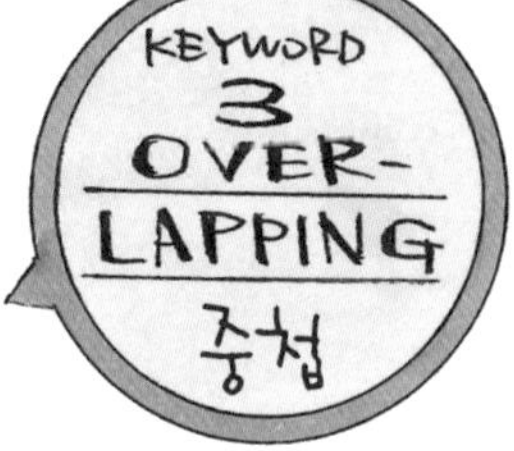

X자로 교차시킨 로드가
방사형으로 뻗은 바깥의 로드와
겹쳐서 보인다. 그 뒤로 멀리 바다도 보이고!
멍 때리기엔 최고인 듯….

마지막은 옥상!

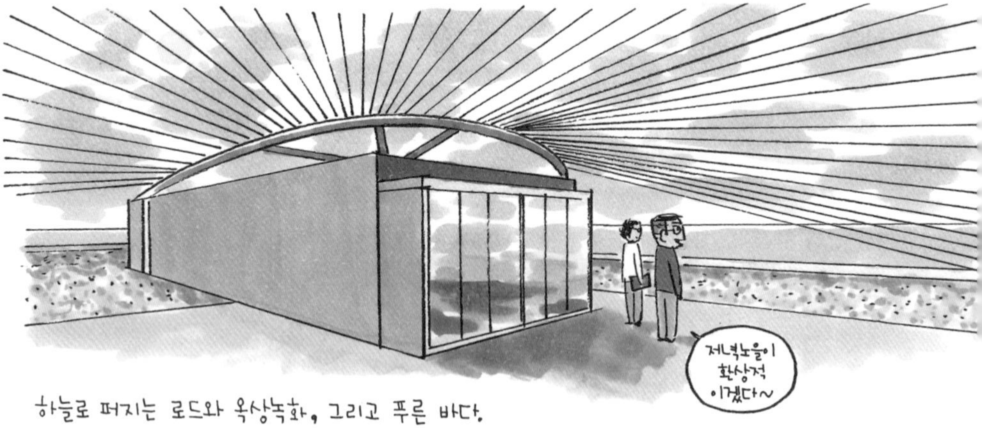

하늘로 퍼지는 로드와 옥상녹화, 그리고 푸른 바다.
본사 건물이 아니었다면 레스토랑을 해도 괜찮았을 듯!

KEYWORD 4
GREENING
녹화

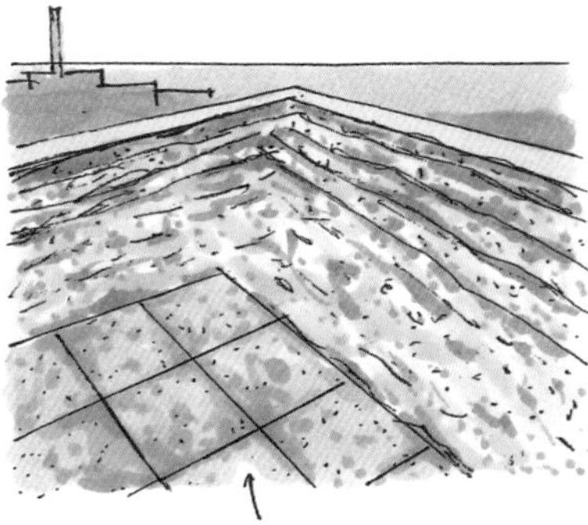

옥상녹화의 기반재도 고마쓰 마테레가 개발한 소재다.

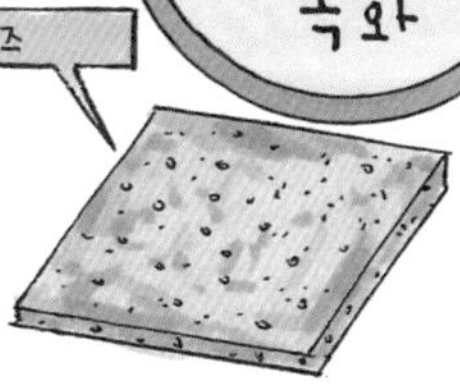

바닥 블록도 똑같은 소재

자사의 염색 공장에서 나오는 배수를 활용해 만든 세라믹 소재. 다공질이며 가볍고 수분보유능력이 뛰어나다.

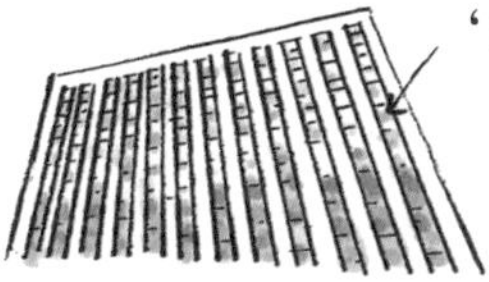

'도야마 기라리'(2015)의 벽면 녹화도 이것! ➔ P.136 참조

사실 구마 겐고가 고마쓰 마테레와 연이 닿은 계기가 바로 이 세라믹 소재였다. 도전이 새로운 도전을 낳는 법!

KEYWORD 5
EVOLUTION
진화

'파보'를 보러 갈 예정이라면 2019년에 오픈한 '구타니 도자기 공방'(CERABO KUTANI)도 꼭 가보길 바란다. 구타니 도자기 공방은 그리비즈를 사용한 옥상녹화가 포인트다.

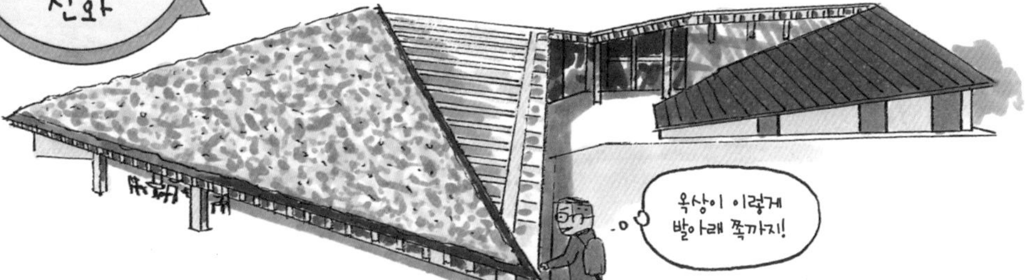

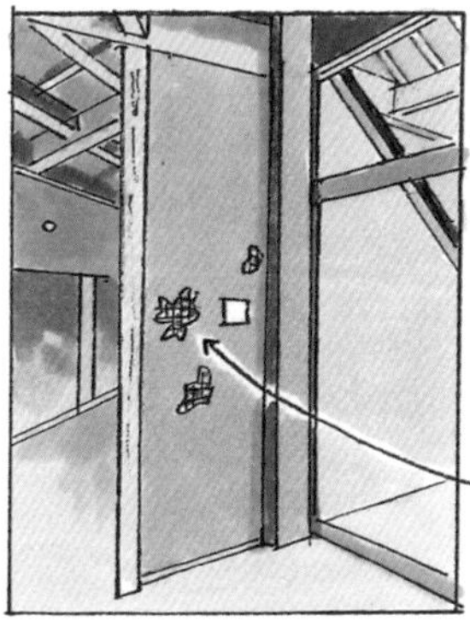

이 시설에는 카보코마도 사용되었다. 입구 우측 벽을 주목!

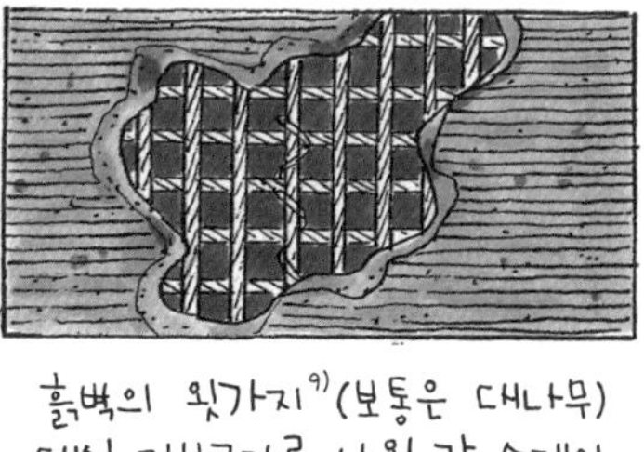

흙벽의 욋가지[9](보통은 대나무) 대신 카보코마를 사용! 각 소재의 사용법과 감상법을 점점 진화시켜 가는 것이 구마 겐고답다.

09 중요문화재 내부를 환상의 숲으로

니혼바시 미쓰코시 본점 리뉴얼 프로젝트

의외성의 건축	도쿄도 주오구 니혼바시무로마치 1-4-1
첩첩	도쿄메트로 미쓰코시마에역에서 도보 1분
2018	지상7층 중 1층부/5237.9m²

니혼바시 미쓰코시 본점은 다이쇼 시대부터 쇼와 시대까지 요코가와공무소의 설계에 따라 단계적으로 건설되었고, 2016년 국가 중요문화재로 지정되었다. 2년 후에는 1층을 대대적으로 리뉴얼했다. 문화재의 고풍스런 이미지와는 대조적인 화려함이 특징이다.

유명 건축가 중에는 인테리어를 기피하는 사람들이 적지 않다. 예를 들어 '골격으로 승부'한 거장 단게 겐조[10]의 작품들 중에는 '인테리어 명작'이 거의 없다.

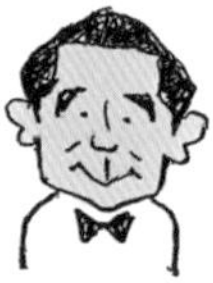

그에 반해 구마 겐고의 인테리어는 그야말로 환상적이다. 중요문화재 '니혼바시 미쓰코시' 1층을 리뉴얼한 모습만 봐도 알 수 있다.

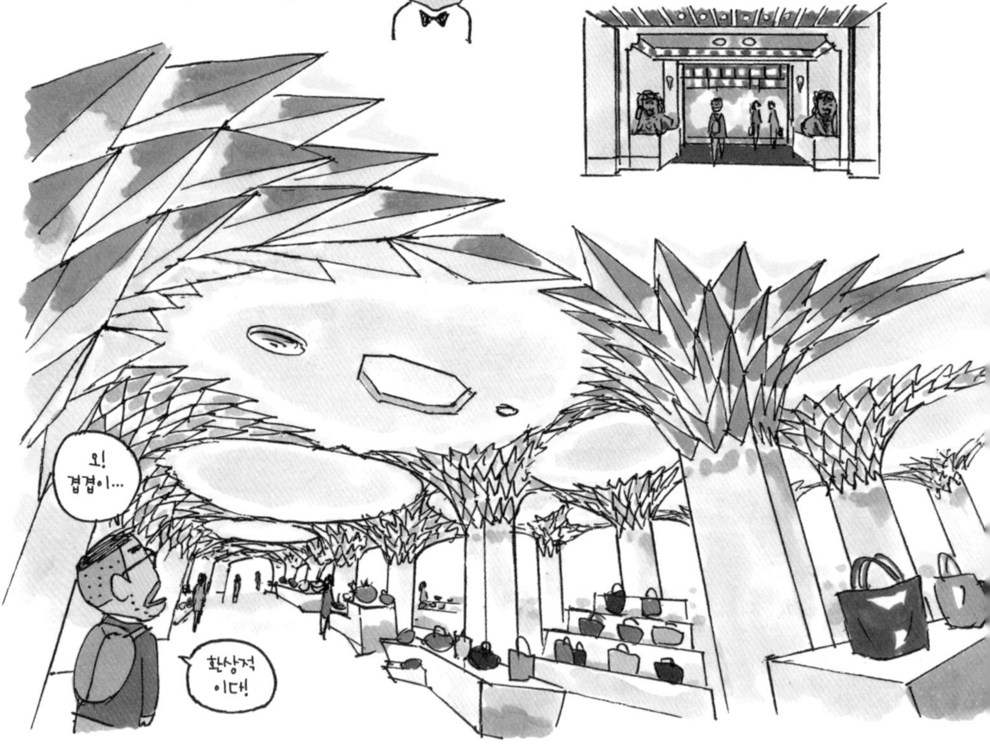

1935년에 준공된 낡은 건물이라 기둥이 많다. 그러한 단점을 하얀 '(나무의) 수관'[11]이 나란히 늘어선 모습으로 만들어 멋지게 장점으로 승화시켰다. 마치 환상 속에 존재하는 백색의 숲처럼…! 최근 리뉴얼한 백화점들 중에서도 매우 인상적인 설계다.

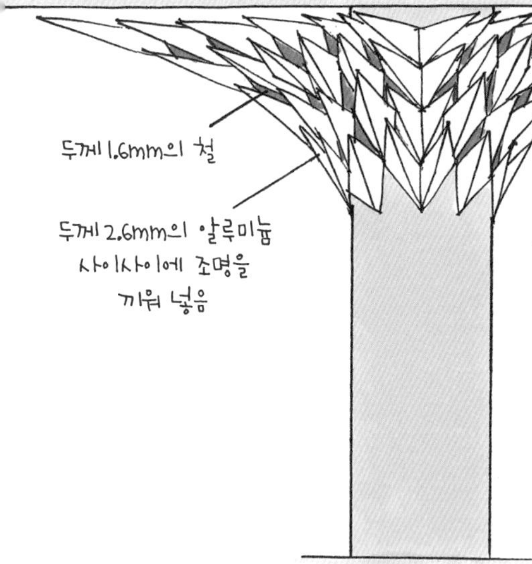

두께 1.6mm의 철

두께 2.6mm의 알루미늄
사이사이에 조명을
끼워 넣음

이 조각을 반복적으로 이어
붙인 것이 기본 형태

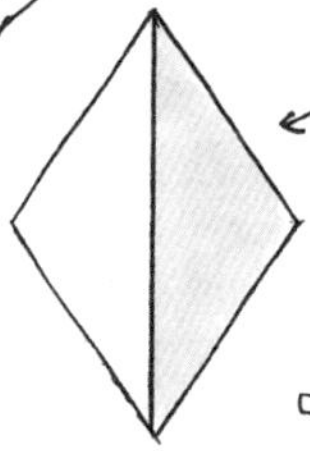

자세히 분해하면 이런
마름모꼴이다.

단순한 형태를 반복함으로써
전체적으로 복잡한 형태를
띠게 만드는 고급 기술!

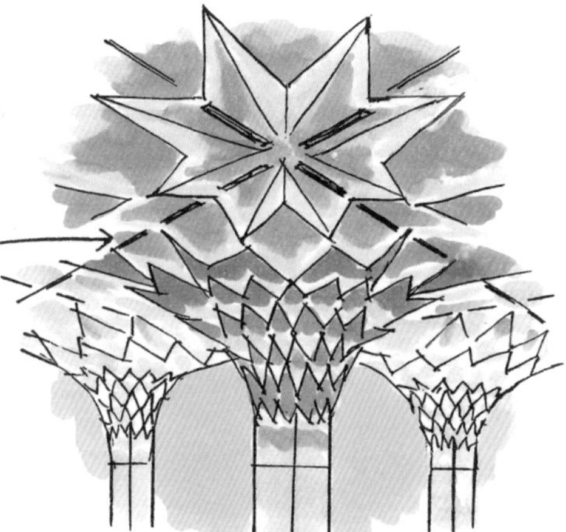

공조기의 공기 배출구 위치를
교묘하게 배치하거나
중요한 돌기둥의 경우 위에서 드리워지는
형태로 만드는 등 디테일한
부분까지 신경 썼다.

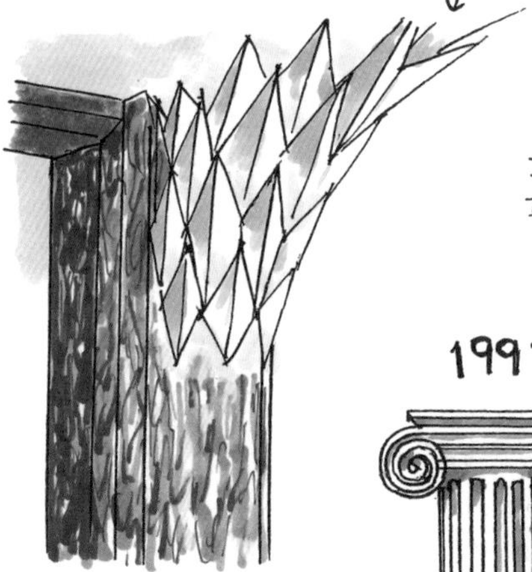

그런데 이 장식은 'M2' 이후 봉인되었던 구마 겐고식
주두(기둥머리) 장식의 부활이라고도 볼 수 있다.

1991

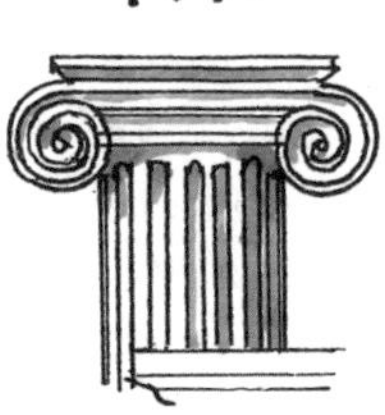

2018

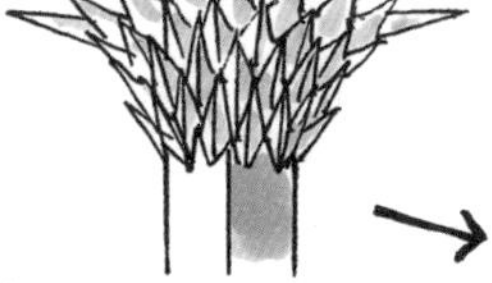

→ ?

앞으로 어떤 식으로 전개될지
기대된다고 말하면
너무 마니아처럼 보이려나?
그래도 기대가 된다!

건축정보는 P.033

10 공중에 떠 있는 최첨단 화분

스타벅스 리저브 로스터리 도쿄

의외성의 건축	도쿄도 메구로구 아오바다이 2-19-23
팽팽	도큐 도요코선·도쿄메트로 히비야선 나카메구로역에서 도보 14분
2018	지하1층·지상4층/3186.78m^2

스타벅스 프리미엄 매장 '스타벅스 리저브 로스터리'가 일본에 낸 첫 매장. 건축 설계와 외장은 구마 겐고가, 인테리어는 스타벅스의 디자인 최고 책임인 리즈 뮬러가 담당했다. 공장 같은 내부도 놓치지 말길!

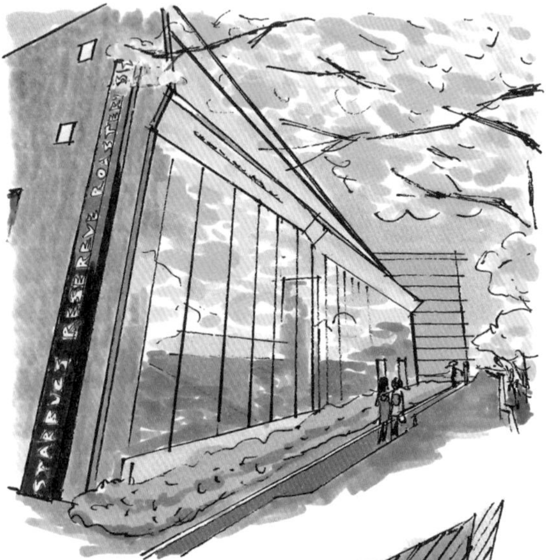

벚꽃으로 유명한 메구로강 옆에 위치한 '스타벅스 리저브 로스터리 도쿄'

3, 4층에는 메구로강이 내려다보이는 테라스 자리가 있는데, 봄과 가을이 되면 이 자리가 인기다.

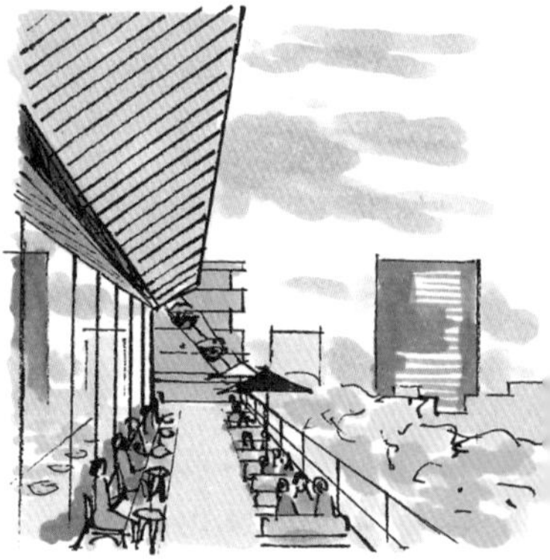

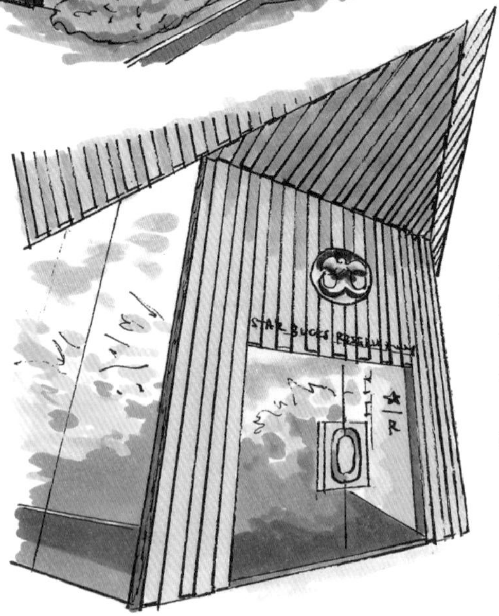

외벽과 처마 안쪽에는 삼나무판을 凹凸 울퉁불퉁하게 붙였다. 벚꽃에 어울리는 밝은색의 삼나무판을 사용했다. 액체유리 처리를 했는데, 그 효과가 매우 커서 완성 후 2년이 넘었는데도 판이 거의 변색되지 않았다.

이게 가능한가…

…여기까지는 '감성의 건축'이나 '드러나지 않는 건축'으로
분류되어야 할 것 같은 특징이지만, 서쪽으로 돌아가면
모두 '깜짝' 놀랄 것이다. 화분이 공중에 떠 있어서!!

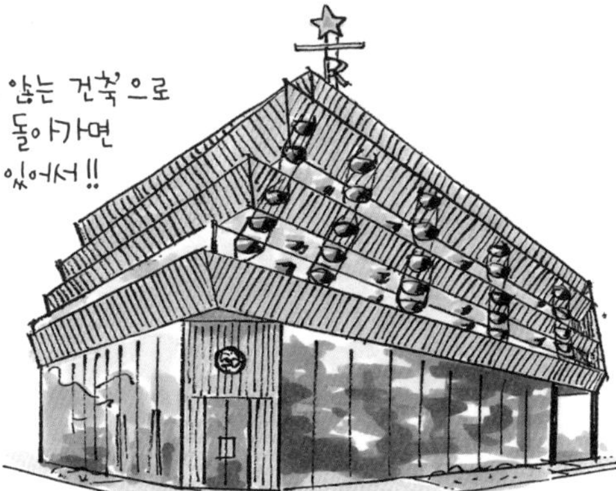

화분은 서쪽 테라스에서도 잘 보인다. 세 갈래로
나뉘도록 위에서 아래로 로드를 팽팽하게
연결하고 그 사이에 화분을 매달았다.

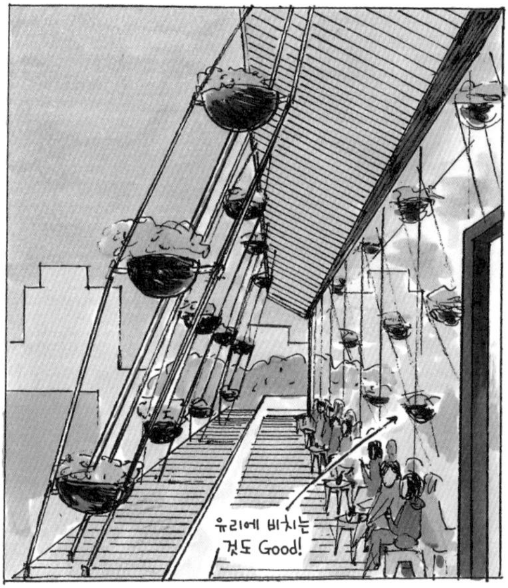

화분 아래와 연결된 파이프는 식물에 물을
주고 화분에서 물이 빠지도록 하기 위함이다.
구마 겐고의 건축물에서는 보기 드물게
첨단 기술이 사용된
디테일이다.

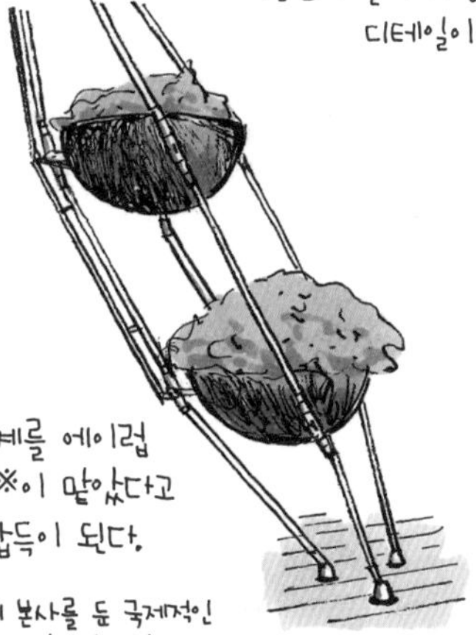

구조설계를 에이럽
(Arub)※이 맡았다고
하니 납득이 된다.

※ 영국에 본사를 둔 국제적인
엔지니어링·컨설팅 기업

로드를 팽팽하게 연결한 구마 겐고의 디자인을 시대순으로
되짚어 보면 이렇다. 다음에는 마루청 같은 걸 매달려나?

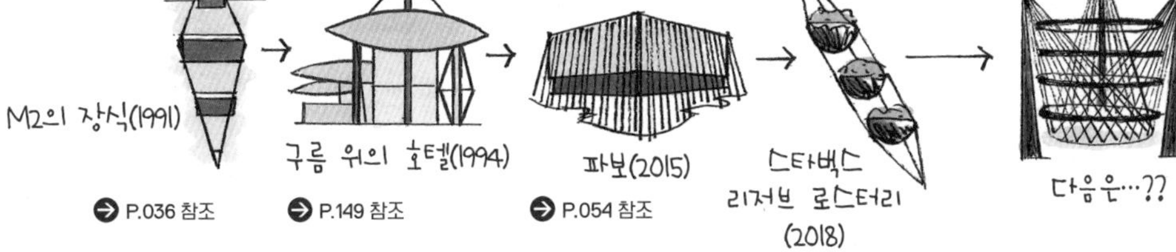

P.036 참조
P.149 참조
P.054 참조

건축정보는 P.033

11 마천루의 미학을 거꾸로 뒤집다

시부야 스크램블스퀘어 제1기(동관)

의외성의 건축	도쿄도 시부야구 시부야 2-24-12 시부야역과 직통
일렁일렁	
2019	지하7층·지상47층/18만1000m^2

'백 년에 한 번' 있을까 말까 한 시부야역 주변 재개발 건축에서 핵심적인 건물. 디자인 설계에 닛켄설계, 구마겐고건축도시설계사무소, SANAA의 3개 회사가 참여했다. 구마 겐고는 주로 저층부의 외장을 담당했다.

'SKYSCRAPER'는 '초고층 건물' '마천루'를 의미한다. '하늘'(sky)에 '흠집이 나도록 긁는다'(scrape)는 뜻이다.

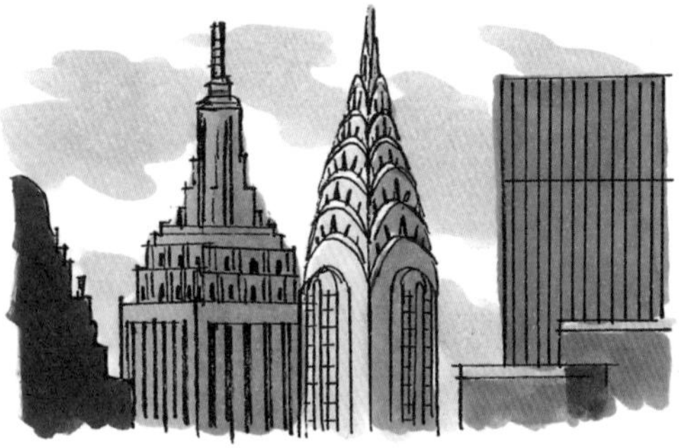

이 건물은 멀리서 보면 위쪽의 형태가 생각보다 잘 보이지 않는다.

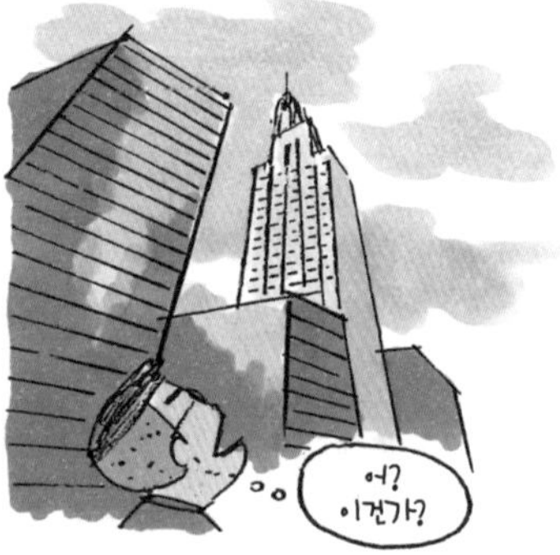

반면에 바로 아래에서 올려다 봤을 때의 이미지는 매우 충격적이다. 일렁거리며 피어오르는 열기류 같다고나 할까….

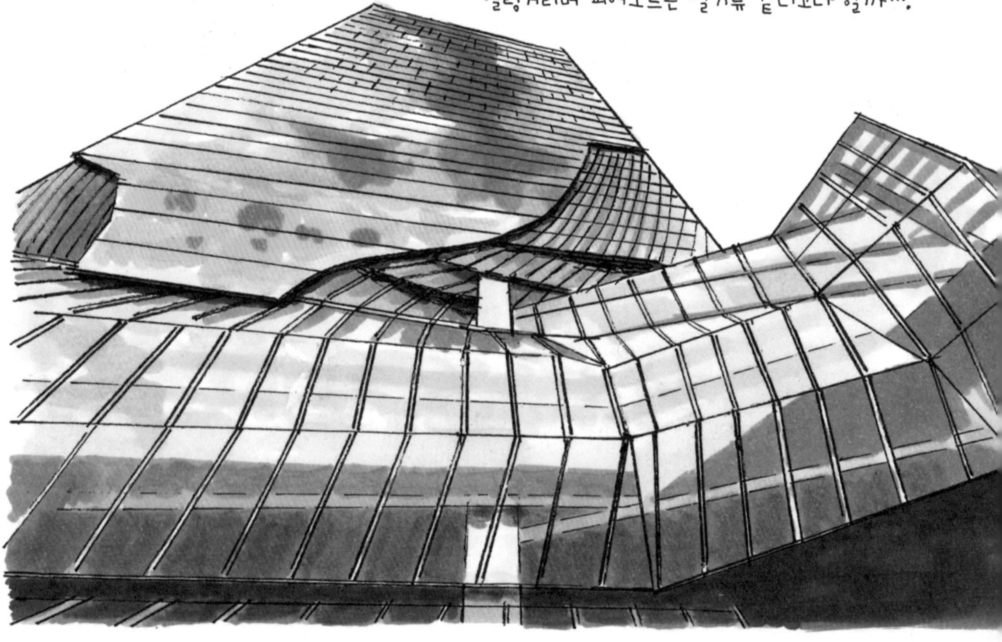

구마 겐고는 저층부를 디자인하는 디자인 설계자로 참여했다. 고층부를 담당한 곳은 닛켄설계. 옥상은 이런 형태이며, → 일본의 초고층 건물 중에서는 꽤 참신한 편이지만 안타깝게도 지상에서 봤을 때는 거의 보이지 않는다.

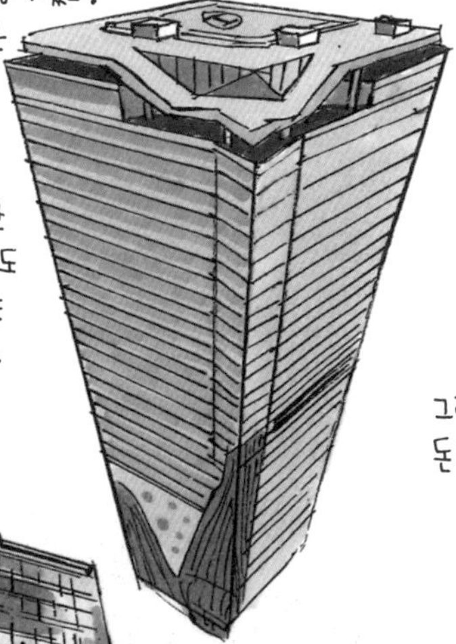

만약 저층부가 평범한 사각형이었다면 정말 재미없고 밋밋한 건물이 되었을지도!

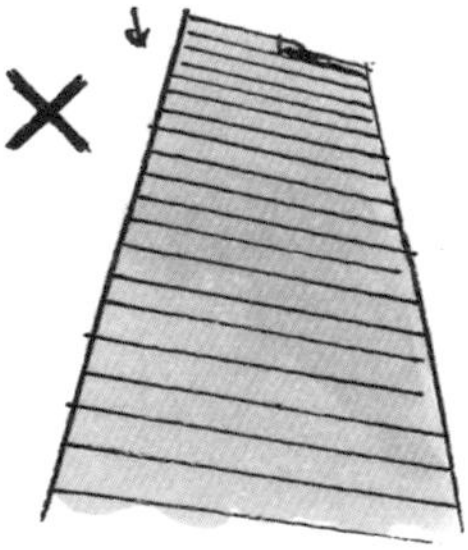

그렇다고 과한 디자인을 선택했다면 돈도 많이 들고 빨리 질렸을테지!

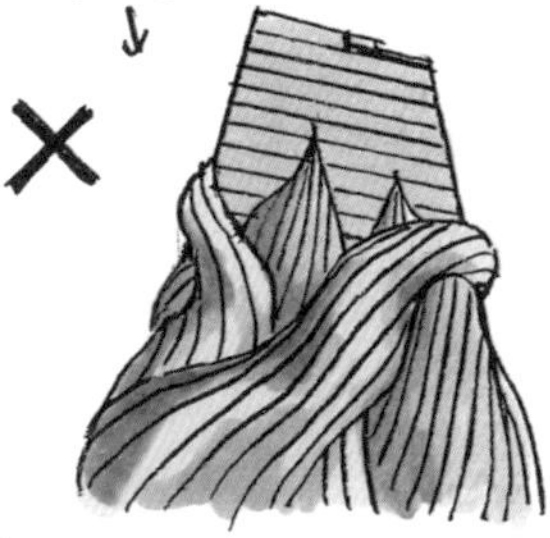

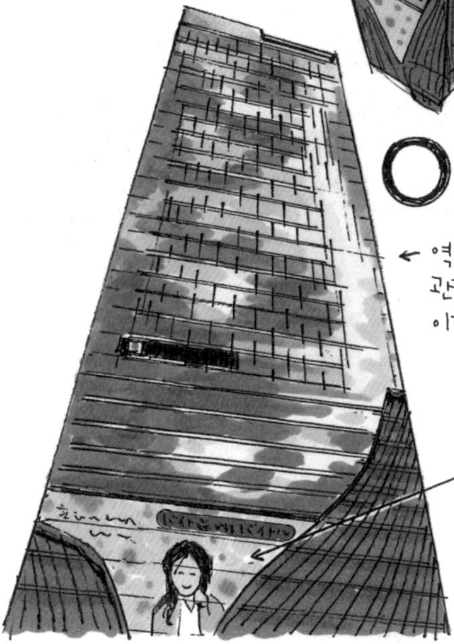

← 역시 '밸런스'의 관점에서도 '가성비'의 관점에서도 이게 정답이었다!

'가성비'라는 관점에서 말하자면 또 하나 대단하다고 평가할 만한 것이 바로 이 사이니지(signage)[12]다. '시부야 스크램블스퀘어 비전'이라는 이름의 비(非)사각형 LED비전 말이다.

화면은 동쪽 면까지 이어진다. 정말 디테일하네!

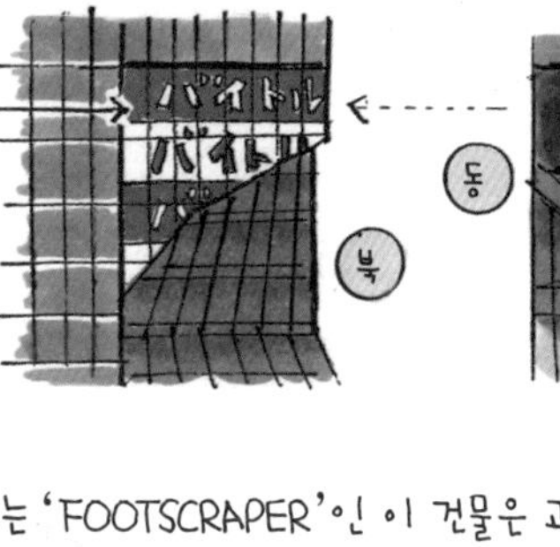

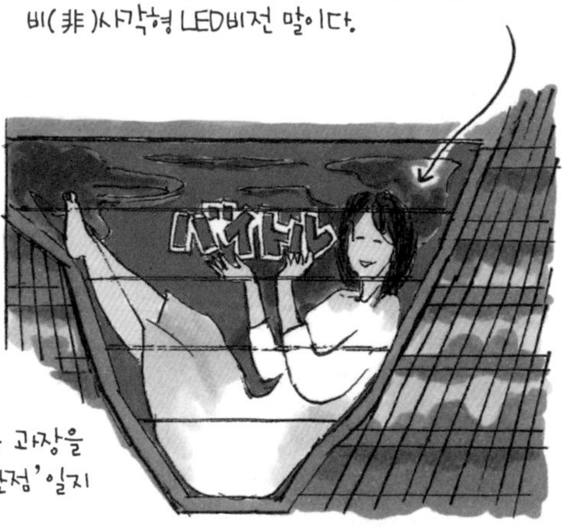

발밑을 공략하는 'FOOTSCRAPER'인 이 건물은 과장을 살짝 섞어서 말하면 '초고층 건물의 역사적 전환점'일지도 모르겠다.

→ 건축정보는 P.034

12 일반적인 경기장의 모습을 타파하다

국립경기장

의외성의 건축	도쿄도 신주쿠구 가스미가오카마치 10-1 JR소부선 센다가야역, 시나노마치역에서 도보 5분, 도에이지하철 오에도선 국립경기장역에서 도보 1분
수북수북	
2019	지하2층·지상5층/19만2000m^2

영국의 건축가 고 자하 하디드[13]의 설계안이 백지화 철회되면서 두 번째 공모전에서 선정되었다. 도쿄올림픽 개막식과 폐막식이 열린 곳. 공원 메이지 진구가이엔과 조화를 이루도록 높이를 약 47m로 제한했다. 다이세이건설·아즈사설계와 공동 설계.

도쿄올림픽 개막식과 폐막식이 열린 '국립경기장'. 구마 겐고의 건축물 중에서도 최대 규모를 자랑한다. 대규모 설계팀과 빡빡한 스케줄을 소화했어야 하는 상황에서 과연 '구마 겐고다움'을 발휘할 수 있었을까… 구석구석 둘러본 결과, 내 대답은 'YES!'다.

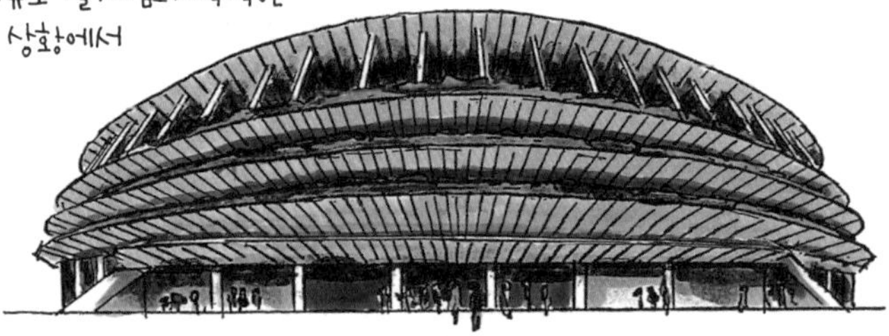

1 커다란 지붕에 살짝 숨겨둔 '전통'

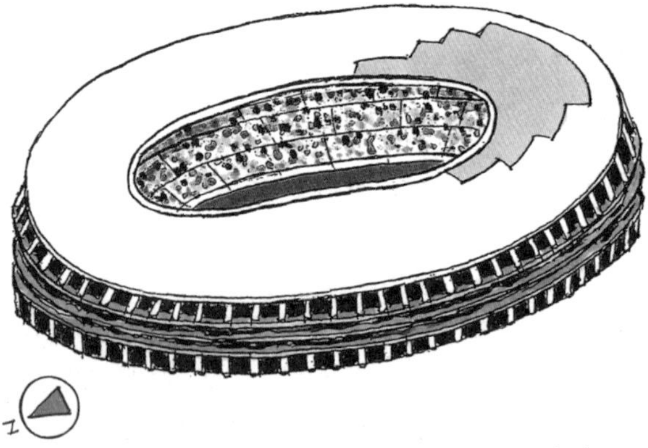

공중에서 찍은 TV중계 화면을 보면 마치 설탕 옷을 입힌 도넛 같다.

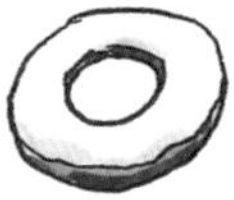

자기주장이 강했던 자하 하디드의 설계안(백지화 철회)과 비교하면 너무 심플한 것 같다는 생각도 든다.

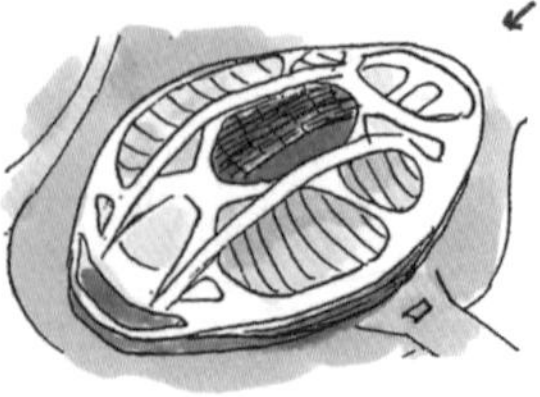

이 책을 여기까지 읽으신 분들은 → 이런 걸 상상하지 않았을까?

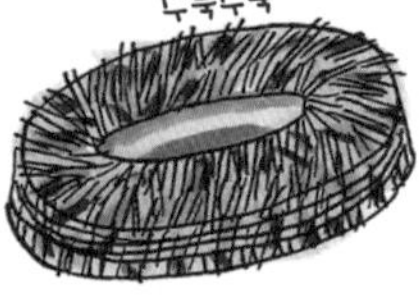

지붕은 평평하게 보이지만 사실은 완만한 언덕처럼 살짝 솟아 있다.

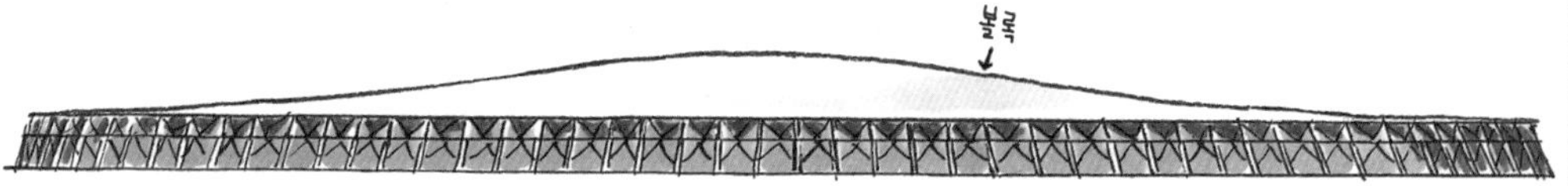

'위로 볼록한 형태 ∩'는 아치 효과를 주어 구조의 강도를 높여준다.
일본의 전통 건축물에서 종종 보이는 형태다.

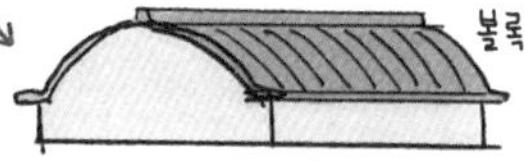

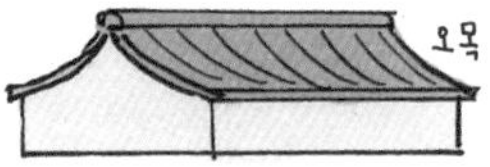

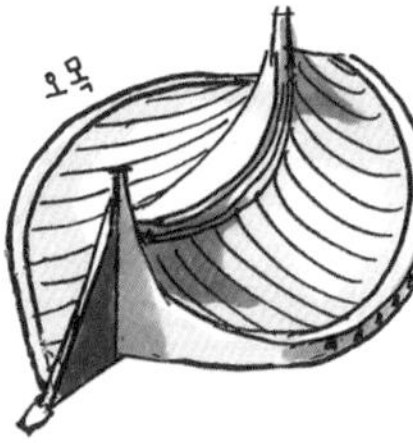

이것과 역방향으로 오목하게 굽은 형태도 있다.
과거 18회 도쿄올림픽에서 단게 겐조가 국립요요기경기장의 지붕 사면을 오목한 곡선으로 처리한 것에 대한 일종의 '답가'라고도 볼 수 있다.

2 나뭇결이 살아 있는 삼나무 패널 처마 2

한창 건축 중일 때 멀리서 보고 '외장은 나무루버 같은데 과연 나무처럼 보일까?' 하고 걱정을 했었다. 입구 근처에서 보고는 한시름 놓았지만…

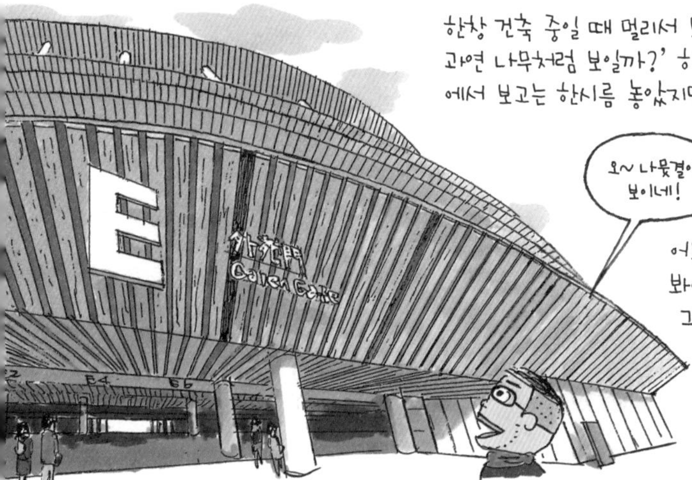

어느 정도의 거리와 각도에서 봐야 나뭇결이 보이는지, 그간의 경험을 통해 아주 잘 알고 있기 때문에 가능한 디자인이다.

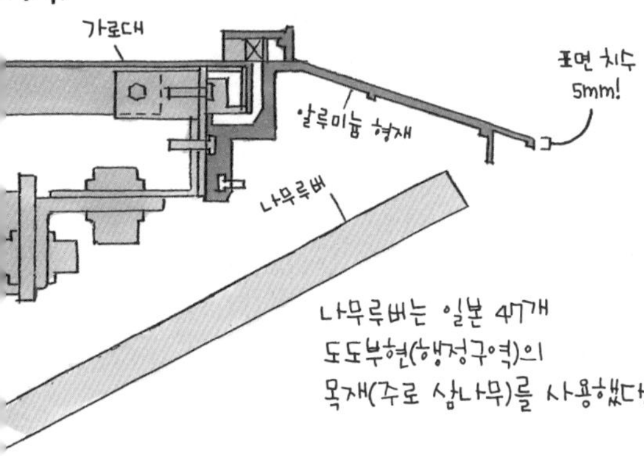

← 처마 끝이 이렇게 뾰족한 것도 구마 겐고 스타일이다. 날카로운 모서리로 현대적인 느낌을 강조한다.

나무루버는 일본 47개 도도부현(행정구역)의 목재(주로 삼나무)를 사용했다.

이제 안으로 들어가 보자!
(다음 페이지로 GO!)

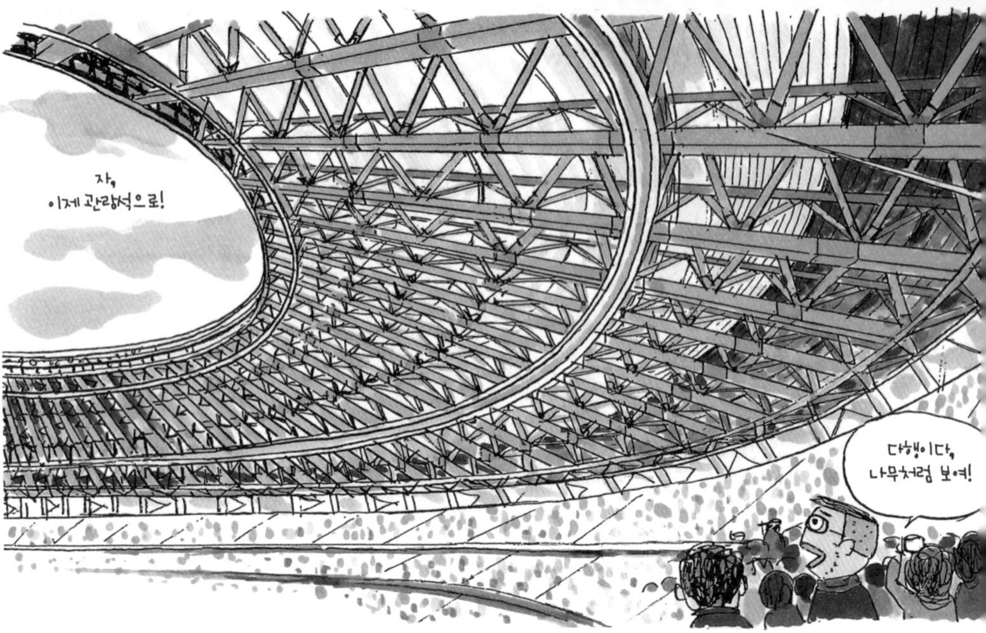

5 곳곳에 우드를 사용한 인스타 감성

가성비를 따지는 감각은 이렇게 규모가 커도 여전하다. 벤치에 나무를 사용하는 것처럼…

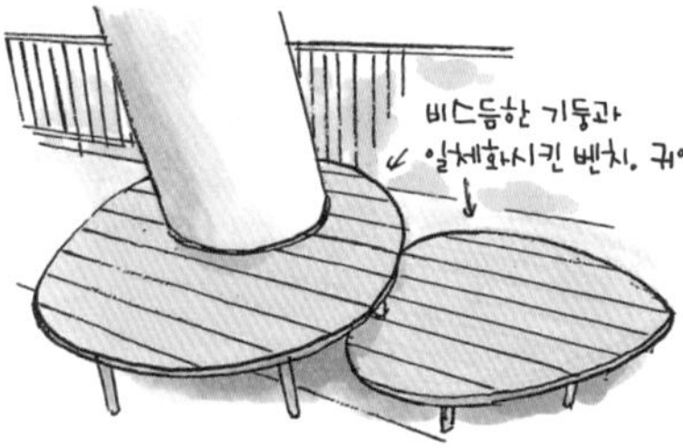

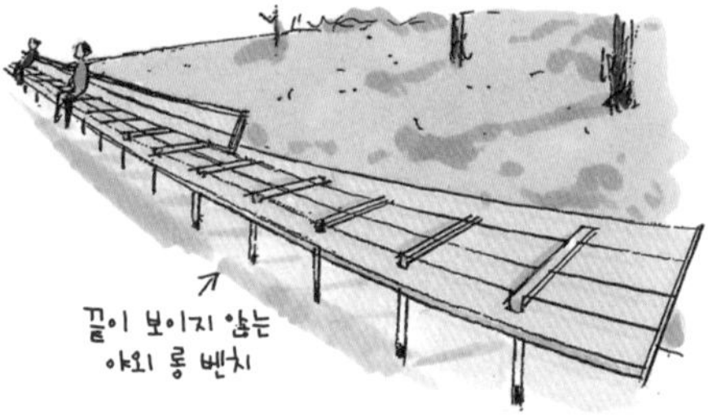

입구 천장이 나무루버로 되어 있는 등 '인스타 감성'이 살아 있는 아기자기한 포인트를 여기저기서 발견할 수 있다. 가성비 최고!

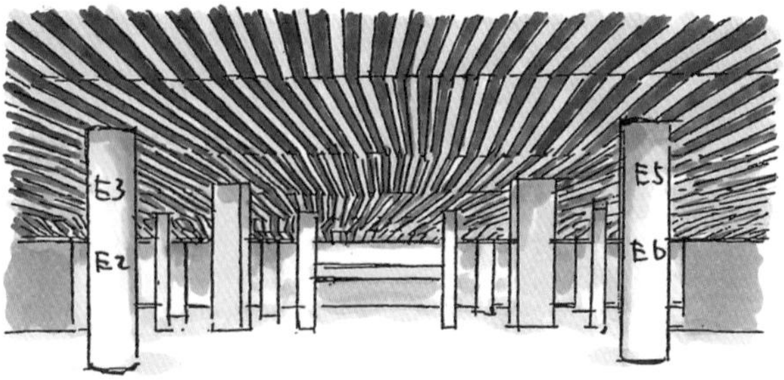

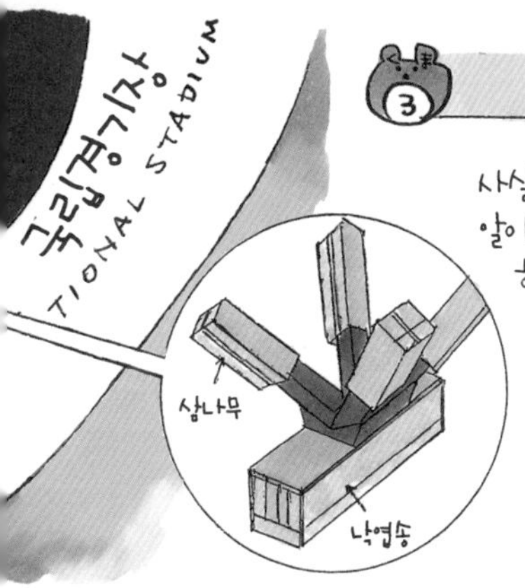

3 철과 나무의 하이브리드가 절묘함 3

사실 이 부분도 '경기장 지붕에 나무를 사용해도 나무라는 걸 알아채지 못하면 어쩌지?'라는 걱정을 했었다.
하지만 누가 봐도 나무가 아닌가!

이음새 부분이 금속이라 그것과 대비되어 나무인 부분이 더욱 선명하게 도드라진다. 게다가 경사부재로 쓴 삼나무의 촘촘함이 목재의 질감을 강조한다.

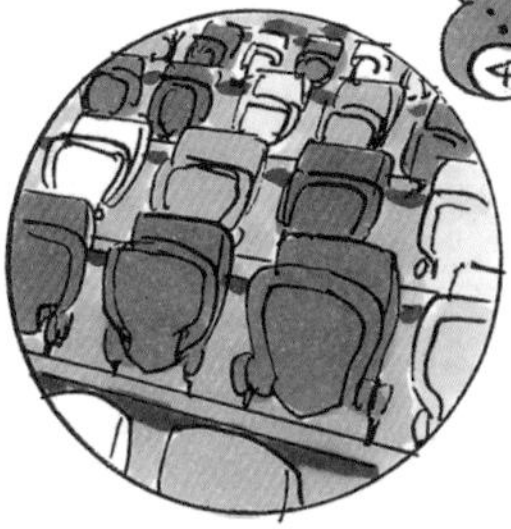

4 사람이 없어도 허전해 보이지 않는 객석 4

다섯 가지 색깔의 의자를 무작위로 배치한 객석도 예상을 뛰어넘는 효과를 보여준다. 관중이 없어도 가득 찬 것처럼 보이는 게 아닌가! 무관중 경기로 치르게 될 비대면 시대가 오리란 걸 예상한 것처럼 말이다.

6 준공은 '통과점'에 불과함 6

지금은 '의외성의 건축'으로 분류했지만,
나중에는 '드러내지 않는 건축'으로 분류될지도 모른다.
바로 경기장 둘레의 발코니에 설치된 플랜트박스 때문이다.

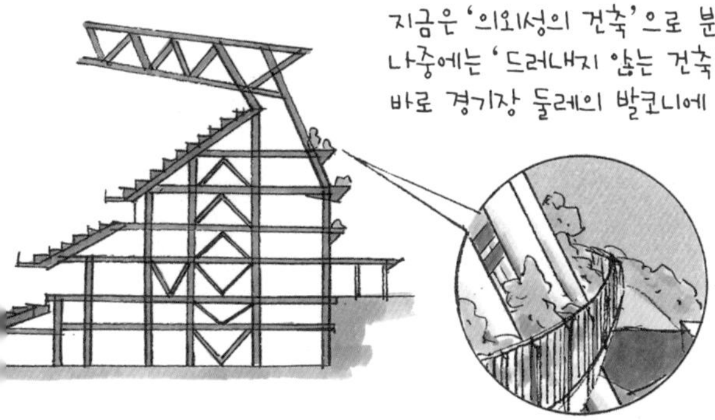

식물들이 무성하게 자라다 보면
언젠가 이런 모습이 될지도?!
↓

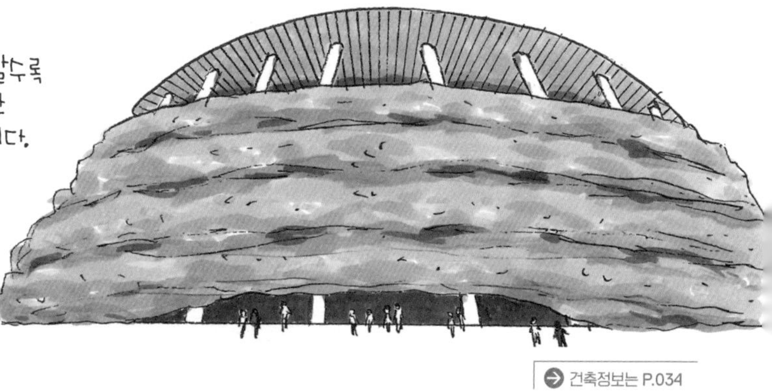

나무의 색깔 등 해가 갈수록
어떻게 변화될지 궁금한
새로운 형태의 경기장이다.
역시 구마 겐고답다!

건축정보는 P.034

13 <뒤돌아보는 미인>을 닮은 프레임에 넋을 잃다

그리너블 히루젠
(구 CLT 파크 하루미)

의외성의 건축	오카야마현 마니와시 히루젠카미후쿠다 1205-220 JR오카야마역에서 히루젠고원센터까지 버스로 약 3시간 소요
구불구불	
2019	지상2층/파빌리온 600m², 실내전시동 985m²

원래는 미쓰비시지쇼가 CLT(구조용 직교 집성판)를 알리는 거점으로 도쿄 하루미에 건설한 것. 미쓰비시지쇼가 설계하고 구마 겐고가 디자인 감수를 했다. 일단 해체한 뒤 CLT 생산지인 오카야마현 마니와시로 이축했다. 2021년 7월 15일 오픈.

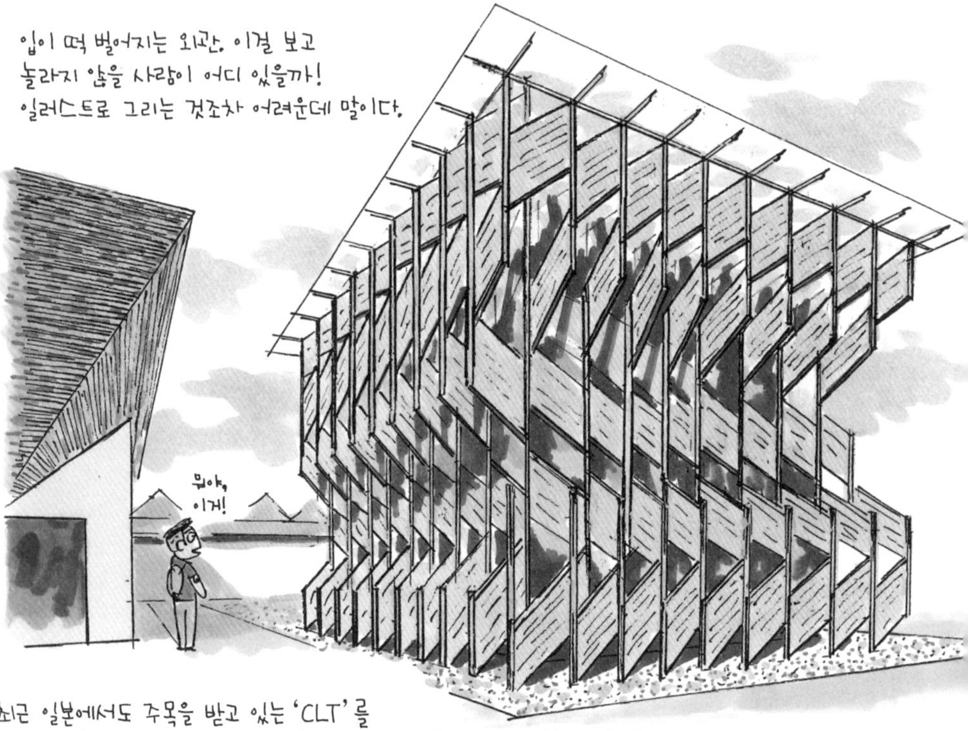

최근 일본에서도 주목을 받고 있는 'CLT'를 기본으로 하여 구마 겐고가 디자인한 파빌리온 건물이다. 이 건물과 전시동으로 구성된다.

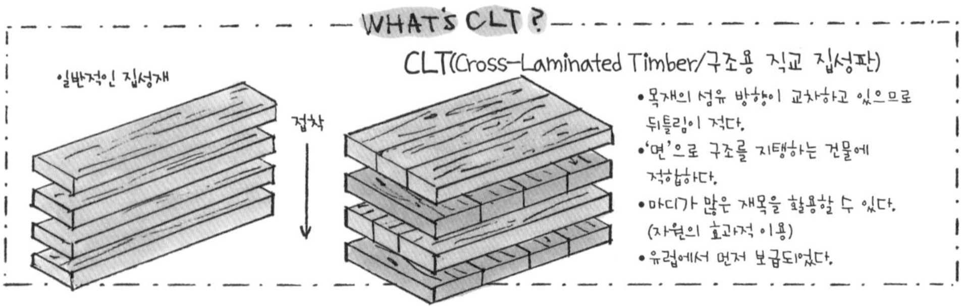

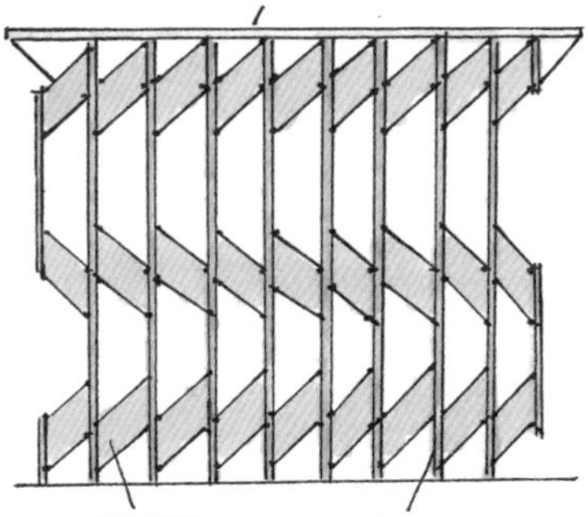

2.3m 간격으로 줄지어 세운 철골기둥에 평행사변형 CLT 패널을 사다리 게임처럼 연결했다. 철골기둥이 수직력을, CLT 패널이 수평력을 견디는 구조다.

보통의 경우라면 '이런 걸 왜 하냐!'며 퇴짜 맞을 만한 구조이지만, 여기는 'CLT의 가능성을 보여주는 것'도 건축 목표 중 하나인 곳이라 이런 파격적인 구조물이 세상에 나올 수 있었던 것.

내부에는 나무 사이로 햇빛이 들어와서 너무 좋다!

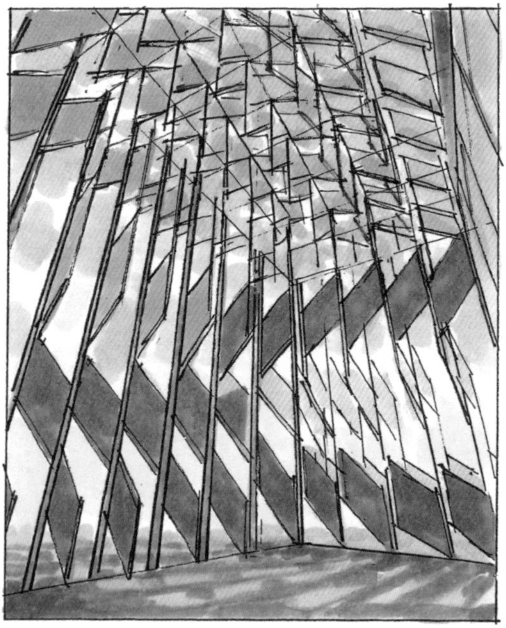

그런데 이 지그재그형 프레임… 처음 보는 것인데 어딘가 일본 특유의 느낌이 난다! 나만 그런가? ↓

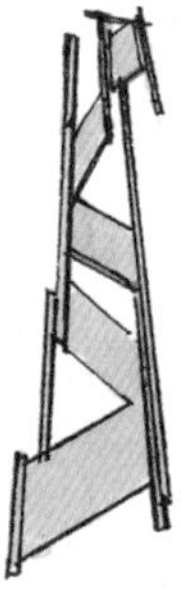

'나무를 사용해서'이기도 하겠지만 그게 다는 아닌 것 같았는데… 인터넷을 보다가 우연히 발견했다. 바로 이거야!

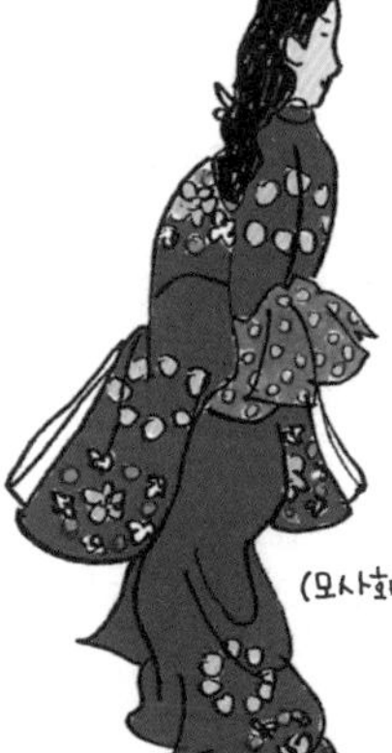
(모사화)

← 에도 시대의 우키요에(풍속화) 화가 히시카와 모로노부의 <뒤돌아보는 미인>
히시카와 모로노부의 미인화를 보면 전부 구불구불한 느낌이 있는데, 이 건축물과 어딘가 닮은 듯하다. →

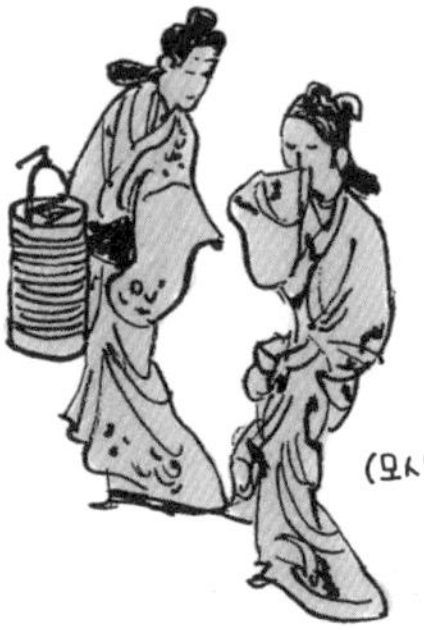
(모사화)

'비유의 명수'인 구마 겐고 앞에서 말하자니 다소 민망하지만, 이 모양은 '일본 전통 미인화에서 느낄 수 있는 단아함을 표현한 것'이라 하면 어떨까?

➔ 건축정보는 P.034

14 무라노 도고의 명작에 농염한 안개를 입히다

호텔 로열클래식 오사카

의외성의 건축	오사카시 주오구 난바 4-3-3 오사카 메트로 난바역과 직통
아른아른	
2020	지하1층·지상19층/2만6574.31m²

독자적인 작품을 구축한 건축가 무라노 도고[14]의 대표작 중 하나인 신가부키극장(1958년) 터에 예전 건물의 정면 외관을 복원하여 초고층 건물을 지었다. 연속적인 곡선 모양의 당파풍(가라하후) 박공지붕과 아지랑이 같은 루버가 포인트. 가지마건설과 공동 설계.

계획이 발표되었을 때 '이런 식으로 짓는다고?'라고 생각했다.

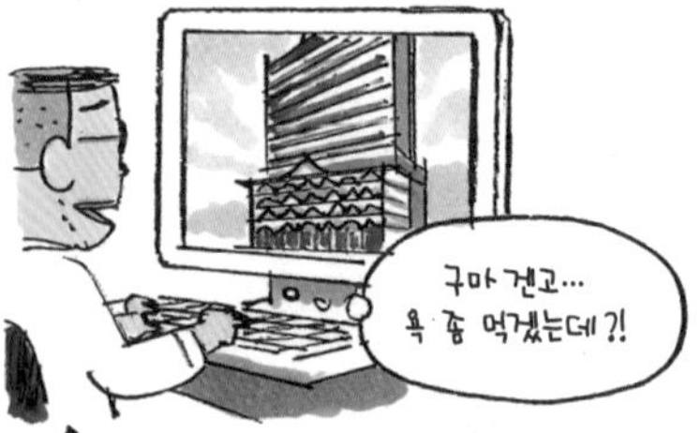

하지만 실제로 완성되었을 때 다행히 구마 겐고를 비판하는 목소리는 나오지 않았다. 적어도 나는 어설프게 보존하는 것보다 차라리 이게 더 낫다고 생각한다.

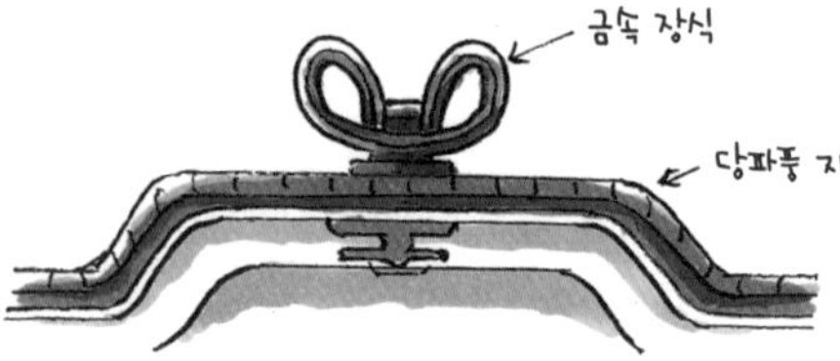

이 특이한 박공의 형태는 3D 스캔을 이용해 완벽하게 재현해냈다. 파도 모양 같은 유려한 곡선이 멀리서 봐도 한눈에 들어온다.

중앙의 삼각 지붕은 삼각형 부분을 활용해 교회로 만들었다. 무라노 도고가 봤다면 아마 깜짝 놀라지 않았을까?

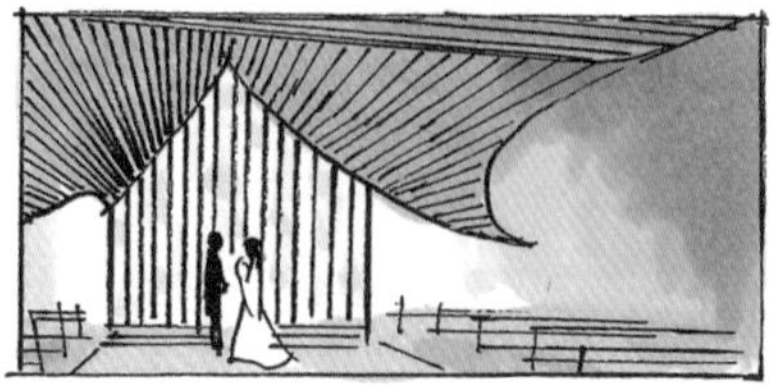

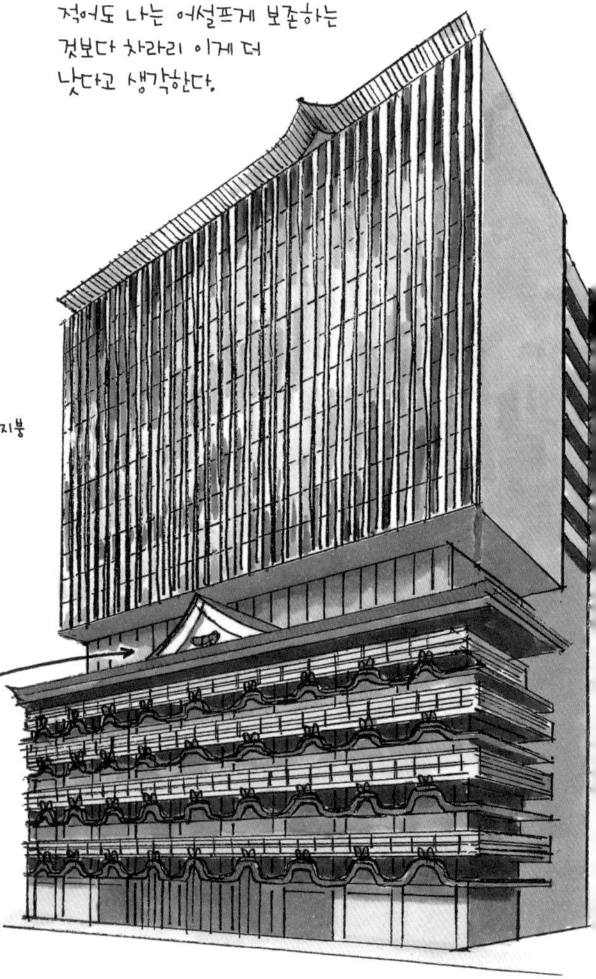

예전의 건물 외관을 재현한 데다 초고층으로 지어, 도쿄의 '긴자 가부키 극장'(긴자 가부키자)이 떠오른다. 타워 부분은 복원한 부분의 '배경'으로 활용했다.

P.188 참조

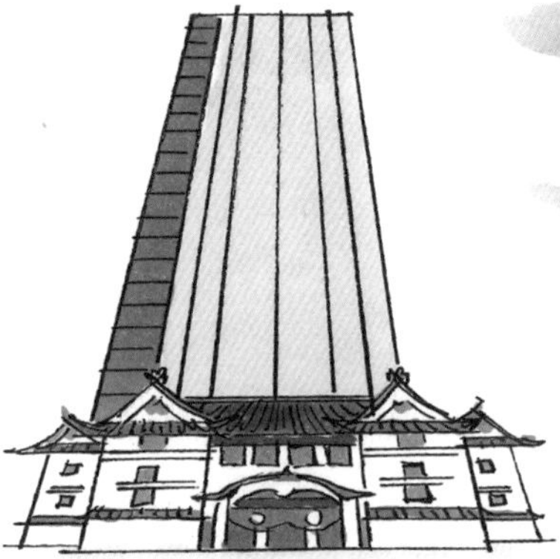

하지만 타워 부분 역시 '독특'한 외관을 자랑한다. 아른아른 피어오르는 아지랑이처럼 보이도록 알루미늄 핀 루버를 사용한 점도 주목할 만하다.

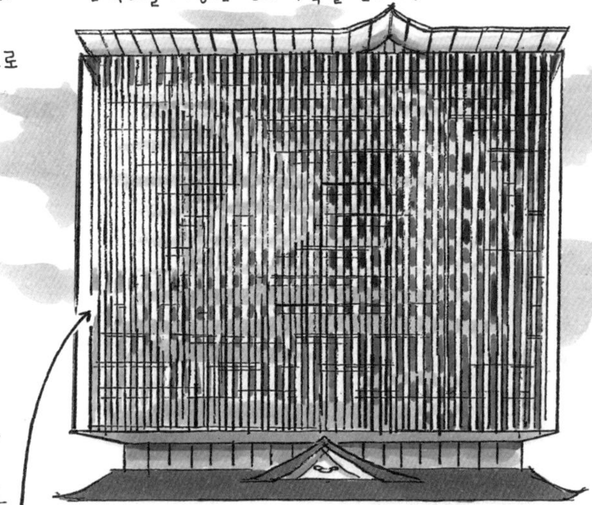

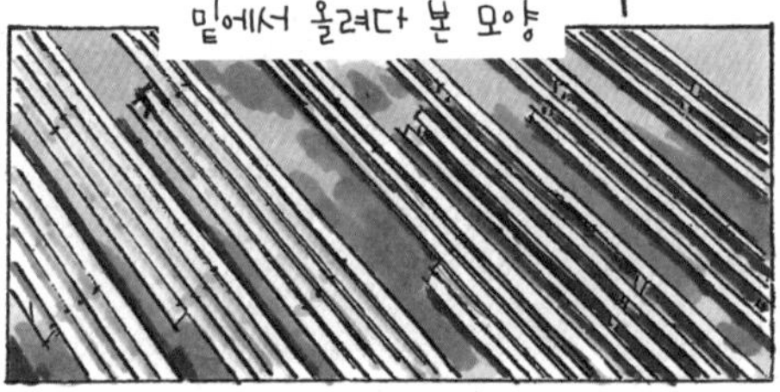

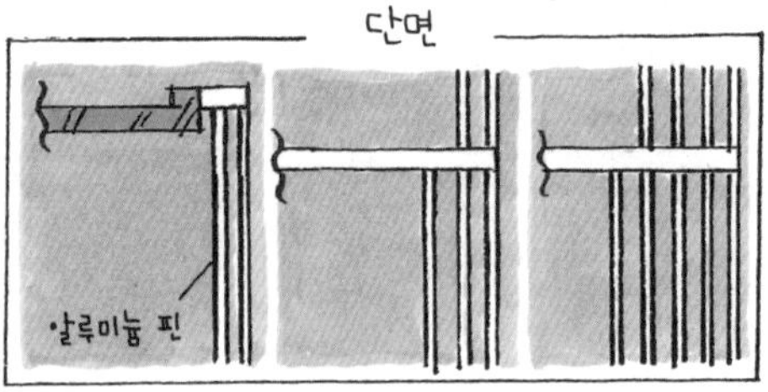

210x55mm의 알루미늄 핀을 위치에 따라 2~5개 정도 겹쳐 아른거리는 느낌을 표현했다. 루버를 겹쳐서 사용한 건축가가 지금껏 있었나? 획기적인 디테일이다.

환상적인 무라노 월드에 농염한 안개를 입혀 보자. 무라노가 살아 있었다면 이런 식으로 했을지도?!

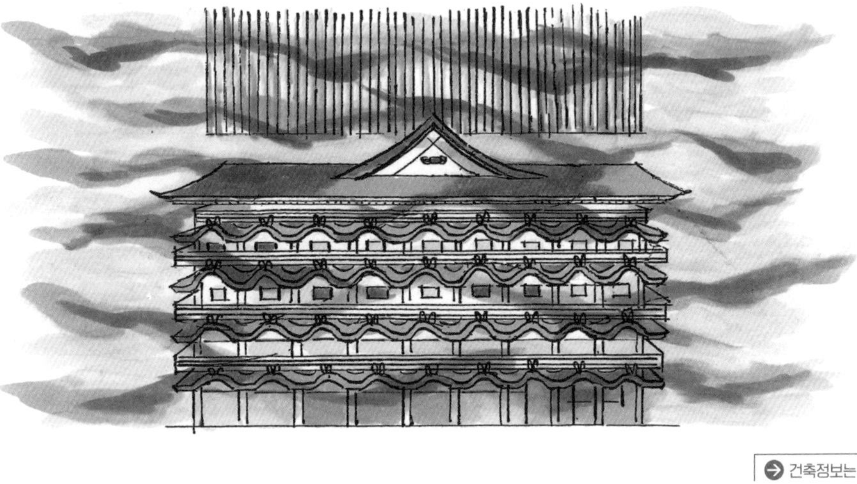

건축정보는 P.035

15 '무거우면서도 가벼운' 거대 암석 조각

도코로자와 사쿠라타운

의외성의 건축	사이타마현 도코로자와시 히가시도코로자와와다 3-31-3
울퉁불퉁	JR무사시노선 히가시도코로자와역에서 도보 10분
2020	지하2층·지상5층/8만7433.71m²

가도카와(KADOKAWA)가 건설하고 운영하는 복합시설. 출판·물류공장과 사무실, 호텔, 숍, 신사, 뮤지엄 등으로 이루어졌다. 가지마건설이 설계하고 구마 겐고가 디자인 감수를 맡았다. 가장 주목할 만한 건물은 거대한 암석 같은 '가도카와 무사시노 뮤지엄'이다.

두꺼운 화강암을 외벽에
붙이는 작업 중.

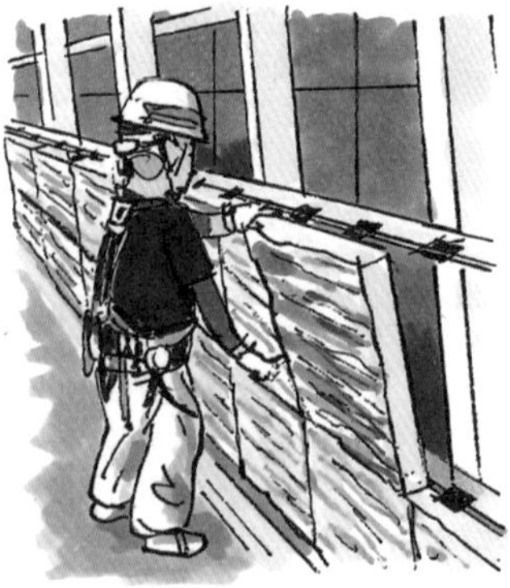

'가도카와 무사시노 뮤지엄'에는 이런 화강암이 2만 장
(1200톤) 사용되었다고 한다. 그 말을 들으니
정말 중량감이 어마어마한 건물이란 생각이 드는데,
실제로 현지에 가보면…

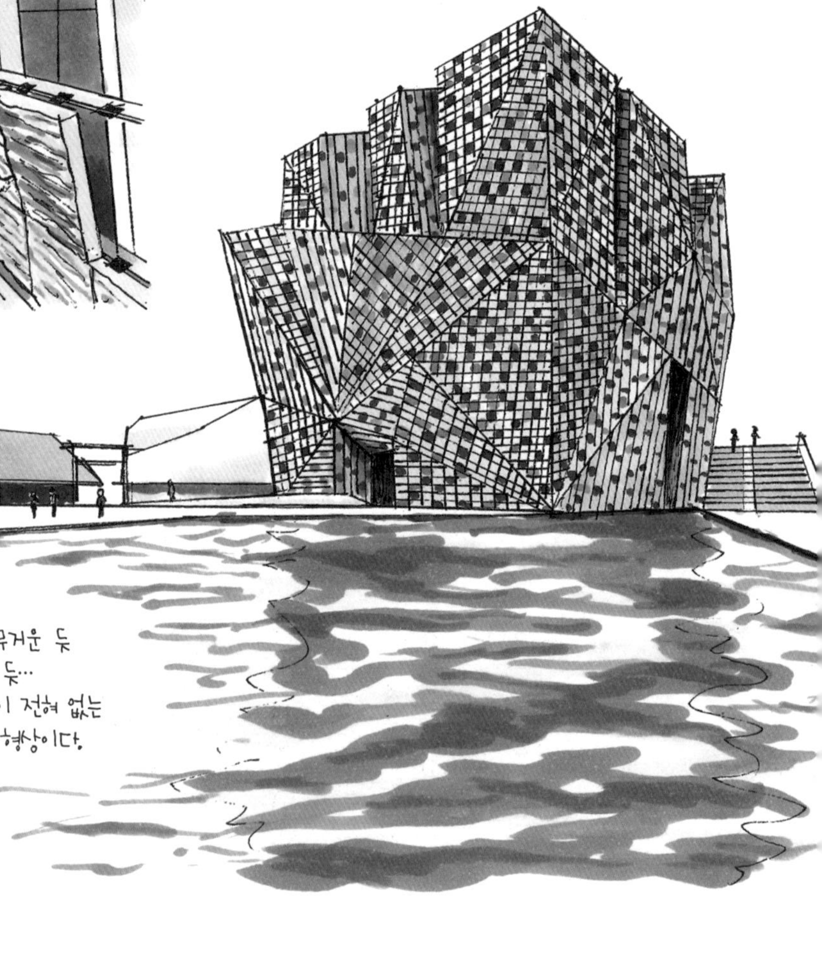

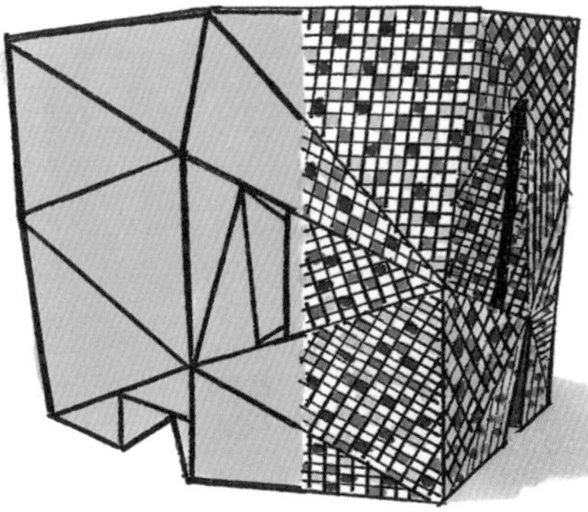

이렇게 비현실적인 느낌이 나는 이유는

① 건물 전체가 삼각형 패널의 조합으로 이루어진 다각형(polygon)이라 컴퓨터그래픽(CG) 같다.

② 농도가 다른 사각형이 빽빽하게 들어차 있어서 모자이크 같다.

——는 두 가지 점 때문이라 생각한다.

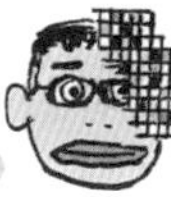

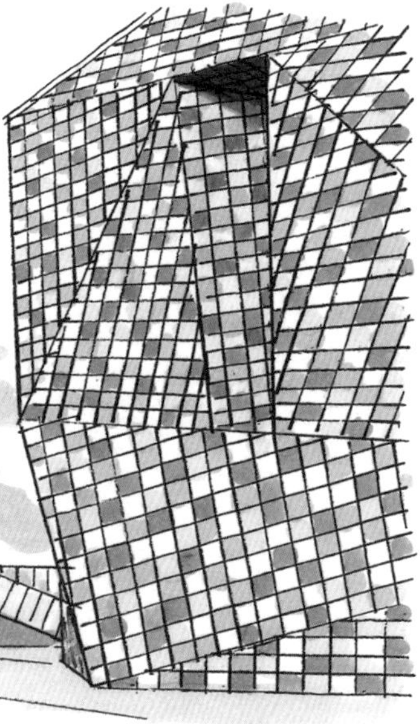

그렇다면 목적은 달성한 것. 하지만 의아한 부분이 있다. 바로 본관(사무실과 물류 시설 등) 건물의 리본 같은 디자인이다. 솔직히 돌붙임 공법과 어울리는지도 의문이다.

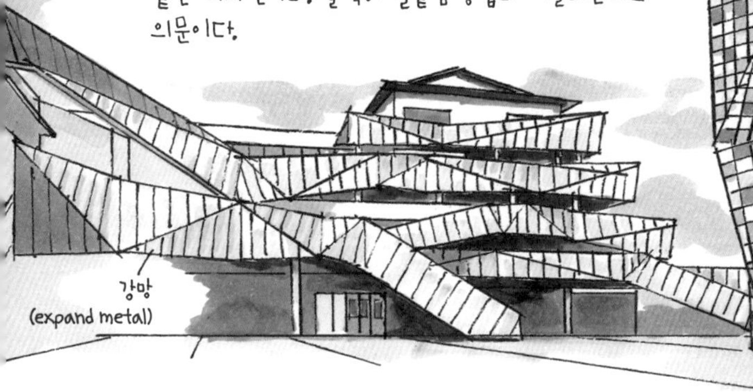

그러다 갤러리에서 이 그림을 보고 떠올랐다!

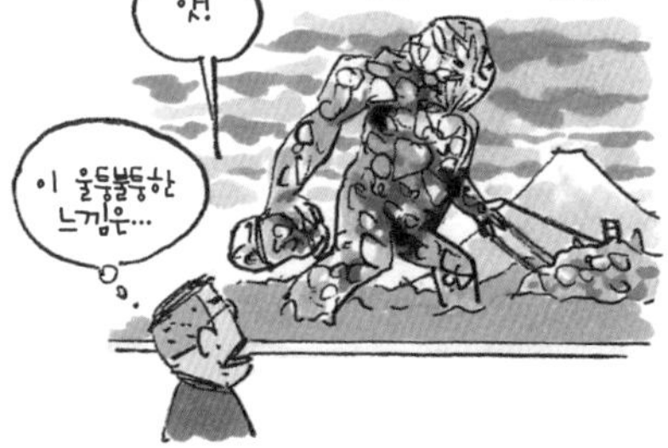

간토 지방에 내려오는 전설 속 거인 '다이다라봇치'?! 거인이 커다란 산을 움직이고 대지와 호수를 만들었다는 전설인데, 설마 이 건물 그 전설 속 광경을 형상화한 건가? 그래서 비현실적인 느낌을 주고 싶었나?

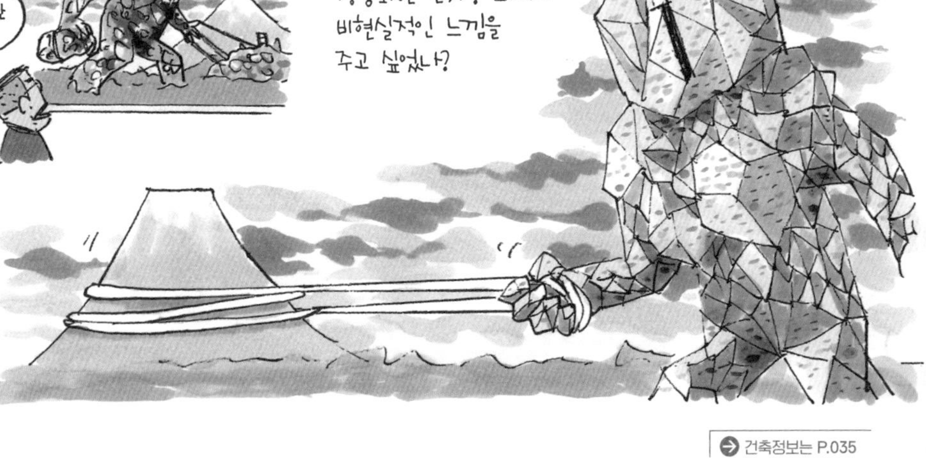

➔ 건축정보는 P.035

Part 2

소재가 품은 이야기 속으로 빠져들게 만드는

[감성의] 건축

자연 소재로 '엘리트 코스'에 도전장을 내밀다

—

미술관이나 자료관을 짓는 것은
건축가 또는 설계자에겐 이른바 '왕도'에 해당한다.
그렇게 하여 기억에 남을 만한 건물을 지으면
건축가로서 높은 평가를 받게 되고
스타 건축가로 가는 문이 열린다.

—

구마 겐고는 나카가와마치 바토히로시게미술관(2000년)으로
그 문을 열었다.

—

심플한 맞배지붕을 현지에서 공수한 삼나무 루버로
싹 덮어버린 외관은 누가 봐도 참신하면서
기억에 남을 만한 것이었다.

—

같은 해에 완성된 '나스 역사탐방관'에서는
짚을 붙인 금속 패널을 미장 장인과 함께 개발했다.
'자연 소재를 현대적 기법으로 보여주려는' 자세가
매우 인상 깊었다.

—

소재 등을 통해 보는 이로 하여금
이야기 속으로 빠져들게 만드는 건물을
'감성의 건축'으로 분류했다.

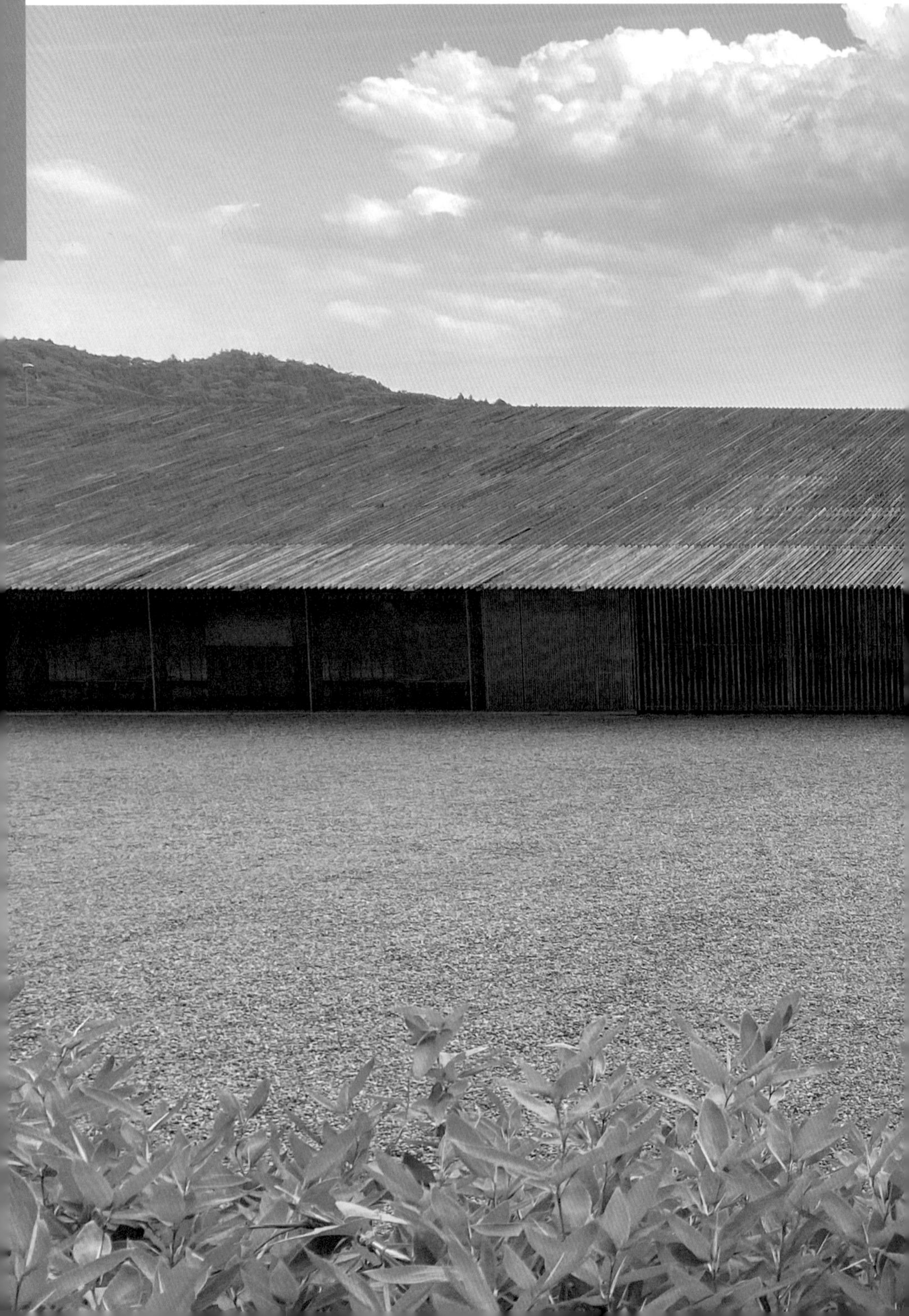

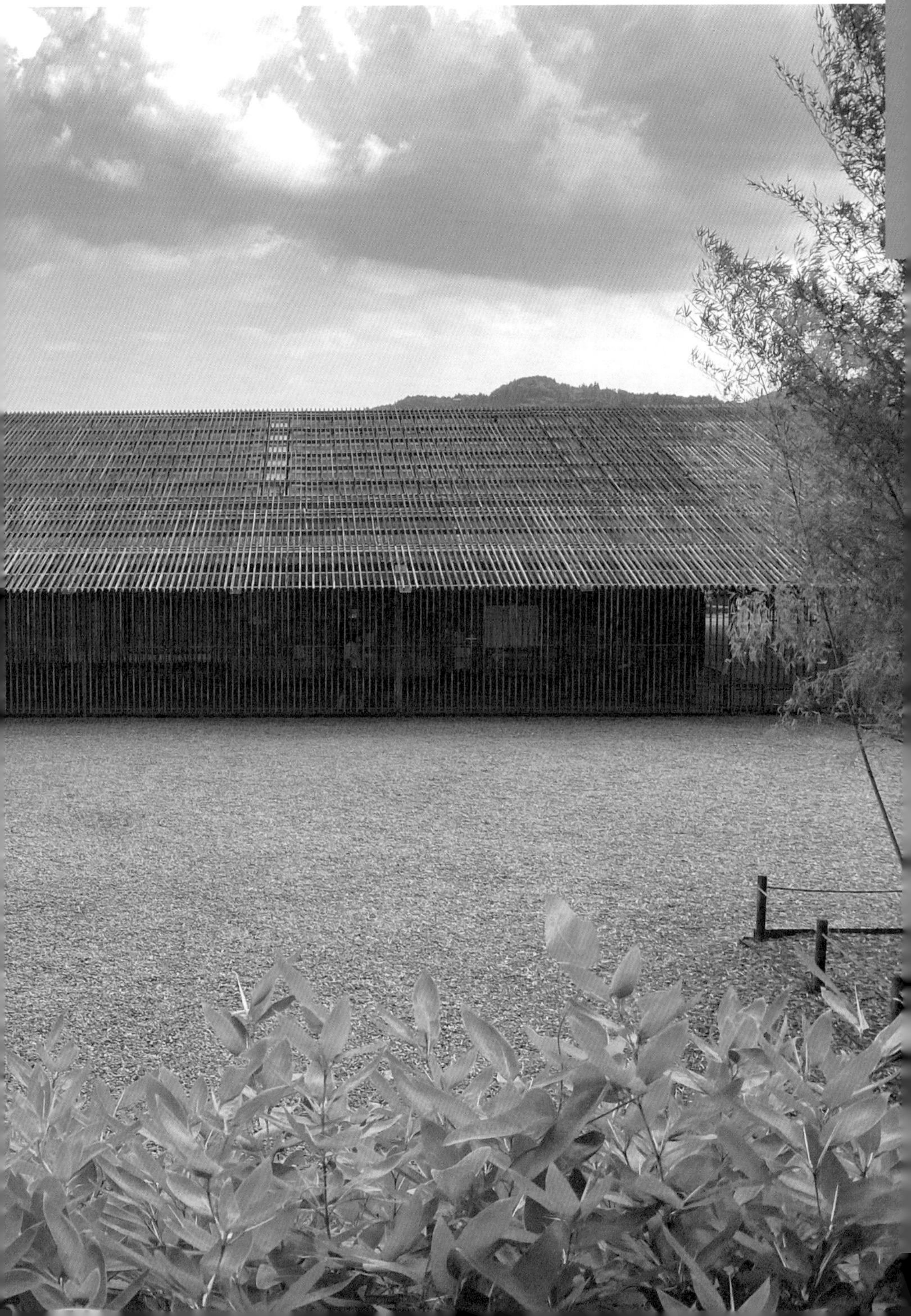

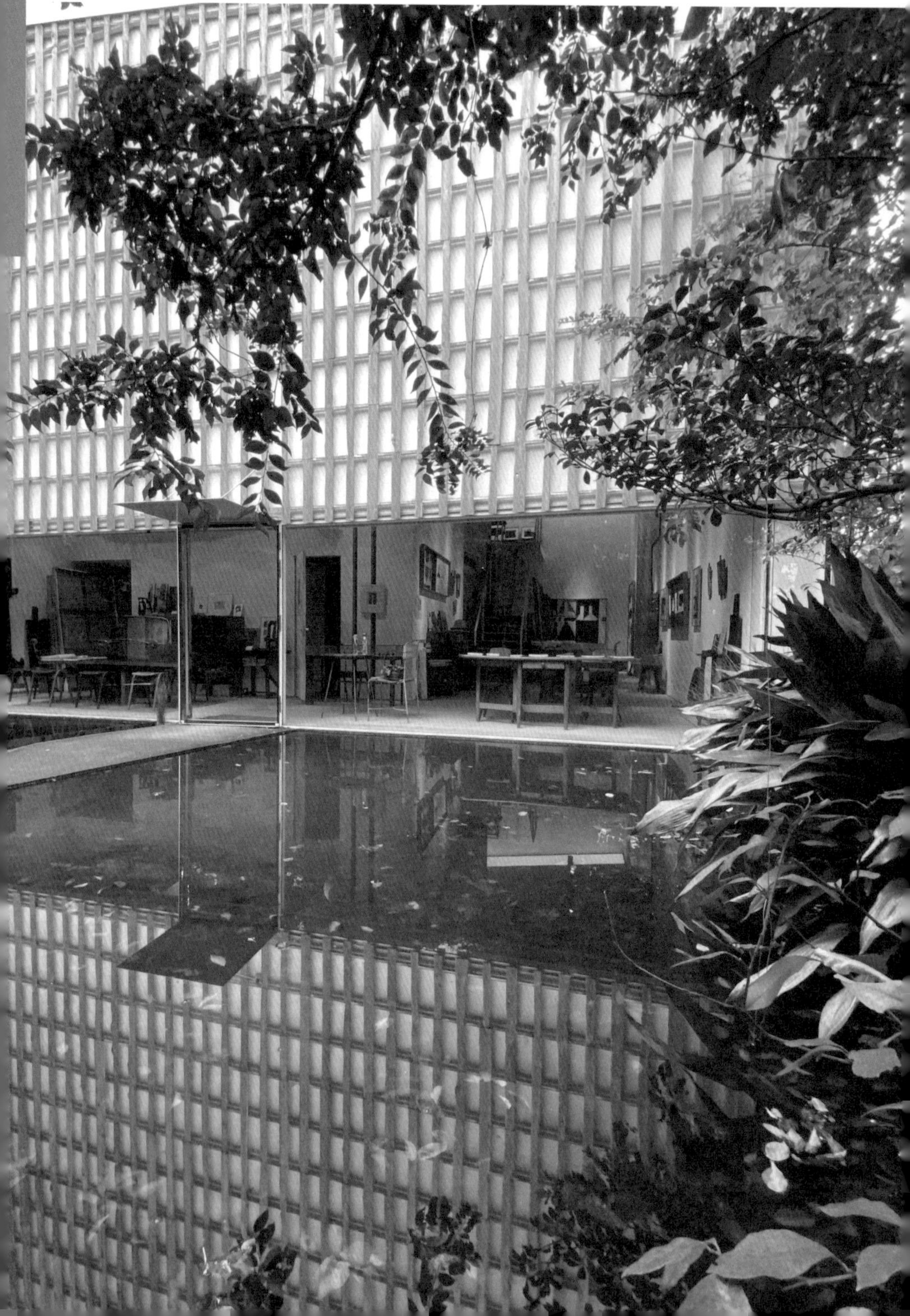

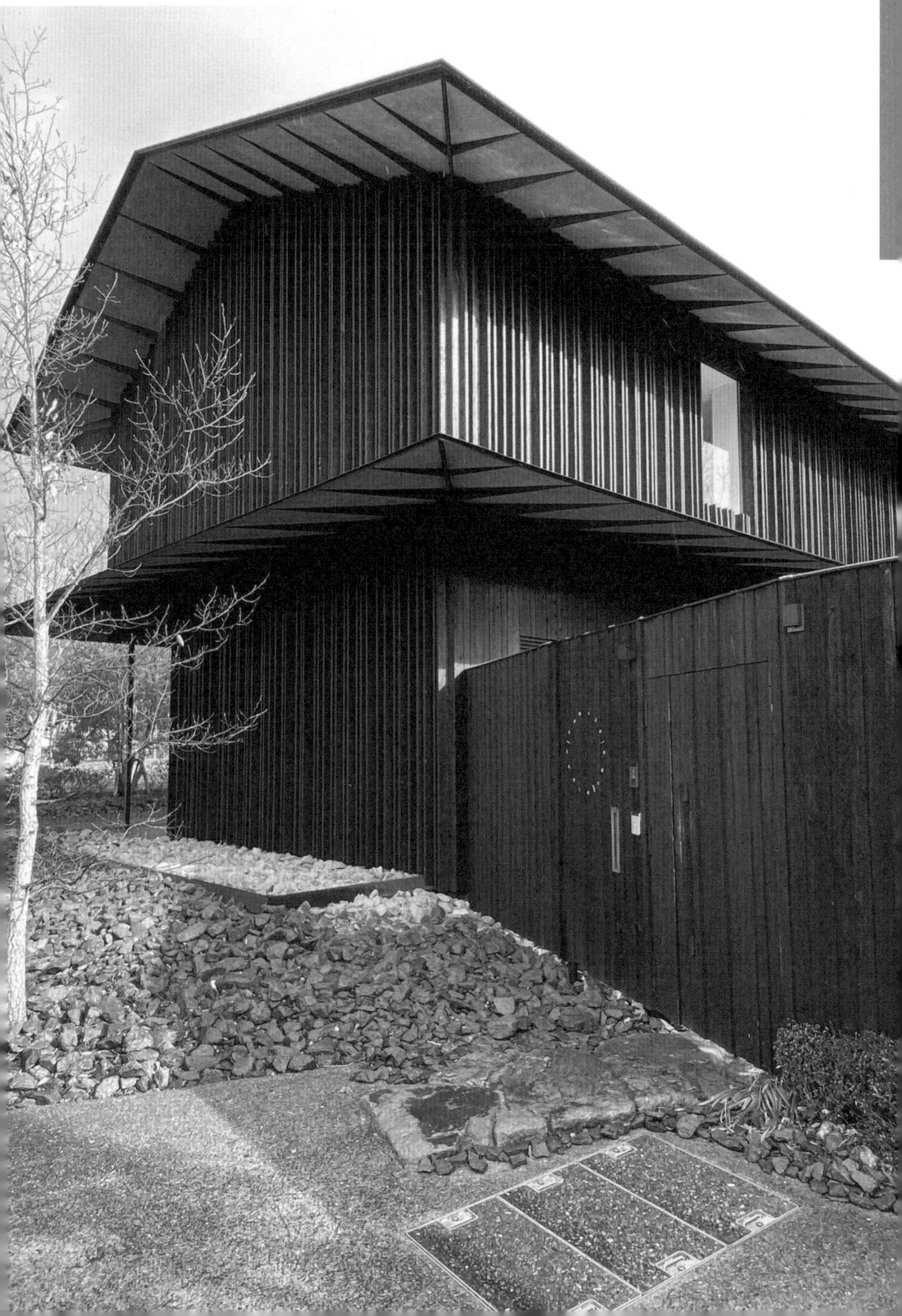

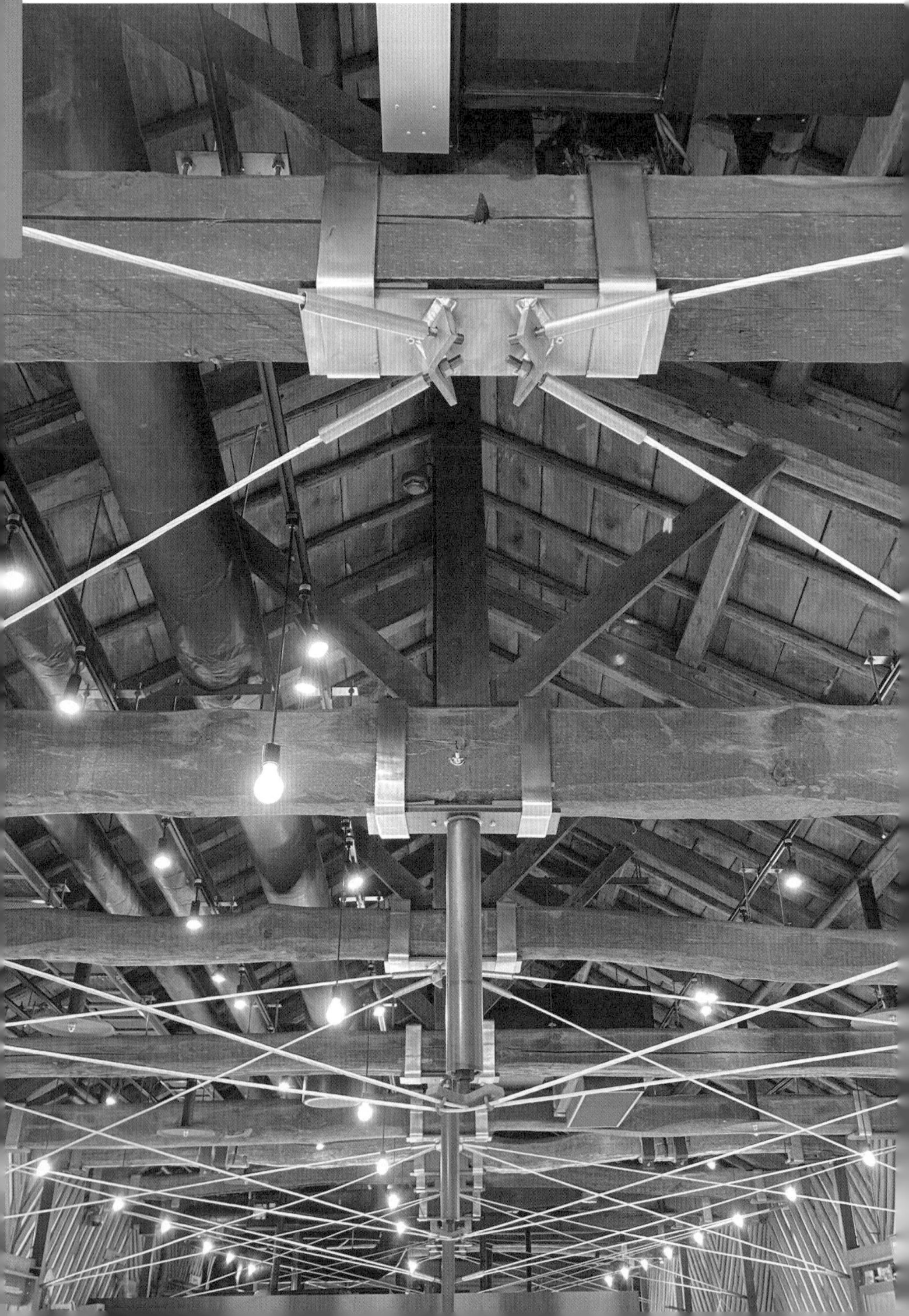

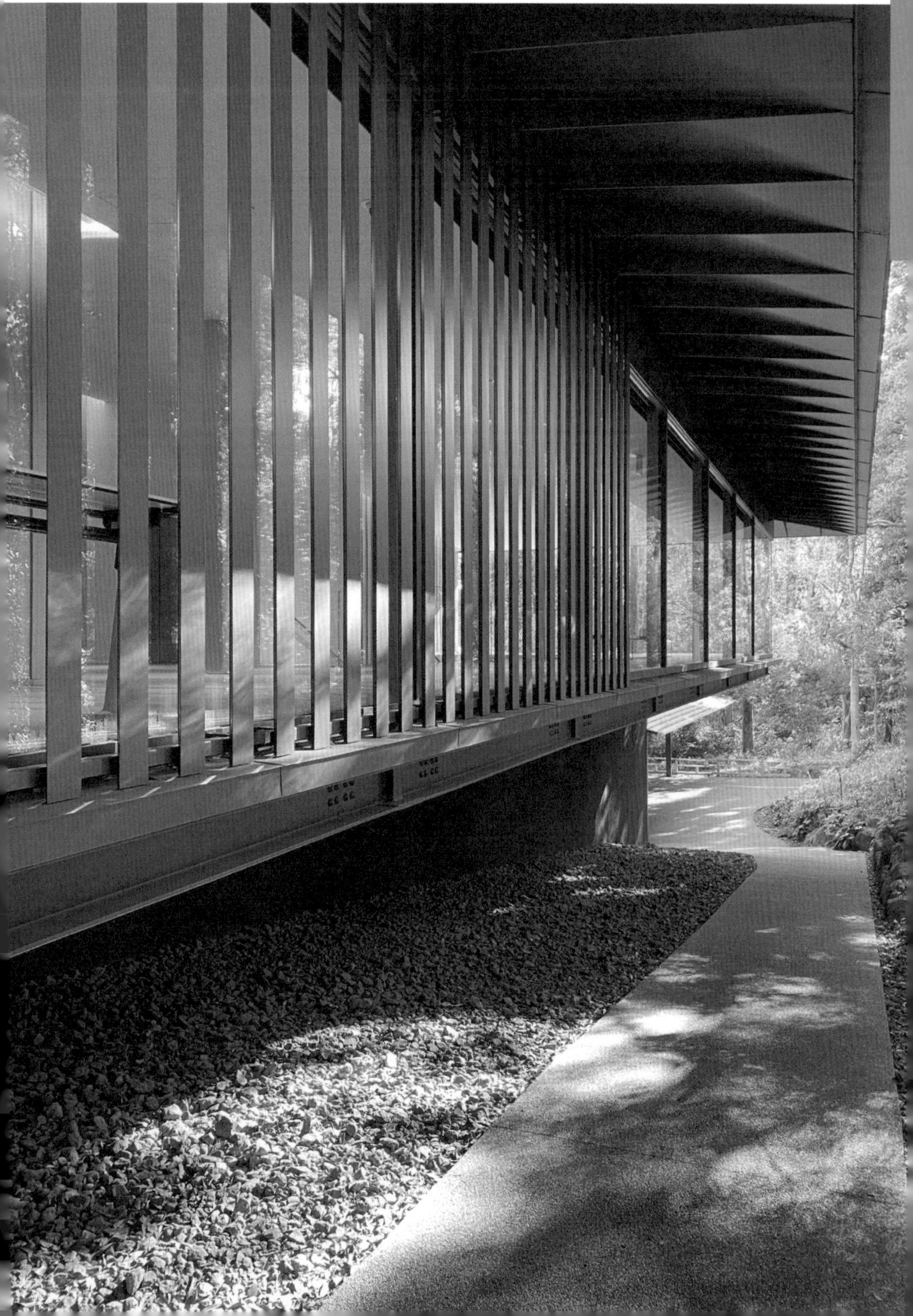

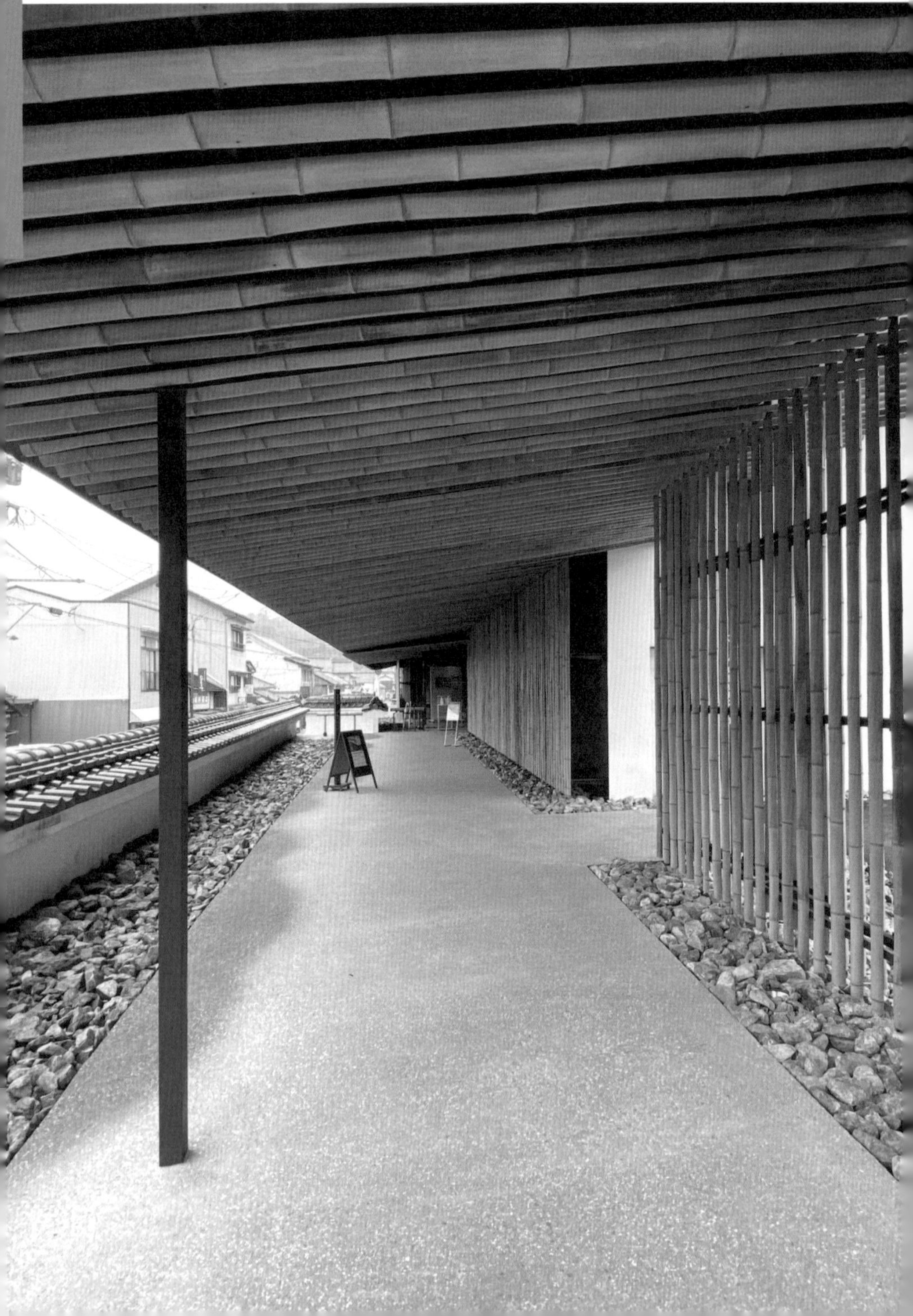

건물 명칭은 준공 시 명칭을 기본으로 하며, 구 명칭으로는 한 번에 알기 어려운 경우에 현재 명칭을 앞에 썼다. ―는 공표하지 않거나 불명확한 것.

16 나카가와마치 바토히로시게미술관

(구 바토마치 히로시게미술관)

소재지: 도치기현 나카가와마치 바토 116-9
발주자: 바토마치(현 나카가와마치)
설계자: 구마겐고건축도시설계사무소
구조설계자: 아오키시게루건축공방
설비설계자: 모리무라설계사무소 | 시공자: 오바야시구미
구조: 철근콘크리트조, 일부 철골조
층수: 지하1층·지상1층 | 연면적: 1962.43m²
설계기간: 1998년 5월~11월
시공기간: 1998년 12월~2000년 3월
교통: JR우지이에역에서 버스로 50분, 무로마치버스정류장 하차, 도보 2분

P.086

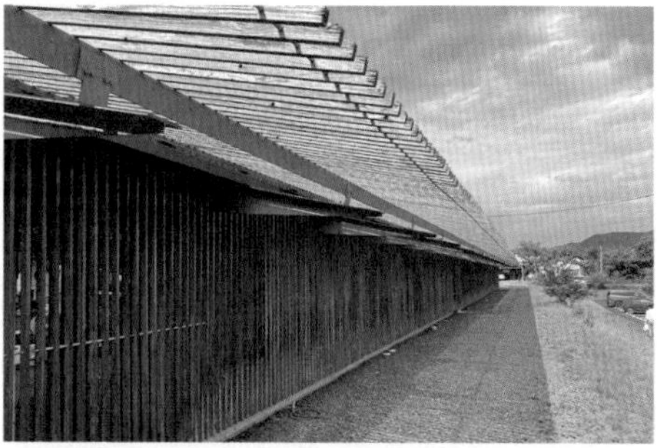

17 나스 역사탐방관

소재지: 도치기현 나스마치 아시노 2893
발주자: 나스마치
설계자: 구마겐고건축도시설계사무소
구조설계자: 나카타가쓰오연구실
설비설계자: 모리무라설계사무소 | 시공자: 가와다공업
구조: 철근콘크리트조, 철골조, 일부 목조
층수: 지상1층 | 연면적: 458.17m²
설계기간: 1999년 1월~7월
시공기간: 1999년 9월~2000년 6월
교통: JR도호쿠본선 구로다하라역에서 간토버스로 11분, 아시노나카마치버스정류장 하차, 도보 3분

P.090

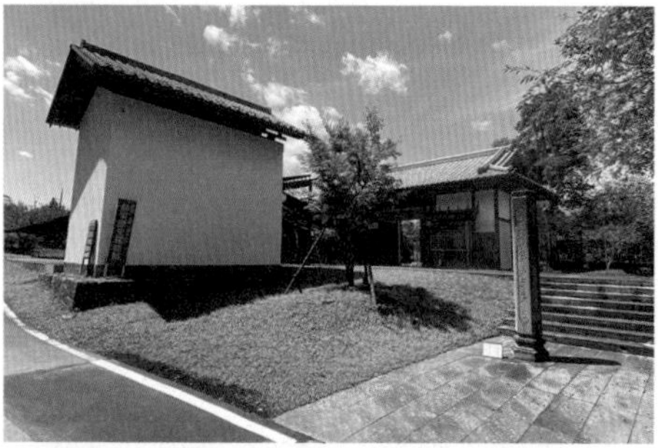

18 무라이 마사나리 기념미술관

소재지: 도쿄도 세타가야구 나카마치 1-6-12
발주자: 무라이 이쓰코
설계자: 구마겐고건축도시설계사무소
구조설계자: 나카타가쓰오연구실
시공자: 마쓰시타산업
구조: 철골조
층수: 지상2층
연면적: 267.97m²
설계기간: 2001년 8월~2003년 4월
시공기간: 2003년 6월~2004년 6월
교통: 도큐 오이마치선 도도로키역에서 도보 4분

P.092

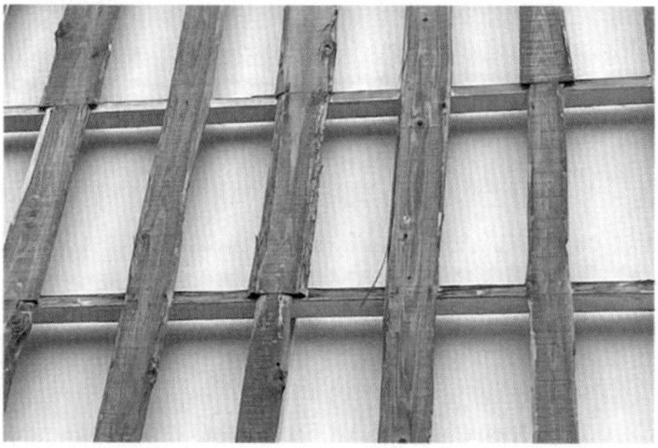

19 나가사키현립미술관

P.094

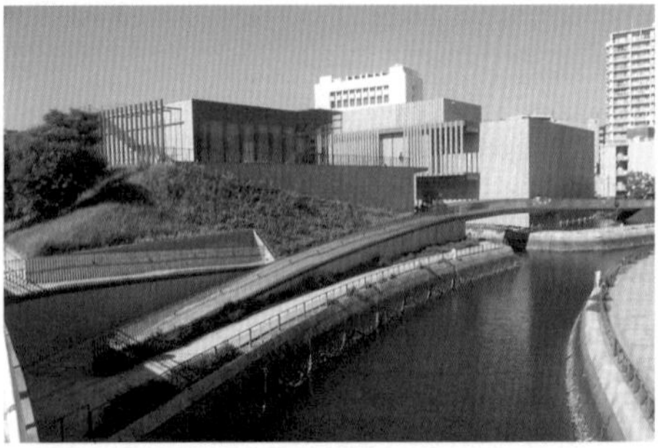

소재지: 나가사키시 데지마마치 2-1 | 발주자: 나가사키현
설계자: 니혼설계(건축), 구마 겐고(설계 협력)
구조설계자 · 설비설계자: 니혼설계
시공자: 다이세이건설 · 우메무라구미 · 마쓰시마건설 특정건설 공동기업체(건축)
구조: 철골철근콘크리트조, 프리캐스트콘크리트 구조, 철골조(갤러리), 철근콘크리트조, 프리캐스트콘크리트 구조(미술관)
층수: 지상3층 | 연면적: 9898.07m^2(주차장 제외)
설계기간: 2001년 11월~2002년 9월
시공기간: 2003년 4월~2005년 2월
교통: JR나가사키본선 나가사키역에서 도보 15분

20 네즈미술관

P.096

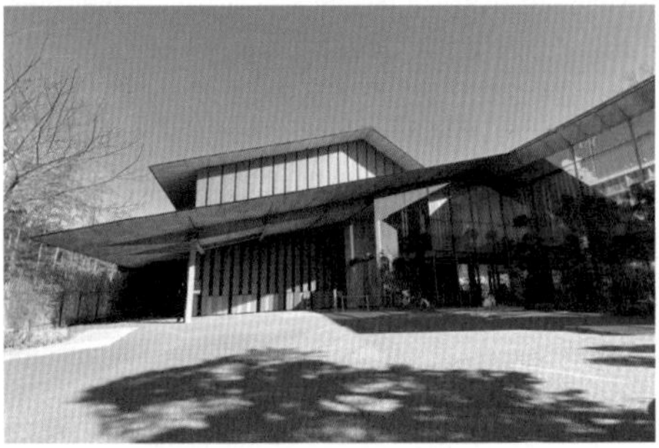

소재지: 도쿄도 미나토구 미나미아오야마 6-5-1
발주자: 네즈미술관
설계자: 구마겐고건축도시설계사무소
구조설계자 · 설비설계자: 시미즈건설
시공자: 시미즈건설
구조: 철골철근콘크리트조, 철골조
층수: 지하1층 · 지상2층
연면적: 4014m^2
설계기간: 2004년 11월~2007년 8월
시공기간: 2007년 8월~2009년 2월
교통: 도쿄메트로 오모테산도역에서 도보 8분

21 코미코 아트 뮤지엄 유후인

P.098

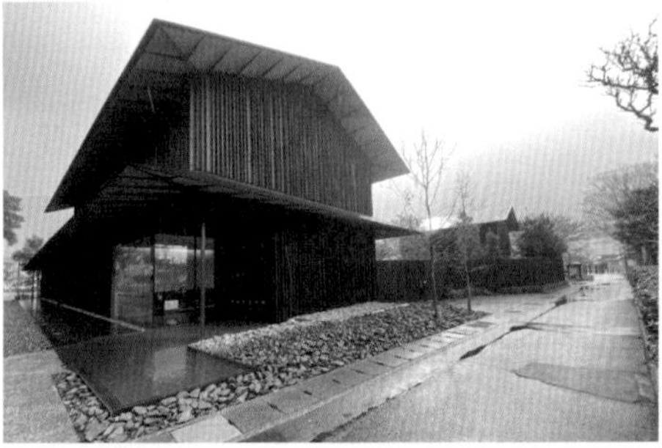

소재지: 오이타현 유후시 유후인초 가와카미 2995-1
발주자: NHN JAPAN
설계자: 구마겐고건축도시설계사무소
구조설계자 · 설비설계자: 에이럽(Arub)
시공자: 사이키건설
구조: 철골조, 일부 철근콘크리트조
층수: 지하1층 · 지상3층
연면적: 602.97m^2(미술관)
설계기간: 2014년 2월~2016년 6월
시공기간: 2016년 7월~2017년 8월
교통: JR규다이본선 유후인역에서 도보 15분

22 도미오카창고 3호 창고(개수)

P.102

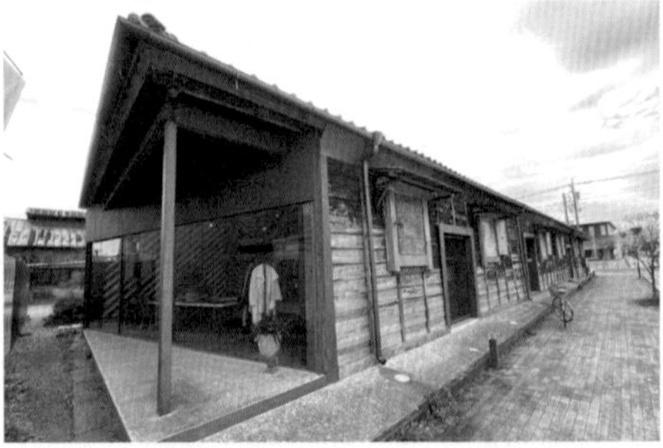

소재지: 군마현 도미오카시 도미오카 1450-1
발주자: 도미오카시
설계자: 구마겐고건축도시설계사무소
구조설계자: 에지리건축구조설계사무소
설비설계자: 모리무라설계사무소 | 시공자: 사토산업
구조: 목조
층수: 지상1층
연면적: 289.03m^2
설계기간: 2017년 1월~8월
시공기간: 2017년 11월~2019년 3월
교통: 조신덴테쓰 조신선 조슈토미오카역에서 도보 1분

22-2 군마현립세계유산센터(도미오카창고 1호 참고)

P.102

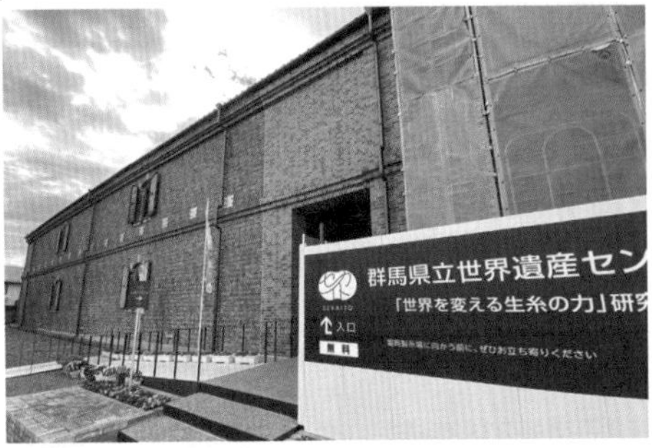

소재지: 군마현 도미오카시 도미오카 1450-1
발주자: 도미오카시 | 운영자: 군마현
설계자: 구마겐고건축도시설계사무소
구조설계자: 에지리건축구조설계사무소
설비설계자: 모리무라설계사무소
시공자: 사토산업
구조: 벽돌조
층수: 지상2층
연면적: 460.68m^2
준공시기: 2020년 3월
교통: 조신덴테쓰 조신선 조슈토미오카역에서 도보 1분

22-3 도미오카시청

P.103

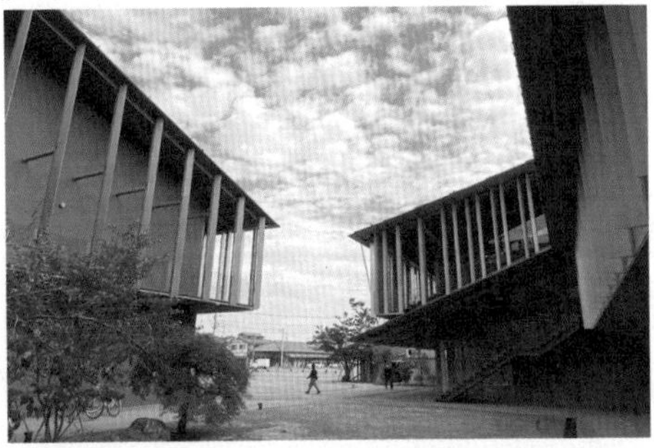

소재지: 군마현 도미오카시 도미오카 1460-1
발주자: 도미오카시
설계자: 구마겐고건축도시설계사무소
구조설계자: 에지리건축구조설계사무소
설비설계자: 모리무라설계사무소
시공자: 다루야·이와이·사토건설공사공동기업체
구조: 철근콘크리트조, 일부 철골조
층수: 지상3층 | 연면적: 8681.70m^2
설계기간: 2012년 10월~2015년 10월
시공기간: 2016년 1월~2018년 3월
교통: 조신덴테쓰 조신선 조슈토미오카역에서 도보 3분

23 메이지신궁 뮤지엄

P.104

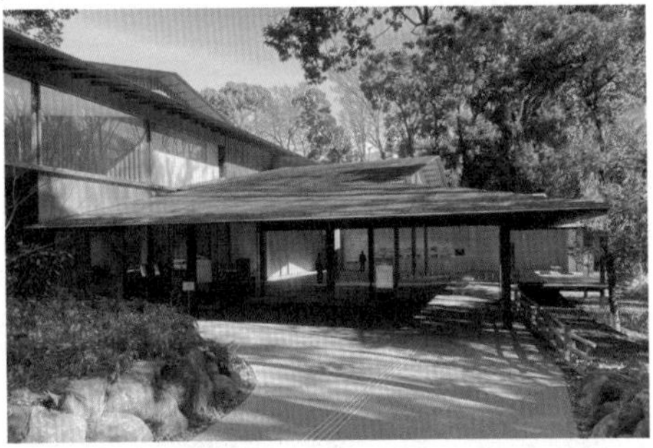

소재지: 도쿄도 시부야구 요요기카미노조초 1-1
발주자: 종교법인 메이지신궁
설계자: 구마겐고건축도시설계사무소
구조설계자: 가네바코구조설계사무소
설비설계자: 모리무라설계사무소 | 시공자: 시미즈건설
구조: 철근콘크리트조, 철골조
층수: 지상2층 | 연면적: 3293.24m^2
준공시기: 2019년
교통: JR야마노테선 하라주쿠역, 도쿄메트로 메이지진구마에역에서 도보 5분

24 다케타시 역사문화관·유학관

P.106

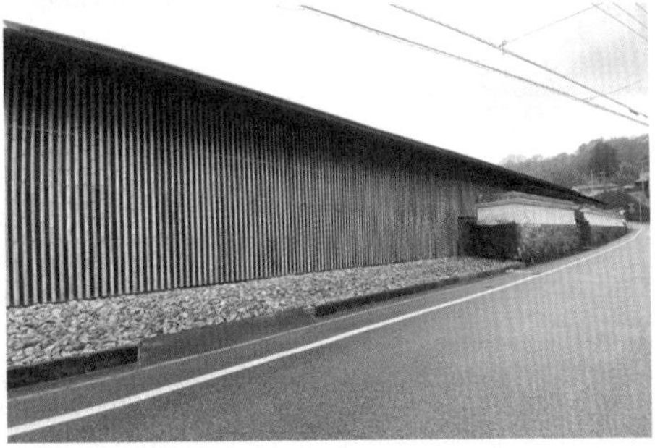

소재지: 오이타현 다케타시 다케타 2083
발주자: 다케타시
설계자: 구마겐고건축도시설계사무소
구조설계자: 에지리건축구조설계사무소
설비설계자: 모리무라설계사무소
시공자: 모리타건설
구조: 철근콘크리트조, 일부 철골조
층수: 지상2층
연면적: 1189.78m^2
시공기간: 2018년 10월~2019년 12월
교통: JR호히본선 분고다케타역에서 도보 10분

16 절대 실패하지 않는 삼나무 루버 패턴

나카가와마치 바토히로시게미술관 (구 바토마치 히로시게미술관)

감성의 건축	도치기현 나카가와마치 바토 116-9
어른어른	JR우지이에역에서 버스로 50분, 무로마치버스정류장 하차, 도보 2분
2000	지하1층·지상1층/1962.43m²

우타가와 히로시게의 우키요에(풍속화)를 전시한 미술관. 메이지 시대 한 사업가의 소장품이 바토마치(현 나카가와마치)에 기증되면서 계획된 것. 이 지역에 위치한 야미조산의 야미조 삼나무를 재단한 루버로 벽과 지붕을 덮었다.

대부분의 사람들이 '구마 겐고의 전환점'이라 말하는 '바토히로시게미술관'. 여기서는 '왜 전환점으로 꼽는 것인지' 그 이유를 구마 겐고의 이전 건축물과 비교하면서 살펴보겠다.

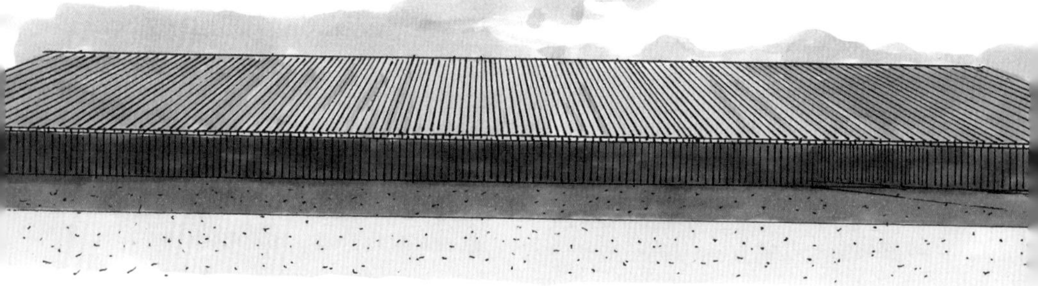

1. 기본적 조형이 심플

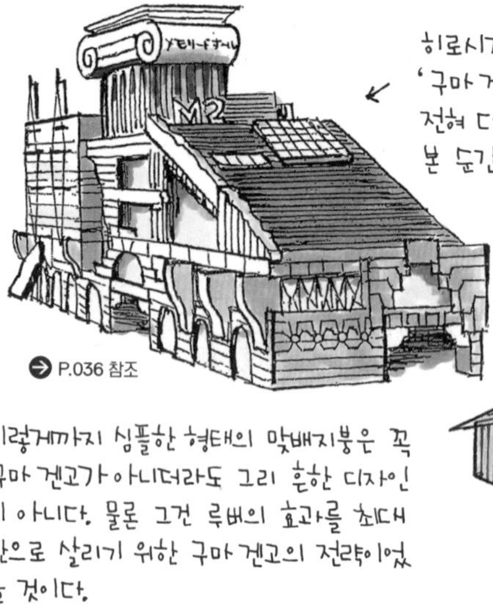

➔ P.036 참조

히로시게미술관이 지어지기 전에는 대부분의 사람들이 '구마 겐고'라고 하면 'M2'를 떠올렸다. 그런데 마치 전혀 다른 사람이 설계한 듯한 이 심플한 맞배지붕을 본 순간, 다들 깜짝 놀라고 말았다.

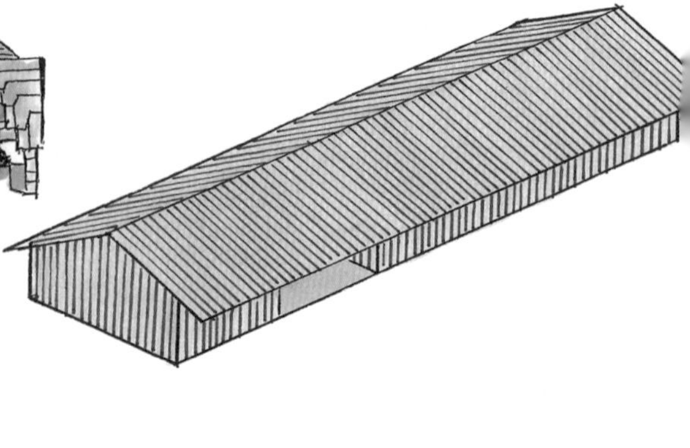

이렇게까지 심플한 형태의 맞배지붕은 꼭 구마 겐고가 아니더라도 그리 흔한 디자인이 아니다. 물론 그건 루버의 효과를 최대한으로 살리기 위한 구마 겐고의 전략이었을 것이다.

2. 지붕까지 루버로 처리함

1996 모리부타이

➔ P.178 참조

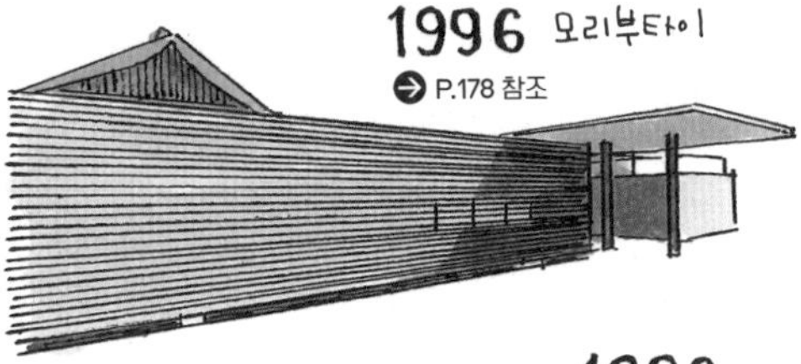

나무루버를 사용한 건축이 당시 드물었던 것은 아니다. 구마 겐고도 '모리부타이'(1996)와 '리버/필터'(1996)에서 정면 외관의 대부분을 나무루버로 덮었다.

1996

리버/필터

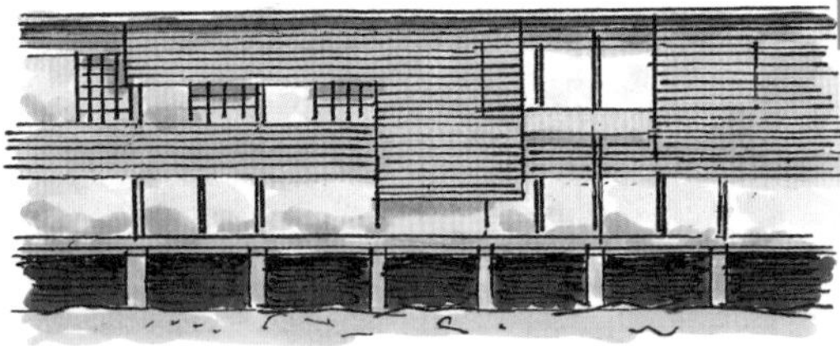

히로시게미술관이 크게 주목을 받게 된 것은 지붕까지 나무루버로 싹 덮어버리는, 쉽을 법하지만 지금껏 아무도 시도하지 않았던 아이디어 덕분이다.

3. 타지 않는 삼나무를 선택함

부지가 '건축기준법 22조 지역'에 해당하므로 지붕은 불연성 재료로 덮어야 했다. 그래서 일단 방화·방수 역할을 하는 지붕을 설치하고, 그 위에 삼나무 루버를 살짝 띄워서 얹었다.

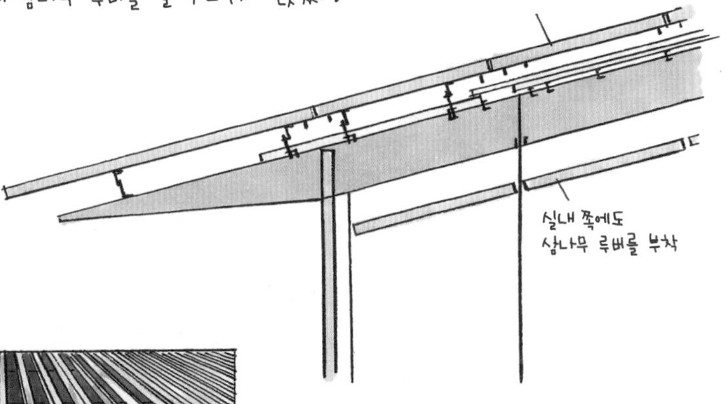

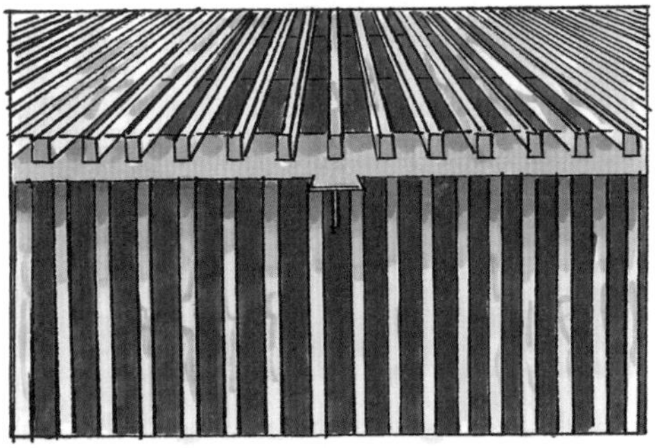

삼나무 루버는 '원적외선 훈연 열처리'라는 당시 신기술을 사용해 타지 않도록 만들었다. 기존의 기술과 달리 나무의 질감이 살아 있다. 이후 구마 겐고는 신기술과 신소재에 푹 빠지게 되는데….

다음 페이지로!

4. 겹치니 어른거리는 느낌이 더욱 증폭됨

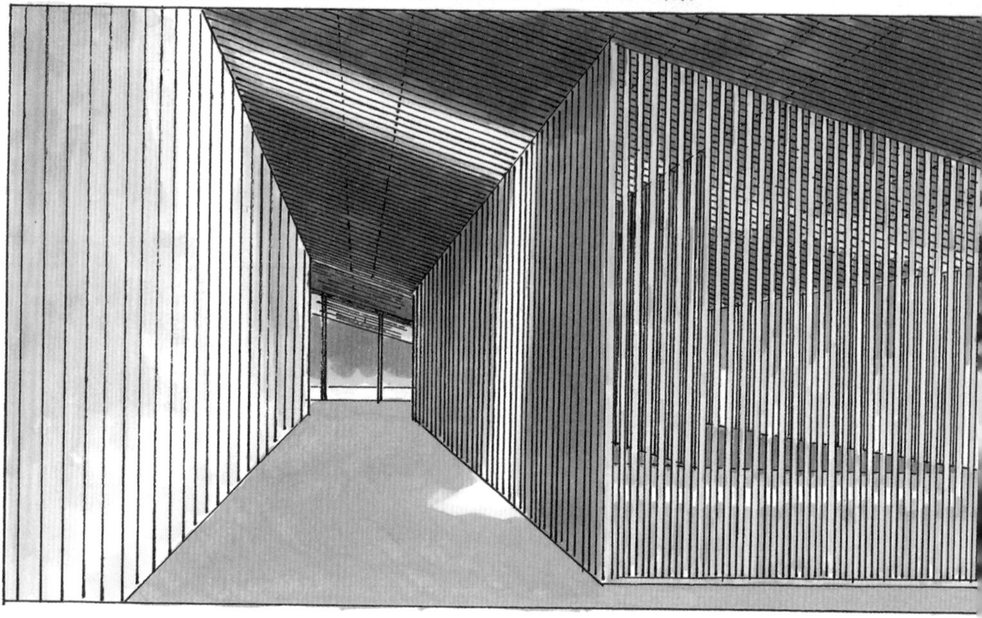

투명도에서는 '워터/글래스'(1995)가 한 수 위지만, 살짝살짝 비치면서 '어른거리는 느낌'은 여기가 한 수 위! 루버가 겹치도록 배치하니 깊이감이 더해져 어른거리는 느낌이 더욱 강해진다. 루버가 빛을 '받아들이면서' 다양한 농도 차가 생겨나기 때문이다. →

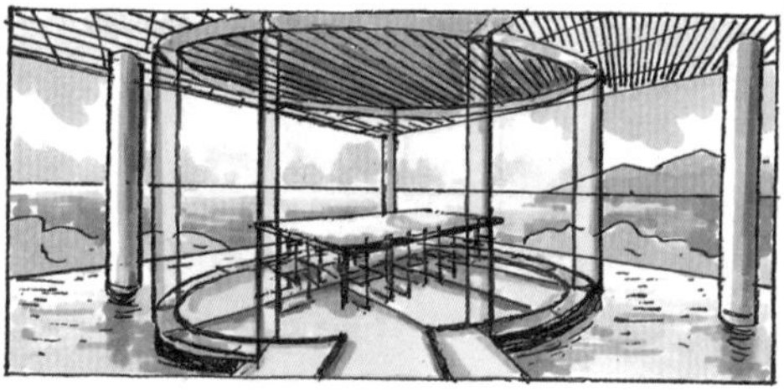

➔ P.040 참조

밖에서 보면 이런 모양이다.

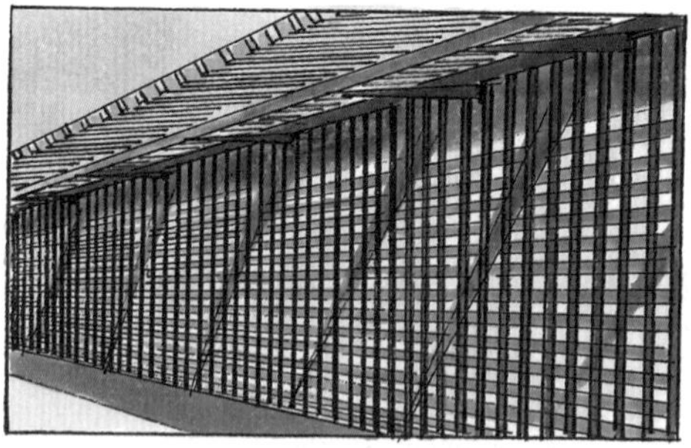

건축평론가인 이가라시 다로는 "현지에서 얻은 소재로 만든 루버를 반복적으로 나열함으로써 '글로벌'과 '로컬'을 동시에 공략하는 필승 디자인 패턴을 확립했다"고 평가했다.
표현 참 끝내준다. 역시 건축평론가는 달라!

5. 루버에 의미를 부여한 표현 방식이 기가 막힘

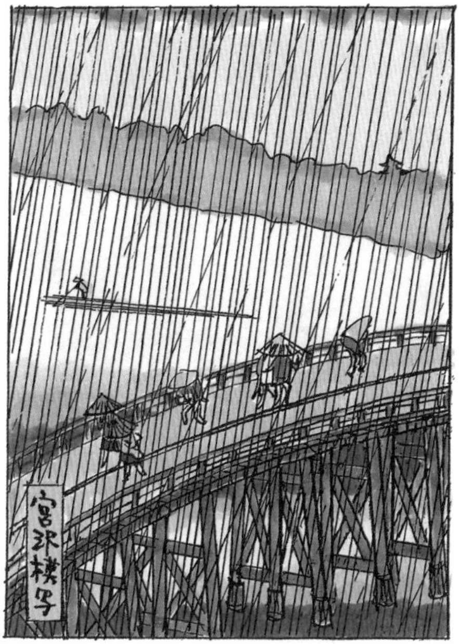

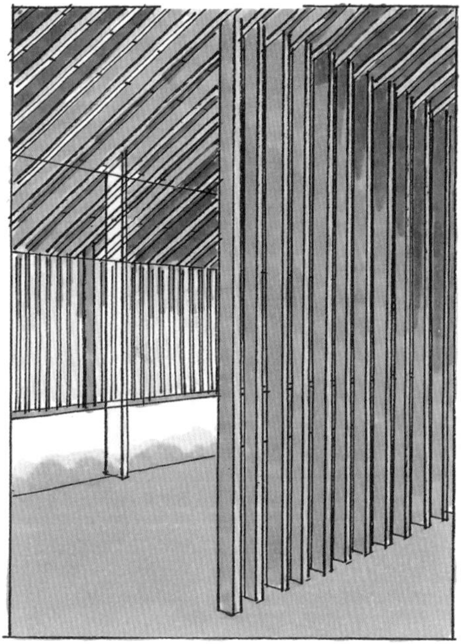

구마 겐고는 이 건축물의 루버를 우타가와 히로시게의 우키요에에 비유하며 이렇게 말했다. "가쓰시카 호쿠사이처럼 강한 색채감과 형태를 사용하지 않고, 우타가와 히로시게는 가는 선과 작은 점을 이용해 자연(비와 안개 등)의 섬세하면서도 모호한 표정을 강조했다." 정말 기가 막힌 방식 아닌가! 역시 어떻게 전달하느냐가 중요하다.

6. '입자'라는 키워드를 발견함

그 후 구마 겐고는 우타가와 히로시게의 그림을 예로 들면서 '입자감'이라는 표현을 자주 사용했다. 설명하는 과정에서 '바로 이거야!'라며 무릎을 치지 않았을까?

다만, 나는 이 건축물이 굳이 전환점으로 꼽을 만큼 중요하다고 생각하지 않는다. 주변 환경과 조건에 '지지' 않았기 때문이다. 바토히로시게미술관은 미술관이라는 '건축의 왕도'에 어울리는 공간을 추구한 오브젝트 지향적인 건축물이다.

'지는 것이 이기는 것'이라는 건축관으로의 변화를 전환점이라고 한다면, 오히려 비슷한 시기에 완성된 '돌 미술관'이 아닐까?

→

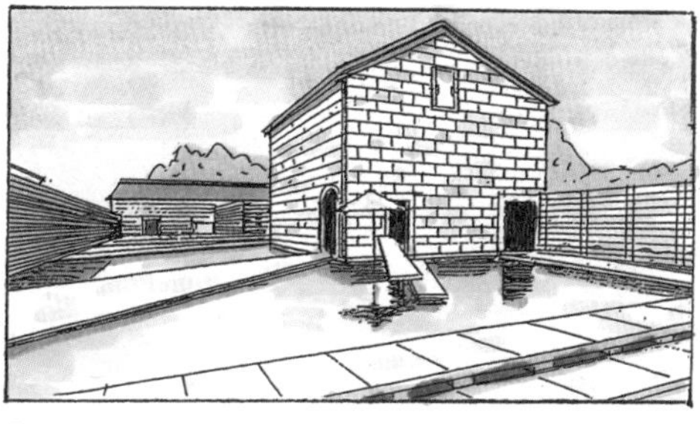

➔ P.042 참조

➔ 건축정보는 P.083

17 지푸라기 패널을 장인들과 개발하다

나스 역사탐방관

감성의 건축	도치기현 나스마치 아시노 2893
거슬거슬	JR도호쿠본선 구로다하라역에서 간토버스로 11분, 아시노나카마치버스정류장 하차, 도보 3분
2000	지상1층/458.17m^2

나스마치의 역사 자료를 전시하는 시설. '나카가와마치 바토히로시게미술관', '돌 미술관'과 함께 2000년에 완성된 '나스 자연소재 3부작' 중 하나이다. 지푸라기를 붙인 가동(可動) 차광 패널은 미장 전문가인 구스미 아키라와 함께 개발한 것.

'나스 역사탐방관'은 같은 해(2000년)에 완성된 '돌 미술관'에서 도보로 5분 정도 떨어진 거리에 있다. 입구 쪽에서 본 외관은 누가 봐도 역사 사료관이다 싶게 차분한 느낌이다. ➔ P.042 참조

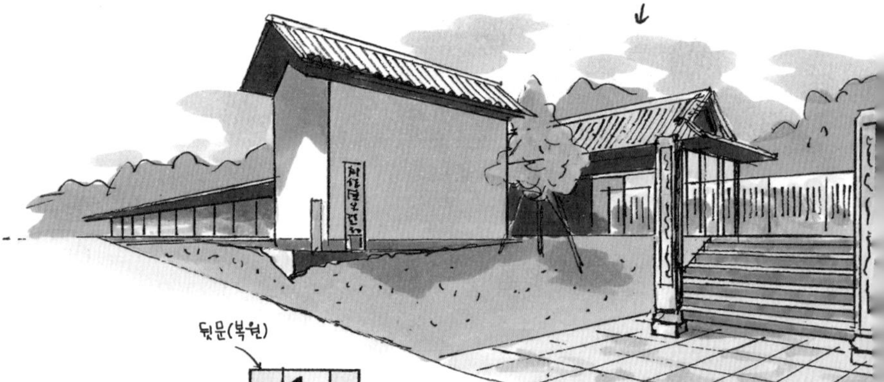

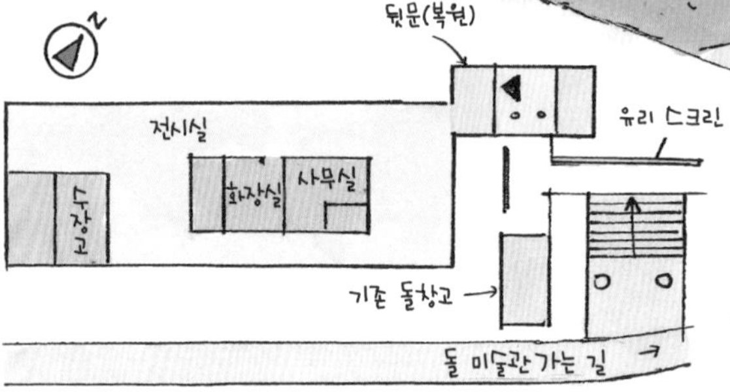

기존의 돌창고 같은 역사적 유산을 살리고 맞배지붕과 유리창으로 된 전시관을 추가했다.

북쪽의 외관은 옆면 전체가 유리로, 이렇게 심플하다. →
돌 미술관 같은 강렬한 인상은 없다. 하지만 전시 공간에 들어서면 독특한 마감에 눈이 휘둥그레질 것이다.

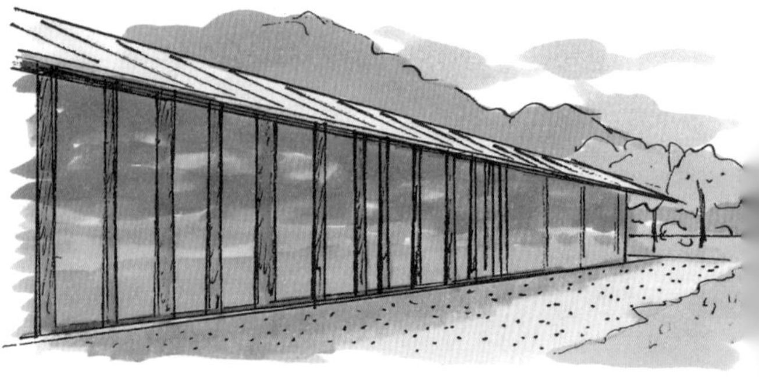

뭐지, 이 스크린은…? 곤충 떼? 천장은 멸치포…?

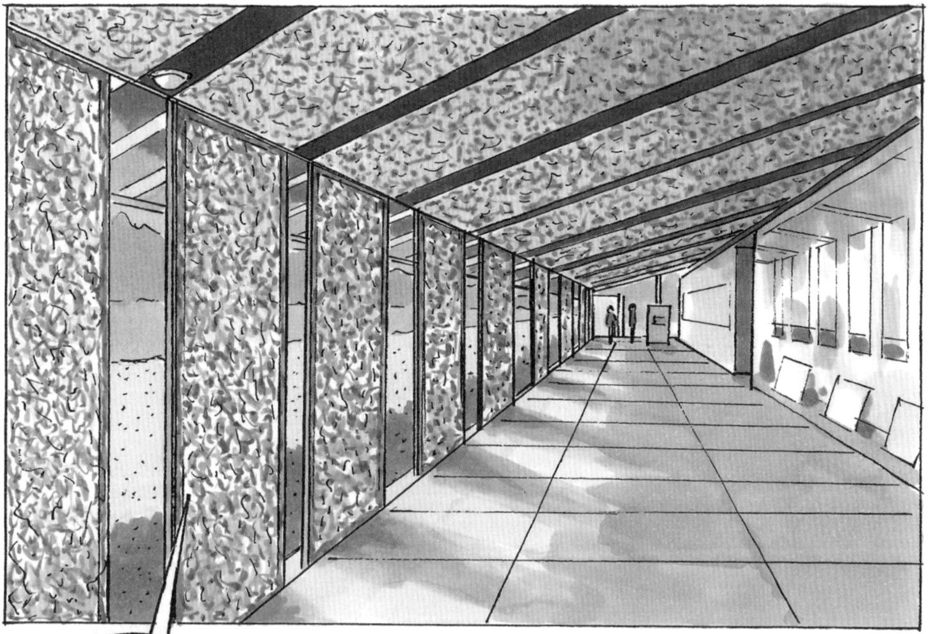

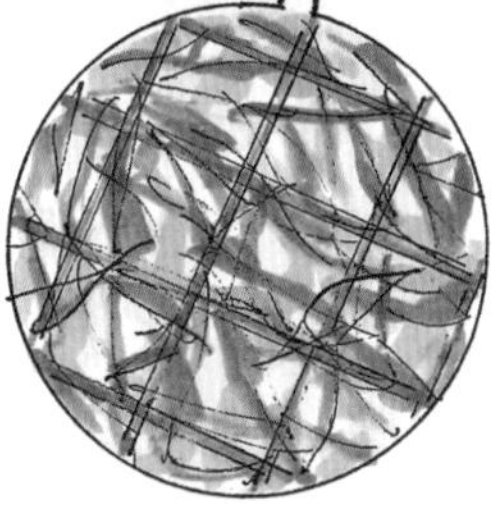

거슬거슬한 이 스크린(천장 포함)은 지푸라기와 해초를 섞은 뒤 알루미늄 망에 인두로 눌러서 붙인 것.

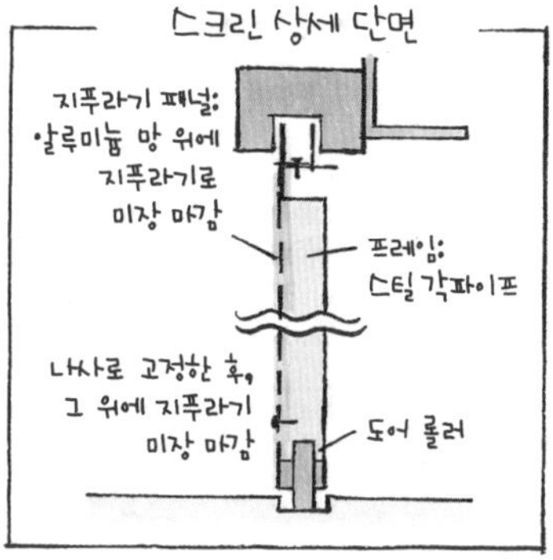

단면도는 이렇다! →
'지푸라기 패널'은 처음 봤네….

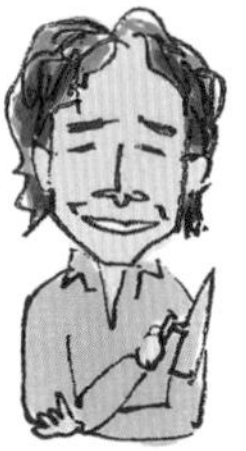

구스미 아키라

미장 전문가. 1948년 아와지 섬에서 태어났으며, 아들인 구스미 나오키도 미장 전문가로 유명하다.

이 독창적인 마감 형태는 '투명한 흙벽을 만들고 싶다'는 구마 겐고의 요청에 따라 미장 전문가인 구스미 아키라가 고안한 것.

자연 소재를 이용해 패널을 만든다는 발상은 훗날 구마 겐고의 큰 자산이 되었다. 구스미 아키라가 엄청난 은인인 듯?

아오레 나가오카 (2012)

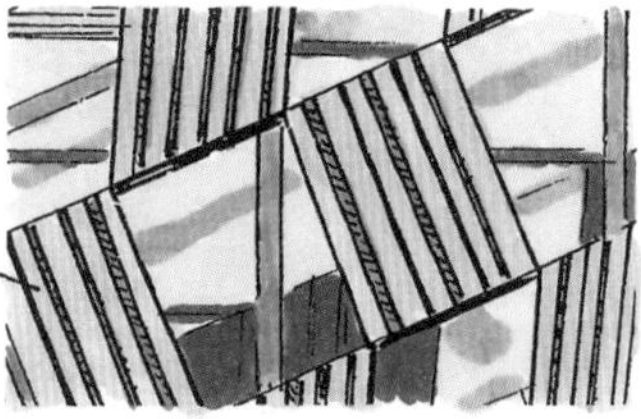

➔ P.130 참조

18 형태를 바꿔도 '기억'은 전할 수 있다

무라이 마사나리 기념미술관

감성의 건축	도쿄도 세타가야구 나카마치 1-6-12 도큐 오이마치선 도도로키역에서 도보 4분
보글보글	
2004	지상2층/267.97m²

일본 추상화의 시조격인 무라이 마사나리를 기념하기 위한 미술관(예약제). 화가가 아틀리에로 사용했던 작은 공간을 보존하고, 그 바깥쪽으로 커다란 상자를 뒤집어씌우듯 외벽을 둘러 그 틈새 부분을 전시 공간으로 만들었다. 외벽에는 해체한 주택의 고재를 사용했다.

구마 겐고가 이렇게 가슴에 사무치는 건축물도 지을 줄 알다니! 'M2'를 지은 사람과 동일인물 맞아?! 10년 동안 DNA가 바뀐 거 아냐? 이런 말도 안 되는 상상을 하게 만드는 곳이 바로 여기 '무라이 마사나리 기념미술관'이다.

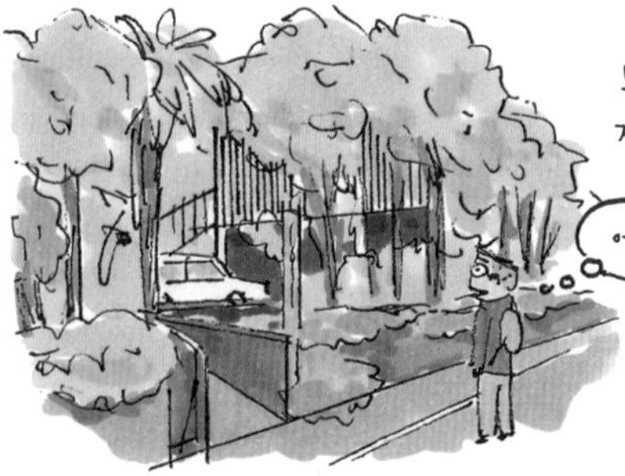

도도로키 계곡 근처 주택가에 위치한 화가의 자택 터를 부지로 삼은 것.

여기가 맞나 불안해질 정도로 숲에 둘러싸여 있는데, 한 발짝 들어가서 보면 탄성이 터질 만큼 멋진 정원을 만날 수 있다.

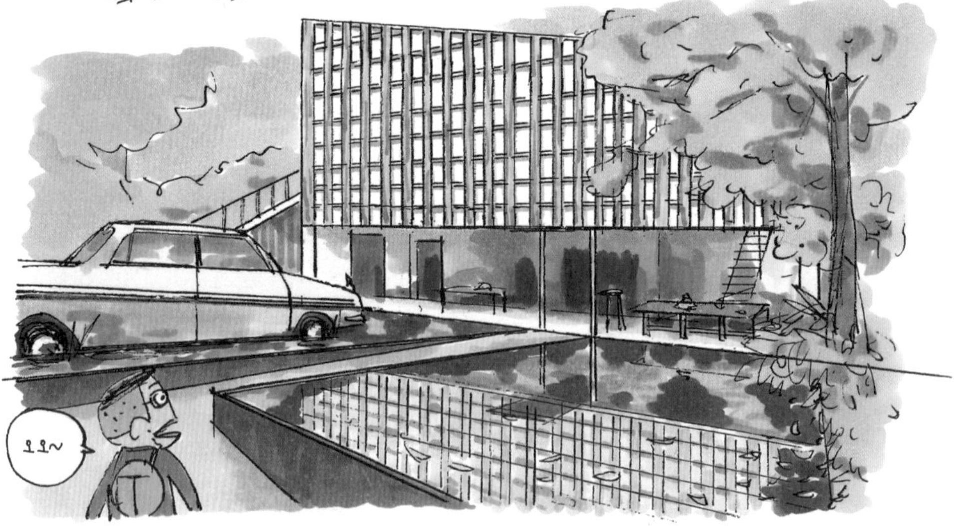

일본 추상화의 시조 무라이 마사나리(1905~1999)의 개인 미술관이다. 마사나리의 조수이자 아내인 무라이 이쓰코가 한시적으로 운영하고 있다.

완성된 지 15년 이상 지나기도 해서, 장시간 보글보글 푹 끓인 것처럼 전부 녹아서 하나가 된 외부 공간.

지붕에 사용된 삼나무를 재이용

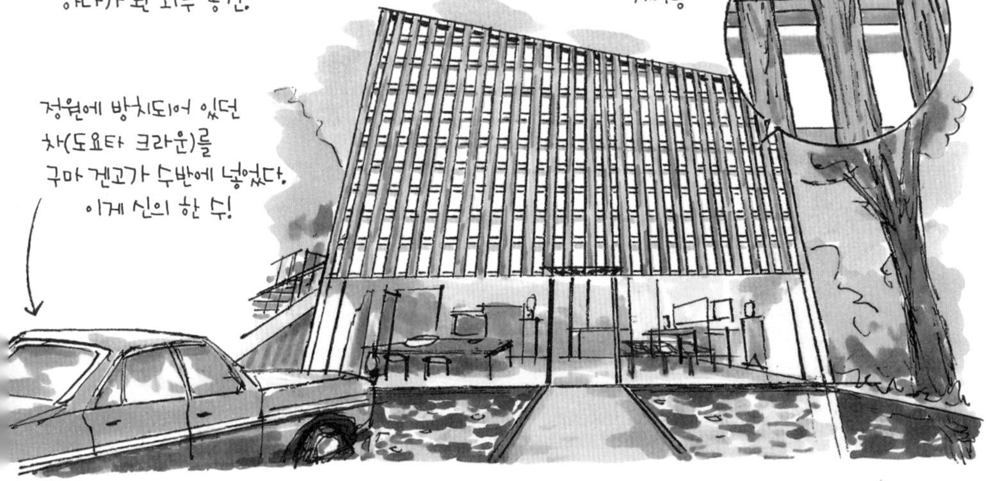

정원에 방치되어 있던 차(도요타 크라운)를 구마 겐고가 수반에 넣었다. 이게 신의 한 수!

입구 통창에서 밖을 보면 정원이 옆으로 길게 보여 마치 한 폭의 그림 같다.

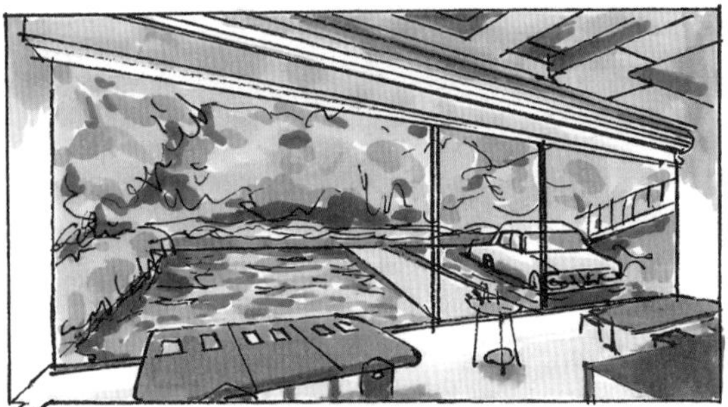

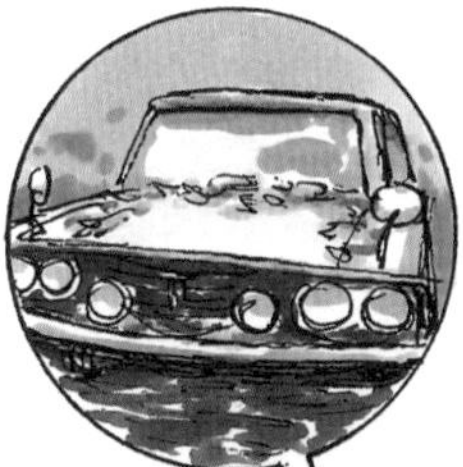

소복이 쌓인 낙엽도 운치를 더한다!

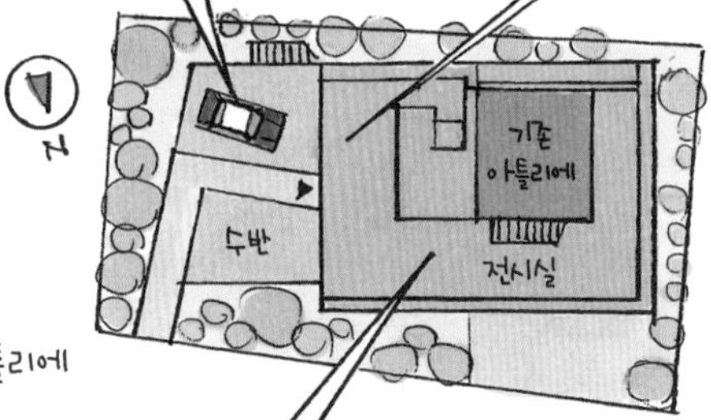

기존 아틀리에

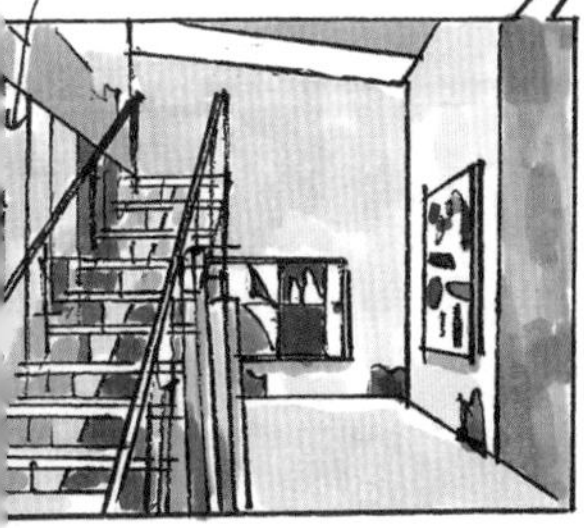

완전히 새로 지은 것이 아니라 아틀리에 부분만 남기고, 그 바깥쪽으로 커다란 상자를 포개어 씌우듯 외벽을 둘렀다.

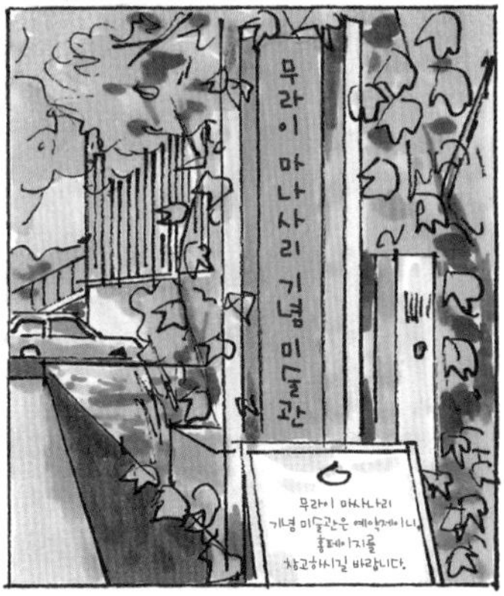

'기억'은 모양이나 형태가 중요한 것이 아니라는 것을 가르쳐준 건축물. 많은 사람이 보길 바란다.

건축정보는 P.083

19 석재 루버로 '규모의 벽'을 뛰어넘다

나가사키현립미술관

감성의 건축	나가사키시 데지마마치 2-1
들쭉날쭉	JR나가사키본선 나가사키역에서 도보 15분
2005	지상3층/9898.07m²

운하를 사이에 두고 갤러리와 미술관이 브리지로 연결되어 있다. 외벽에는 화강암 루버 240개를 비스듬히 설치했다. 옥상은 전면적으로 녹화사업을 벌여 미술관 밖에서도 들어갈 수 있는 옥상정원으로 만들었다. 니혼설계와 공동 설계.

건축가에게는 '규모의 벽'이라는 것이 있다.
특히 공공건축은 그 벽이 높다.

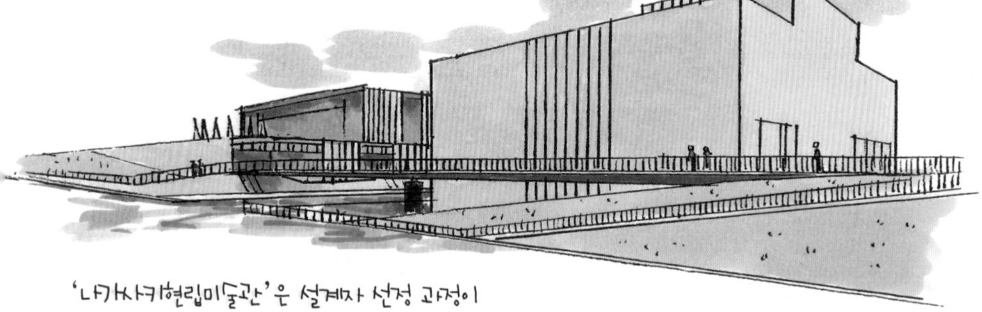

'나가사키현립미술관'은 설계자 선정 과정이 공모 형식으로 이루어졌다. 구마 겐고는 운하가 가운데에 끼어 있는 부지 조건을 흥미롭게 여기고 옛 직장※이었던 니혼설계와 함께 공모에 참가했다. 참가자격 조건 중에 '3000m² 이상의 미술관 설계 경험'이 있었기 때문이다. 구마 겐고는 당시 그 조건을 충족시킬 만한 미술관 건축 경험이 없었다.※※

※ 구마 겐고는 3년 정도 니혼설계에서 근무했다.
※※ 바토히로시게미술관은 연면적 1962m² ➔ P.086 참조

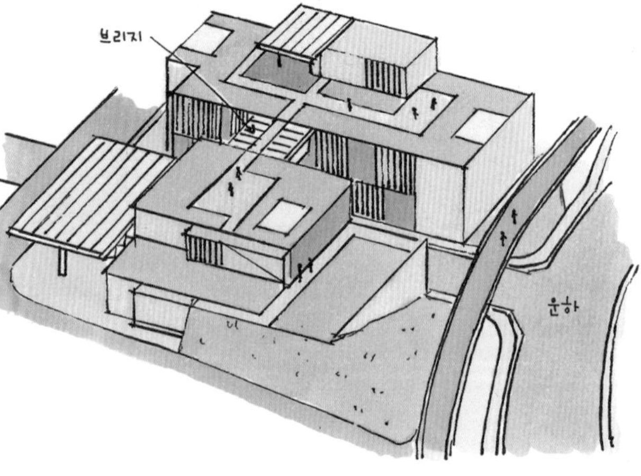

친수성(水性)을 중시한 설계안으로 공모전에 당선. 약 1만m²의 미술관을 니혼설계와 함께 구현해냈다. 이때의 경험과 실적 덕분에 구마 겐고가 그 후 공공사업을 쉽게 따낼 수 있었던 것이 분명하다.

물론 '구마 겐고만의 스타일'도 넣었다.
바로 최장 길이 15m에 달하는 석재루버!

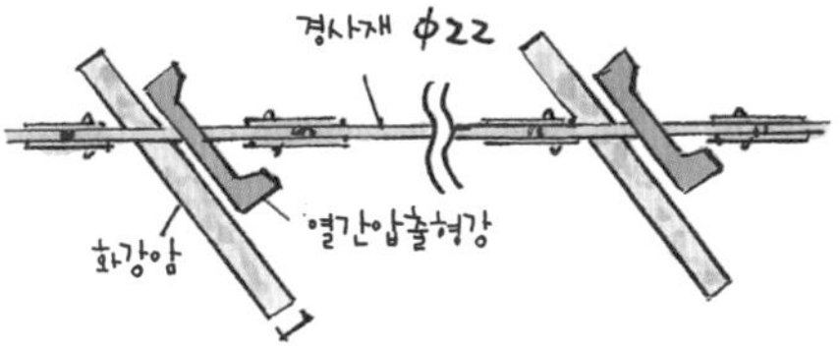

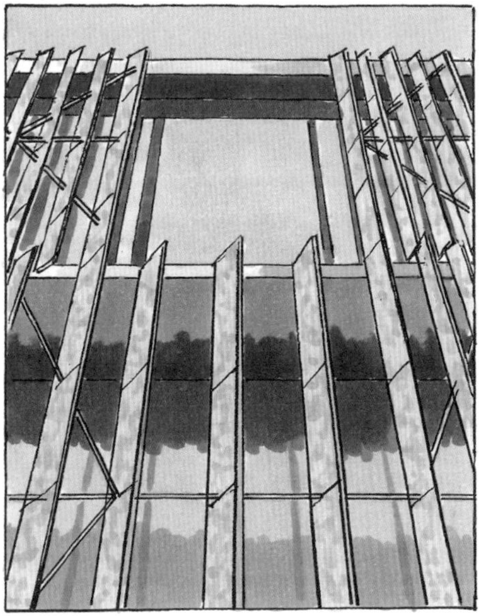

석재루버의 한쪽 면을 ㄷ자 모양의 강재로 지탱하고 꼬치를 끼우듯 로드를 관통시켰다. 루버는 돌의 옆면이 잘 보이도록 들쭉날쭉하게 배열했다. '이렇게 큰 면적도 루버로 덮을 수 있다'라는 의미에서 '규모의 벽'도 뛰어넘은 것이다.

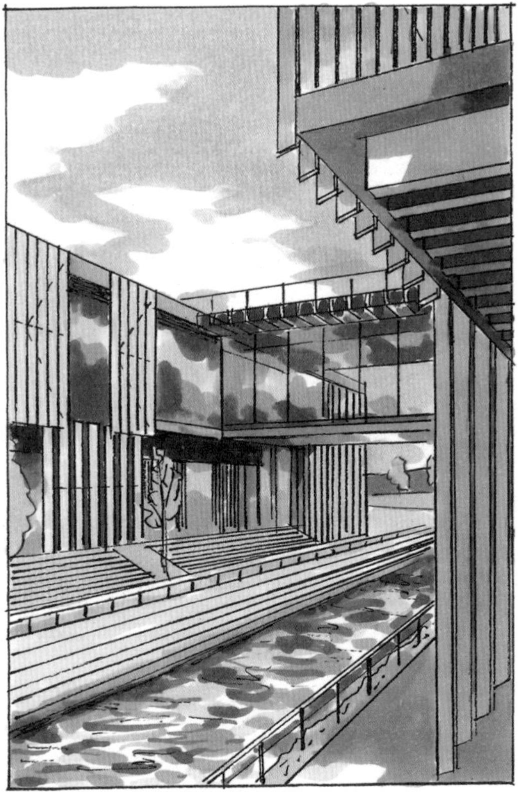

개관 당시 내가 《닛케이아키텍처》에 쓴 기사에서 구마 겐고는 이렇게 말했다. "지금까지 건축을 펼치는 방법은 '구멍'이라고 생각했는데, 이질적인 것에 손을 뻗는 '다리' 같은 방법도 있다는 것을 깨달았다."
흐음, 당최 무슨 말인지….

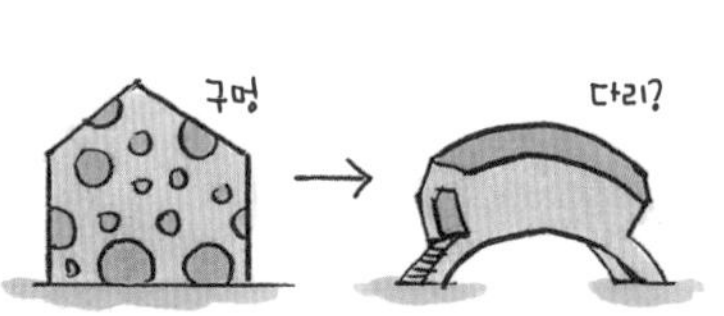

다른 기사에서는 "하이데거가 '건축이란 다리다'라고 말한 것의 의미를 이제야 드디어 깨달았다"고 말했다. 음… 나 같은 평범한 사람은 이해하기 어렵지만, 구마 겐고는 여기서 '사고의 벽'도 뛰어넘은 듯하다.

➔ 건축정보는 P.083

20 미술 전문가들마저 납득시킨 좁은 대나무길

네즈미술관

감성의 건축	도쿄도 미나토구 미나미아오야마 6-5-1 도쿄메트로 오모테산도역에서 도보 8분
산들산들	
2009	지하1층·지상2층/4014m^2

사업가인 네즈 가이치로(1860~1940)가 수집한 고미술품을 보존·전시하는 미술관. 2대 네즈 가이치로가 1941년에 미술관을 설립. 현 관장인 네즈 고이치의 지휘 아래, 창고와 옛 본관(1954년, 이마이 겐지 설계)을 헐고 새 본관을 지었다.

전통이 숨쉬는 네즈미술관(1941년 개관)을 다시 설립하다!
스타 건축가의 반열에 오른 구마 겐고에게 상당한 압박감을 안겨준 건축물임에 틀림없다.
하지만 구마 겐고는 그 중압감을 훌륭하게 극복해냈다(2009년 완성). 정문에서 건물 입구까지의 뜰이 정말 일품이다! 이것만으로도 '합격!'이라 말하고 싶어질 정도.

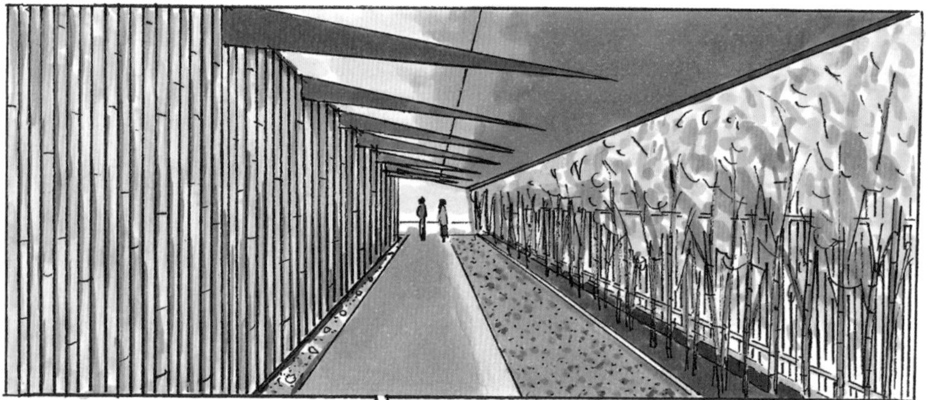

대나무와 대나무 사이의 좁은 길.

북적거리는 도심에서 고요한 공간으로 순간이동한 느낌.

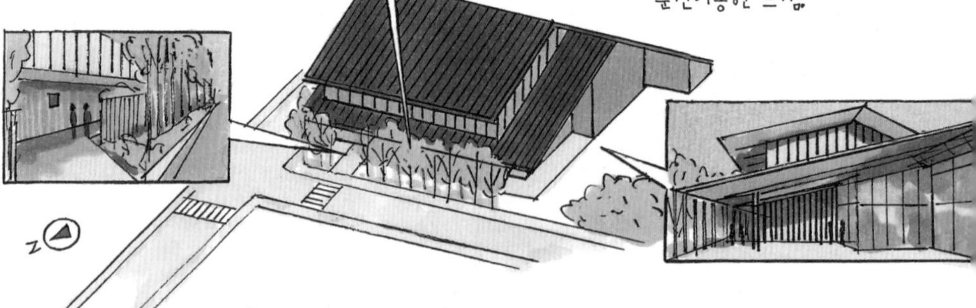

"오모테산도로 가는 길에서 서쪽으로 90도 꺾었을 때 나오는 대나무길을 약 50m 걷다 보면 기분전환이 될 것이다"라는 구마 겐고의 말이 딱 맞는 공간이다.

이렇게 안과 밖의 디자인 콘셉트가 일치하는 미술관도 드물다.

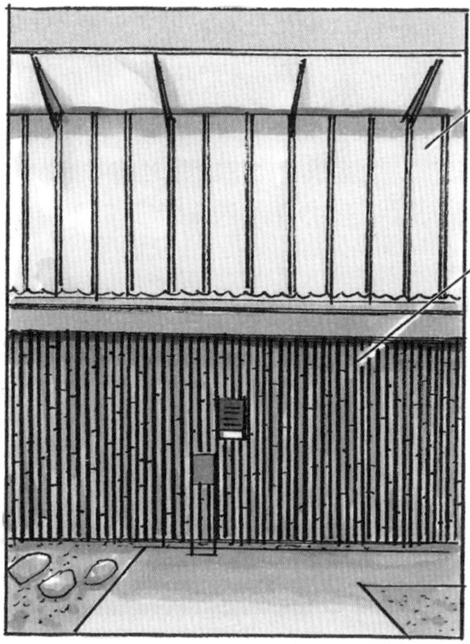

루버형(동일한 간격의 틈) 강판 패널. 인산염 처리로 마무리.

대나무루버

비스듬한 천장은 루버형 패널. 표면은 대나무 베니어.

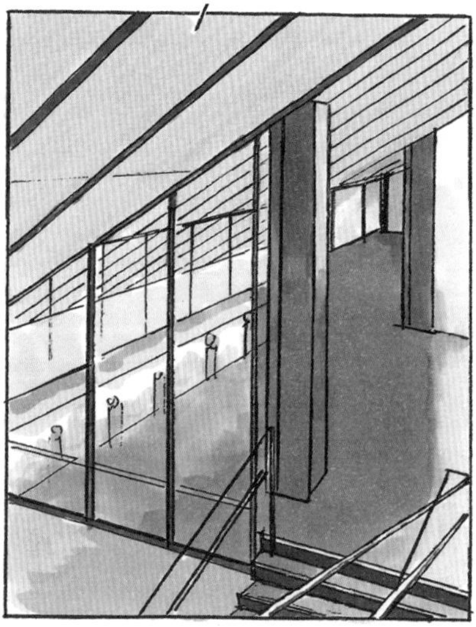

가장 '점잖은', 구마 건축?

전시실 천장도 루버형 패널로 처리

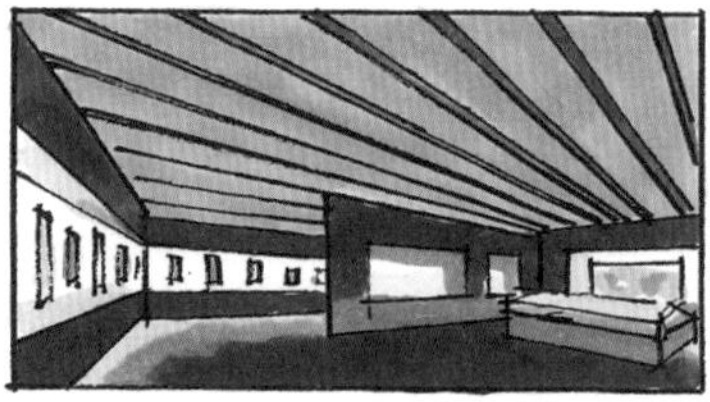

미술관을 둘러본 후엔 정원 산책을 해보자. 정원만 한 바퀴 돌아도 입장료 본전은 뽑을 수 있을 것이다.

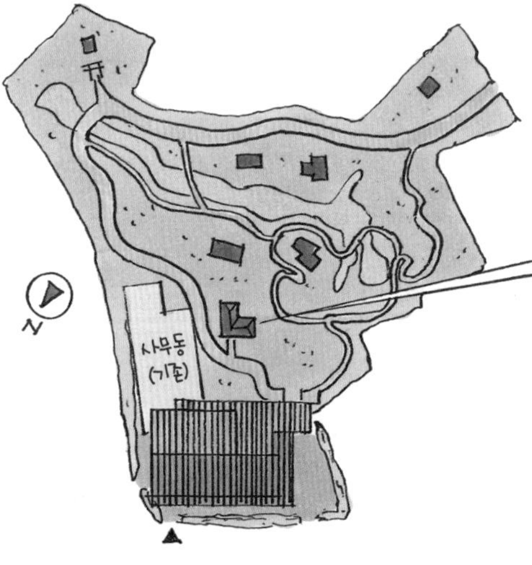

'별장' 느낌의 '네즈 카페'도 구마 겐고가 설계한 것. 빛이 환하게 들어오는 천장이 예술이다!

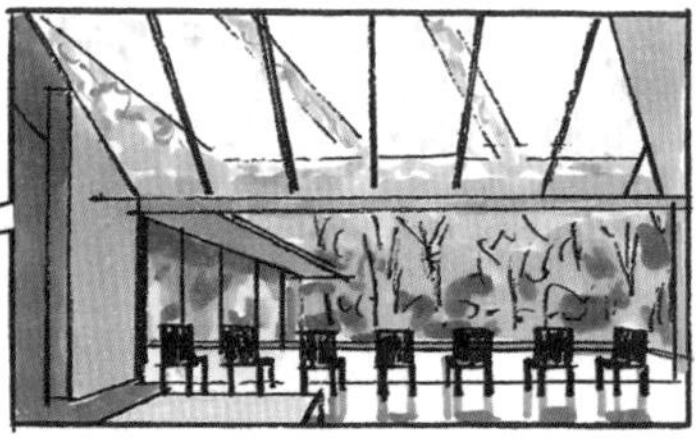

알아두면 점수는 따고 들어가는 어른들의 데이트(힐링) 스폿. 만약을 위해 미리 한 번 가보자!

건축정보는 P.084

21 가히 '명인'이라 할 만한 검은색의 향연

코미코 아트 뮤지엄 유후인

감성의 건축	오이타현 유후시 유후인초 가와카미 2995-1
얄팍얄팍	JR규다이본선 유후인역에서 도보 15분
2017	지하1층·지상3층/602.97m^2

무라카미 다카시, 스기모토 히로시, 나라 요시토모의 현대미술 작품을 전시하는 미술관. 활화산인 유후다케산이나 전시되는 작품들이 돋보이도록 야키스기(검게 그을린 삼나무)로 건물을 덮었다. 야키스기는 무작위로 세로 쌓기를 해 리듬감을 주었다.

국가를 대표하는 건축물(국립경기장)을 설계하고 '거장'이라 불리는 나이에 접어든 구마 겐고지만, 개인적으로는 '거장'이라는 별명이 구마 겐고와는 어울리지 않는다고 생각한다.

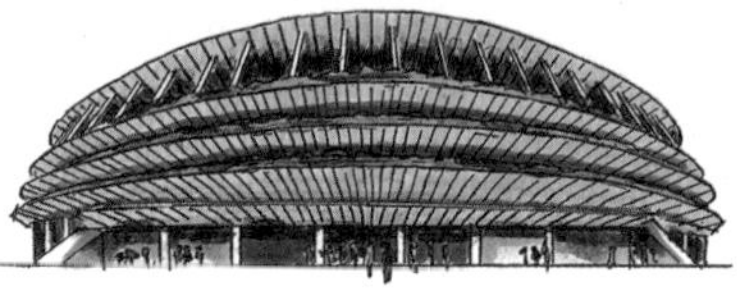

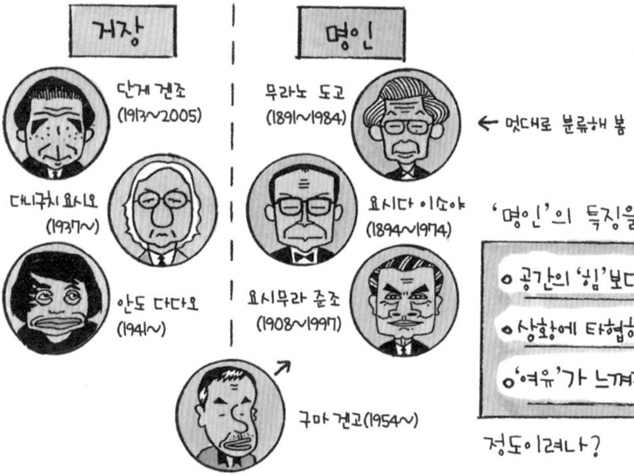

'명인'의 특징을 정리해 보면…

- 공간의 '힘'보다는 독자적인 미학을 추구한다.
- 상황에 타협하지 않고 여백으로 승부한다.
- '여유'가 느껴질 만큼 장난스럽기도 하다.

정도이려나?

구마 겐고의 건축물 중에서 가장 '명인'의 향기를 강하게 풍기는 것이 바로 이곳 '코미코 아트 뮤지엄 유후인'이다.

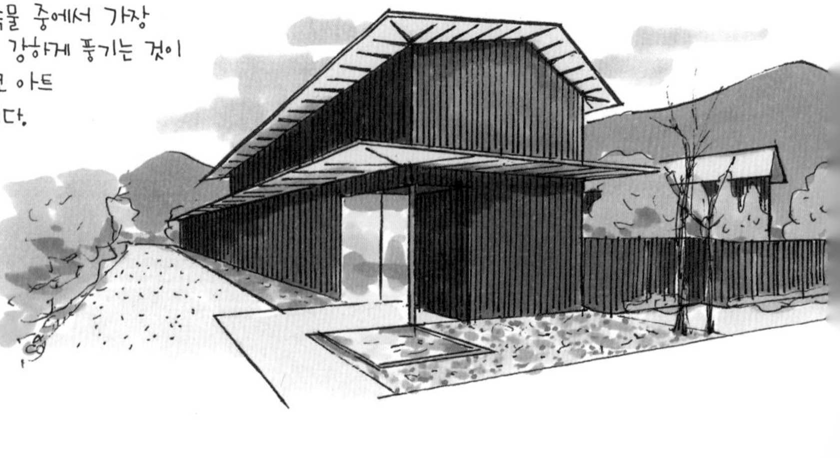

명인! 조건 1

'쐐기풀 서까래'로 지탱한 매우 얄팍한 지붕

구마 겐고 건축물의 처마 끝이 얼마나 얇은지 직접 보길 바란다!

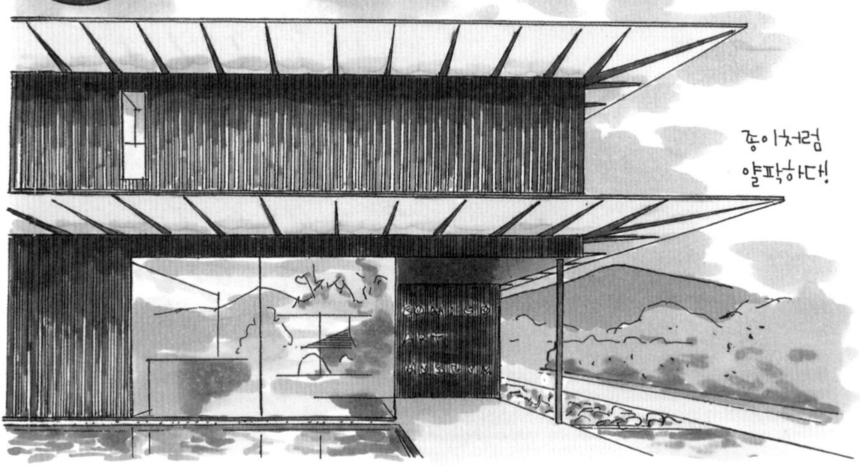

종이처럼 얄팍하다!

이 얄팍얄팍한 느낌을 살리는 데 큰 역할을 한 것이 바로 철골 '서까래'다.

what's 서까래?

지붕판을 지탱하기 위해 용마루(지붕 꼭대기)에서 처마까지 건너지른 부재를 말한다.

서까래란? →

<평행서까래>

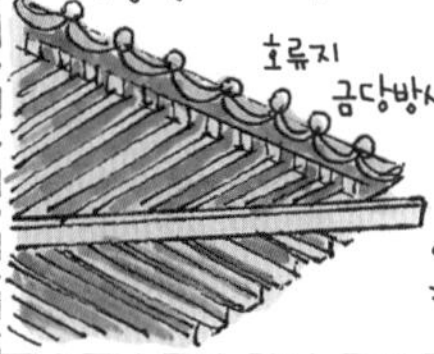

<선자서까래>

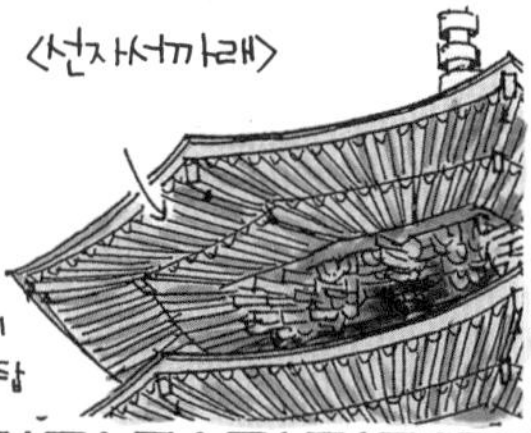

일본식 철골지붕은 보통 서까래를 '나무'인 것처럼 보이게 하는데, 구마 겐고는 끝을 뾰족하게 만들어 철의 날카로움을 강조했다.

↓

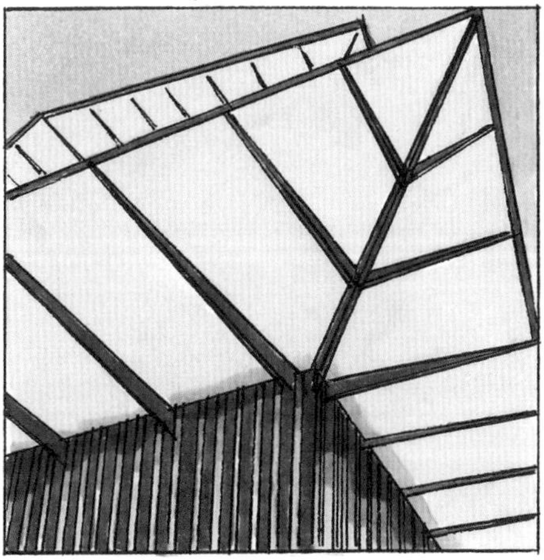

개인적으로는 이걸 '쐐기풀 서까래'라고 멋대로 부른다. 코너 부분은 호랑가시나무 잎처럼 뾰족뾰족하다.

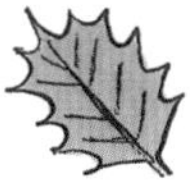

이 쐐기풀 서까래는 '바토히로시게 미술관'(2000) 때부터 진화한 것이다.

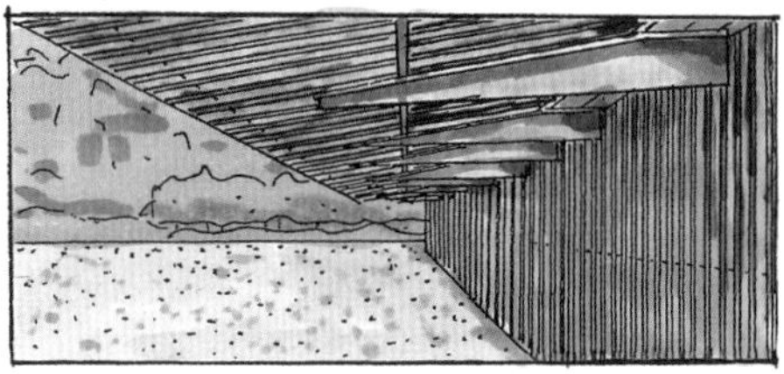

➔ P.086 참조

명인 조건 2 '온통 검은색'인 공간 안에서도 빛나는 구마 겐고 스타일

외벽은 구마 건축에서는 보기 드문 '검은색'이다. 모든 부분을 야키스기(검게 그을린 삼나무)로 처리한 것이다. 그런데 왜 하필 검은색일까? 아마 유후인에 있는 다른 두 개의 건축물에 대한 오마주가 아닐까 싶다.

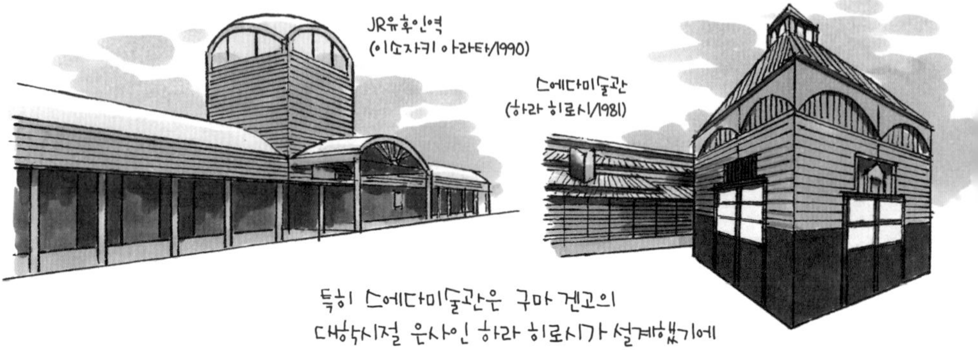

특히 스에다미술관은 구마 겐고의 대학시절 은사인 하라 히로시가 설계했기에 구마 겐고에겐 더욱 애착이 갔을 것이다.

'검은 나무판'을 사용한 점은 두 건물과 같지만, 구마 겐고는 판의 좁은 옆면을 바깥으로 보이게 하여 불규칙한 음영을 만들었다.

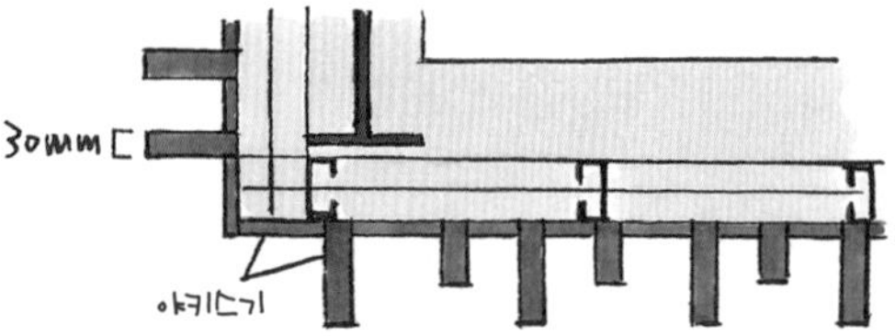

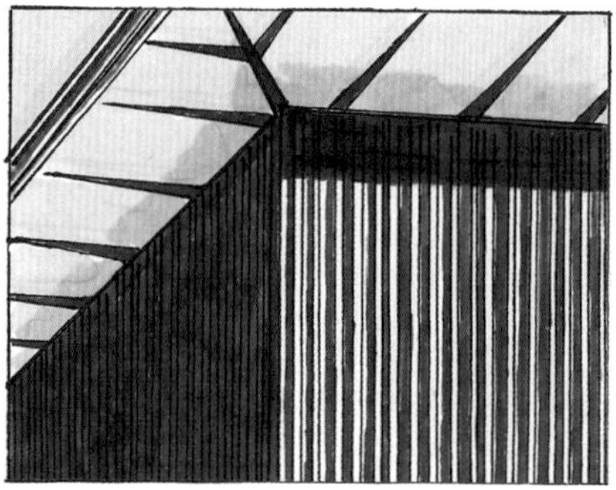

명인 조건 3 반사상(反射像)을 이용해 플러스알파(+α)를 노리다

작은 미술관이지만 작품을 보여주는 방식이 흥미롭다. 안을 보기 전에 우선 미술관 내의 동선을 확인하자.

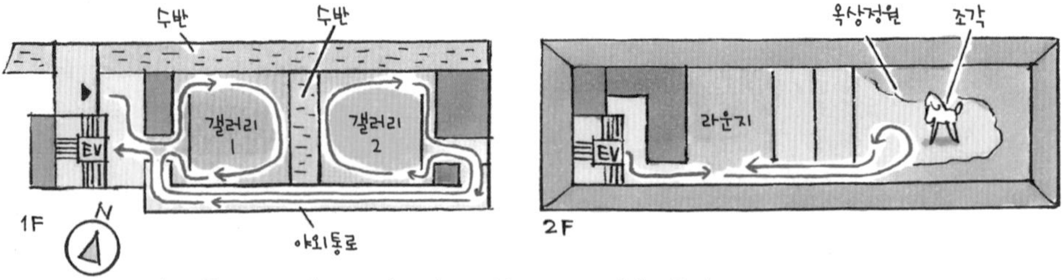

같은 곳을 들어갔다 나왔다 하는 합리적이지 못한 동선.
하지만 전시실에 들어서면 동선을 그렇게 짠 이유를 알 수 있다.

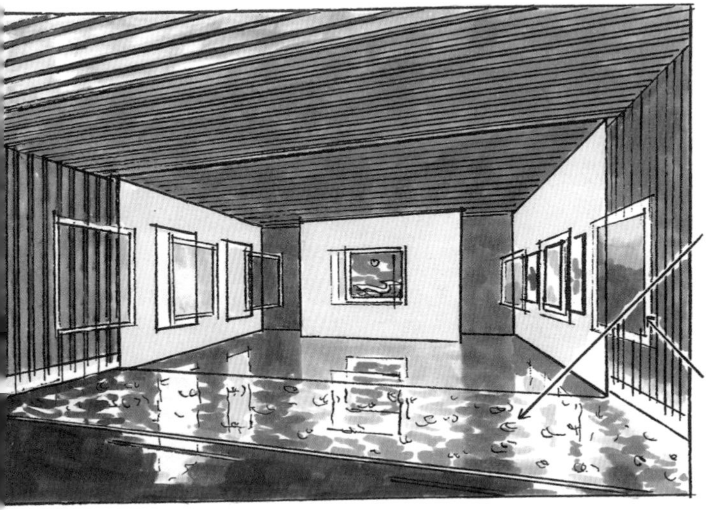

오…이런 전시실은 본 적이 없다. 수반을 사이에 두고 옆 전시실이 보이다니! 내가 간 날은 비가 와서 수반에 비가 떨어지고 있었다.

두 전시실 안의 작품들이 겹치는 것처럼 보인다. 반사상을 역으로 이용하여 플러스알파를 노린 연출.

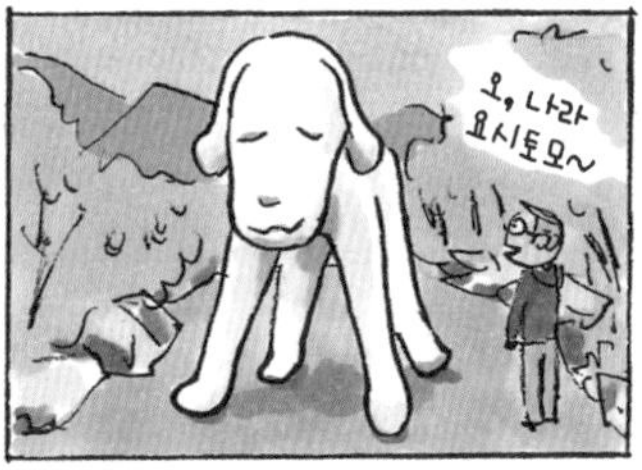

옥상정원의 'Your Dog'(나라 요시토모, 2017)에도 플러스알파 방식을! 바깥에서 건물 쪽을 돌아보면…

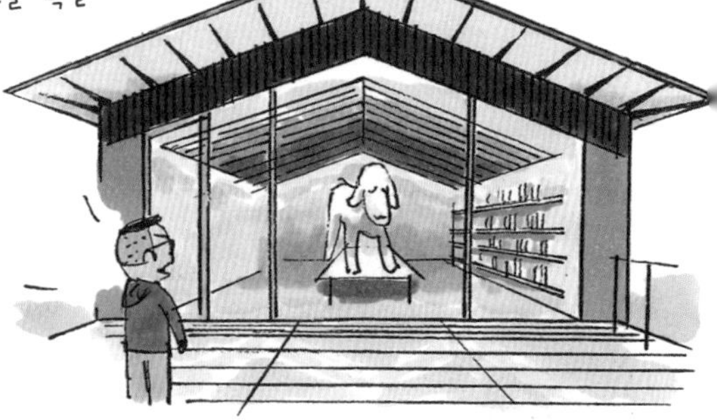

명인 조건 4 담장을 없애 공간을 넓히다

앞선 몇 가지의 재치 넘치는 아이디어에 만족하며 돌아가려고 하던 참에, 미술관 직원으로부터 북쪽에 위치한 수반의 의미에 대해 듣고 또 한 번 깜짝 놀랐다.

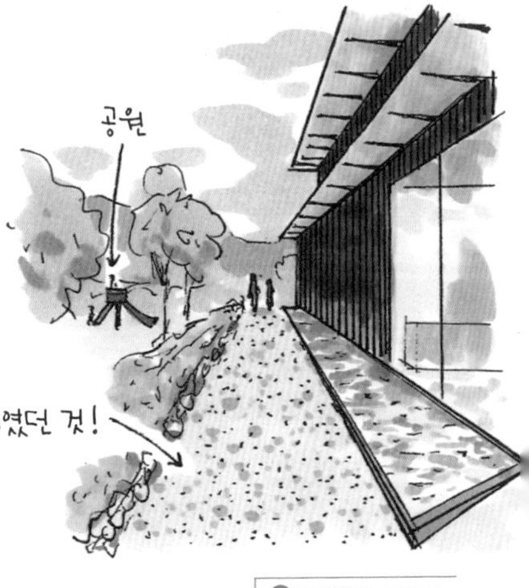

그 수반은 처마 아랫부분에 빛이 반사되도록 노린 건가요?

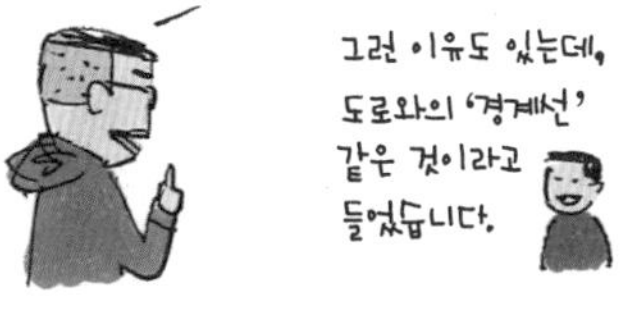

그런 이유도 있는데, 도로와의 '경계선' 같은 것이라고 들었습니다.

세상에… 이 자갈길이 공공부지였던 것! 공공부지의 길조차도 디자인으로 활용하는 설계 실력이라니… 이러니 명인이지!

➔ 건축정보는 P.084

22 실뜨기하듯이 '실'로 보강하다

도미오카창고 3호 창고(개수)

감성의 건축
팽팽
2019

군마현 도미오카시 도미오카 1450-1
조신덴테쓰 조신선 조슈도미오카역에서 도보 1분
지하1층/289.03m²

메이지 시대부터 단계적으로 지어진 3개의 건물이 모여 있는 '도미오카창고'를 내진 개수한 것. 구마 겐고의 설계를 바탕으로 3호 창고, 1호 창고, 2호 창고순으로 정비되는 중이다. 군마현 소유의 도로를 사이에 두고 마주보고 있는 도미오카시청도 구마 겐고가 설계한 것.

도미오카제사장(岡製糸場)[15]이 세계문화유산에 등재(2014년)되면서 군마현 도미오카시에서 관광에 힘을 싣고 있다. 가장 가까운 역인 조슈도미오카역에서 제사장으로 향하는 길에 구마 겐고의 건축물을 감상할 수 있다.

우선 여기서 ↓ 제사업에 대해 알아보자!

군마현립세계유산센터(2020)

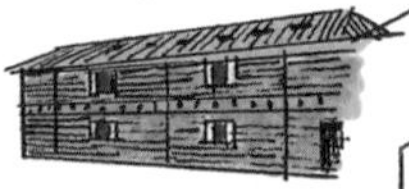

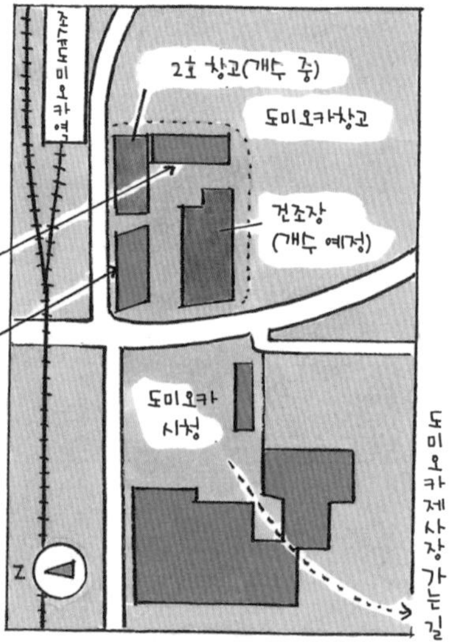

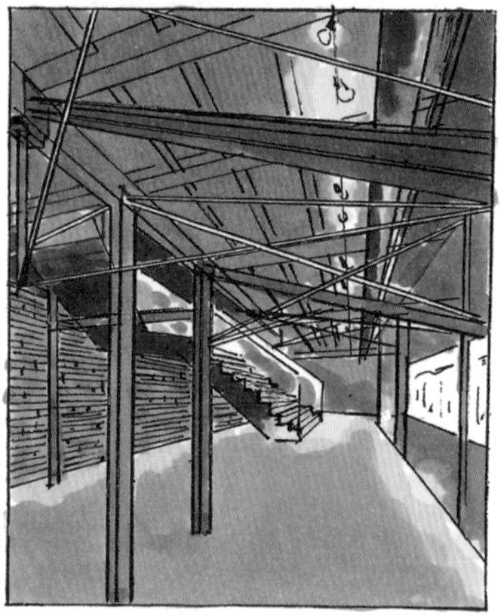

벽돌조로 지어진 2층짜리 건물 1호 창고를 개수해 자료관으로 재탄생시켰다.

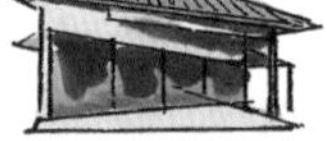

3호 창고(2019)

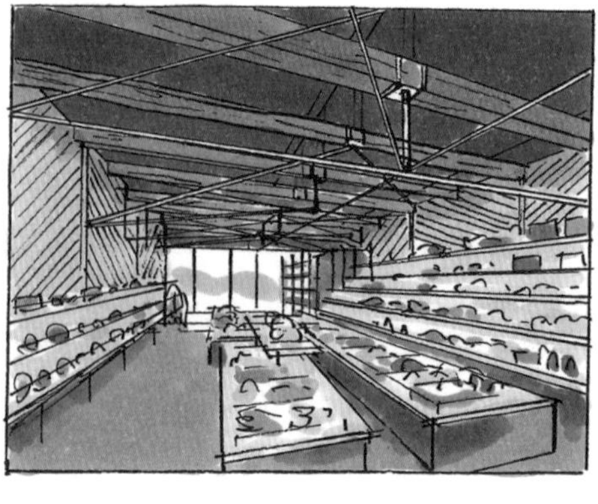

단층으로 된 목조 건물인 3호 창고는 음식이나 물건을 판매하는 시설로 개수함

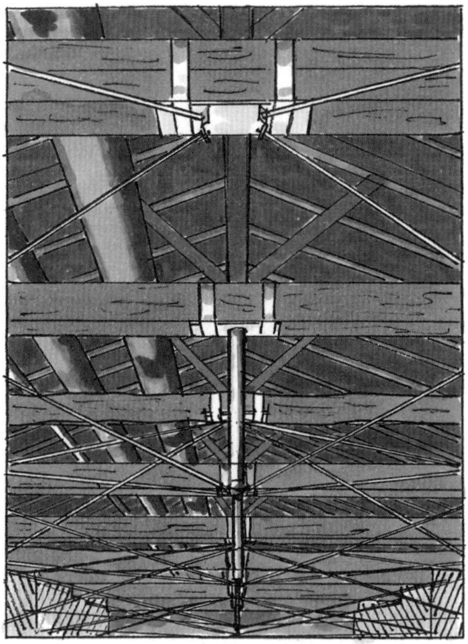

두 시설 모두 목조 구조를 보강하기 위해 CFRP로프를 사용했다. 고마쓰 마테레 패브릭 연구소(2015)에서 사용한 소재다.

P.054 참조

여기에선 '실뜨기'를 하듯 얼기설기 엮은 뒤 팽팽하게 당겨 구조물을 단단히 고정시켰다.

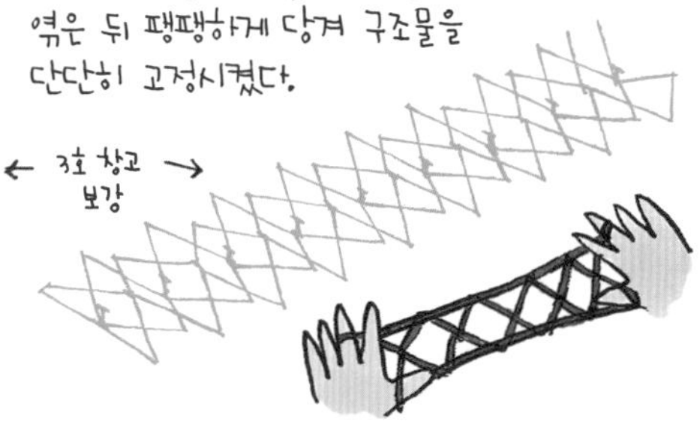

2호 창고도 구마 겐고의 설계로 2022년 현재 개수 작업이 진행 중이다. 식당, 물건 판매, 다목적홀로 이루어질 예정.

구마 겐고는 "CFRP의 낭창낭창한 느낌덕분에 실의 고장 도미오카에 어울리는 보존 방법을 찾을 수 있었다"라고 말했다. 멋지다!

'실' 이야기가 나왔으니 하는 말이지만, 구마 겐고가 설계한 '도미오카 시청'(2018)은 입구 홀의 벽면을 '생피저'(frison)로 처리했다.

'생피저'는 누에가 고치를 만들 때 처음으로 자아내는 실을 말한다. 딱딱해서 명주실을 만드는 데에는 사용하지 않는 것을 이용했다.

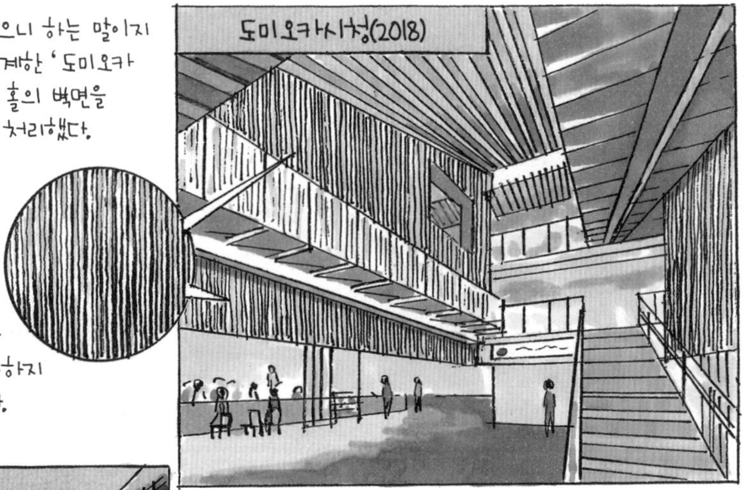

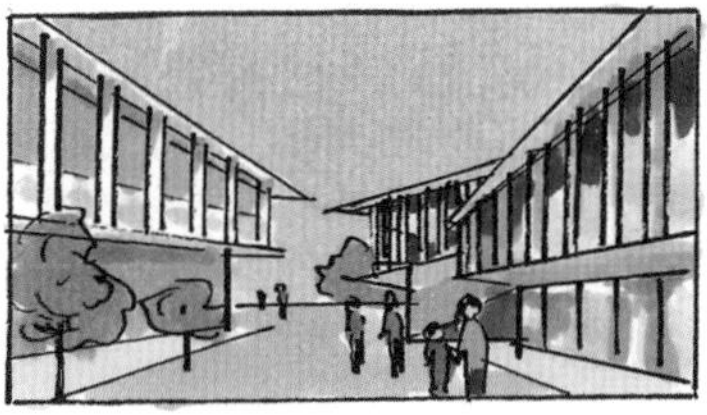

조슈도미오카역에서 도미오카제사장으로 갈 때 시청 정원을 통과해서 갈 수 있다. 길을 찾기가 쉽진 않지만 구마 겐고의 팬이라면 그 루트로 가보는 게 어떨까?

건축정보는 P.084

23 차분한 외관과 천장의 갭

메이지신궁 뮤지엄

감성의 건축	도쿄도 시부야구 요요기카미노조초 1-1 JR야마노테선 하라주쿠역, 도쿄메트로 메이지진구마에역에서 도보 5분
파닥파닥	
2019	지상2층/3293.24m²

'메이지신궁 진좌 100년(2020년) 기념사업'으로 지은 전시시설. 1층에는 개방적인 느낌의 로비 외에 메이지신궁의 역사와 일상의 모습을 소개하는 '숲의 전시실'이, 2층에는 보물전시실과 기획전시실이 있다. 구조설계는 가네바코 요시하루가 맡았다.

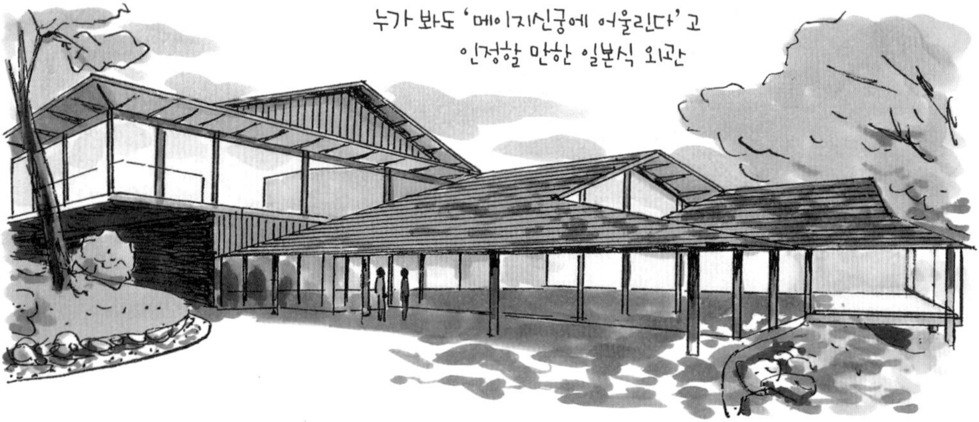

점점 기본 형태로 자리 잡고 있는 '쐐기풀 서까래'가 처마가 얇다는 것을 각인시킨다. ➔ P.099 참조

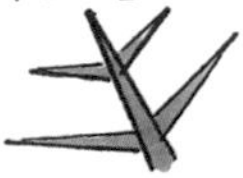

← 서쪽

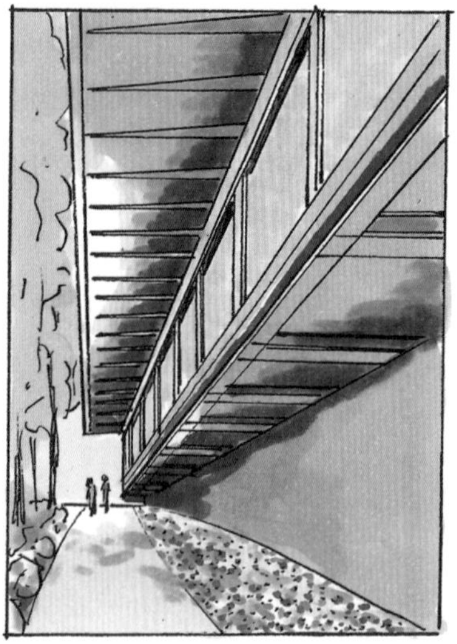

↓ 동쪽

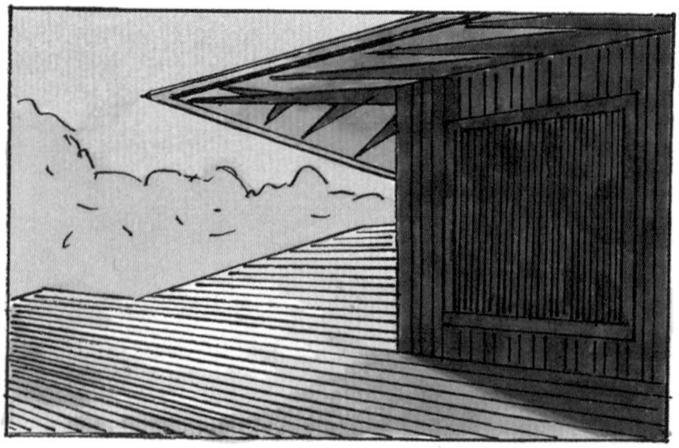

외관은 특기인 '크고 얄팍한 지붕'이라는 '안정적인 노선'을 택했다. ➔ P.099 참조
하지만 안으로 들어가면…

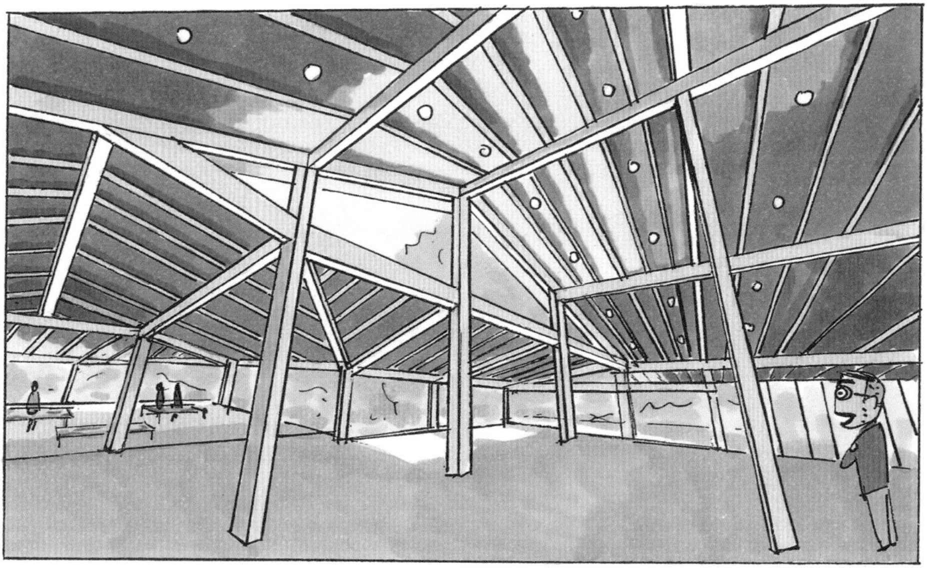

오~ 입구를 이렇게 개방감이 느껴지는 공간으로 만들다니! 언뜻 보면 목조처럼 보이지만 사실 기둥과 들보는 철골조다. 그래서 이렇게 기둥 사이의 거리를 넓힐 수 있었던 것. 게다가 외관(좌측 페이지 상단 일러스트)과는 전혀 다른 복잡한 천장의 경사가 인상적이다.

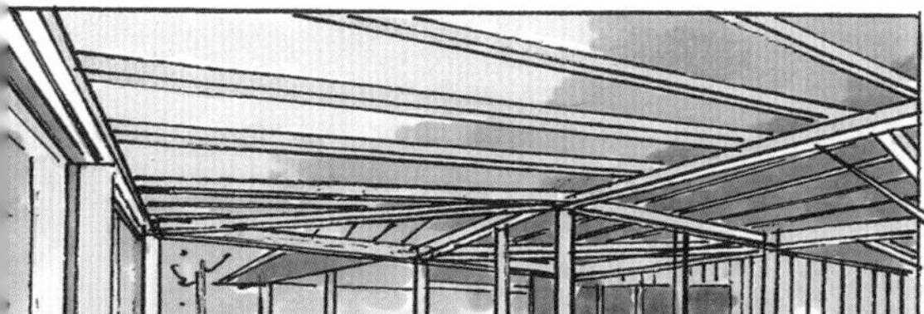

특이한 천장 디자인은 기대를 많이 했던 '다카나와게이트웨이역' 보다도 여기가 한 수 위다. 새가 파닥파닥 날갯짓을 하는 듯한 느낌!

P.156 참조

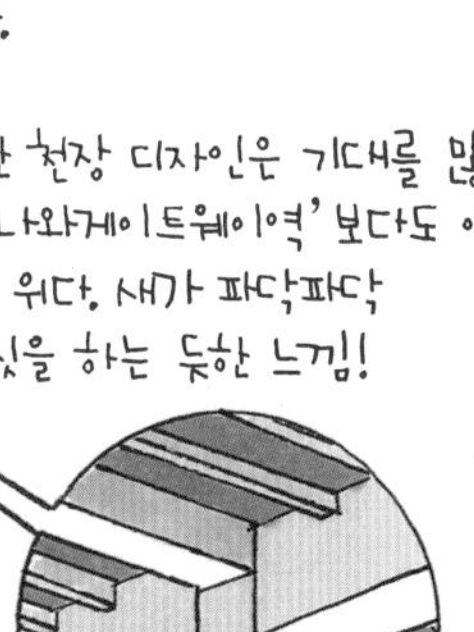

들보 아래를 하얗게 칠해 면의 범위를 강조한 건가?

아마 지붕은 이런 모양일 듯

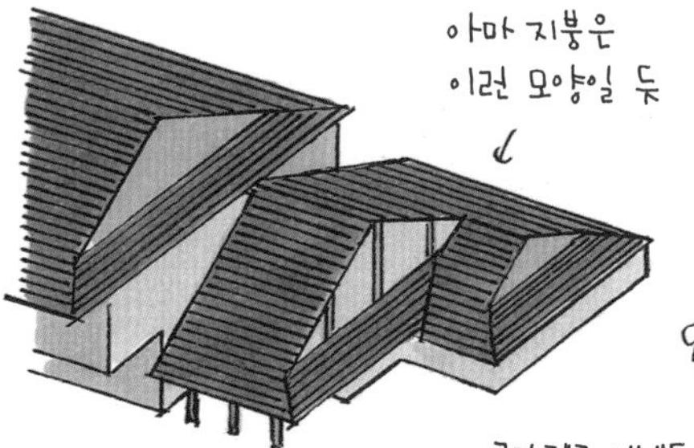

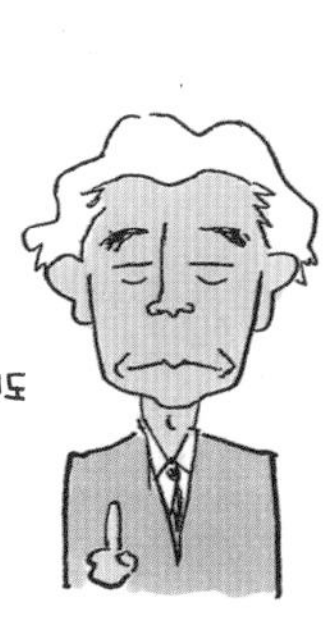

무라노 도고(1891~1984)

모던한 일본식 지붕이라고 하면 떠오르는 사람이 있다. 바로 무라노 도고! 이 시설을 보고 있자면 구마 겐고도 그 영역에 거의 도달했다는 느낌이 든다. 자, 무라노 도고를 뛰어넘어 보자고!

건축정보는 P.085

24 마을을 대나무로 잇는 리브랜드

다케타시 역사문화관 · 유학관

감성의 건축	오이타현 다케타시 다케타 2083 JR호히본선 분고다케타역에서 도보 10분
길쭉길쭉	
2019	지상2층/1189.78m²

조카마치 다케타시에 위치한 자료관. 수로가 있는 조카마치의 길을 따라 건물을 흰 벽과 대나무 격자로 이루어진 '긴 담장'처럼 디자인했다. 뒷산 경사면에 위치한 사적지 '지쿠덴소'와는 격자 모양으로 디자인한 엘리베이터로 연결했다.

다케타시(竹田市)니까 '대나무(竹)를 사용해 볼까?'라는 발상은 누구나 할 수 있다. 하지만 보통 건축가들은 이 정도로 메시지성이 강한 대나무 사용법을 구사하지는 못했을 것이다. 이 대범한 대나무 벽을 보라! 길쭉길쭉!

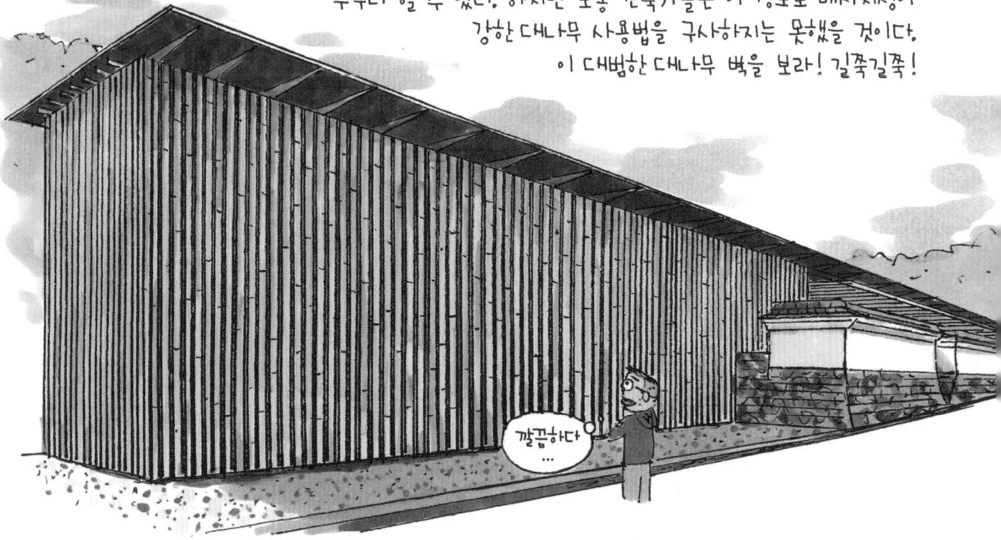

2016년 구마모토지진으로 피해를 입은 역사자료관과 시민갤러리를 개축한 것. 기존의 하얀 담을 남기고 대나무를 돋보이게 디자인한 것이 인상적이다.

<북쪽>

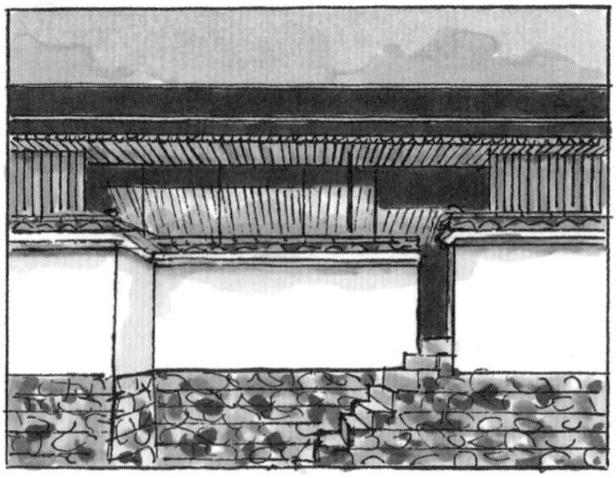

<진입로>

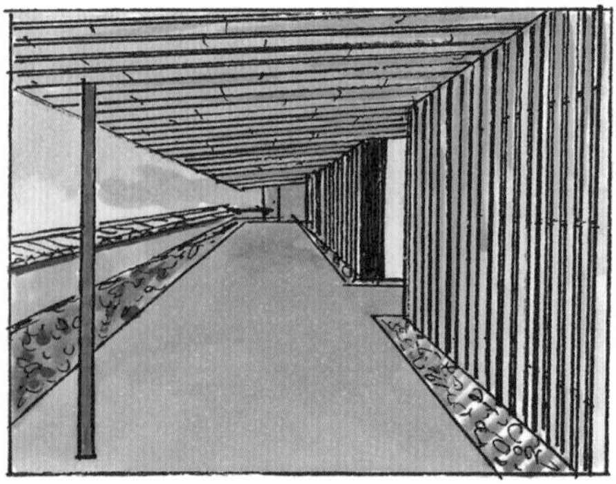

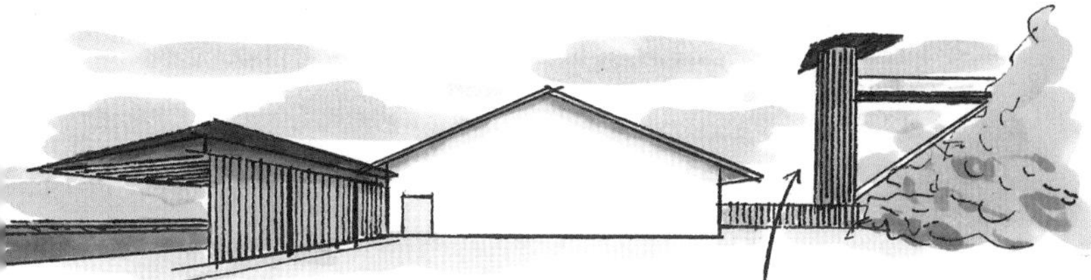

문화시설에서는 잘 볼 수 없는 저 탑 같은 건 뭡지?

정확히는 대나무풍 수지이지만,
대나무 모티프가 이렇게 이어져 있으니
자연스레 올라가 보고 싶어진다.

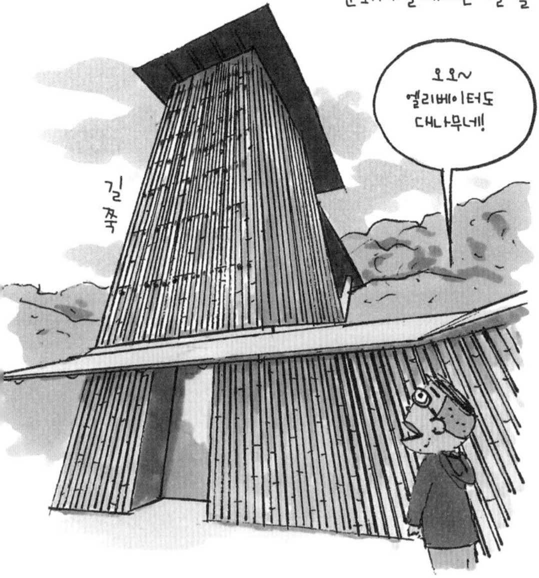

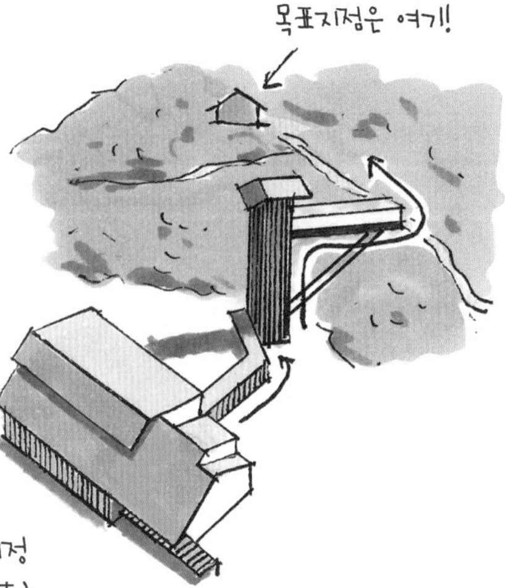

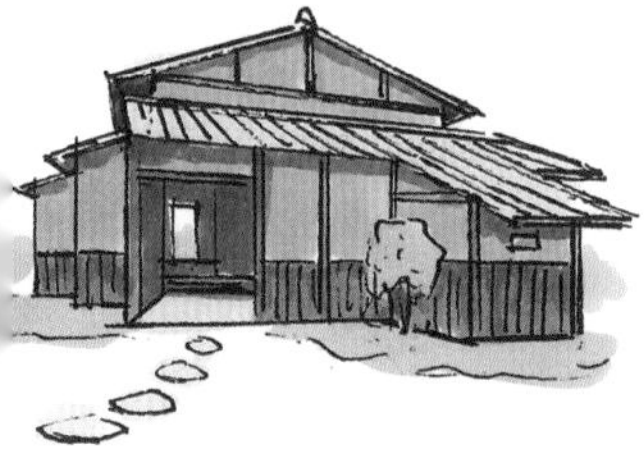

가려는 곳은 바로 국가지정
사적지 '지쿠덴소'(竹田荘).
에도 시대의 화가 다노무라 지쿠덴(能村竹田)의 집이다.
여기도 '대나무'라니! 기가 막힌 연결고리에 박수가 절로 나온다.

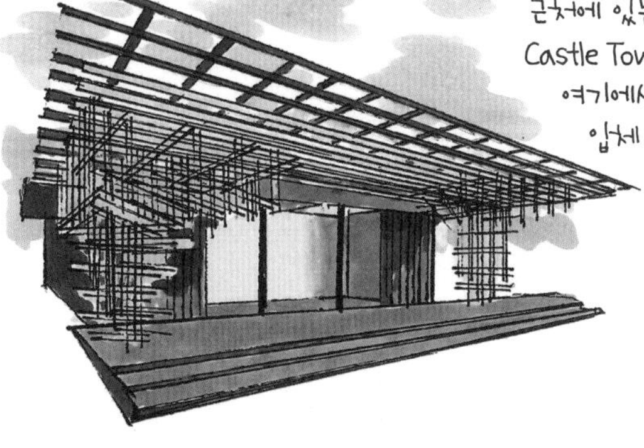

근처에 있는 '다케타시 조카마치 교류 플라자'(Taketa Castle Town Plaza, 2020)도 구마 겐고가 설계했다.
여기에서는 무대를 덮는 커다란 지붕에 대나무 입체 격자를 사용했다.

건축 자체도 흥미롭지만 도시 브랜드를 혼자서 재정립하는 기획력이 정말 대단하단 생각이 든다. 대형 광고회사도 쉽게 할 수 없을 만한 일이니….

➔ 건축정보는 P.085

Part 3

일상에 재미를 부여하는

[가벼움의] 건축

디자인의 다양화가 가속화되다

—

유명한 건축가들이 설계하는 건축은
대부분 깜짝 놀랄 만큼 '의외성'을 띠거나
'감성적'인 것들이 많다.
둘 다 일상의 삶과 동떨어진 '비(非)일상성'을
연출하는 건축이라 할 수 있다.

—

한편, 일상의 삶 속에 스며드는 친근한 건축물을 설계하는 것은
유명한 건축가가 아닌,
그 지역을 거점으로 활동하는 작은 설계사무소와
'조직적 설계'로 대변되는 대형 설계사무소의 역할이었다.

—

2000년대 중반 이후,
구마 겐고는 그 틈을 공략하여 활약하기 시작한다.
그것을 가능케 한 것은
커다란 지붕과 경쾌한 벽으로 느슨하게 둘러싸여
'일상에 재미를 부여하는' 공간이었다.
그 과정에서 디자인의 다양화도 점점 가속화되었다.

—

Part 3에서는 여유로우면서 때로는 장난스럽기까지 한 건축물을 모아
'가벼움의 건축'으로 분류했다.

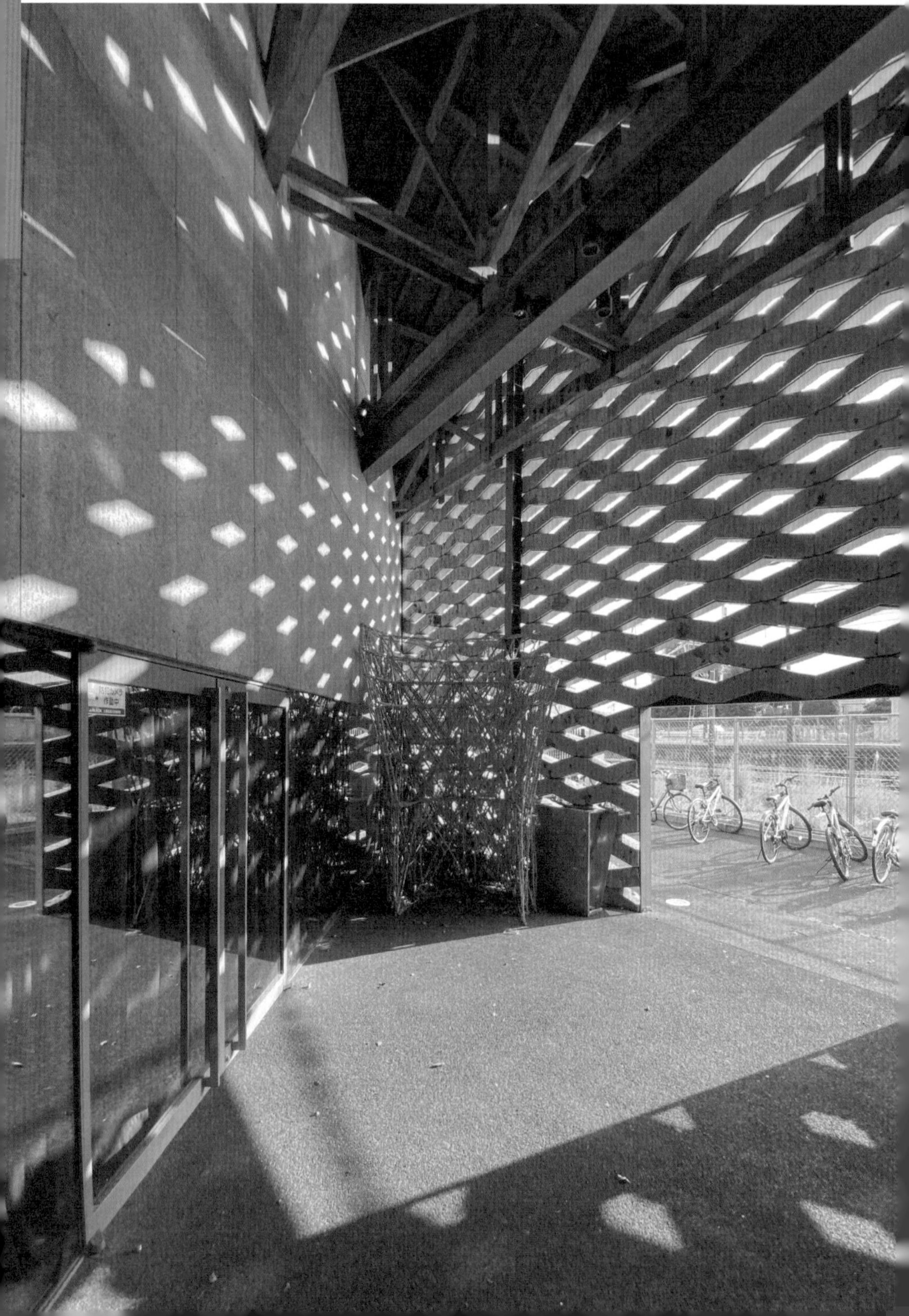

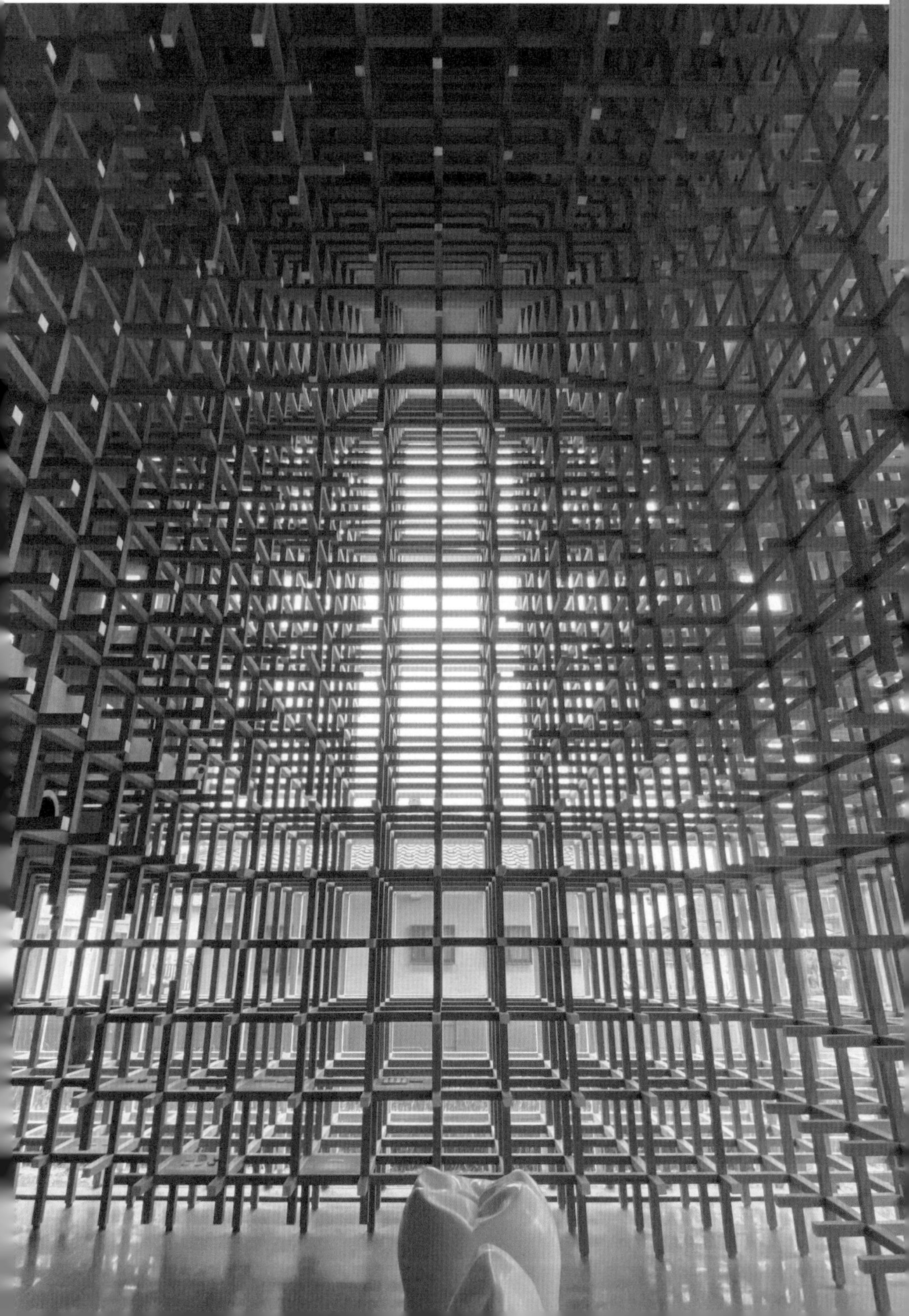

P.130

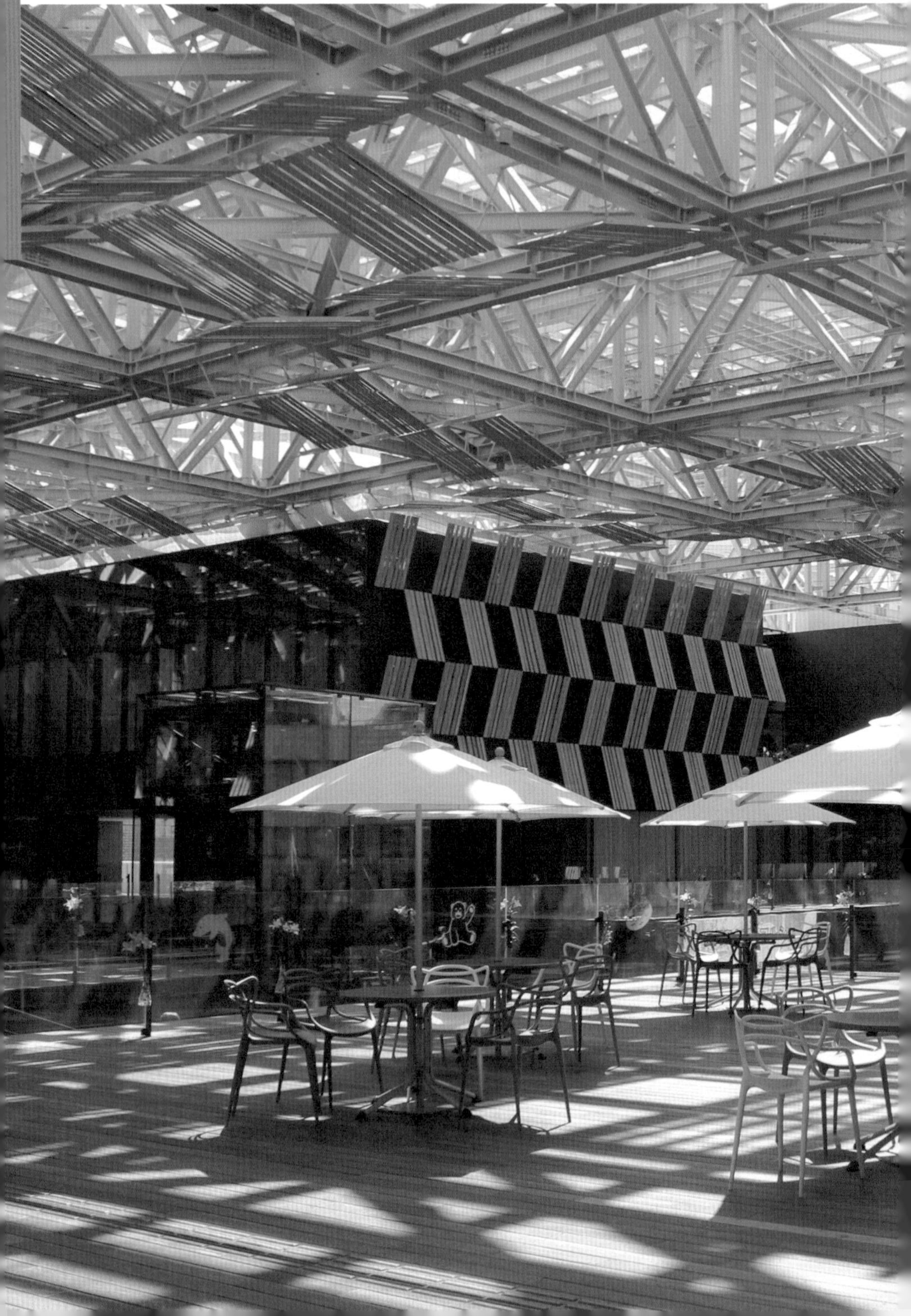

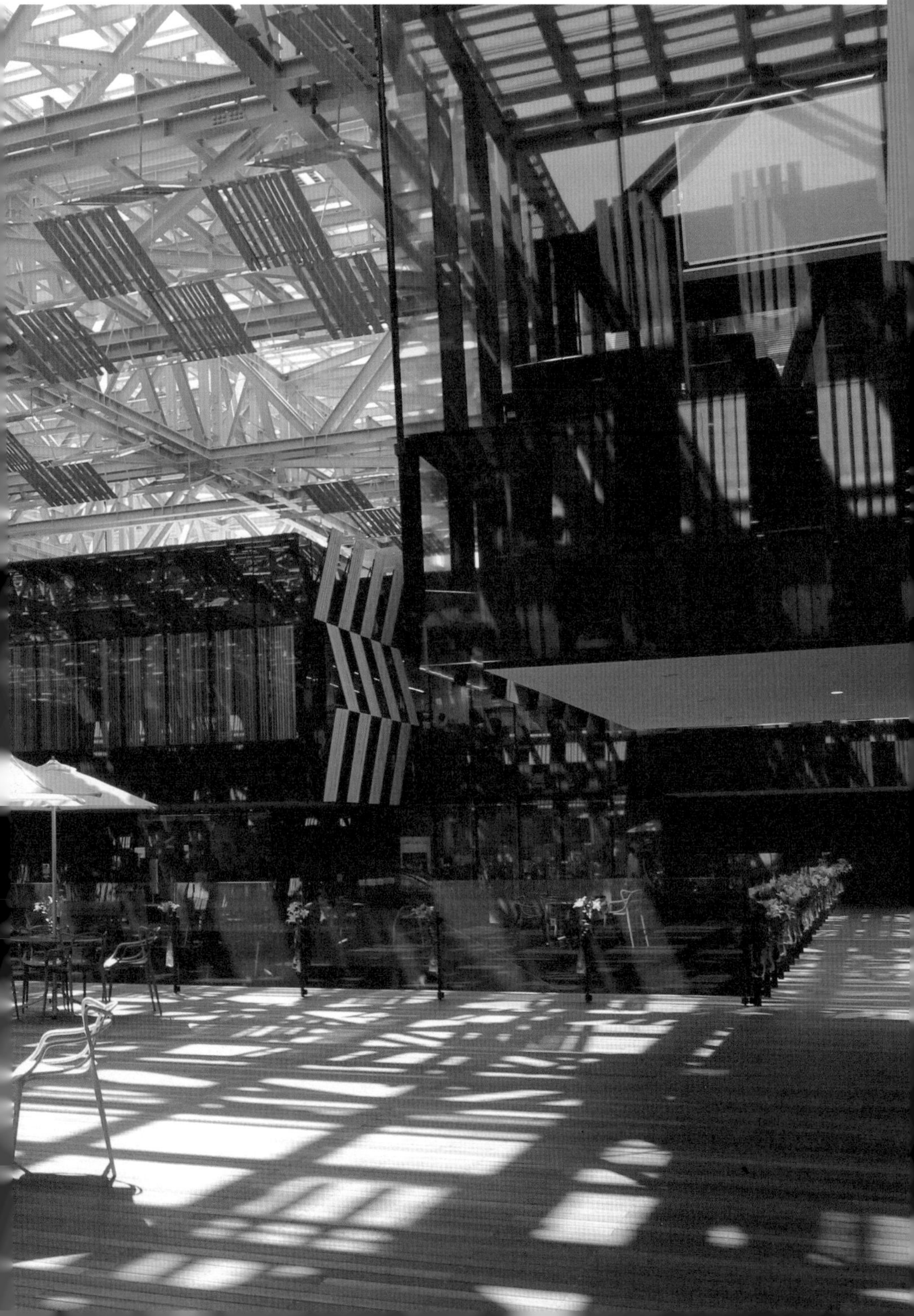

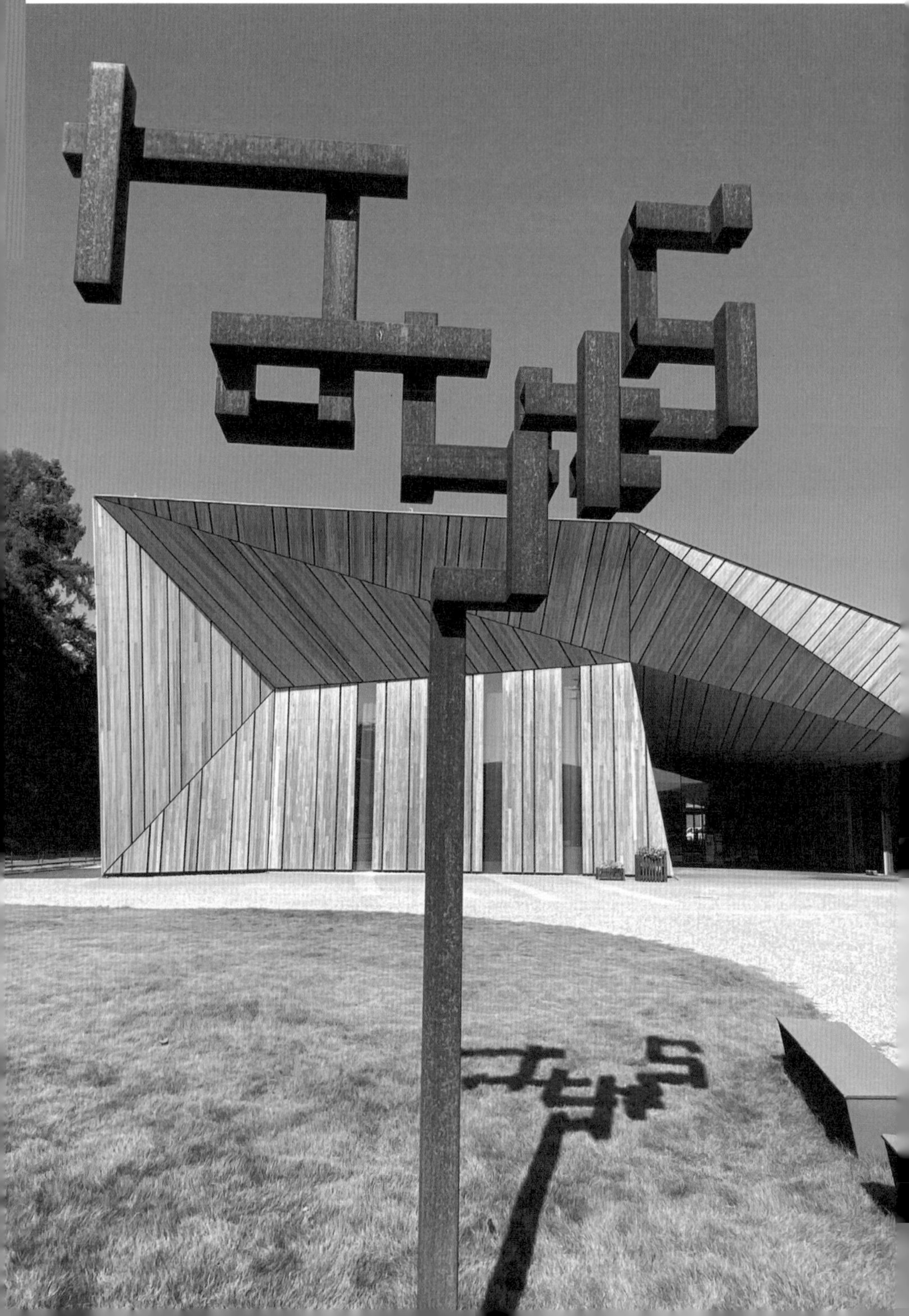

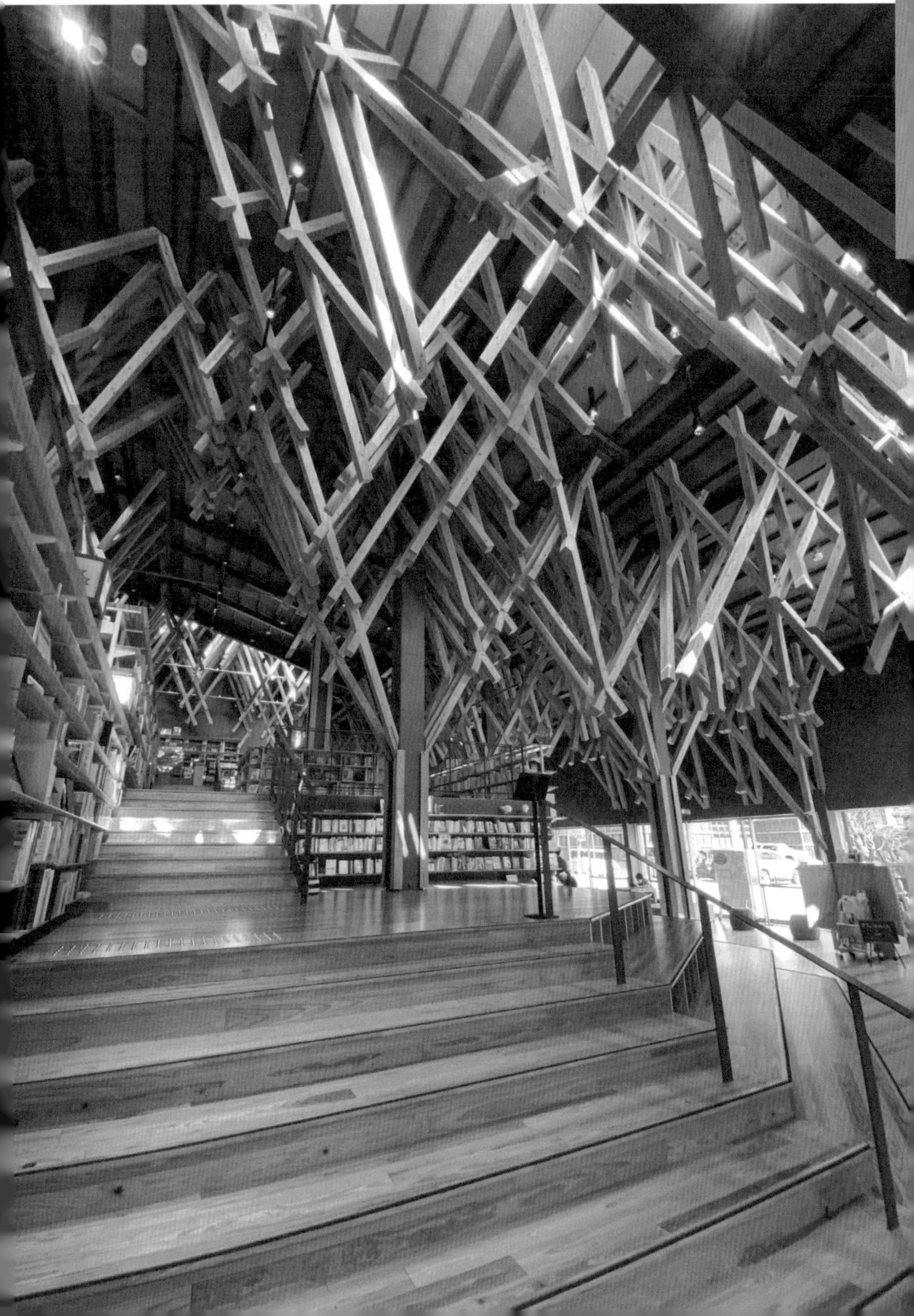

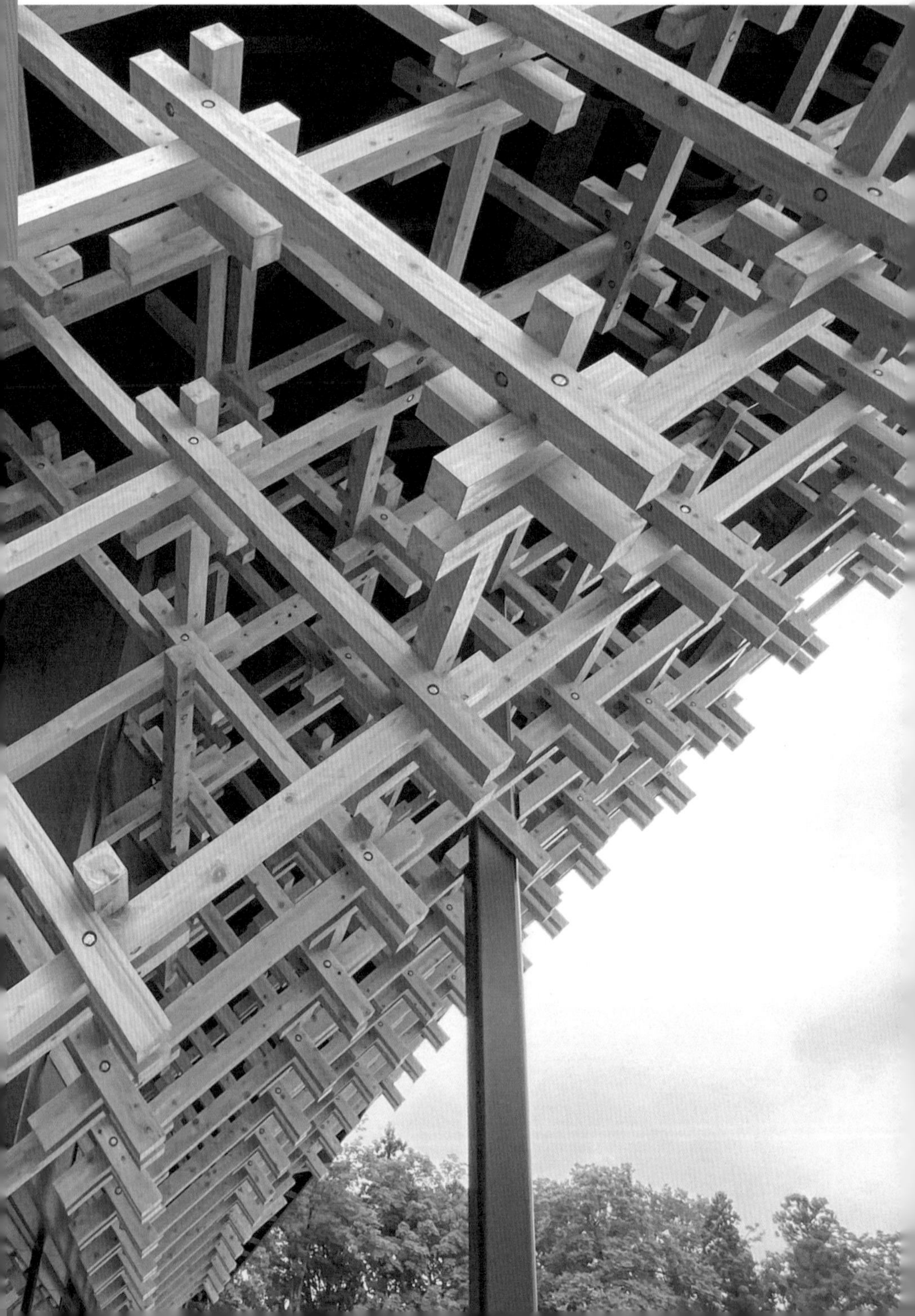

건물 명칭은 준공 시 명칭을 기본으로 하며, 구 명칭으로는 한 번에 알기 어려운 경우에 현재 명칭을 앞에 썼다. ―는 공표하지 않거나 불명확한 것.

25 초쿠라 광장

P.124

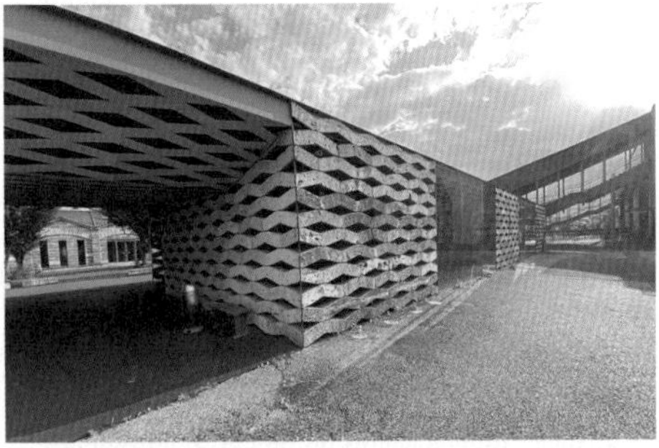

소재지: 도치기현 다카네자와마치 호샤쿠지 2416
발주자: 다카네자와마치 | 설계자: 구마겐고건축도시설계사무소
구조설계자: 오크구조설계
설비설계자: 모리무라설계사무소
시공자: 와타나베건설, 겐모쿠석재공업
구조: 철골조, 일부 조적조
층수: 지상1층
연면적: 607.66m²
설계기간: 2004년 3월~2005년 3월
시공기간: 2005년 7월~2006년 3월
교통: JR도호쿠본선 호샤쿠지역 앞

25-2 호샤쿠지역

P.127

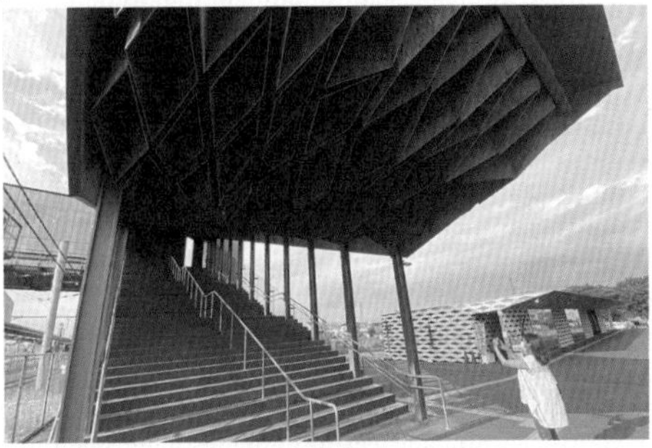

소재지: 도치기현 다카네자와마치 호샤쿠지 2374-1
발주자: 다카네자와마치, 동일본여객철도
설계자: 동일본여객철도·JR동일본건축설계사무소(건축), 구마겐고건축도시설계사무소(감수)
구조설계자: 동일본여객철도·JR동일본건축설계사무소(구조), 오크구조설계(구조 감수)
설비설계자: 동일본여객철도·JR동일본건축설계사무소
시공자: 도테쓰공업 | 구조: 철골조
층수: 지상2층 | 연면적: 862.06m²
설계기간: 2005년 8월~2006년 3월
시공기간: 2006년 9월~2008년 3월

26 GC프로소뮤지엄 리서치센터

P.128

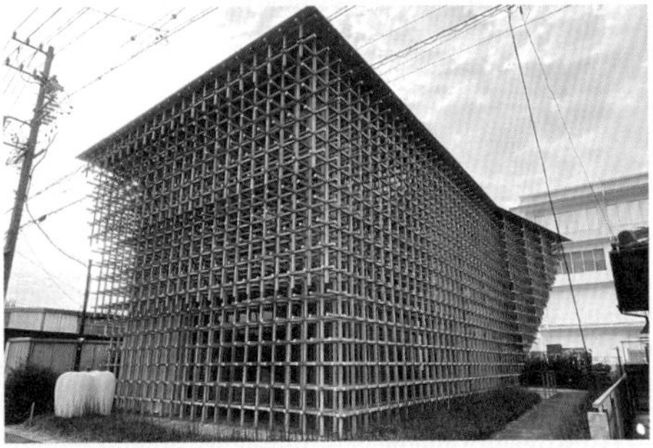

소재지: 아이치현 가스가이시 도리이마쓰초 2-294
발주자: GC코퍼레이션
설계자: 구마겐고건축도시설계사무소
구조설계자: 사토준구조설계사무소
설비설계자: 모리무라설계사무소 | 시공자: 마쓰이건설
구조: 목조, 철근콘크리트조
층수: 지하1층·지상3층
연면적: 626.5m²
설계기간: 2008년 4월~2009년 5월
시공기간: 2009년 6월~2010년 5월
교통: JR주오본선 가스가이역에서 도보 23분

27 아오레 나가오카

➔ P.130

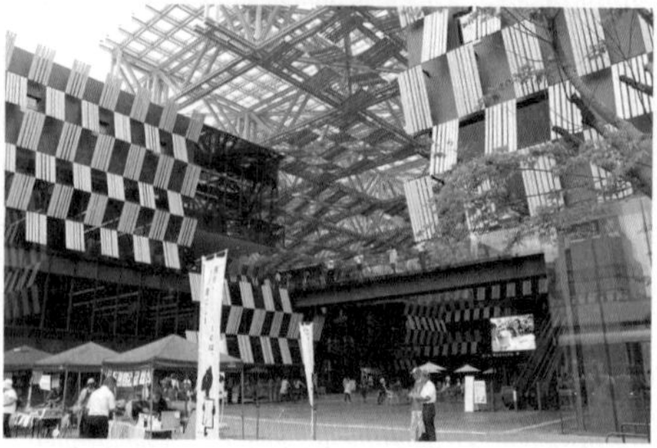

소재지: 니가타현 나가오카시 오테도리 1-4-10
발주자: 나가오카시 | 설계자: 구마겐고건축도시설계사무소
구조설계자: 에지리건축구조설계사무소
설비설계자: 모리무라설계사무소
시공자: 다이세이·후쿠다·주에쓰·이케다 시청건축공사특정공동기업체, 기타
구조: 철근콘크리트조, 일부 철골조
층수: 지하1층 · 지상4층 | 연면적: 3만5492.44m^2
설계기간: 2008년 2월~2009년 9월
시공기간: 2009년 11월~2012년 2월
교통: JR신에쓰본선, 조에쓰신칸센 나가오카역에서 도보 3분

28 규슈 게이분칸(예문관)

➔ P.132

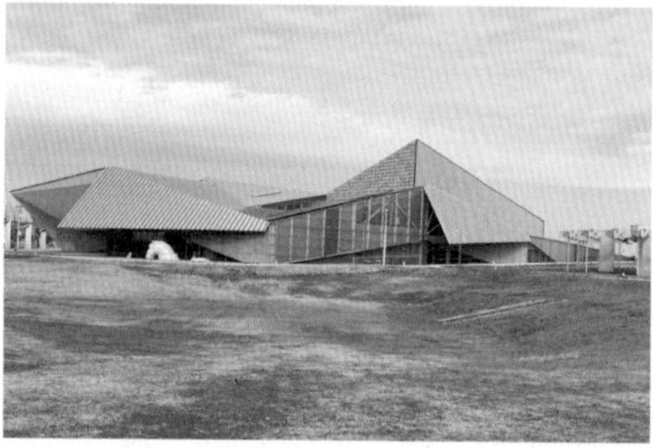

소재지: 후쿠오카현 지쿠고시 쓰시마 1131 | 발주자: 후쿠오카현
설계자: 구마겐고건축도시설계사무소, 니혼설계(별관1은 SUEP, 니혼설계)
시공자: 가지마·오아부·니시니혼 특정건설공동사업체(본관), 고가건설(별관2)
구조: 철근콘크리트조, 일부 철골조(본관), 목조(별관2)
층수: 지상2층(본관), 지상1층(별관2)
연면적: 3657.04m^2(본관), 165.51m^2(별관2)
설계기간: 2008년 9월~2011년 3월
시공기간: 2011년 3월~2012년 10월
교통: JR규슈신칸센, 가고시마본선 지쿠고후나고야역에서 도보 1분

29 도쿄대 대학원 정보학환 다이와 유비쿼터스 학술연구관

➔ P.134

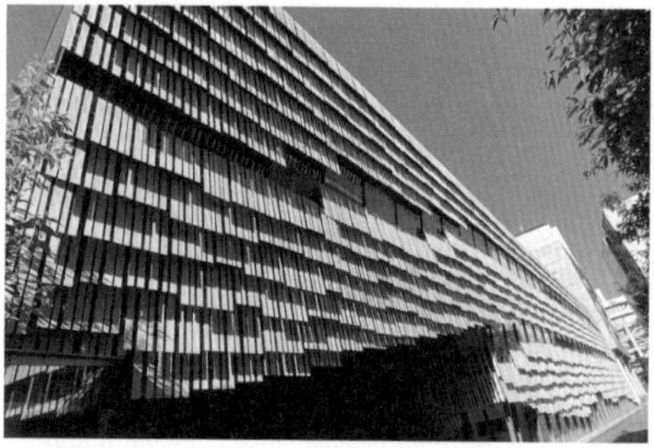

소재지: 도쿄도 분쿄구 혼고 7-3-1
발주자: 국립대학법인 도쿄대학교
설계자: 도쿄대학교캠퍼스계획실(구마 겐고)·동 시설팀, 구마겐고건축도시설계사무소
시공자: 다이와하우스공업
구조: 철골조 | 층수: 지하2층·지상3층
연면적: 2709.53m^2
설계기간: 2010년 7월~2012년 7월
시공기간: 2012년 10월~2014년 4월
교통: 도쿄메트로 마루노우치선, 도에이지하철 오에도선 혼고산초메역에서 도보 8분, 도쿄메트로 난보쿠선 도다이마에역에서 도보 7분

30 도야마 기라리

➔ P.136

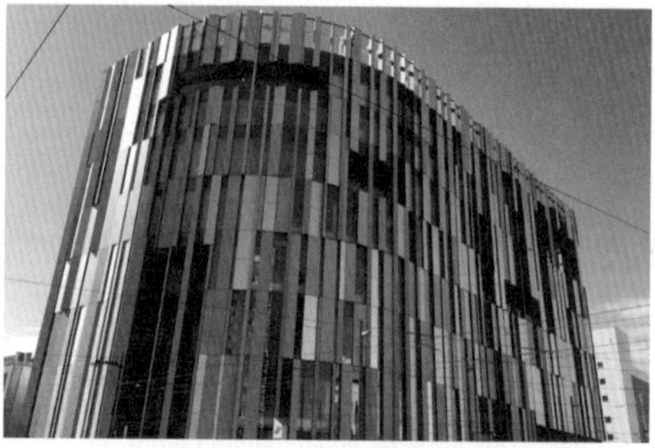

소재지: 도야마시 니시초 5-1
발주자: 니시초남쪽지구 시가지재개발조합
설계자: RIA·구마 겐고·미요이 설계공동체
시공자: 시미즈건설·사토공업 공동기업체
구조: 철골조(부가 제진구조)
층수: 지하1층·지상10층
연면적: 2만6792.82m^2
설계기간: 2010년 10월~2013년 5월
시공기간: 2013년 6월~2015년 4월
교통: 도야마 시내전차 니시초역에서 도보 1분, 그랜드플라자마에역에서 도보 2분

30-2 도시마 에코뮤제타운

P.136

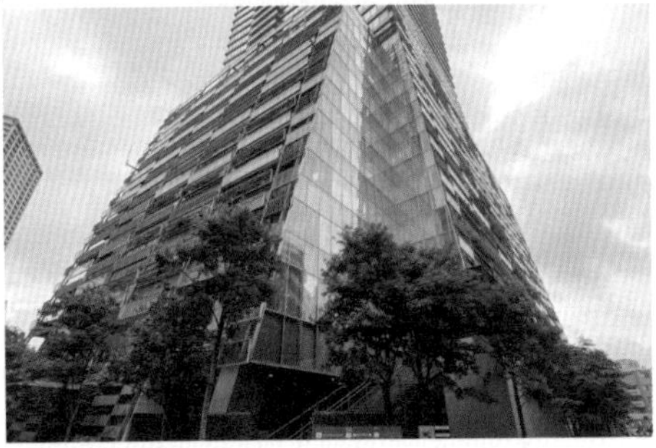

소재지: 도쿄도 도시마구 미나미이케부쿠로 2-45
발주자: 미나미이케부쿠로 니초메 A지구 시가지재개발조합
설계자: 구마겐고건축도시설계사무소(외관 및 일부 인테리어 디자인 감수), 니혼설계, 랜드스케이프플러스
시공자: 다이세이건설
구조: 철근콘크리트조, 철골조, 일부 철골철근콘크리트조
층수: 지하3층·지상49층 | 연면적: 9만4681.84m^2
설계기간: 2009년 9월~2012년 1월
시공기간: 2012년 2월~2015년 3월
교통: 도쿄메트로 유라쿠초선 히가시이케부쿠로역과 직통

31 게이오선 다카오산구치역

P.138

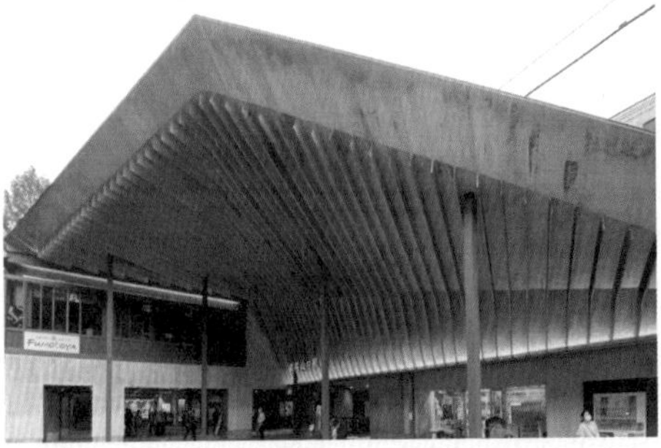

소재지: 도쿄도 하치오지시 다카오마치 2241
사업주: 게이오전철
설계자: 구마겐고건축도시설계사무소, 게이오건설
구조설계자: 에지리건축구조설계사무소
설비설계자: 오카야스이즈미조명설계사무소(조명 계획)
시공자: 게이오건설
구조: 철골조
층수: 지상1층
연면적: 618.74m^2
시공기간: 2014년 10월~2015년 4월

32 소고가구 디자인 연구소

P.140

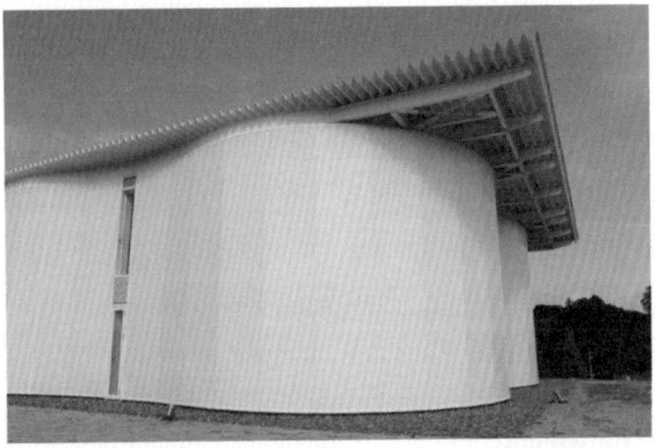

소재지: 미에현 이가시
발주자: 소고가구제작소
설계자: 구마겐고건축도시설계사무소
구조설계자: 에지리건축구조설계사무소
설비설계자: 환경엔지니어링
시공자: 도쿠라건설 | 구조: 철골조
층수: 지상2층 | 연면적: 974.73m^2
설계기간: 2012년 11월~2014년 8월
시공기간: 2014년 9월~2015년 9월

33 이야마시 문화교류관 '나추라'

P.142

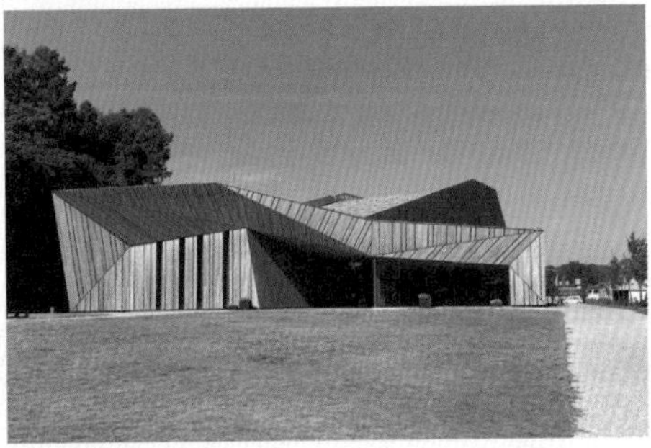

소재지: 나가노현 이야마시 이야마 1370-1
발주자: 이야마시
설계자: 구마겐고건축도시설계사무소, 나카조1급건축사사무소
시공자: 시미즈건설
구조: 철근콘크리트조, 일부 철골조
층수: 지상3층
연면적: 3888m^2
시공기간: 2012년 4월~2015년 12월
교통: JR이야마선, 호쿠리쿠신칸센 이야마역에서 도보 5분

34 코에다 하우스

P.144

소재지: 시즈오카현 아타미시 가미타가 1027-8
아카오허브&로즈가든 내
발주자: 호텔 뉴 아카오
설계자: 구마겐고건축도시설계사무소
구조설계자: 에지리건축구조설계사무소
설비설계자: 환경엔지니어링 | 시공자: 기리야마건설
구조: 목조, 일부 철골조 | 층수: 지상1층 | 연면적: 141.61m^2
설계기간: 2016년 7월~2017년 2월
시공기간: 2017년 4월~9월
교통: JR아타미역에서 아지로행 도카이버스 승차,
아카오허브&로즈가든 버스정류장 하차.

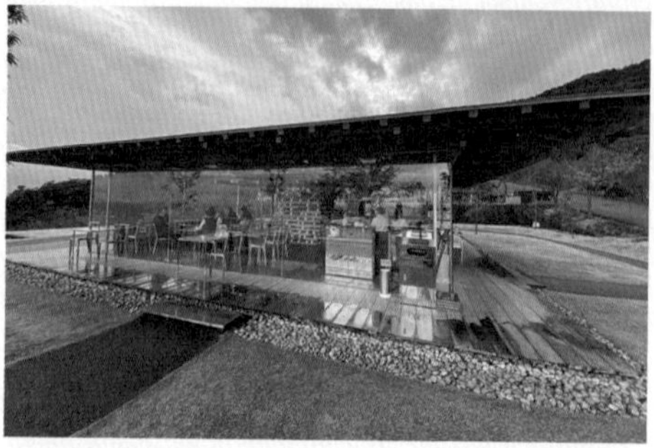

35 유스하라 구름 위의 도서관

P.146

소재지: 고치현 유스하라초 유스하라 1212-2
발주자: 유스하라초 | 설계자: 구마겐고건축도시설계사무소
구조설계자: 사토준구조설계사무소
설비설계자: 가케미즈환경연구소
시공자: 도다 · 시마켄 특정건설공사공동기업체
구조: 철골조, 일부 목조 | 층수: 지하1층 · 지상2층
연면적: 1938.31m^2
설계기간: 2015년 6월~2016년 10월
시공기간: 2016년 11월~2018년 2월
교통: JR도산선 스사키역에서 고치고료교통버스 유스하라선을
타고 약 80분, 유스하라 버스정류장 하차, 도보 7분.

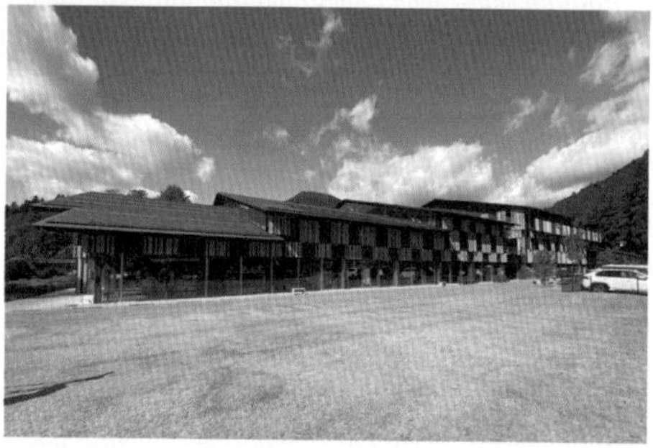

35-2 유루리 유스하라

P.146

소재지: 고치현 유스하라초 유스하라 1212-2
발주자: 유스하라초 | 설계자: 구마겐고건축도시설계사무소
구조설계자: 사토준구조설계사무소
설비설계자: 가케미즈환경연구소
시공자: 도다·시마켄 특정건설공사공동기업체
구조: 철골조 | 층수: 지하1층·지상3층
연면적: 2758.61m^2
설계기간: 2015년 6월~2016년 10월
시공기간: 2016년 11월~2018년 2월
교통: JR도산선 스사키역에서 고치고료교통버스 유스하라선을
타고 약 80분, 유스하라 버스정류장 하차, 도보 7분.

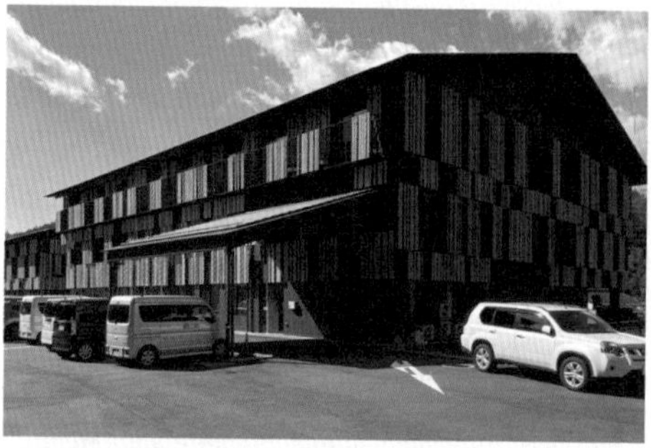

35-3 유스하라초 지역교류시설(구름 위의 호텔 본관)

P.149

소재지: 고치현 유스하라초 다로가와 3799-3 | 발주자: 유스하라초
설계자: 구마겐고건축도시설계사무소(설계), 오타니설계,
플라자디자인컨설턴트(실시설계 협력)
구조설계자: 나카타가쓰오연구실
시공자: 다케나카 · 스사키 건설공사공동기업체
구조: 철골조, 목조, 일부 철근콘크리트조
층수: 지상2층 | 연면적: 1273.8m^2
설계기간: 1992년 8월~1993년 8월
시공기간: 1993년 10월~1994년 3월
교통: JR도산선 스사키역에서 고치고료교통버스 유스하라선을
타고 약 70분, 다로가와고엔마에 버스정류장 하차

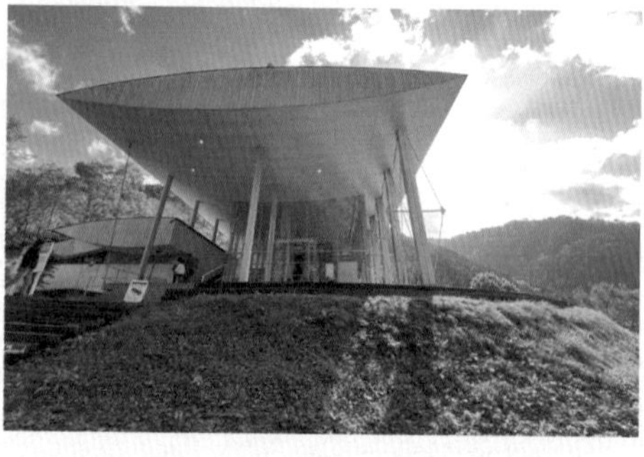

35-4 유스하라초 종합청사

➔ P.148

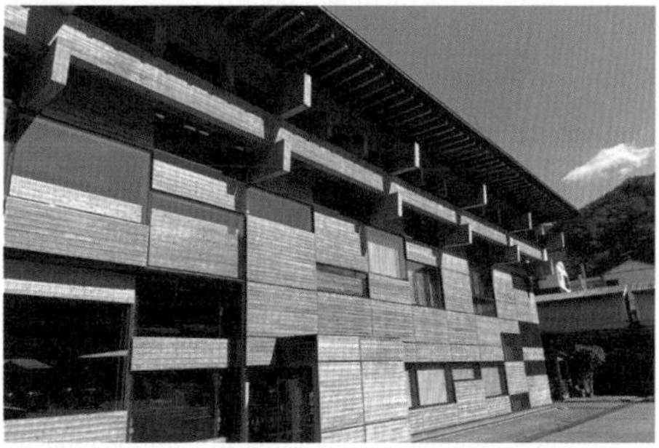

소재지: 고치현 유스하라초 유스하라 1444-1 | 발주자: 유스하라초
설계자: 게이오기주쿠대학 이공학부 시스템디자인공학과, 구마겐고건축도시설계사무소(건축 · 감리)
구조설계자: 나카타가쓰오연구실(구조 협력)
설비설계자: 닛켄설계(설비 협력)
시공자: 도비시마 · 미타니 건설공사공동기업체
구조: 목조, 일부 철근콘크리트조 | 층수: 지하1층·지상2층
연면적: 2970.79m^2 | 설계기간: 2004년 4월~2005년 2월
시공기간: 2005년 5월~2006년 10월
교통: JR도산선 스사키역에서 고치고료교통버스 유스하라선을 타고 약 80분, 유스하라 버스정류장 하차, 도보 4분

35-5 마치노에키 '유스하라'

➔ P.149

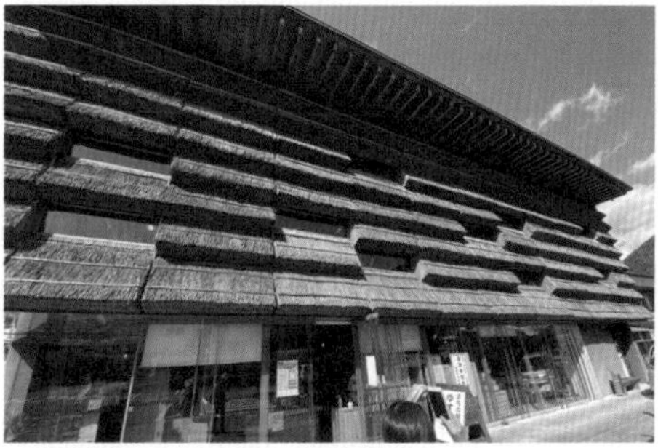

소재지: 고치현 유스하라초 유스하라 1444-1
발주자: 유스하라초 | 설계자: 구마겐고건축도시설계사무소
구조설계자: 나카타가쓰오연구실
설비설계자: 시그마설비설계실 | 시공자: 다이오신요
구조: 철근콘크리트조
층수: 지상3층
연면적: 1132.00m^2
설계기간: 2009년 8월~11월
시공기간: 2009년 12월~2010년 7월
교통: JR도산선 스사키역에서 고치고료교통버스 유스하라선을 타고 약 80분, 유스하라 버스정류장 하차, 도보 5분

36 니혼다이라유메테라스

➔ P.150

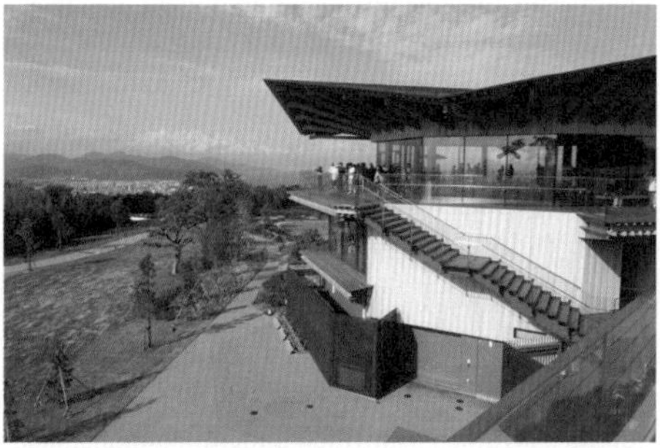

소재지: 시즈오카시 시미즈구 구사나기 600-1
발주자: 시즈오카현, 시즈오카시
설계자: 구마겐고건축도시설계사무소
구조설계자: 오노JAPAN | 설비설계자: 모리무라설계사무소
시공자: 기우치건설 | 구조: 철골조 | 층수: 지상3층
연면적: 964.70m^2(전망시설), 965.01m^2(공중회랑)
준공시기: 2018년 11월
교통: JR시즈오카역에서 시즈테쓰버스 니혼다이라선 니혼다이라로프웨이행을 타고 약 40분, 니혼다이라유메테라스 입구 버스 정류장 하차, 도보 5분. JR히가시시즈오카역에서 시즈테쓰버스 니혼다이라선 니혼다이라로프웨이행을 타고 25분

37 사카이 강변레스토랑 '차구라'(미치노에키 사카이 '차구라')

➔ P.152

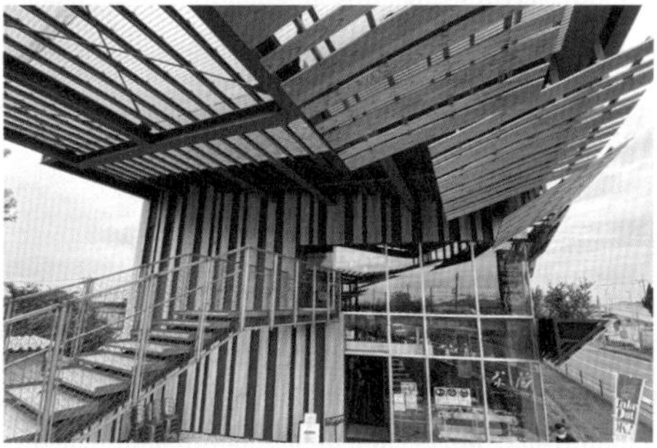

소재지: 이바라키현 사카이마치 1341-1
발주자: 사카이마치
설계자: 구마겐고건축도시설계사무소
시공자: 주와건설
구조: 철골조
층수: 지상2층
연면적: 483.53m^2
준공시기: 2019년 3월
교통: 도부철도 도부 도부쓰코엔역에서 아사히버스 사카이샤코행을 타고 약 30분, 미치노에키 사카이 버스정류장 하차

37-2 사카이 샌드

P.152

소재지: 이바라키현 사카이마치 1341-1
발주자: 사카이마치
설계자: 구마겐고건축도시설계사무소
시공자: 시노하라공무점
구조: 목조
층수: 지상1층
연면적: 275m²
준공시기: 2018년
교통: 도부철도 도부 도부쓰코엔역에서 아사히버스 사카이샤코행을 타고 약 30분, 미치노에키 사카이 버스정류장 하차

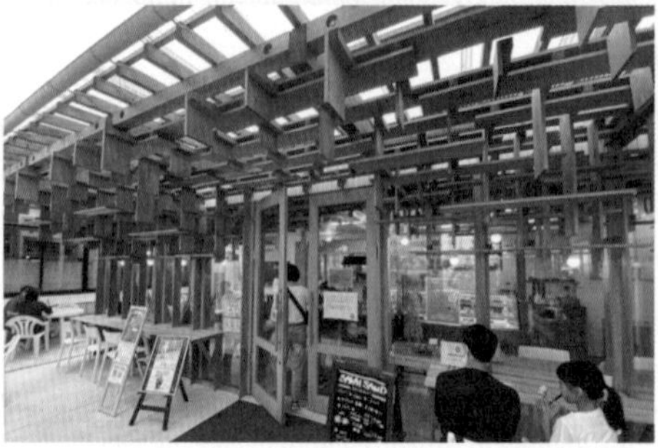

37-3 S랩, S갤러리

P.153

소재지: 이바라키현 사카이마치 사카바나초 1466-2, 1455-1
발주자: 사카이마치
설계자: 구마겐고건축도시설계사무소
시공자: 주와건설
구조: 목조
층수: 지상2층
연면적: 160m²
준공시기: 2020년
교통: 도부철도 도부 도부쓰코엔역에서 아사히버스 사카이샤코행을 타고 약 31분, 사카바나초 버스정류장 하차, 도보 1분

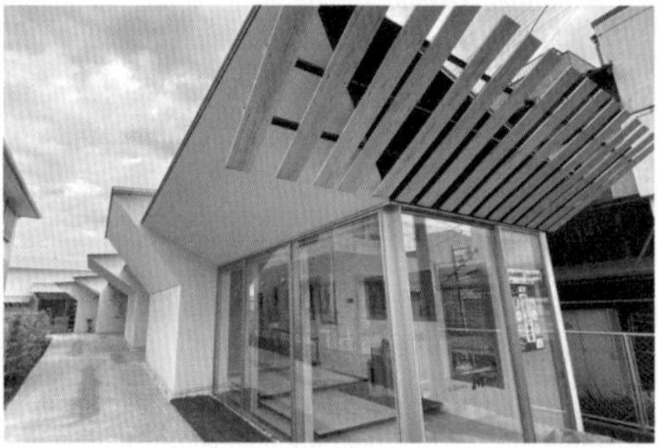

37-4 몬테네그로 회관

P.153

소재지: 이바라키현 사카이마치 가미코바시 446-4
발주자: 사카이마치
설계자: 구마겐고건축도시설계사무소
시공자: 후쿠시마공무점
구조: 목조
층수: 지상1층
연면적: 63.29m²
준공시기: 2020년
교통: 도부철도 도부 도부쓰코엔역에서 아사히버스 사카이샤코행을 타고 약 35분, 나카마쓰오카초 버스정류장 하차, 도보 13분

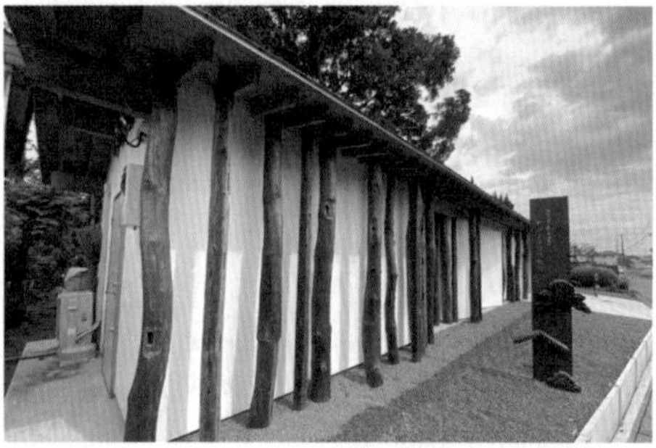

38 리쿠젠타카타 암웨이하우스 마치노엔가와

P.154

소재지: 이와테현 리쿠젠타카타시 다카타초 다테노오키 111
사업주: 리쿠젠타카타시, 일본 암웨이 재단
설계자: 구마겐고건축도시설계사무소
구조설계자: 에지리건축구조설계사무소
시공자: 하세가와건설
구조: 목조
층수: 지상1층
연면적: 545.28m²(창고 건물 포함)
준공시기: 2020년 1월
교통: JR오후나토선 BRT리쿠젠타카타역 서쪽

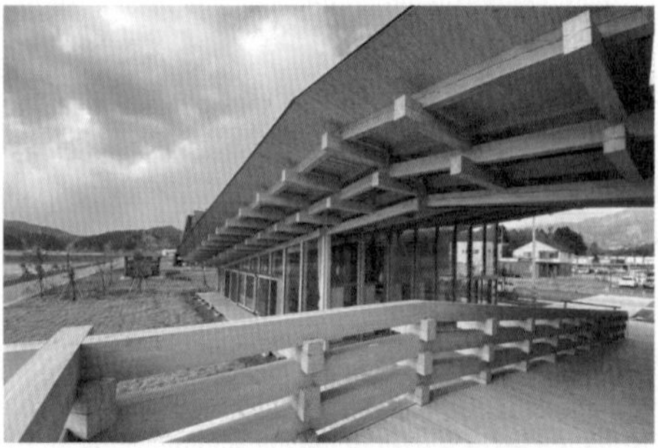

38-2 나카하시

P.155

소재지: 미야기현 미나미산리쿠초 시즈가와 이쓰카마치
발주자: 미나미산리쿠초
설계자: 퍼시픽컨설턴트·구마겐고건축도시설계사무소
시공자: 야다공업
구조: 철골조(강관트러스교)
준공시기: 2020년 9월
교통: JR게센누마선 BRT시즈가와역 하차, 도보 7분

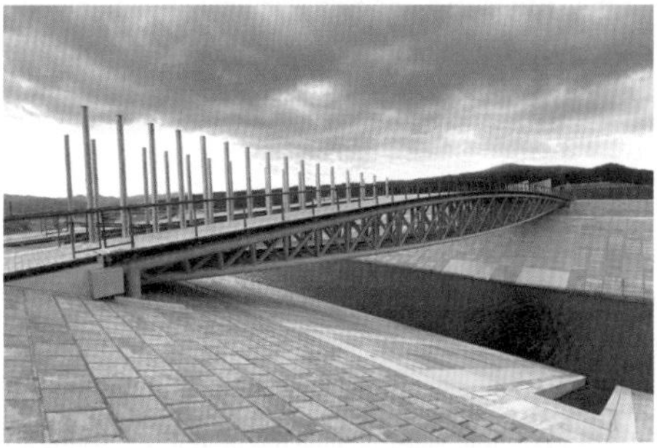

39 다카나와게이트웨이역

P.156

소재지: 도쿄도 미나토구 고난 2 | 발주자: 동일본여객철도
설계자: 동일본여객철도(프로젝트 총괄), JR동일본건축설계(건축설계·감리), 구마겐고건축도시설계사무소(디자인 감수)
구조설계자·설비설계자: JR동일본건축설계
시공자: 시나가와신역(가칭) 신설공사공동기업체(오바야시구미, 뎃켄건설)
구조: 철골조 | 층수: 지하1층·지상3층
연면적: 3969.52m²
설계기간: 2015년 2월~2020년 11월
시공기간: 2016년 9월~2020년 2월

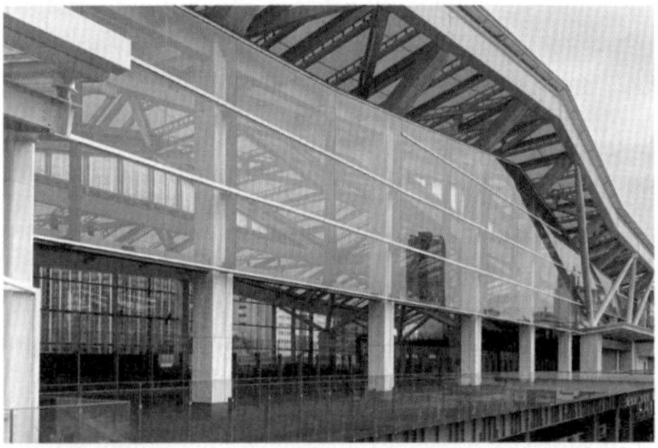

40 신푸칸

P.158

소재지: 교토시 나카교구 가라스마도리 아네야코지사가루 바노초 586-2
발주자: NTT도시개발
설계자: NTT퍼실리티즈(설계·감리), 구마겐고건축도시설계사무소(디자인 감수)
시공자: 오바야시구미
구조: 철골조, 일부 철근콘크리트조 | 층수: 지하2층·지상7층
연면적: 2만5610.97m²
설계기간: 2016년 6월~2017년 8월
시공기간: 2017년 8월~2020년 3월
교통: 교토시영지하철 가라스마오이케역과 직통

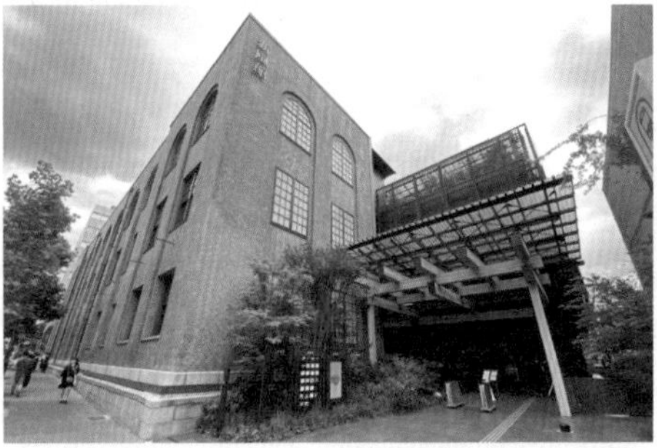

41 스노우피크 랜드스테이션 하쿠바

P.160

소재지: 나가노현 하쿠바무라 호쿠조 5497
운영자: 스노우피크 하쿠바
설계자: 시미즈건설, 구마겐고건축도시설계사무소
구조설계자: 에지리건축구조설계사무소
시공자: 시미즈건설
구조: 철골조 | 층수: 지상1층
연면적: 972.52m²
준공시기: 2020년 4월
교통: JR오이토선 하쿠바역에서 도보 10분

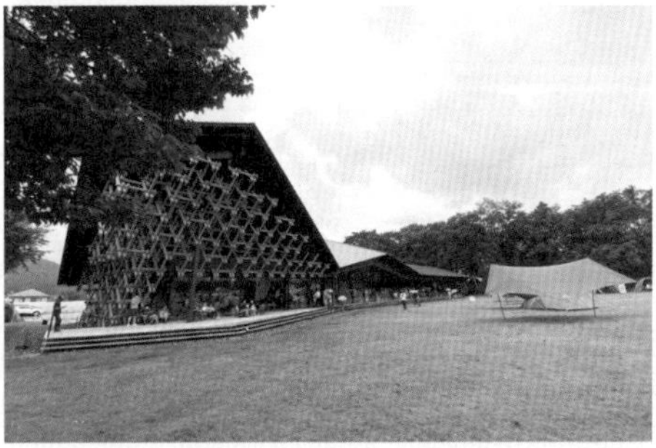

25 오야석으로 엮은 마름모꼴의 변주곡

초쿠라 광장

가벼움의 건축	도치기현 다카네자와마치 호샤쿠지 2416
들쭉날쭉	JR도호쿠본선 호샤쿠지역 앞
2006	지상1층/607.66m²

광장을 둘러싸고 3개의 구마 겐고 건축물이 옹기종기 모여 있다. 2006년에 홀과 다목적 전시실이 먼저 완성되었고, 2008년에 호샤쿠지역 역사가 완성되었다. 홀은 기존의 돌창고 중 하나를 재활용한 것. 해체한 돌창고의 오야석[16]을 홀과 다목적 전시실에 재이용했다.

구마 겐고가 이곳의 설계를 맡게 된 것은 '돌 미술관'(2000)에서 기존의 돌창고를 활용한 것이 높은 평가를 받았기 때문이다.

➔ P.042 참조

'돌 미술관'에서는 솔직히 돌이 '가벼운' 느낌을 받지 못했는데, 여기에선 돌이 '가볍게 살짝 떠 있는 듯한 조적 기법'을 보여주었다.

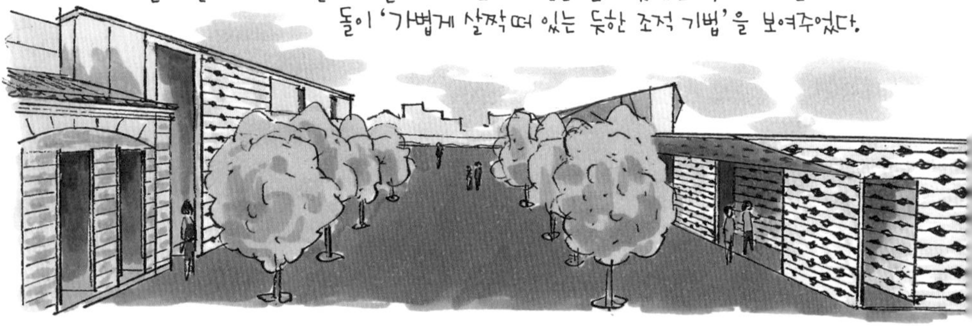

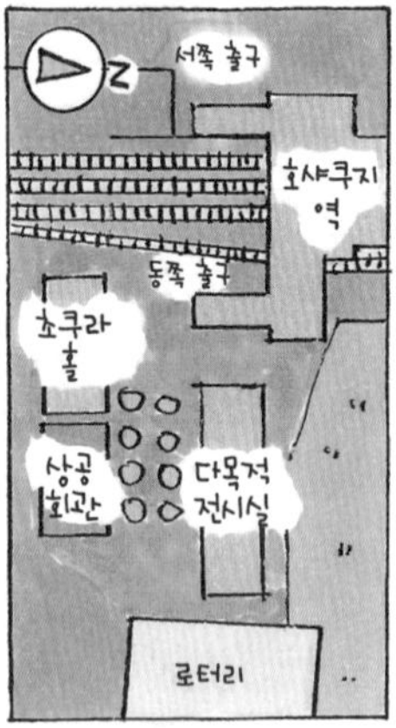

1. 들쭉날쭉하게 재단하여 돌의 무게감을 없애다

일단은 북쪽에 신축한 '다목적 전시실'부터 보자!

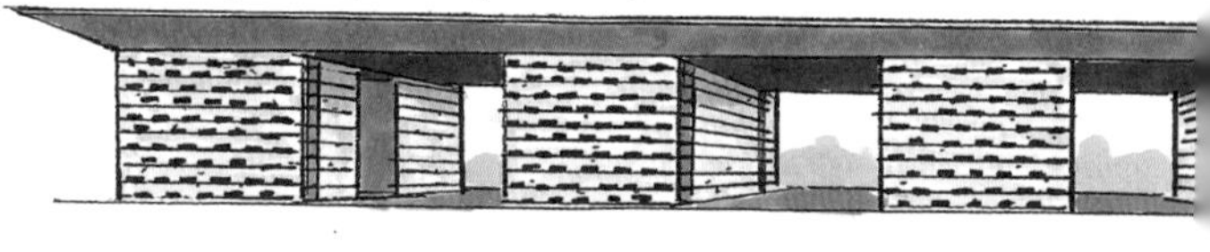

오~ 이 들쭉날쭉한 느낌은 뭐지? →

오야석은 원래 무르고 부드러운 느낌인데, 어떻게 이런 느낌의 벽을 만들 수 있었지?

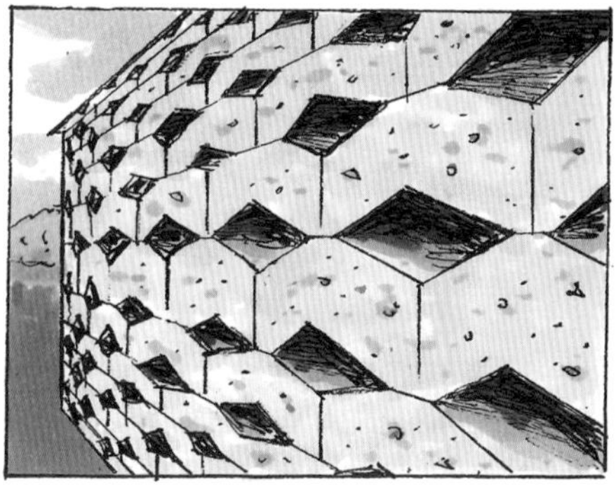

정답은 이것! →

들쭉날쭉한 강판을
골조로 하여, 그 위에
오야석을 얹은 뒤 강재를
얹는 과정을 반복한다.

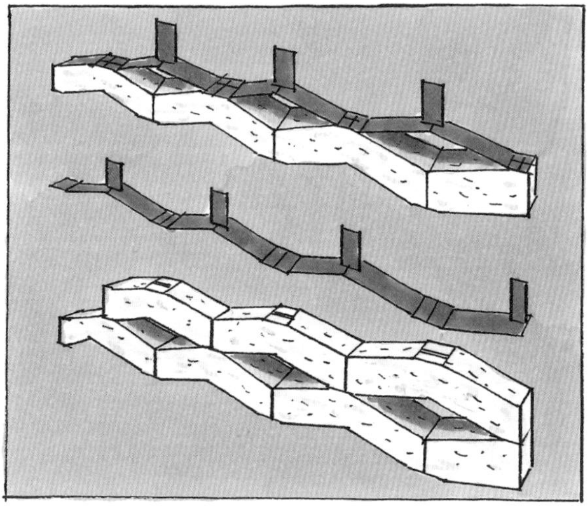

마름모꼴로 난 구멍 부분에
그림자가 지니 강판의 존재가
전혀 드러나지 않는다.
머리 많이 썼네….

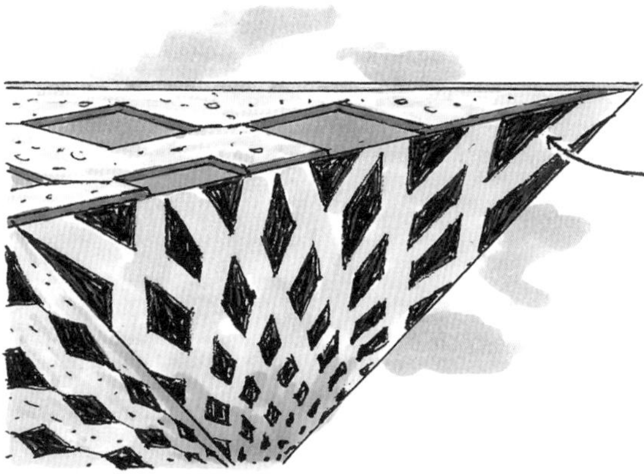

머리를 많이 썼다고 생각하는 또
하나의 부분이 바로 처마 밑이다.
규산칼슘판을 마름모꼴로 뚫어서
연속적인 모양이 나오도록 만들었다.
마름모꼴은 내부 천장까지도
이어진다.

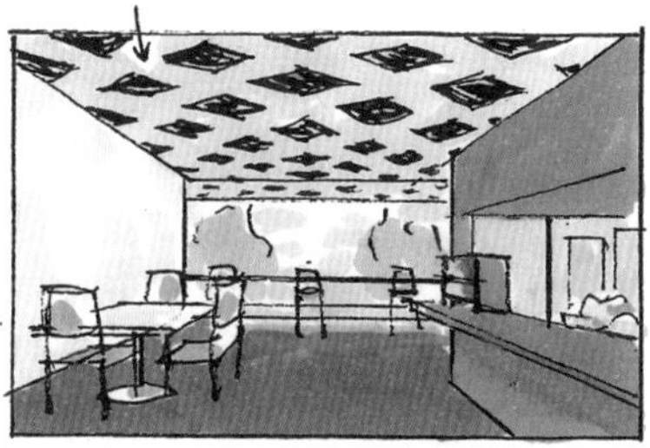

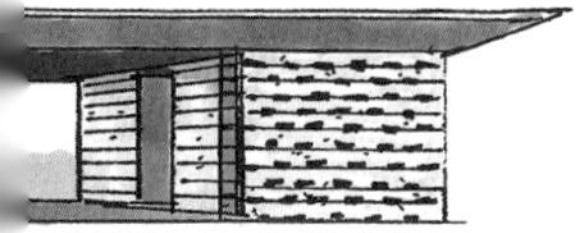

돌이 아니라는 건 알지만,
마름모꼴에 둘러싸인 느낌이
생각보다 꽤 편안하다.

바람이 통하도록 시원하게
뚫어 놓은 휴식 공간. 북쪽의
들판이 네모나게 잘려 마치
액자에 담긴 한 폭의 그림
같다. 바람이 통하니 기분도
상쾌하네!

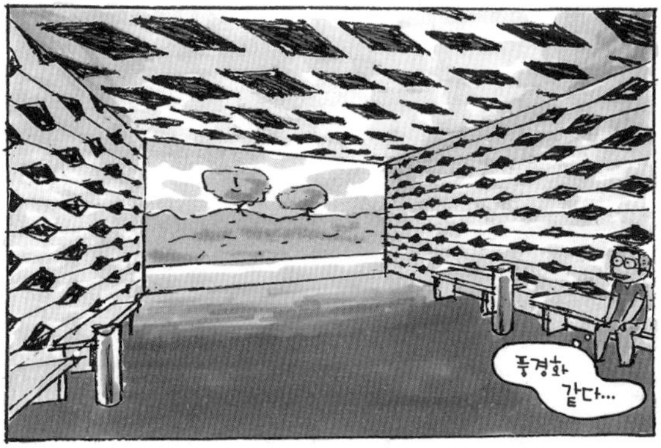

다음 페이지로!

2. 마름모꼴의 구멍을 시각적으로 연출하다

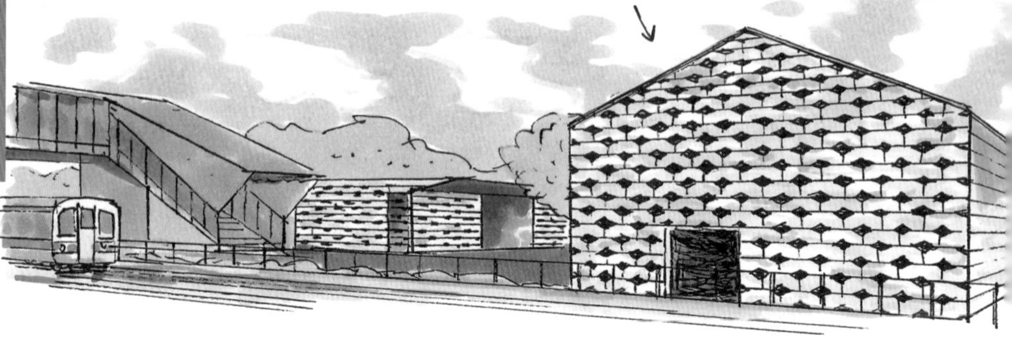

버트레스(버팀벽)로 지탱하는 것이 특징인 북쪽 벽은 그대로 살리고 동쪽에 화장실과 창고를 신설했다.

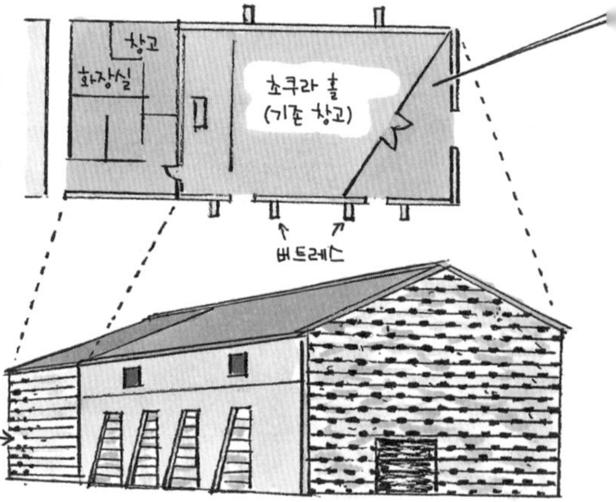

신설한 이 부분의 석벽이
매우 흥미롭다!

반듯한 네모(오른쪽)에서 마름모꼴(왼쪽)로 그러데이션!

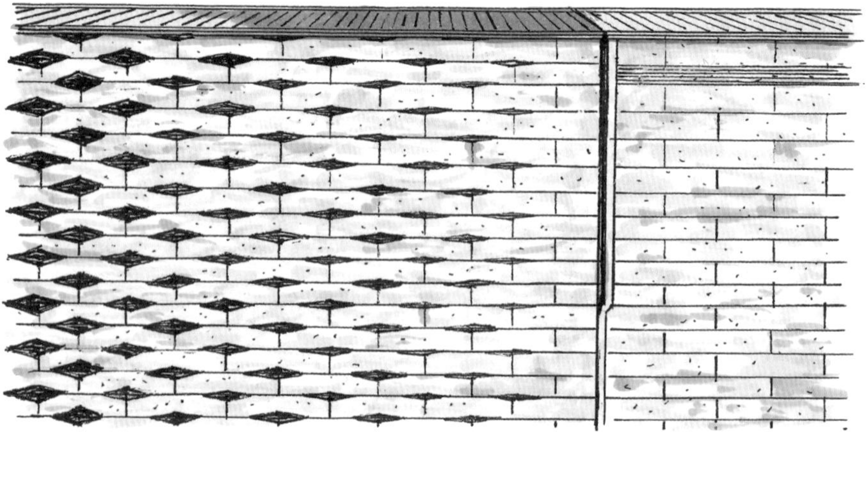

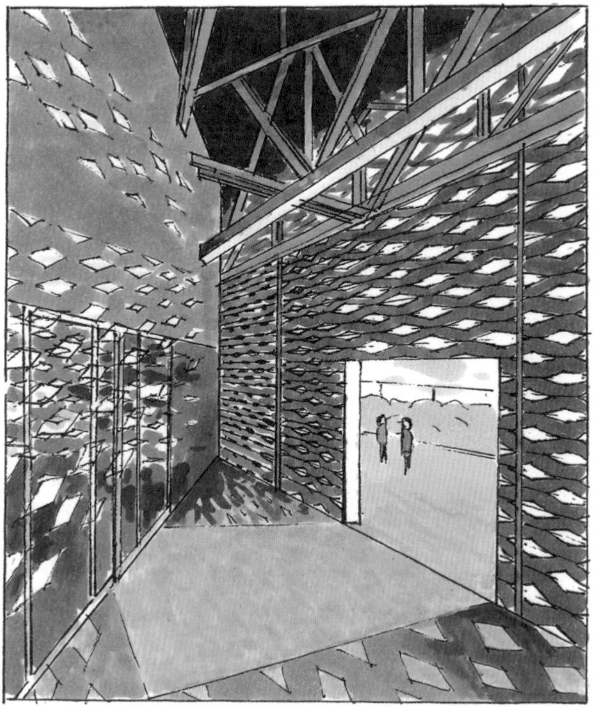

홀의 서쪽에는 평면 삼각형의 입구가 있다. '왜 이런 모양일까?' 생각했는데, 석벽 너머로 빛이 통과해 들어오는 것이 아닌가… 마치 만화경처럼! 그래서 삼각형인가…?

참고로 원래 돌창고는 두 개가 있었는데, 해체한 건물의 오야석을 여기 마름모꼴 석벽에 사용했다. 버리는 것이 없네!

3. 높이를 달리해 마름모꼴에 변화를 주다

마지막은 새로 지은 '호샤쿠지 역'이다.

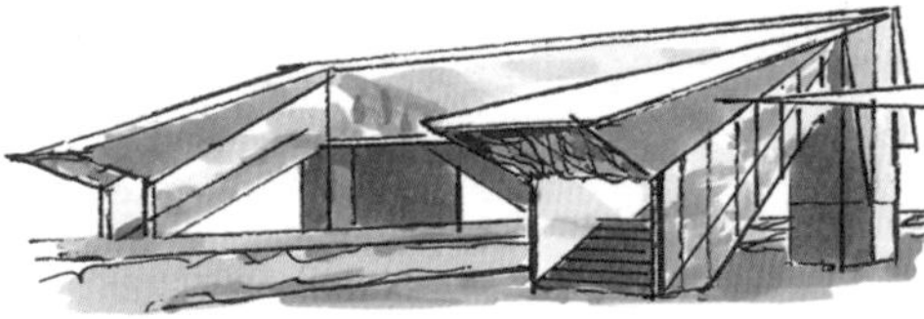

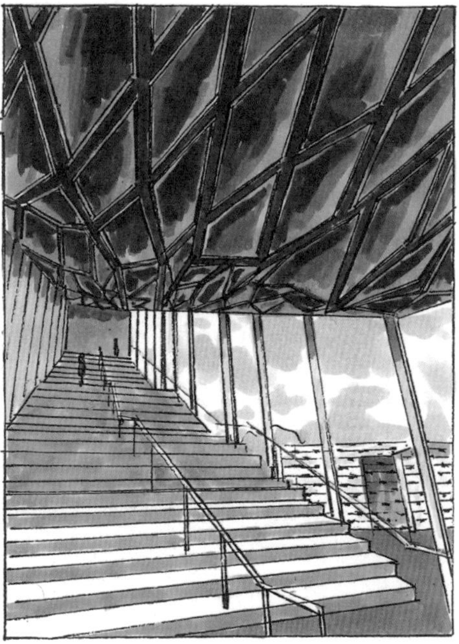

여기도 천장은 마름모꼴을 모티프로 삼았다. 오야석을 쓰는 방안도 검토했지만, 결국 안전상의 문제로 나왕합판을 사용했다. 합판의 높이에 변화를 주니 임팩트가 한층 강해졌다!

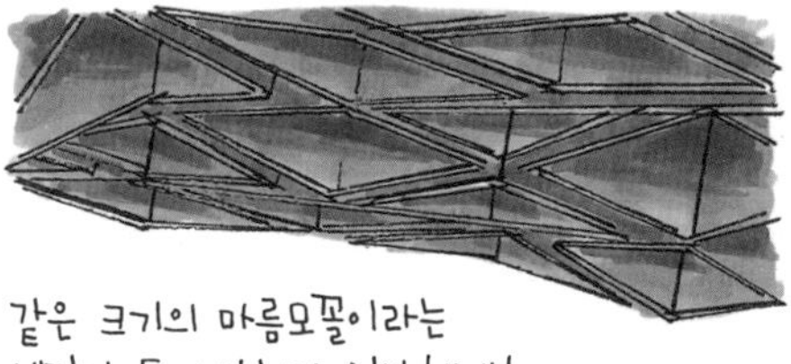

같은 크기의 마름모꼴이라는 생각이 들지 않는다. 신박하네!

건축정보는 P.117

26 하늘로 뻗은 가느다란 입체 격자

GC프로소뮤지엄 리서치센터

가벼움의 건축	아이치현 가스가이시 도리이마쓰초 2-294 JR주오본선 가스가이역에서 도보 23분
바스락바스락	
2010	지하1층·지상3층/626.5m^2

치과기기 브랜드 GC덴탈프로덕츠가 50주년을 기념하여 건설한 연구개발 시설. 입체 격자는 못이나 접착제를 사용하지 않고 가늘게 재단한 목재를 조립하듯 쌓아올렸다. 입체 격자는 구조체이자 전시대다. 구조설계는 사토 준이 맡았다.

사진으로만 봤을 때는 '의외성의 건축'으로 분류할 생각이었다. 하지만 현지에 가서 직접 보니 의외로 차분한 느낌이 들었다. 10년이란 세월의 옷을 입어 나무색이 변한 영향도 있는 듯하다.

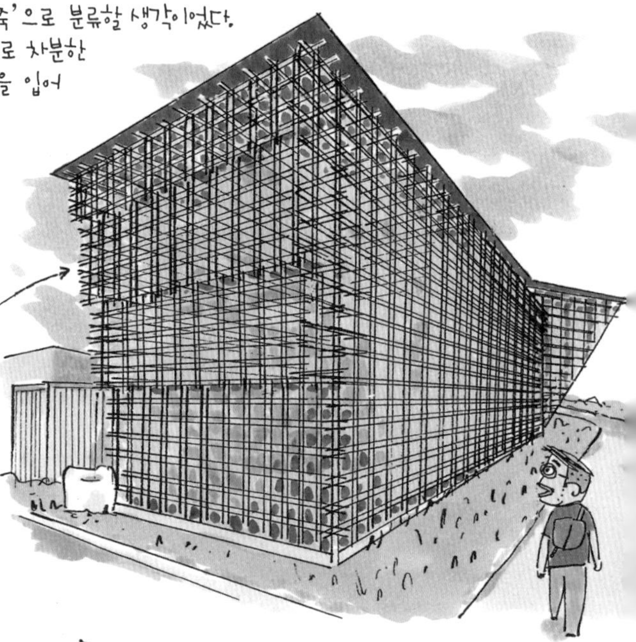

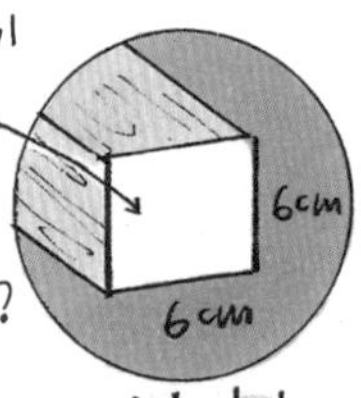

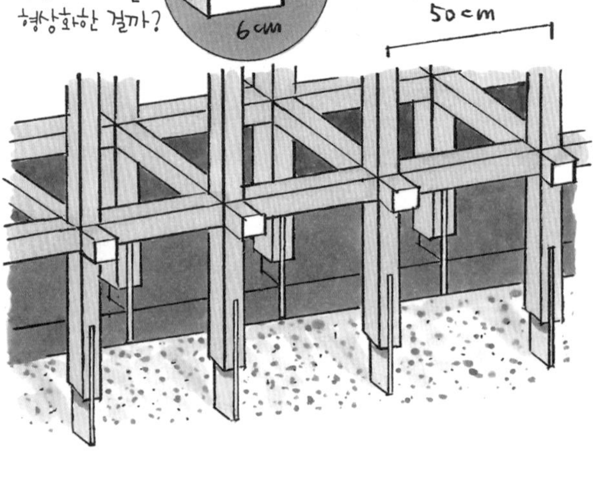

60×60mm로 재단한 노송나무를 못이나 접착제를 사용하지 않고 조립하여 쌓아 올렸다.

이것이 지붕을 지탱하는 구조체의 일부라니 참으로 놀랍다. 뭔가 가볍게 떠 있는 듯한 느낌.

기업의 연구시설이지만 1층은 견학이 가능하다. 위쪽까지 뻥 뚫린 남쪽의 보이드 공간이 볼 만하다.

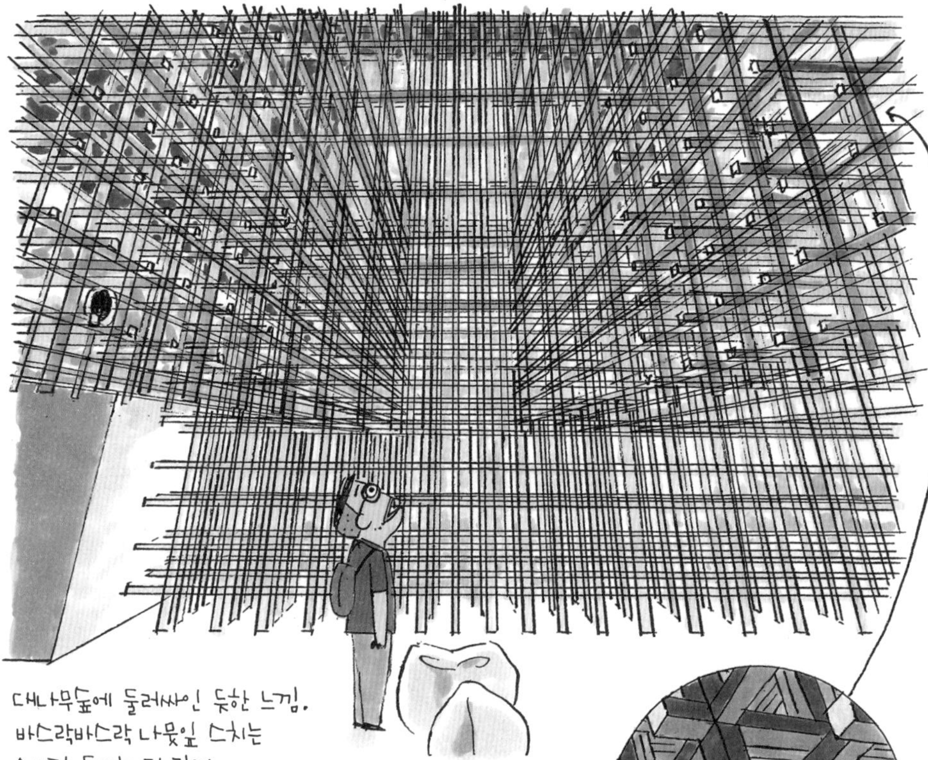

대나무숲에 둘러싸인 듯한 느낌.
바스락바스락 나뭇잎 스치는
소리가 들리는 것 같다.

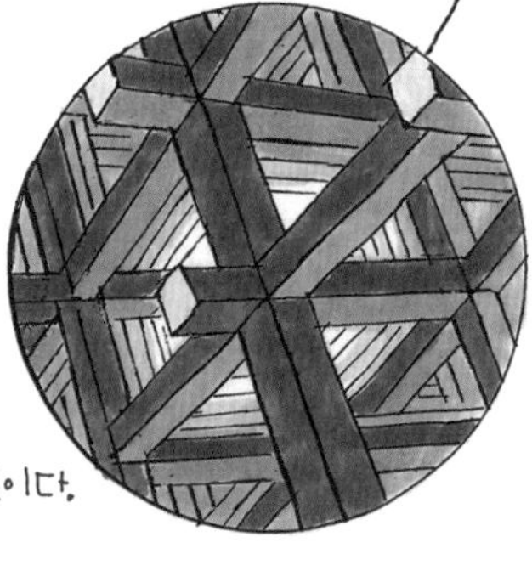

단면이 정육면체가
되도록 잘랐기 때문
에, 잘 찾아보면 이런
'눈꽃 모양'이 보일 것이다.
찾아보자!

불상도 완전 맞춤이다!

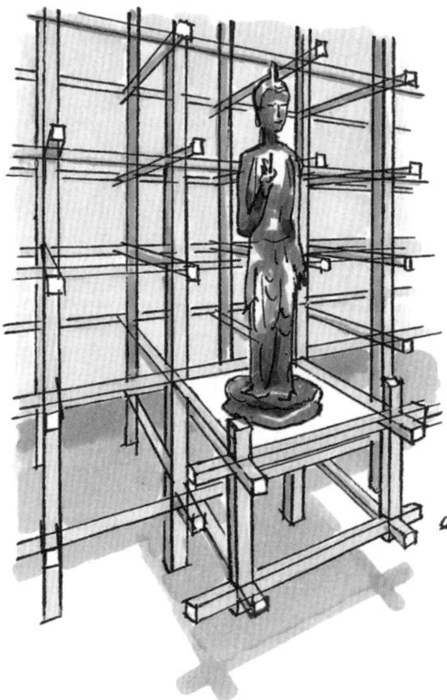

아래쪽이 떠 있다!

이것도 구마 겐고 스타일?!

(부지 내)
서쪽에서 보면 다른
건물인 것처럼 외관이
심플하다. 깔끔한데?!

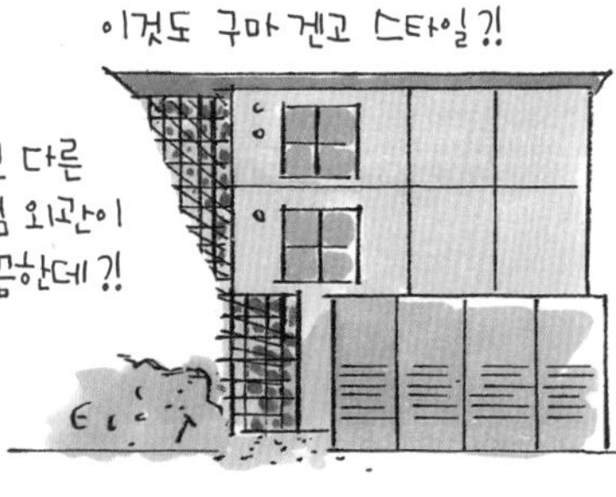

건축정보는 P.117

27 삼나무 패널로 안팎을 반전시키다

아오레 나가오카

가벼움의 건축	니가타현 나가오카시 오테도리 1-4-10 JR신에쓰본선·조에쓰신칸센 나가오카역에서 도보 3분
팔락팔락	
2012	지하1층·지상4층/3만5492.44m²

나가오카시 중심부에 위치한 복합시설. 시청과 경기장 등이 들어가 있다. 중심에는 유리 지붕과 삼나무 패널로 덮은 중정 '나카도마'를 배치했다. 나카도마에서는 NPO 활동 등을 볼 수 있으며, 시청 업무 외의 목적으로 방문한 시민들도 많아 북적거린다.

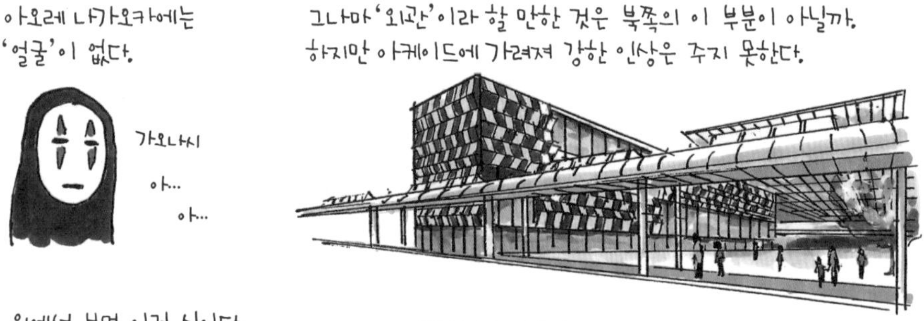

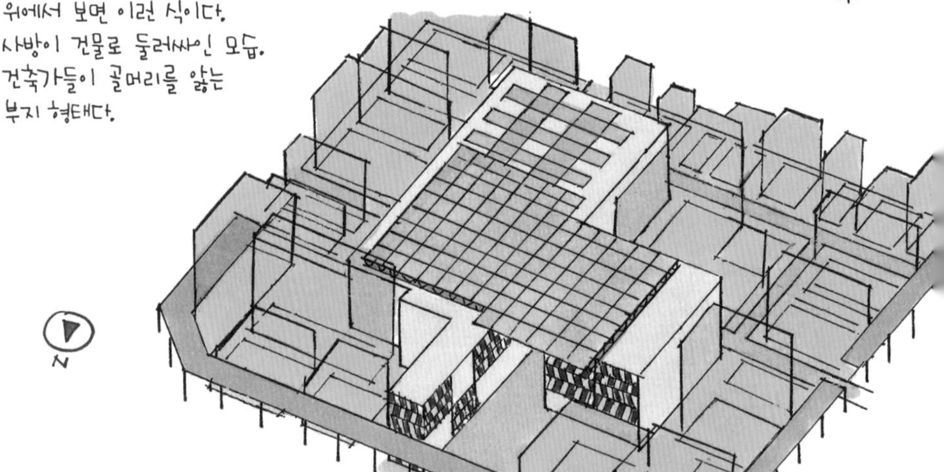

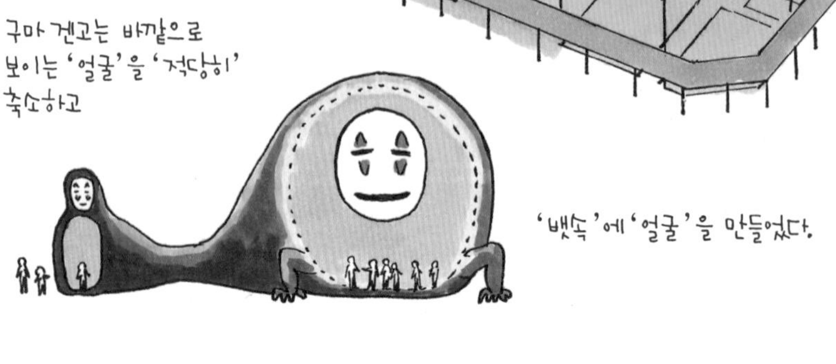

그게 '나카도마'라고 부르는
반옥외 공간이다.

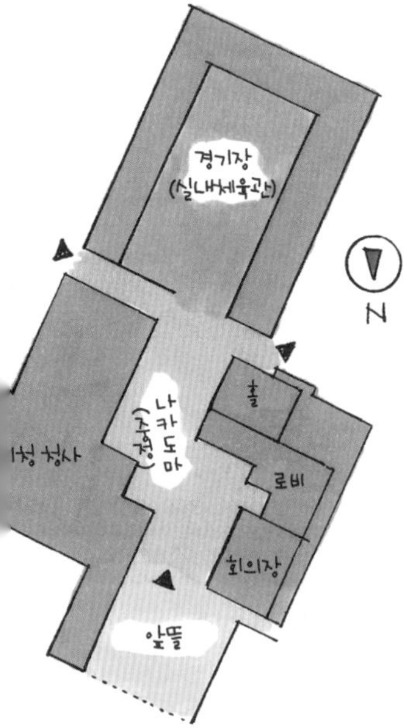

부정형의 평면이 안으로, 안으로,
자꾸만 손짓한다.

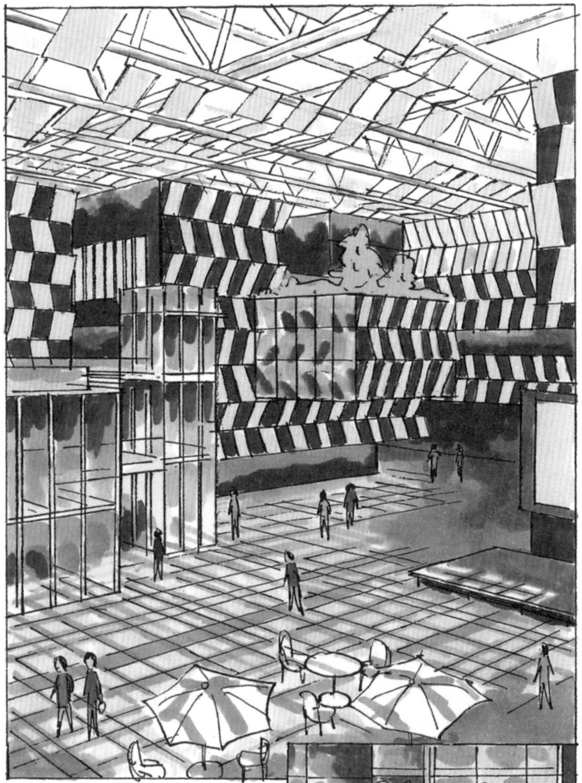

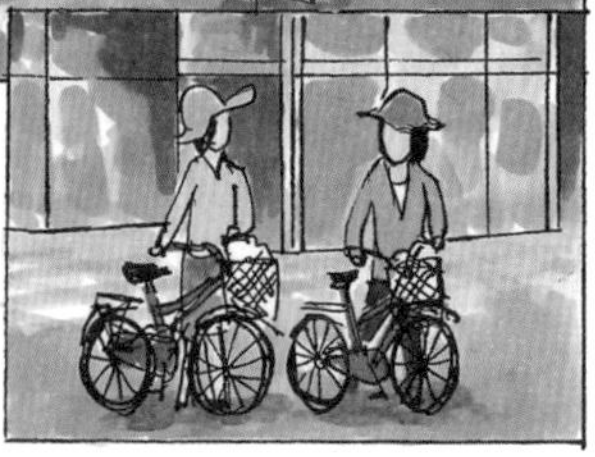

커다란 유리 지붕으로는 자연광이 쏟아져 들어
온다. 자전거를 밀면서 가는 여성들도 보인다.
여긴 실외인가? 아니면 실내?

돈을 많이 들이지 않고서 이 넓은 공간을 이곳의 '얼굴'로 만들려면 어떻게 해야 할까?
그런 고민 끝에 탄생한 것이 바로 이 '팔락팔락' 디테일이다.

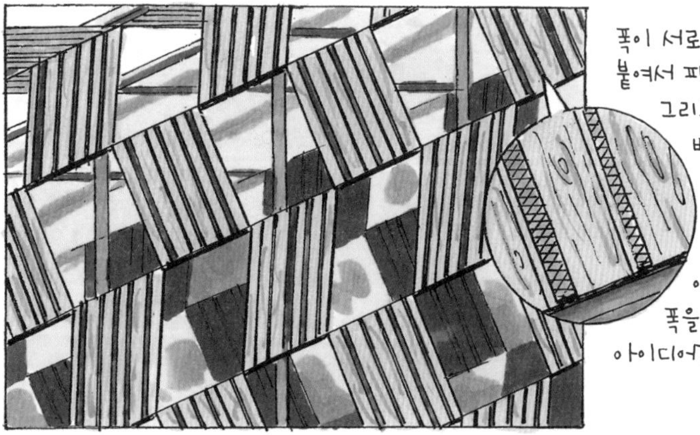

폭이 서로 다른 삼나무판을 강망에
붙여서 패널로 만들었다.
그리고 각도를 달리해
바둑판무늬로 나열했다.

불규칙성 속에서
균일함이 느껴진다.
이것은 이후 구마 건축의
폭을 확 넓혀준 엄청난
아이디어가 아니었을까?

건축정보는 P.118

28 공원으로 인도하는 거대한 종이학

규슈 게이분칸(예문관)

가벼움의 건축	후쿠오카현 지쿠고시 쓰시마 1131 JR지쿠고후나고야역에서 도보 1분
팔락팔락	
2012	지상2층/3657.04m²(본관), 165.51m²(별관2)

후쿠오카현이 규슈신칸센 지쿠고후나고야역 앞에 지은 교류시설이다. 후쿠오카현이 운영하는 지쿠고 광역공원 안에 위치하며, 공원 입구이기도 하다. 규슈 게이분칸은 다양한 소재를 사용한 여러 형태의 작은 지붕을 모아 하나의 큰 건축물을 이룬 '집락'을 형상화 하고 있다. '별관2'도 구마 겐고가 설계했다.

이 건물을 보고 있으면 '난 나무만 사용하는 건축가가 아니다'라는 구마 겐고의 마음속 외침이 들리는 듯하다.

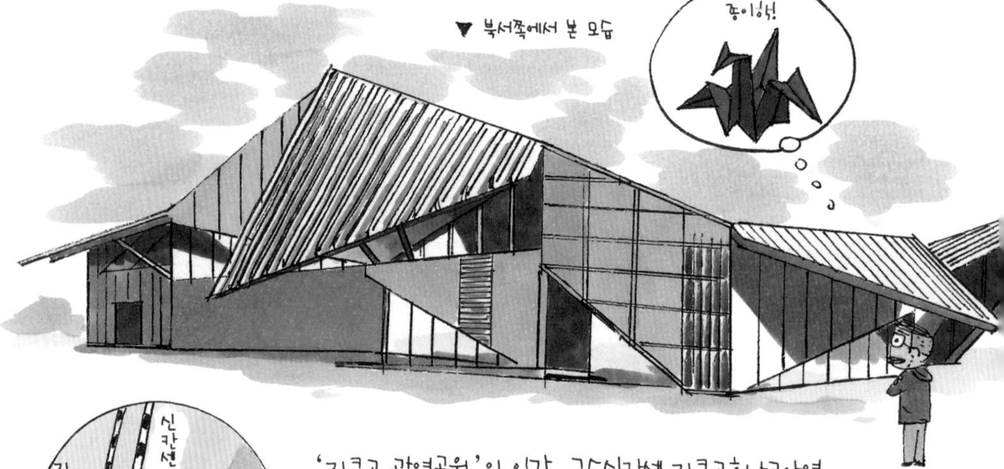

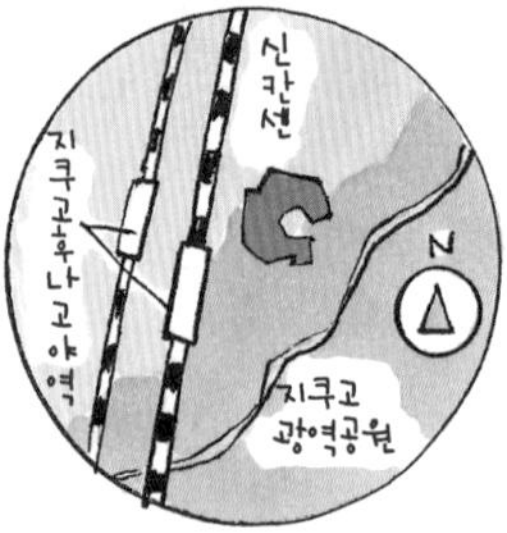

'지쿠고 광역공원'의 일각. 규슈신칸센 지쿠고후나고야역 바로 앞에 후쿠오카현이 정비한 교류시설이다.

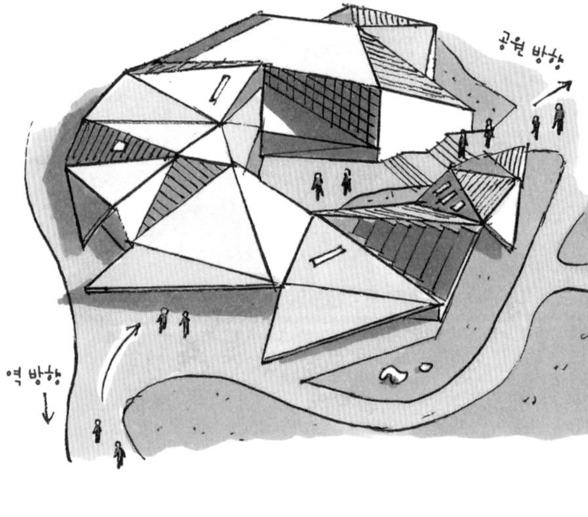

여러 공방이 소용돌이처럼 중정을 둘러싸고 있다. 역에서 공원으로 가는 사람에게는 이 시설이 '게이트' 역할을 한다.

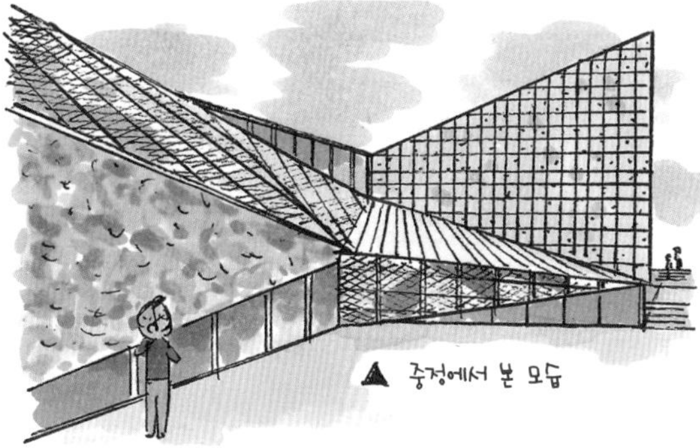

▲ 중정에서 본 모습

강판, 스테인리스 메시, 녹화 패널, 돌붙임 등…각 면마다 다양한 방법으로 마감했다.

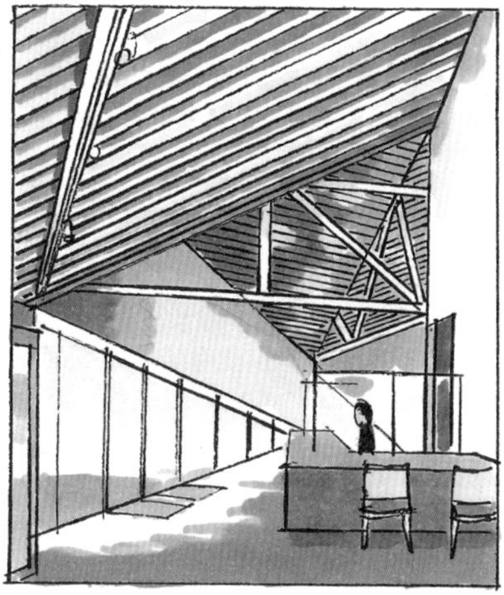

입구 갤러리 ▶

내부를 포함해 나무는 극히 일부에만 사용했다.

➔ P.130 참조

'아오레 나가오카'(2012)에서 발견한 '팔락팔락 디테일'의 느낌을 전혀 다른 소재를 이용해 대규모로 살려냈다고도 할 수 있다.

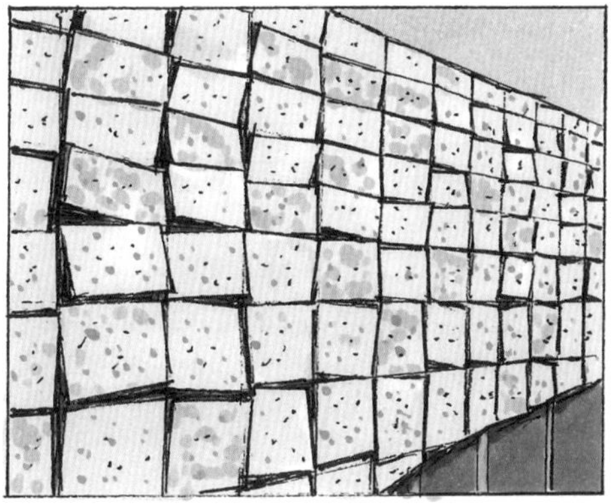

다양한 마감법 가운데서도 특히 재미있는 것이 바로 이 돌붙임 공법이다. 물결이 일렁이는 듯 보이고, 마치 벗겨질 것만 같다.

물론 뒷면을 보면 제대로 고정되어 있지만, 공공 건축에서 이런 공법을 이용해 마감을 할 줄이야….

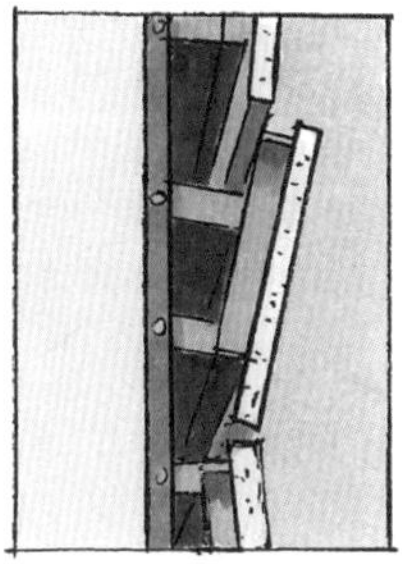

그래도 목조 건축을 보고 싶어 하는 사람들을 위해 '별관2'를 준비했다. 전형적인 구마 겐고식 목조 건축물이다. 이런 기가 막힌 밸런스 감각이 클라이언트의 마음을 사로잡은 것이겠지.

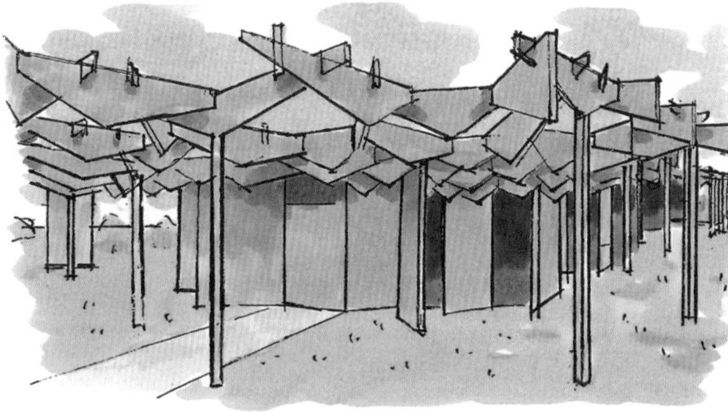

➔ 건축정보는 P.118

29 증식하는 나무 비늘

도쿄대 대학원 정보학환 다이와 유비쿼터스 학술연구관

가벼움의 건축	도쿄도 분쿄구 혼고 7-3-1 도쿄대학교 내 혼고산초메역에서 도보 8분, 도다이마에역에서 도보 7분
거슬거슬	
2014	지하2층·지상3층/2709.53m²

도쿄대학교 연구동. 널빤지 패널이 비늘처럼 다닥다닥 붙어 넘실대면서 연속적으로 이어진다. 4가지 패널과 12가지 패널의 간격을 컴퓨터로 무작위 패턴을 만들어 자연스럽게 연출했다. 아오레 나가오카의 패널이 발전한 형태.

도쿄대에 가본 적이 있더라도 아마 이 건물을 실제로 본 사람은 그리 많지 않을 것이다.

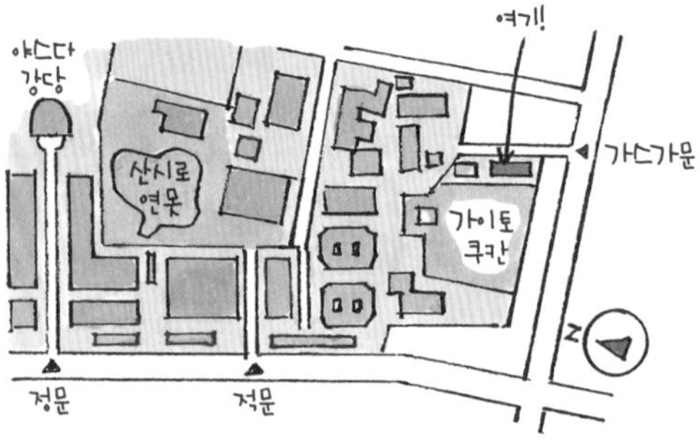

가스가문에서 이어지는 좁은 도로와 '가이토 쿠칸'(마에다가문의 정원) 사이에 낀 가늘고 긴 공간에 위치해 있다.

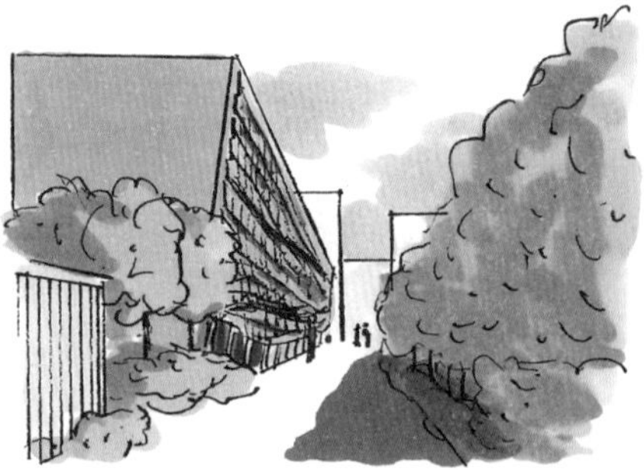

이 뒷골목 같은 장소에 사람들의 이목이 몰리게 하려면 임팩트가 상당히 강해야 했을 것이다. 동쪽 면에는 파도처럼 넘실거리는 삼나무판 벽이 우뚝 솟아 있다.

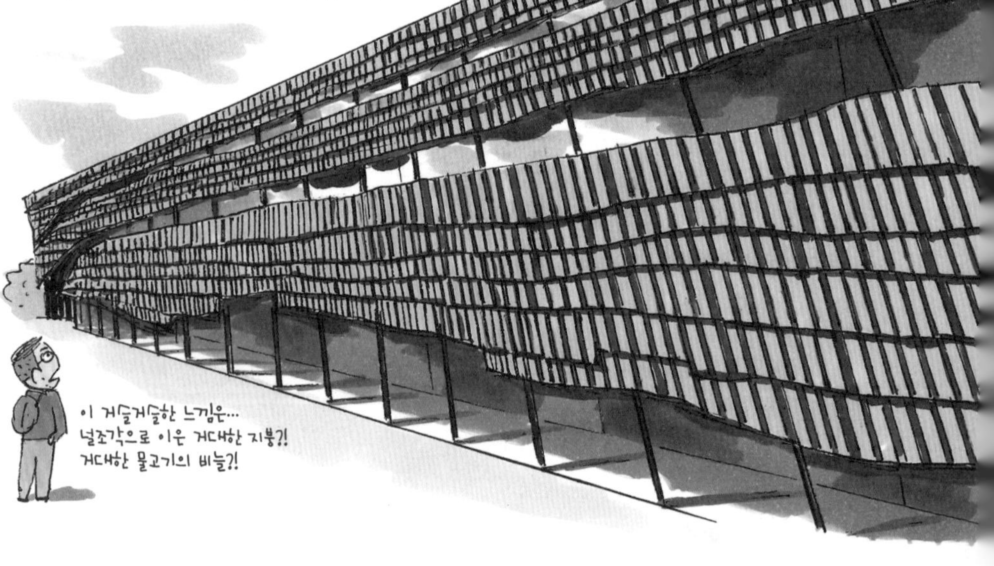

← 동쪽 면을 보면 위쪽이 아래쪽보다 더 튀어나왔다.

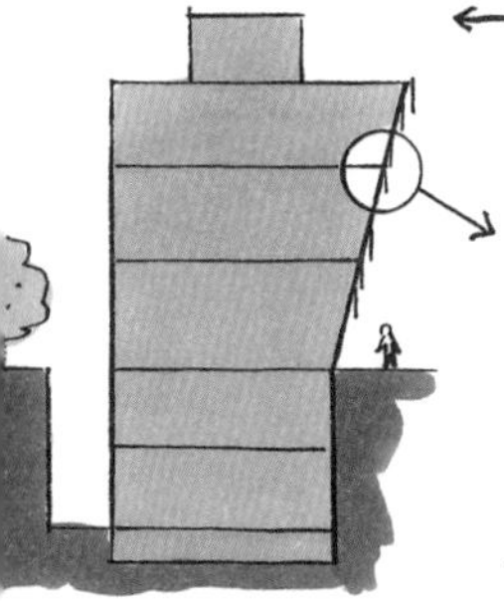

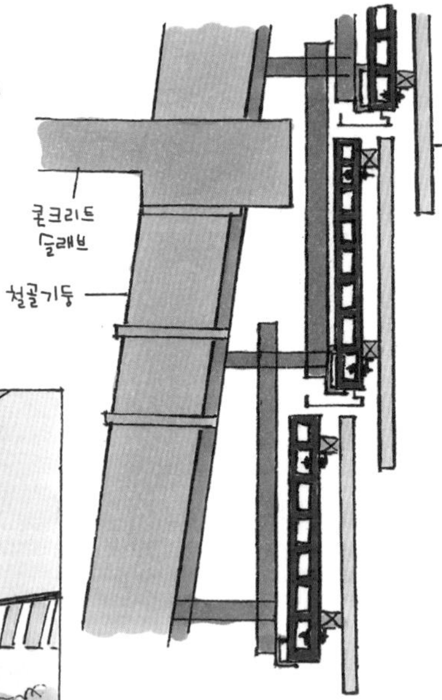

원시적으로 보이지만 뒷면은 꽤나 복잡하다.

완성된 지 6년이 넘었는데 삼나무 판이 검게 변하지 않고 거의 그대로다. 목재보호도료의 발전에 놀랄 따름.

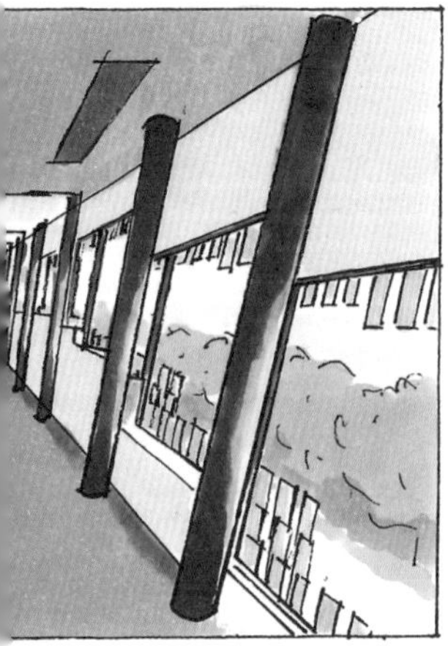

건물 내 복도에서는 창밖으로 삼나무판의 끝부분이 보인다.

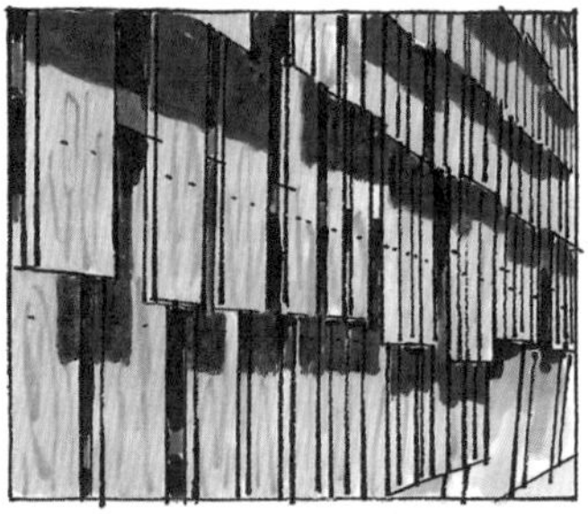

구마 겐고는 외벽의 거슬거슬한 느낌이 "우치다 요시카즈※의 컬러풀한 스크래치 타일의 입자적 디자인과 통하는 면이 있다"고 했다.

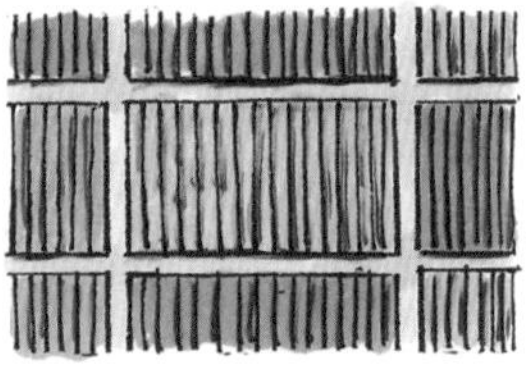

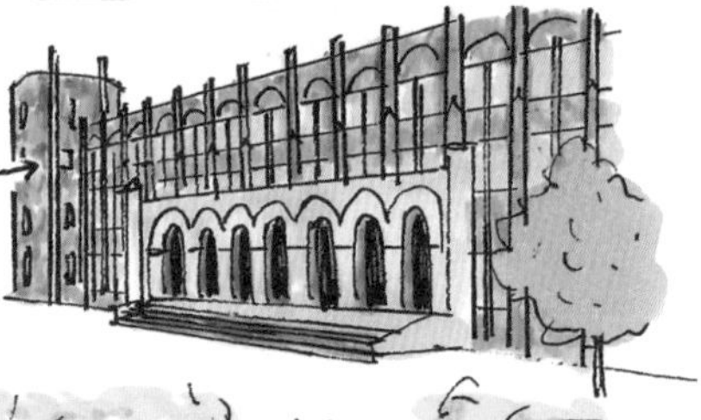

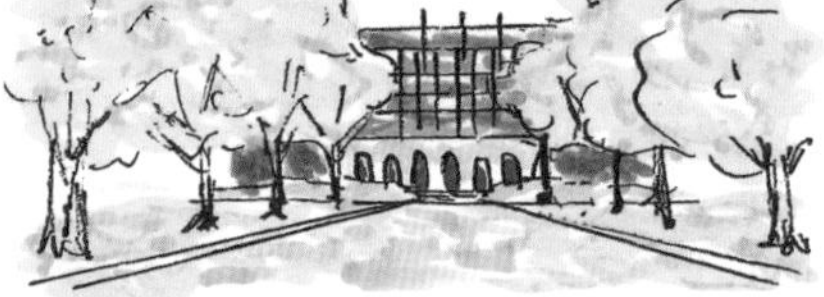

그렇게 의미를 부여할 수도 있겠지만, 그보다 훨씬 딱 들어맞는 것이 있다. 바로 캠퍼스 내의 은행나무 가로수! 가을의 은행나무가 보여주는 '입자감'은 그야말로 이 외벽과 비슷하다. 잠시 샛길로 빠지는 듯한데, 어쩌면 우치다 요시카즈도 '입자적 디자인'을 의식해서 은행나무 가로수를 심은 것이 아닐까…?!

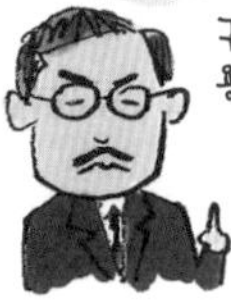

구마 군, 용케도 알아차렸군!

※우치다 요시카즈(1885~1972) 도쿄대 캠퍼스 설계자

➔ 건축정보는 P.118

30 비스듬한 보이드 공간으로 승천하는 삼나무 용

도야마 기라리

가벼움의 건축	도야마시 니시초 5-1 도야마시내전차 니시초역에서 도보 1분
빙글빙글	
2015	지하1층·지상10층/2만6792.82m^2

유리미술관, 시립도서관, 도야마제일은행이 있는 복합 빌딩. 남쪽에서 들어오는 자연광을 효과적으로 분배하기 위해 천장까지 뻥 뚫린 보이드 공간을 대각선으로 비스듬하게 배치, 현지에서 공수한 삼나무 원목을 둘렀다. 외벽은 북쪽과 남쪽의 디자인이 완전히 다르다.

'도야마 기라리'는 같은 해(2015년)에 완성된 '도시마 에코뮤제타운'과 쌍둥이 건물이다.
DNA는 비슷하지만 외모는 다른 이란성 쌍둥이. 일단 외관부터 볼까?

대로를 접하고 있는 북측은 알루미늄, 화강암, 유리를 세로로 분할

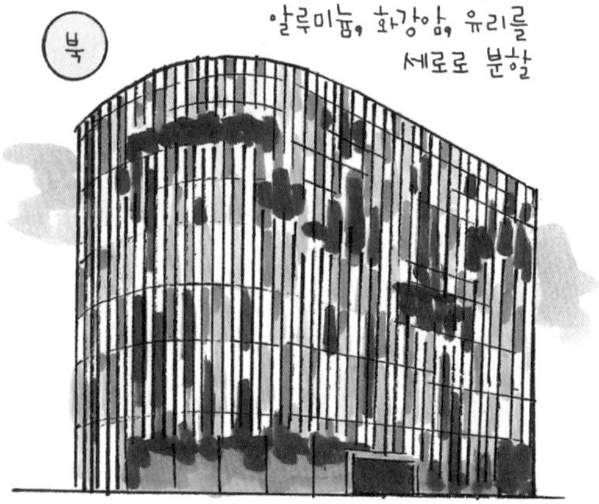

뒷골목 쪽의 남측은 녹화 패널과 태양광 패널을 그러데이션처럼 배치

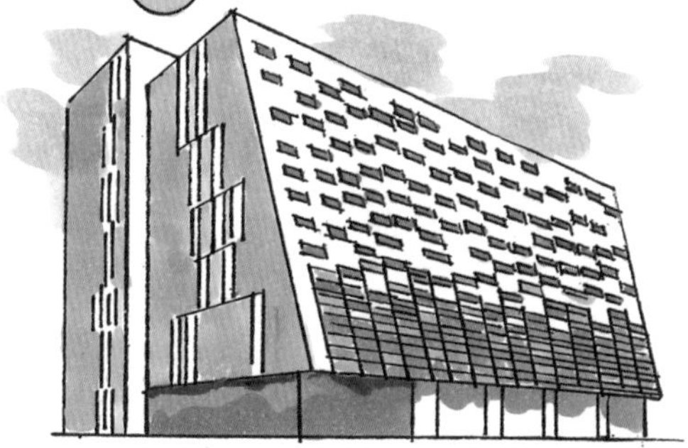

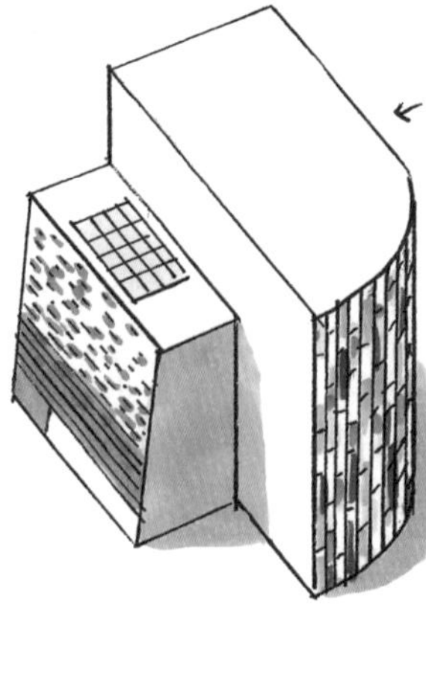

왜 이렇게 디자인이 제각각일까… 위에서 보면 이런 느낌이다. 도심에 지어진 커다란 건축물은 외관을 균일하게 통일하지 않고 '도시적 노이즈'를 담아야 한다고 생각한 듯하다.

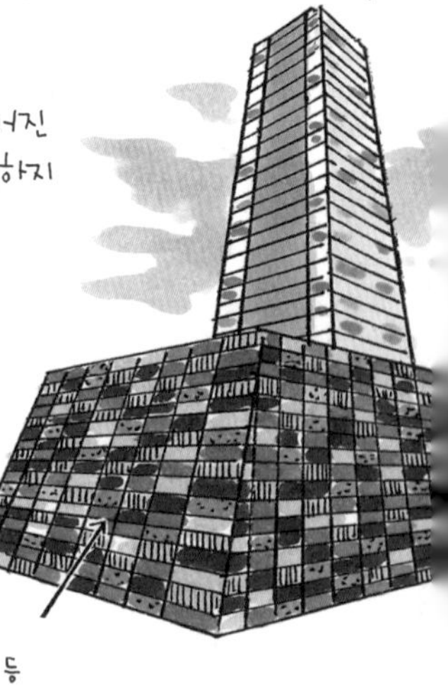

도시마 에코뮤제타운에서는 아래쪽을 치마처럼 두르고 사방을 똑같은 패턴으로 표현했다.

- 태양광 패널
- 녹화 패널
- 재생 나무루버 등

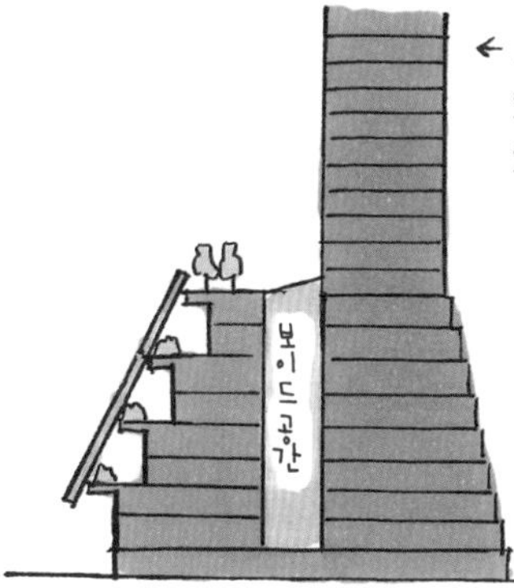

← 도시마 에코뮤제타운은 내부에 세로로 길게 뚫린 보이드 공간을 두고, 외벽 쪽은 계단식으로 셋백(set-back), 즉 안으로 밀어 넣었다. 외부 정원을 매력적으로 보이게 만들기 위해서다.

그에 비해 도야마 기라리는 → 보이드 공간을 비스듬하게 배치하고, 거기에 맞춰서 테라스를 설계했다. 실내에 포커스를 맞춘 것이다.

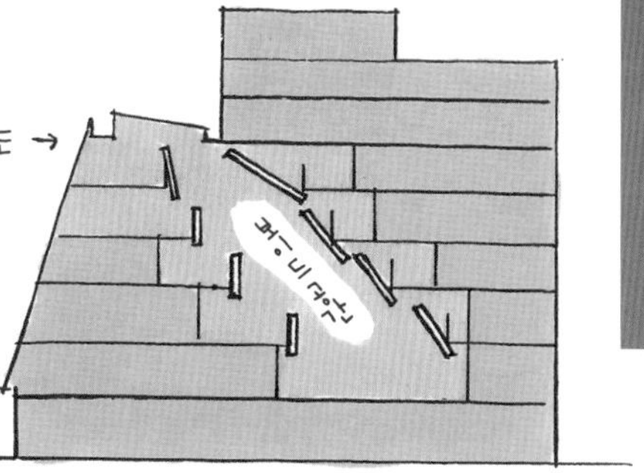

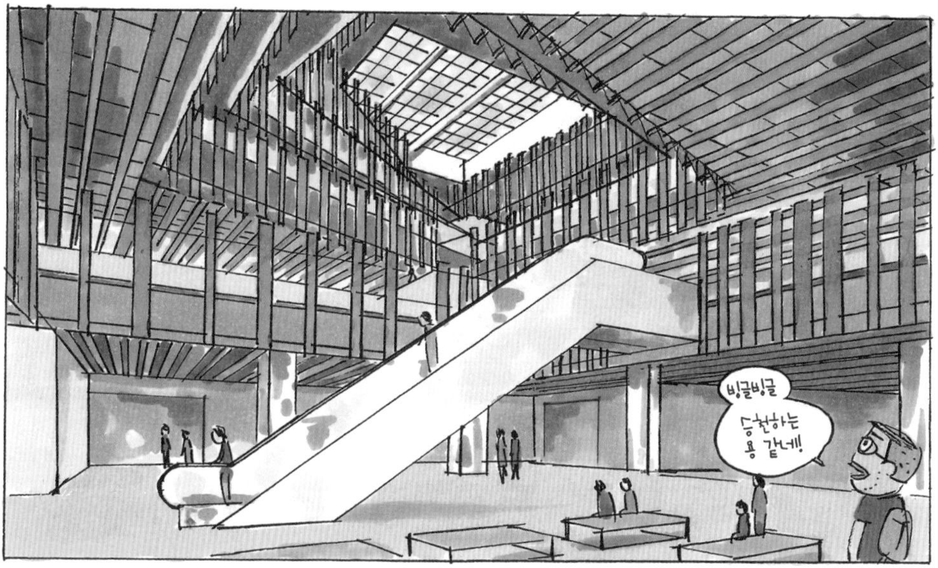

빙글빙글 원을 그리며 승천하는 용과 같은 보이드 공간은 이제껏 본 적이 없다!

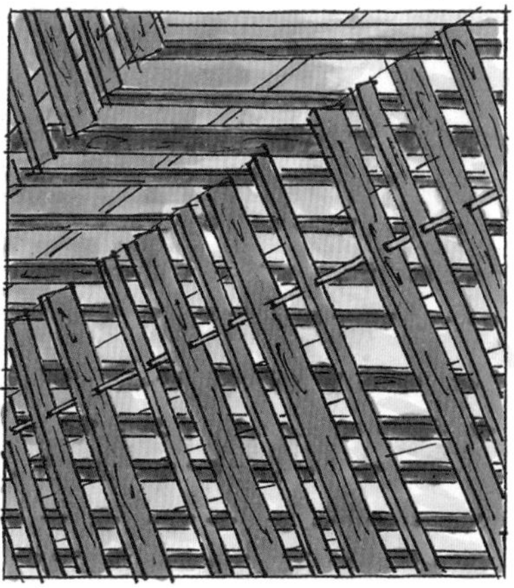

불에 타지 않도록 처리한 삼나무 루버가 보이드 공간 주위를 둘러싼다. 삼나무판은 폭도 간격도 제각각이다. 파닥파닥 날갯짓을 하는 듯한 모양새가 상승하는 공간 형태와 어울린다.

여기에서 좀 더 진화된 느낌이 바로 '유스하라 구름 위의 도서관'(2018)이다.

➔ P.146 참조

➔ 건축정보는 P.118

31 등산 욕구를 부추기는 삼각지붕

게이오선 다카오산구치역

가벼움의 건축	도쿄도 하치오지시 다카오마치 2241
촘촘	
2015	지상1층/618.74m²

2007년 미쉐린 가이드에서 별 3개를 받은 이후 등산객이 늘어난 다카오산. 가장 가까운 역을 리노베이션한 것이다. 나무로 만든 커다란 지붕은 일상과 성지의 '결계'를 이미지화했다고 한다. 역사 내의 플랫폼도 나무를 사용해 싹 바꾸었다.

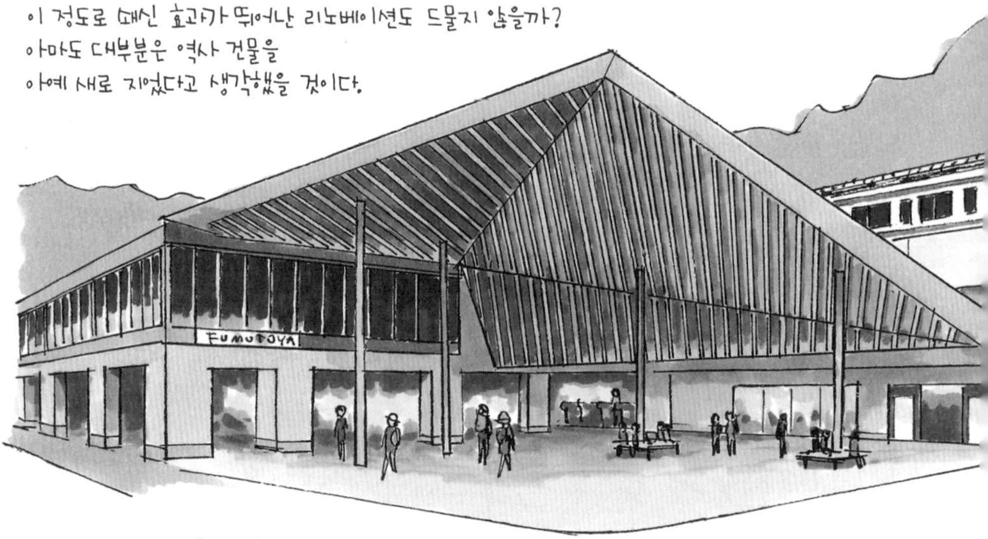

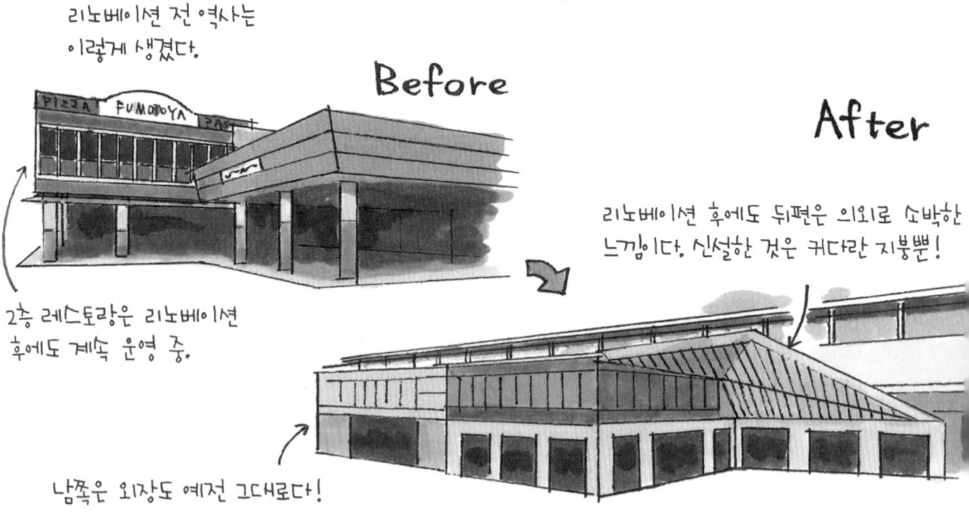

산에 오르려면 일단 역사 안에서 커다란 지붕을 먼저 보게 된다. 그래서 가까이서 올려다 봤을 때 아주 강한 인상이 남을 수 있도록 연구에 연구를 거듭했다.

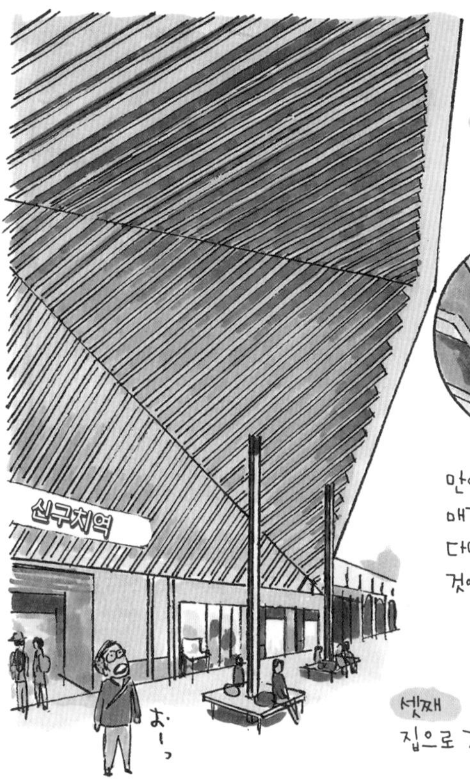

첫째 : 지붕을 수평이 아니라 하늘을 향해 비스듬히 설치했다.

둘째 : 나무판으로 버섯살처럼 촘촘하게 '주름'을 잡아 상승감을 강조했다.

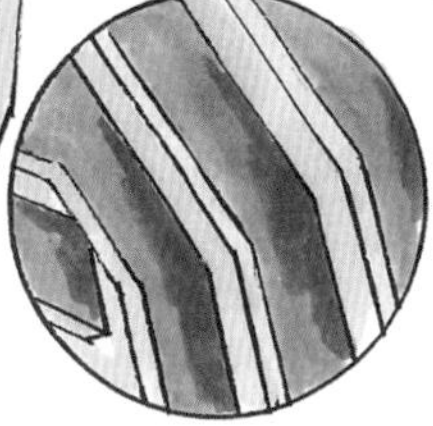

만약 이걸 철판을 사용해 매끄러운 지붕으로 만들었다면 임팩트는 반감되었을 것이다. →

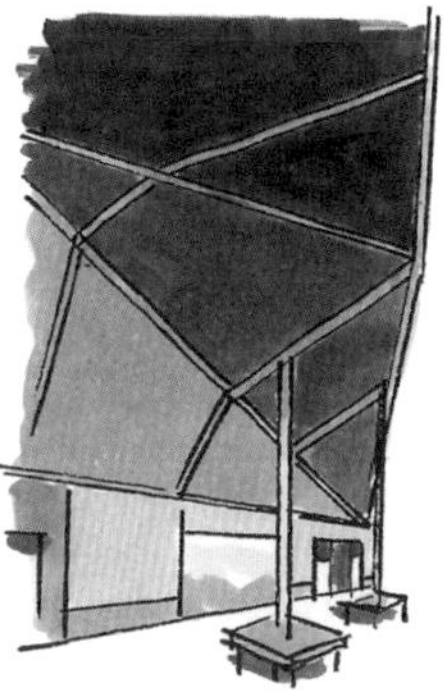

셋째 : 지붕 끝에 주름이 없는 부분을 만들어 집으로 가는 등산객을 맞이하는 '게이트' 느낌을 강조했다.

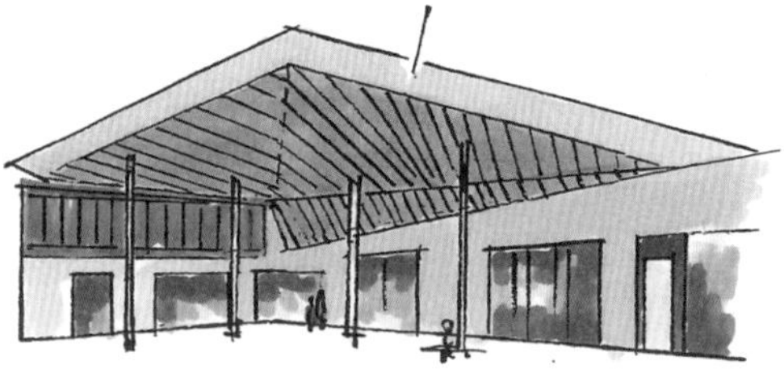

개찰구도 기존의 기둥과 천장에 나무 주름을 덧대어 통일감을 주었다.

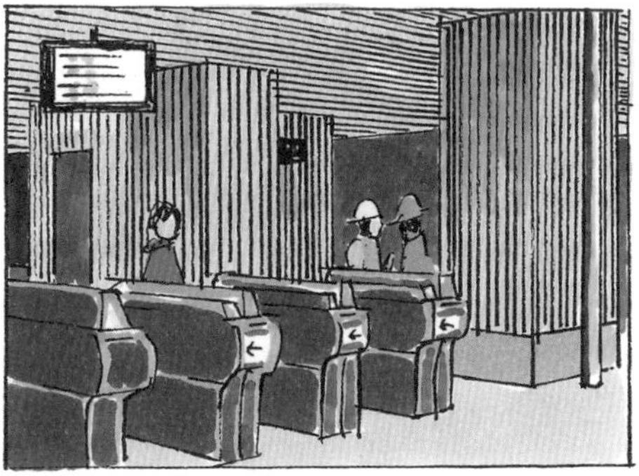

이곳의 모티프가 된 것은 다카오산에 있는 절 '다카오산야쿠오인'이라고 한다. 비슷한가…?!

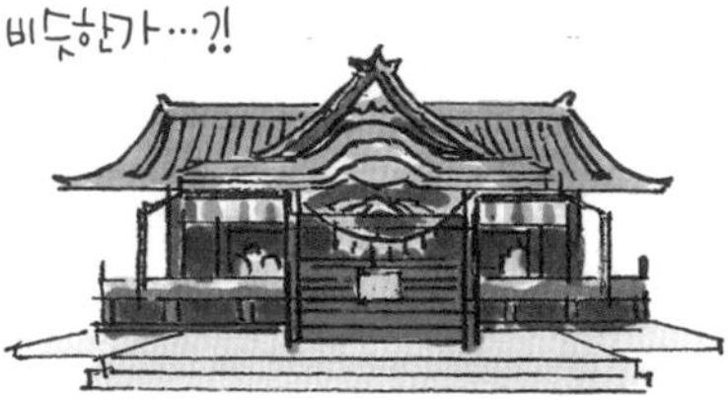

이렇게 알기 쉬운 예를 들어 설명하는 것도 구마 겐고 스타일이다.

➔ 건축정보는 P.119

32 첨단 재료로 전통적 느낌을 주다

소고가구 디자인 연구소

가벼움의 건축	미에현 이가시
몽실몽실	
2015	지상2층/974.73m^2

가구 브랜드의 연구소 겸 쇼룸. 우레탄이 주 종목인 회사이므로, 우레탄을 디자인의 주재료로 사용했다. 철골 구조를 발포우레탄으로 감싸고 두 장의 막으로 덮었다. 현재 일반인들에게는 공개하고 있지 않다.

소재를 대하는 구마 겐고의 자세가 여실히 드러나는 건축물이다.

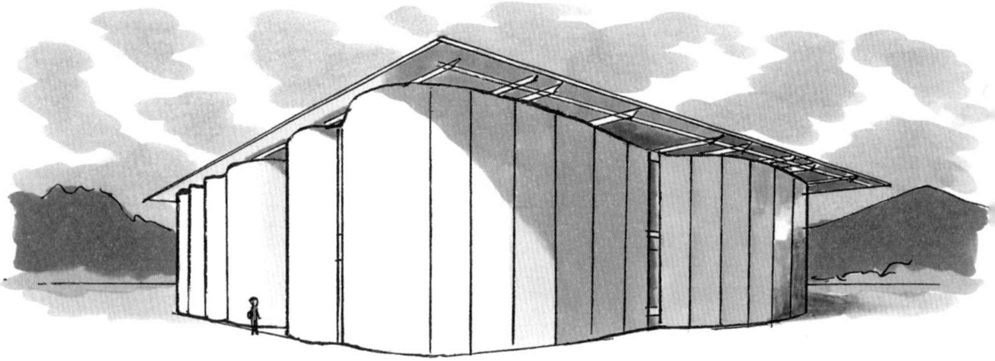

외관은 연구시설이라기보다 마치 이벤트 때문에 지은 파빌리온 같다.

평면도를 보면 이런 형태!

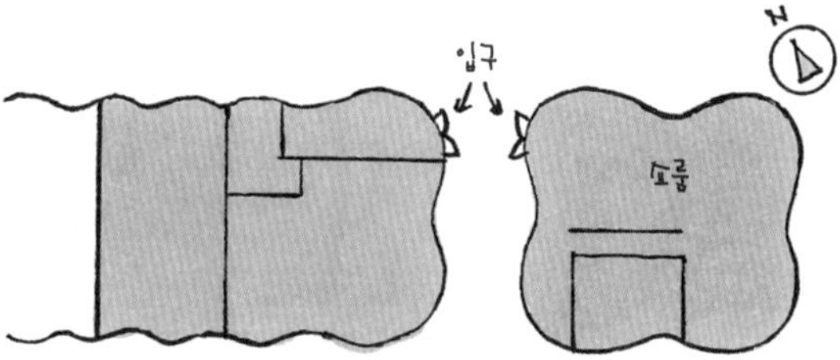

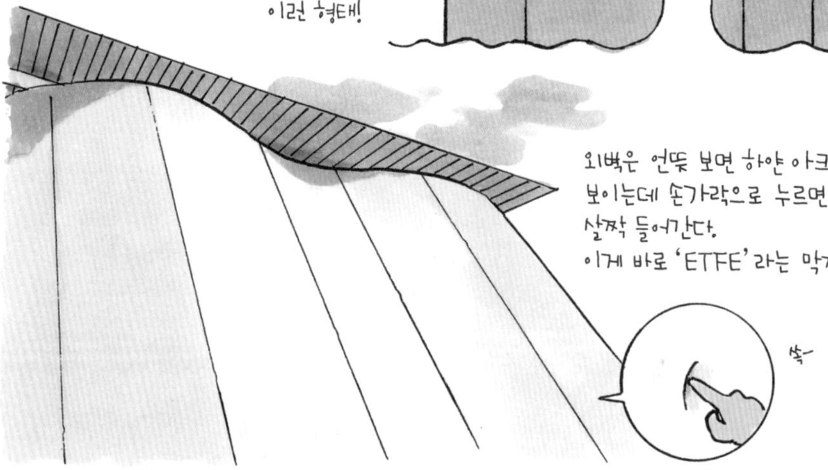

외벽은 언뜻 보면 하얀 아크릴판처럼 보이는데 손가락으로 누르면 살짝 들어간다.
이게 바로 'ETFE'라는 막재다.

What's ETFE ?

ETFE(Ethylene Tetra fluoro Ethylene)는 불소수지의 일종이다. 내후성이 뛰어나고 빛을 통과시키며, 오염에 강하고 유리보다 가볍다는 특징이 있다. 해외에서는 이미 사용되고 있는 소재다.

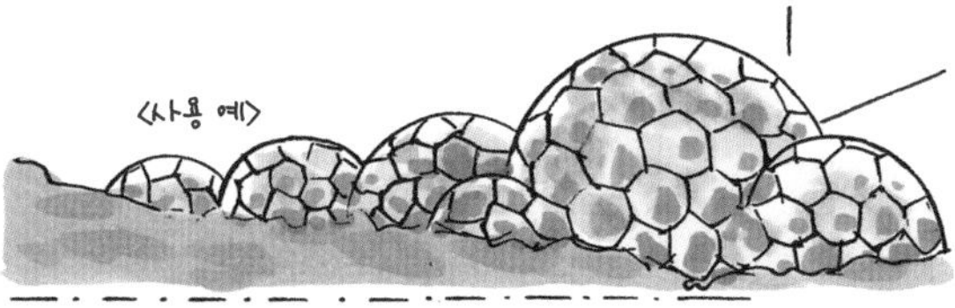

그동안 일본에서는 건축기준법상 부적합하여 사용하는 경우가 거의 없었는데, 구마 겐고는 2014년 고시가 개정되어 사용할 수 있게 되었다는 것을 알자마자 고카감히 외벽에 ETFE를 사용했다.

해외에서는 투명한 ETFE막으로 온실을 만들거나, 반투명한 막으로 스타디움 지붕을 만드는 등 '밝음'을 중시한 사례가 많다.

그런데 구마 겐고는 하얀 ETFE막의 안쪽에 일반 발포우레탄을 붙였다. 빛을 통과시키는 단열재도 있는데 굳이 왜 그랬을까?

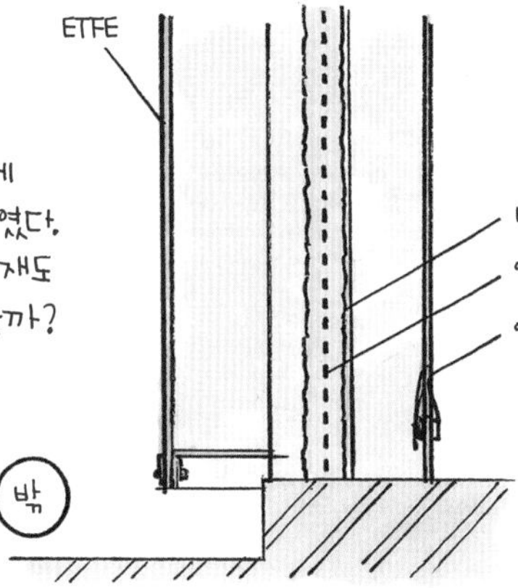

물론 구마 겐고가 의도한 것이다. 실내에서 보면 솜사탕이나 일본 전통 종이인 와시(화지, 和紙)처럼 몽실몽실한 느낌이다.

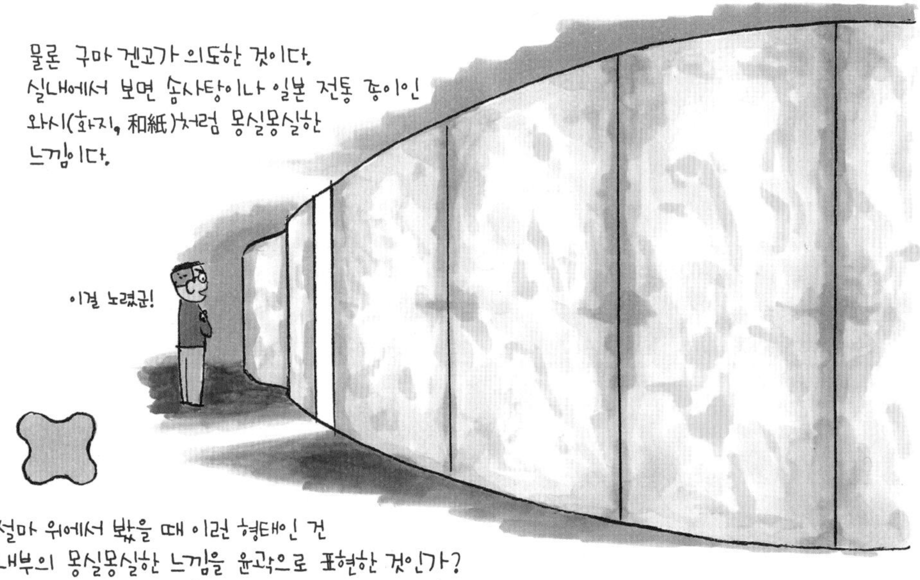

설마 위에서 봤을 때 이런 형태인 건 내부의 몽실몽실한 느낌을 윤곽으로 표현한 것인가? 건물 내·외부에 통일감을 주는 새로운 방법일지도!

건축정보는 P.119

33 표식에서부터 느껴지는 활기

이야마시 문화교류관 '나츄라'

가벼움의 건축	나가노현 이야마시 이야마 1370-1
와글와글	JR이야마선, 호쿠리쿠신칸센 이야마역에서 도보 5분
2015	지상3층/3888m²

호쿠리쿠신칸센 이야마역의 개통(2015년)에 맞춰 정비한 공공시설. '나카미치'라는 통로가 두 개의 홀과 교류시설을 이어주며 하나의 공간을 이룬다. 눈이 많이 오는 지역에서 볼 수 있는 장치인 '간기'[17]에서 힌트를 얻었다. 그런데 사실 여긴! 표식이 참 재미있다.

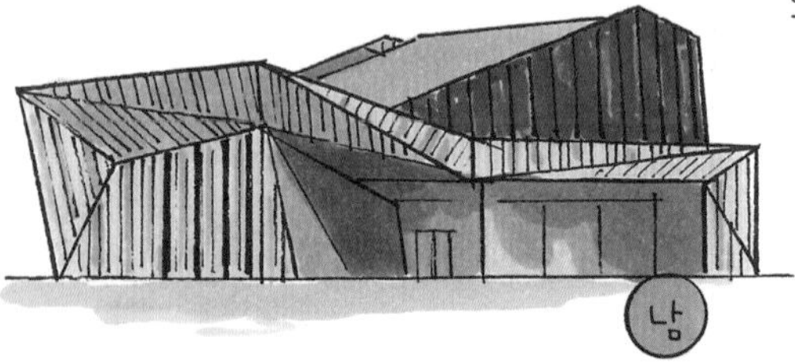

외관은 보는 방향에 따라 이미지가 전혀 다르다.
정말로 같은 건물인가 싶을 정도!

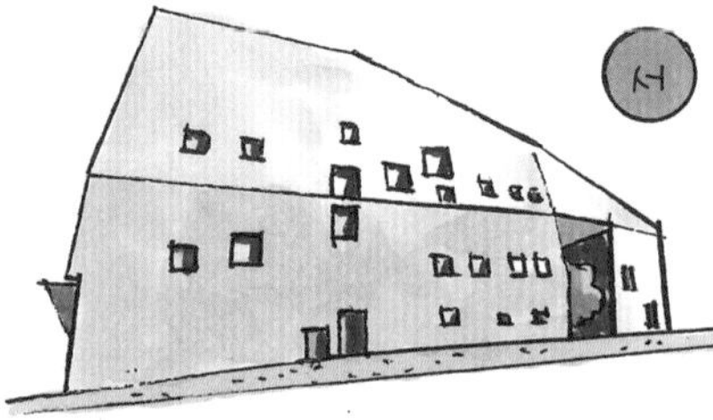

메인 홀은 객석과 무대 바닥도 전부 나무로 되어 있다. 그래서인가 빈티지한 느낌이 매우 강하다.

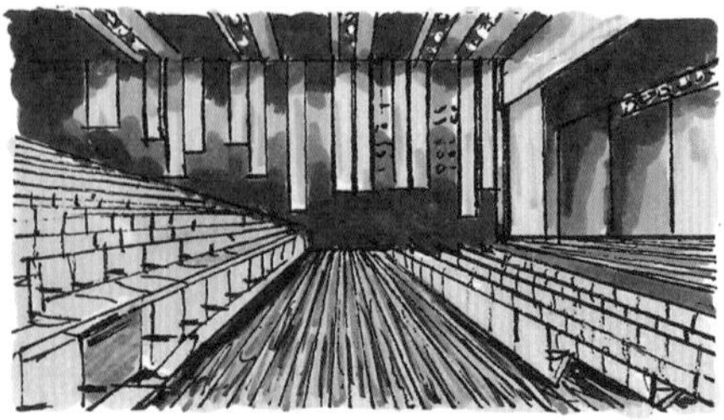

…이렇게 언급할 게 많은 곳이다. 현지에 와서 이곳 '나츄라'를 직접 보고 가장 확 꽂혔던 것이 바로 애정이 넘치는 표식들이었다.

표식에 주목!

FUN SIGNS!

우선 입구에 있는 로고가 눈에 확 들어온다.

철판을 잘라서 만듦
음영과 녹슨 느낌에 반했다♡

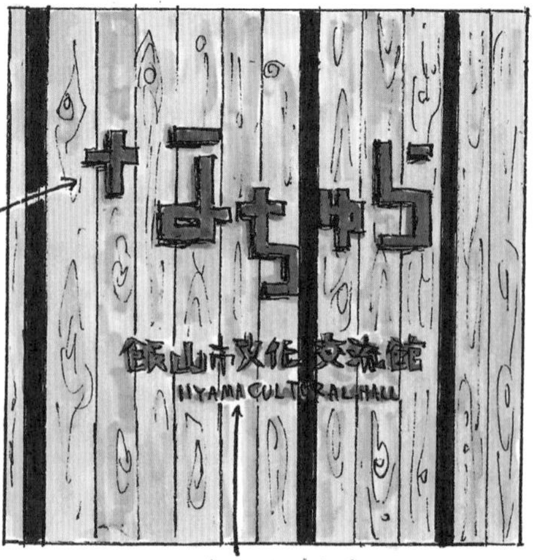

여기도 잘라 붙인 것! 정교하다!

구마겐고건축도시설계사무소도 요즘은 사내에 로고 담당 직원을 두고 로고를 자체적으로 디자인하는데, 이 로고가 정말 훌륭하다. 그래서 이 시설은 로고 등의 표식에 포커스를 맞추어 둘러볼까 한다.

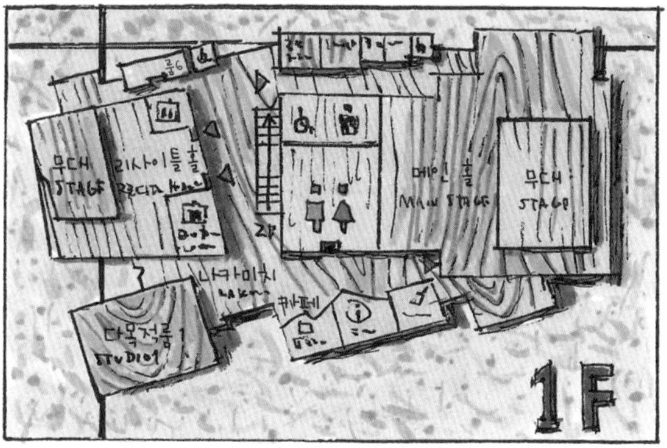

관내 표식은 기본적으로 모두 나무로 만들었다. 두꺼운 나무판을 겹쳐서 붙여 울퉁불퉁한 느낌으로 만든 평면도.

바로 앞에 자판기, 안내데스크, 수유실이 있다. 아기자기하다!

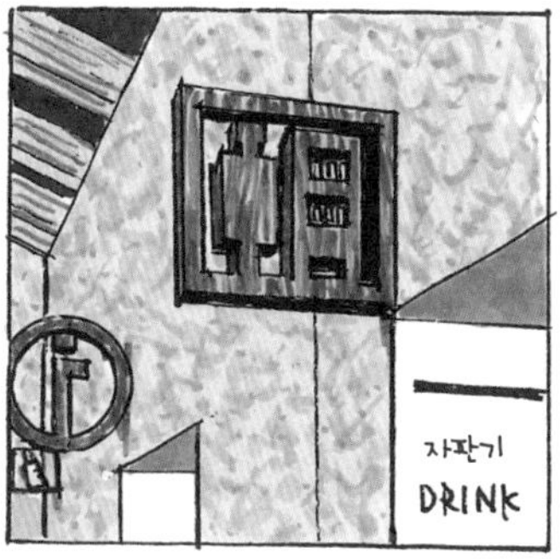

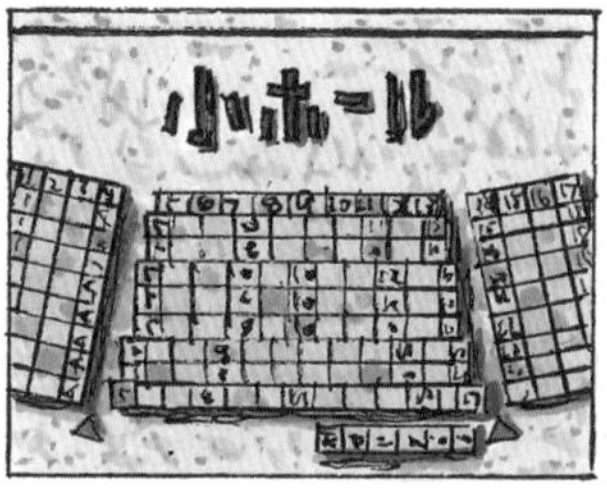

리사이틀 홀 좌석표

화장실. 넋을 잃고 봤다…

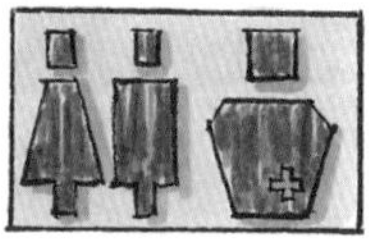

소화기 보관함. 표식도 좋지만 나뭇결을 살린 문이 멋지다!

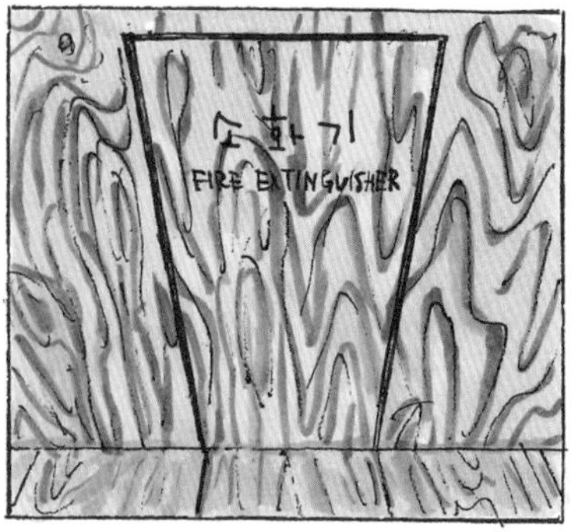

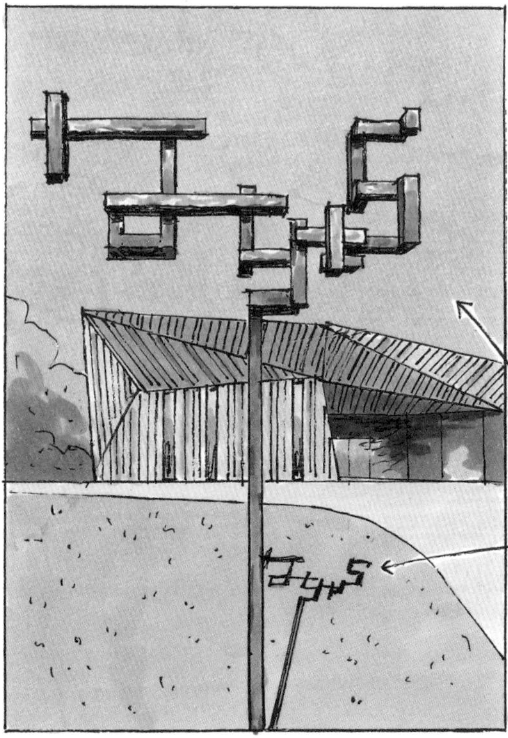

모든 표식이, 없는 상도 만들어주고 싶을 만큼 퀄리티가 높다! 그중에서도 '내멋대로 대상'을 하나 선정하자면 바로 이 건물명 표식. 이건 표식이라기보단 훌륭한 스틸아트다.

앗, 그림자도 '나츄라'(なちゅら)!

내가 방문한 날은 행사가 없는 날이었는데, 이 표식들을 보고 있자니 온 가족이 함께 와서 와글와글 떠들어대는 활기찬 분위기가 눈에 보이는 듯했다. 이게 바로 표식의 힘!

건축정보는 P.119

34 여러 기술이 합쳐져 '하나의 거대한 나무'가 되다

코에다 하우스
(COEDA HOUSE)

가벼움의 건축	시즈오카현 아타미시 가미타가 1027-8 아카오허브&로즈가든 내
확	JR아타미역에서 아지로행 도카이버스 승차, 아카오허브&로즈가든 버스정류장 하차.
2017	지상1층/141.61m^2

바다가 내려다보이는 카페. 호텔 아카오를 운영하는 기업의 관광정원 아카오 허브&로즈가든 안에 있다. 80×80mm로 자른 노송나무 각재를 쌓아올려 거대한 나무처럼 프레임을 만들었다. 탄소섬유로 보강하여 크게 뻗어 나오는 형태로 제작이 가능했다.

여러 기술이 합쳐져 새 건축물이 탄생했다. 구마 겐고의 건축물 중에는 바이오테크놀로지 같은 것을 접목하는 경우가 있다. '코에다 하우스'는 아마 이 두 건축물의 영향을 받은 듯하다.

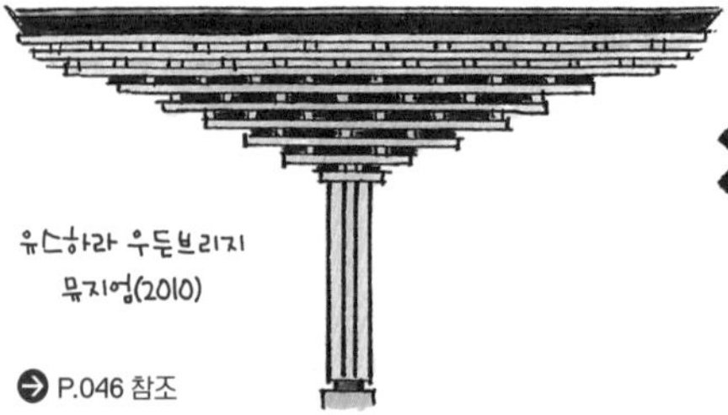

유스하라 우든브리지 뮤지엄(2010)

➔ P.046 참조

×

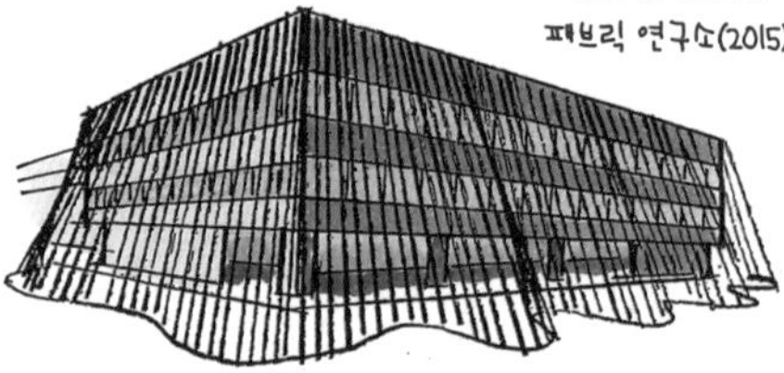

고마쓰 마테레 패브릭 연구소(2015)

➔ P.054 참조

↓

코에다 하우스(2017)

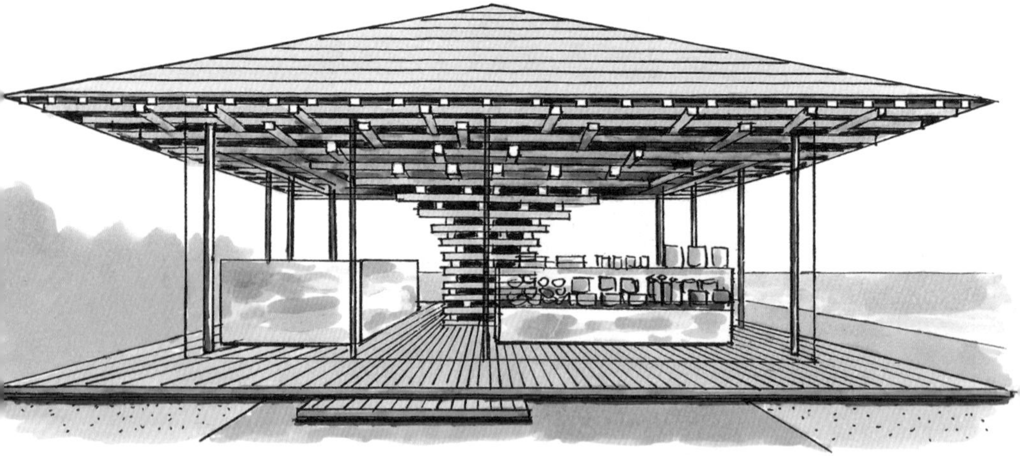

벽면이 90x90mm로 자른 철골기둥과 유리로만 이루어졌다. 확 트인 개방감은 아타미에 있는 '워터/글래스'(1995, 현 아타미 카이호로)보다 더하면 더했지 결코 모자라지 않다.

➔ P.040 참조

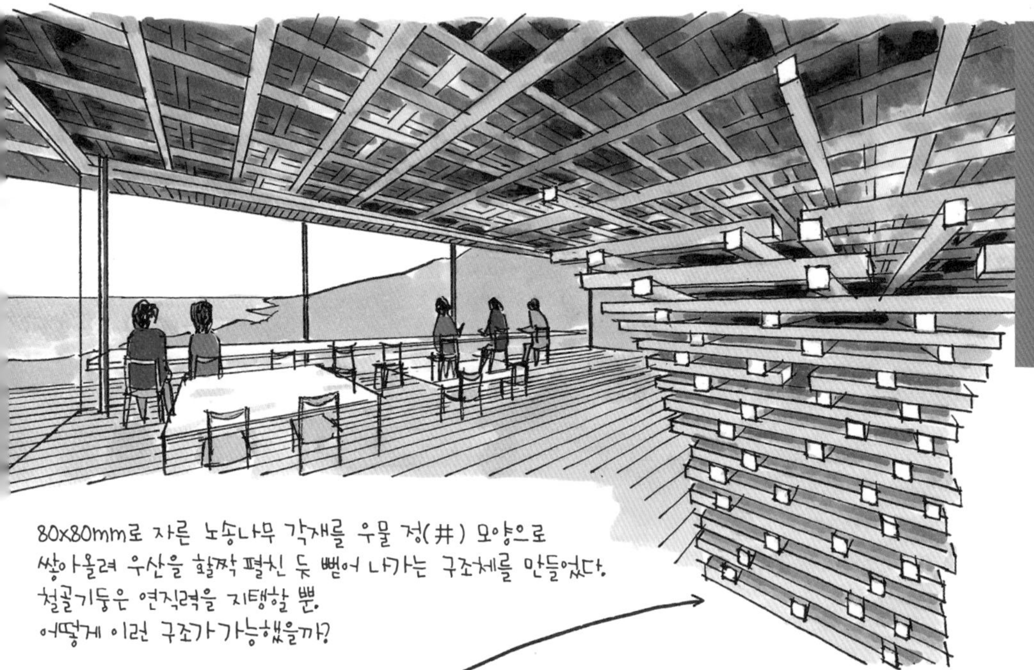

80x80mm로 자른 노송나무 각재를 우물 정(井) 모양으로
쌓아올려 우산을 활짝 펼친 듯 뻗어 나가는 구조체를 만들었다.
철골기둥은 연직력을 지탱할 뿐.
어떻게 이런 구조가 가능했을까?

그건 우산 밑동에서부터 쌓아올린 목구조
전체를 탄소섬유가 고정하고 있기 때문이다.

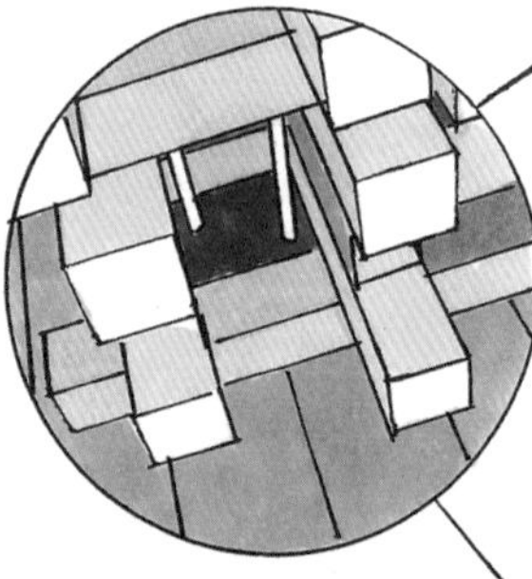

'고마쓰 마테레 패브릭 연구소'에서
사용한 것과 같은 재료다.

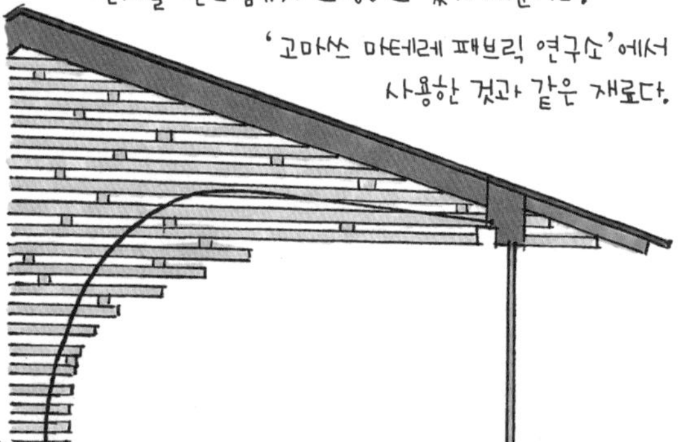

자세히 보면 안에
하얀 탄소섬유가 보인다.

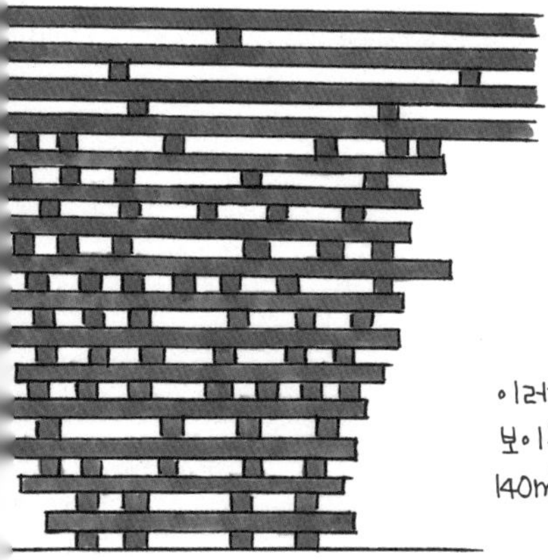

이러한 목구조는 '유스하라 우든브리지 뮤지엄'의 미니 버전으로
보이는데, 단면도를 보면 각재를 쌓아올린 방법이 비대칭이다!!
140m² 정도의 작은 건축물을 짓는데 도전정신이 넘쳤네.

건축정보는 P.120

35 나무 사이로 비치는 한 줄기 햇빛이 '성지'로

유스하라 구름 위의 도서관

가벼움의 건축	고치현 유스하라초 유스하라 1212-2
주렁주렁	JR도산선 스사키역에서 고치고료교통버스 유스하라선을 타고 약 80분, 유스하라 버스정류장 하차, 도보 7분
2018	지하1층·지상2층/1938.31m²

고치현과 에히메현의 경계에 위치한 유스하라초. 구마 건축의 성지라고도 할 수 있는 이 지역에 2018년 추가로 지어진 도서관. 나무 사이로 비치는 한 줄기 햇빛이 성스러운 느낌마저 자아내는 열람실은 철과 삼나무의 혼합 구조다. 안으로 들어가면 복지시설 '유루리 유스하라'가 이어진다.

'구마 건축의 매력을 하루 만에 알고 싶은' 사람은 망설이지 말고 고치현 유스하라초로 가자. 고치공항, 마쓰야마공항에서 차로 약 1시간 40분이면 도착한다. 당일치기는 어려우므로 고치와 에히메 관광도 하면서 느긋하게 둘러보자.

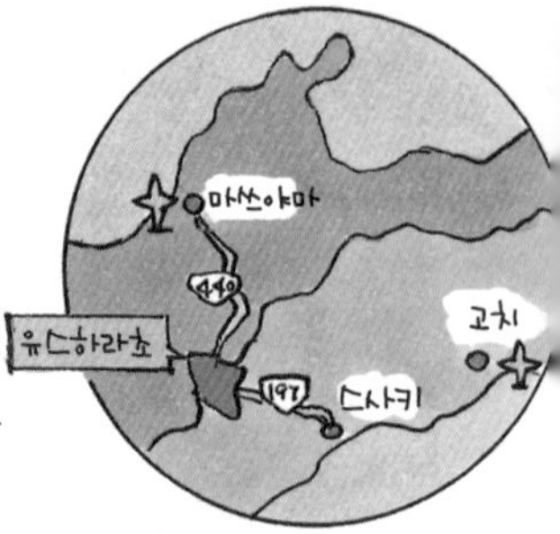

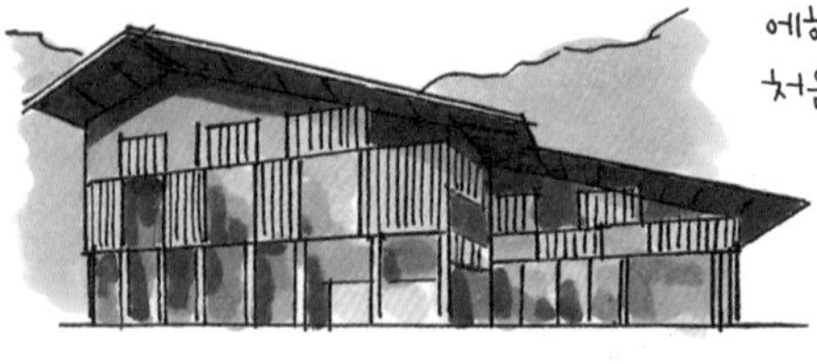

에히메 방면에서 올 때 가장 처음 보이는 건물이다.

2018 주렁주렁 유스하라 구름 위의 도서관 +유루리 유스하라

이 중에서는 가장 최근에 지어진 시설이다. 밋밋하다고 느껴진다면 오산! 찬찬히 보자. 우선 동쪽으로 돌아가면 마트료시카 같은 외관을 볼 수 있다.

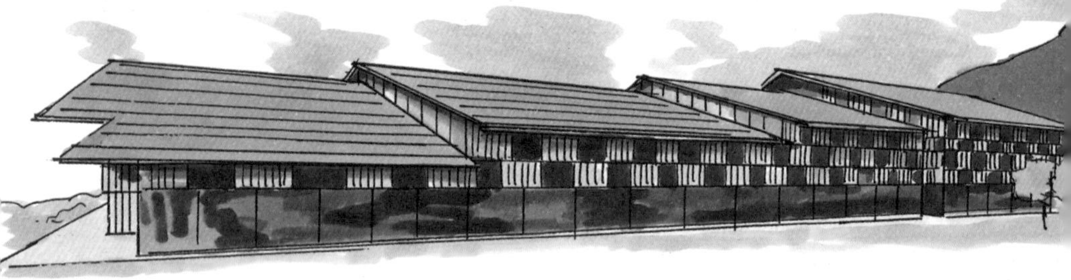

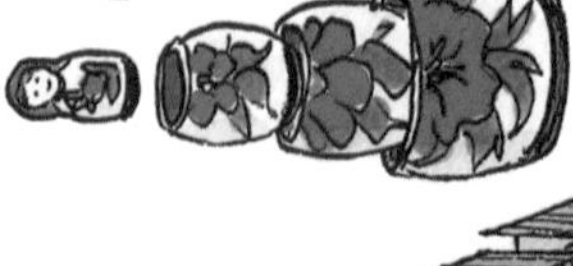

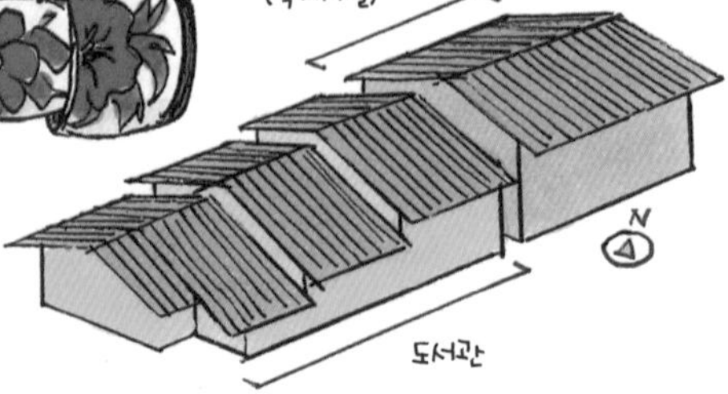

처음에는 규모가 크기 때문에 외관을 몇 개로 쪼개고 싶어서 이렇게 만들었구나 생각했는데, 그 이유가 다가 아니었다. 도서관 안으로 들어가 보면 진짜 이유를 알 수 있다.

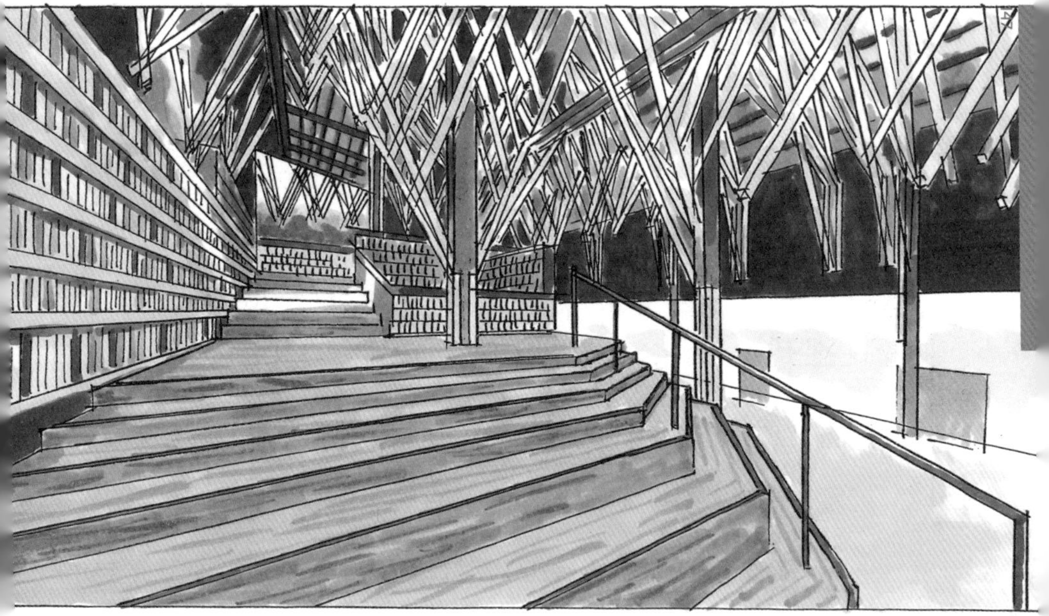

계단식 가마처럼 설계한 열람실. 천장에서 주렁주렁 드리워진 나무 구조물.
지붕 높이가 달라 그 사이로 자연광이 들어온다. 음… 이건 누가 봐도 걸작이네!

요즘은 어딜 가나
배리어프리를 택하는
추세지만, 아이들은 이런
단차를 엄청 좋아한다.
도서관은 이래야지!

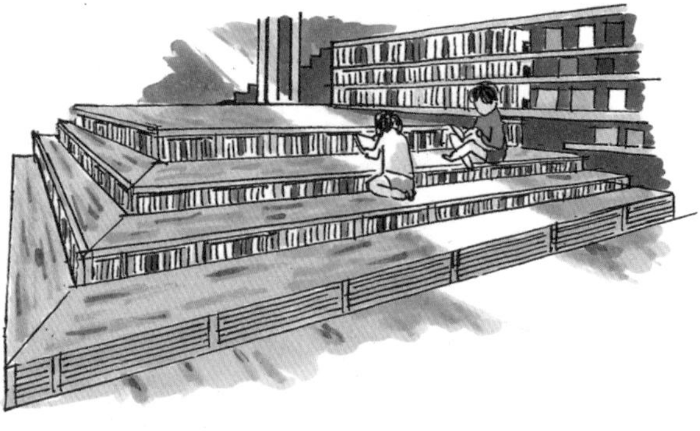

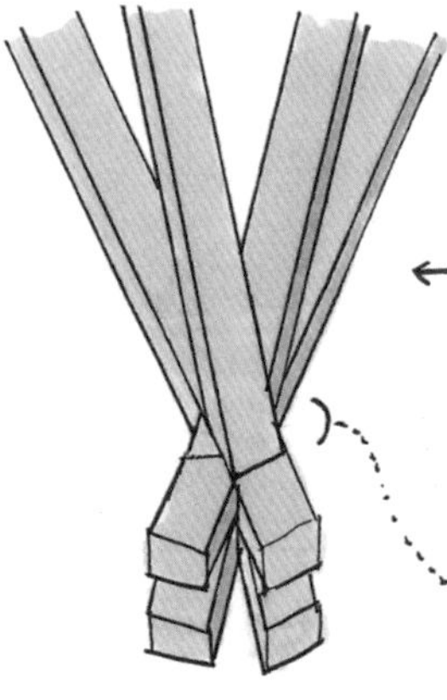

나무 구조물의 기본
유닛은 120x120mm의
삼나무 각재 4개를
교차시켜 만든 것.
나처럼 평범한 일반인은
어떤 구조인 건지 전혀
알 수가 없는데…

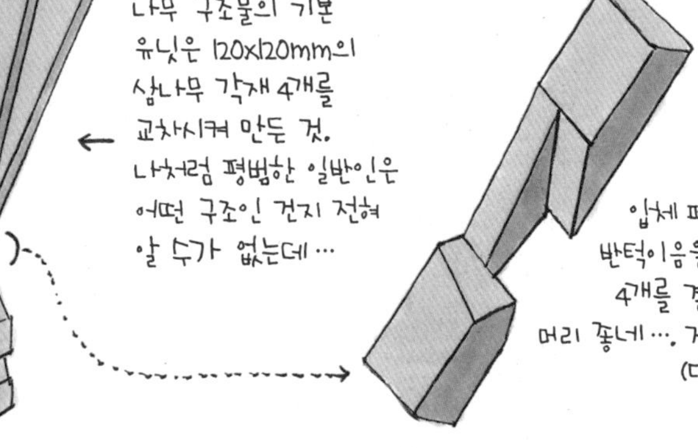

입체 퍼즐 같은
반턱이음을 이용해
4개를 결합했다.
머리 좋네…. 게다가…
(다음 페이지)

기둥과 들보는 철골이 노출된 명백한 철골조다.
그래서 천장의 나무 구조물은 '장식'이라고
생각할 수 있다. 하지만 알고 보면 지진의 충격을
흡수하는 '구조재'란다.
대박!

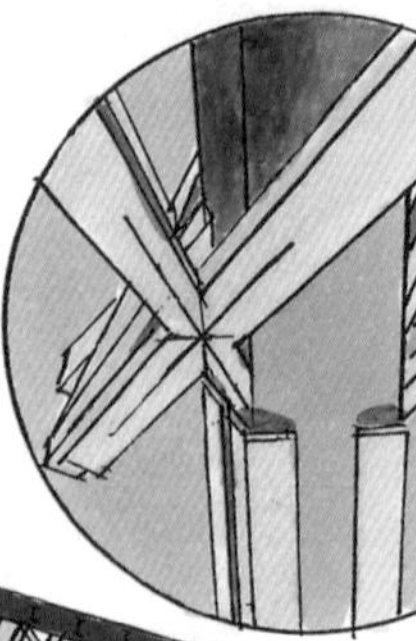

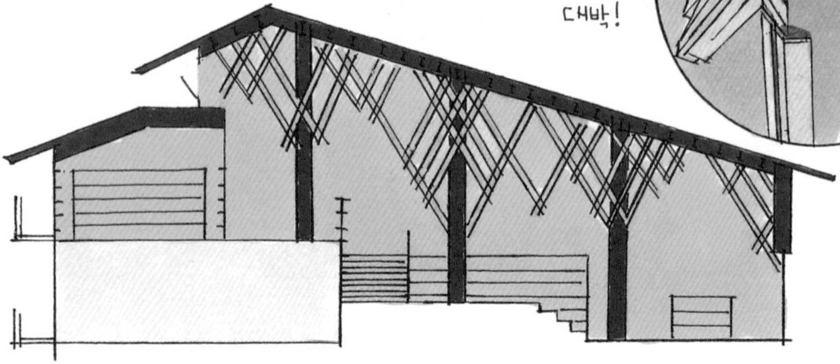

그리고 유스하라쵸에서는 여기에 이르기까지 '구마 겐고식 목조 건축'의 진화과정을 되짚어 볼 수가 있다.

2006 얼기설기 유스하라쵸 종합청사

구마 겐고가 게이오기주쿠대학 교수로 있던 시절, 동 대학 시스템디자인공학과와 함께 설계한 친환경 청사. 외관을 봤을 때 현지에서 공수한 삼나무를 아낌없이 썼다는 건 알고 있었지만…

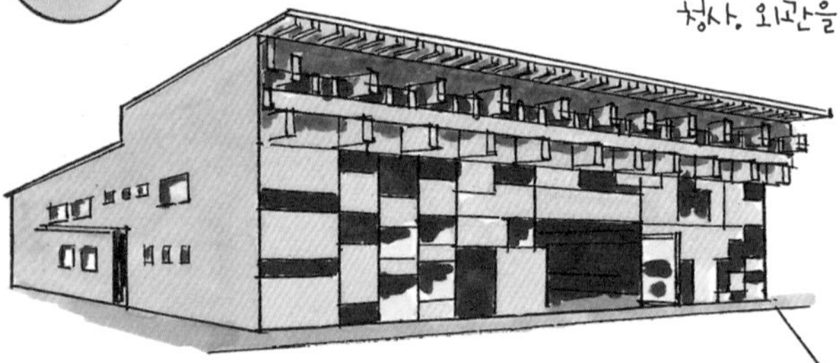

이렇게 본격적인 목조 건물일 줄이야! 매우 두꺼운 집성재를 겹쳐서 조립한 '겹침보'다. 전통 목구조가 떠오르는 이 얼기설기한 프레임을 보고 있으면 왠지 모르게 마음이 편안해진다. 멘탈 관리 효과까지!

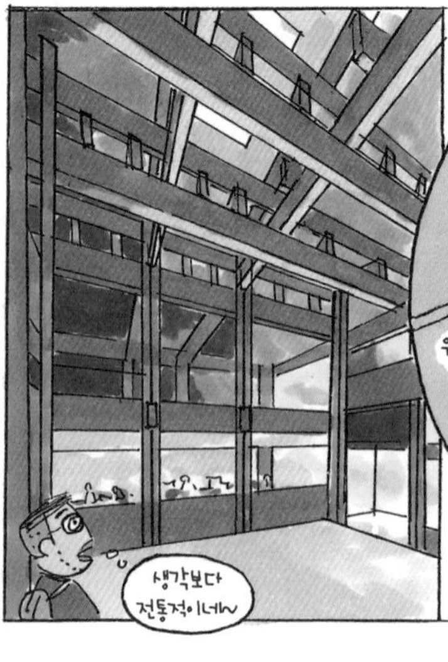

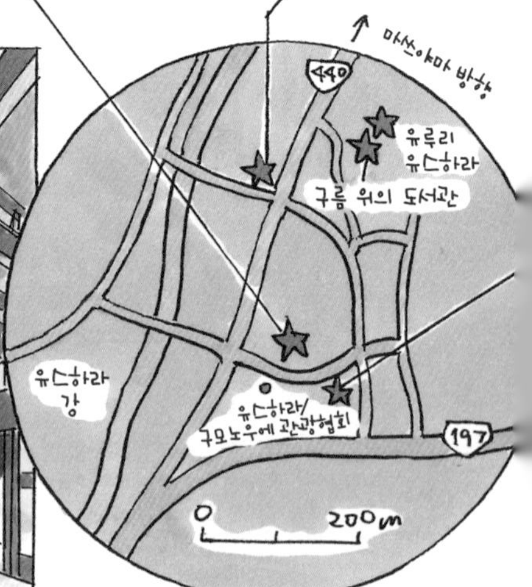

2010 북슬북슬 마치노에키 유스하라

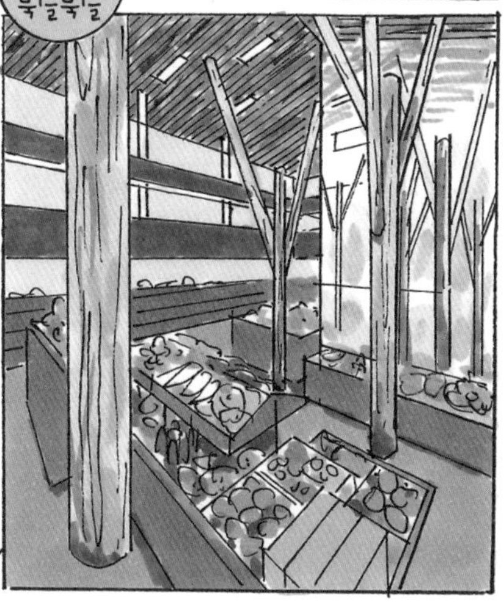

구름 위의 호텔 별관인 마르셰 유스하라 안에 위치한 '마치노에키 유스하라'는 층고가 아주 높으며 두껍고 둥근 기둥이 늘어서 있다. 기둥은 중간에 가지가 갈라져 나와 진짜 나무처럼 보인다. 천장도 두껍고 둥근 나무로 마감했다.

외관은 더욱 인상적이다. 볏과 식물인 새 이엉을 빽빽하게 쌓아 북슬북슬한 느낌이 나는 전대미문의 외벽이다. '나무'는 아니지만 식물을 이용해 마감했다.

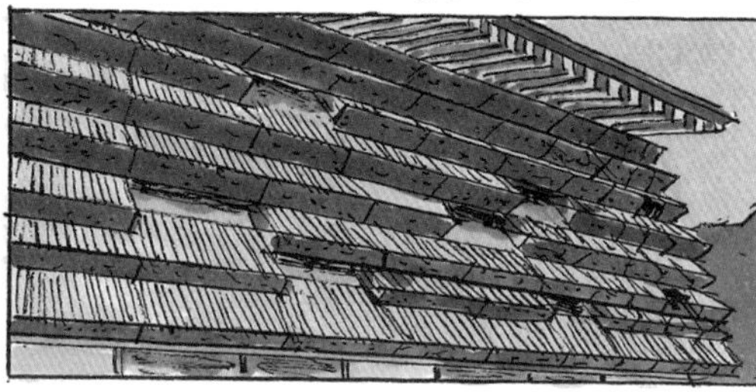

1994 더덕더덕 유스하라초 지역교류시설 (구름 위의 호텔 본관)

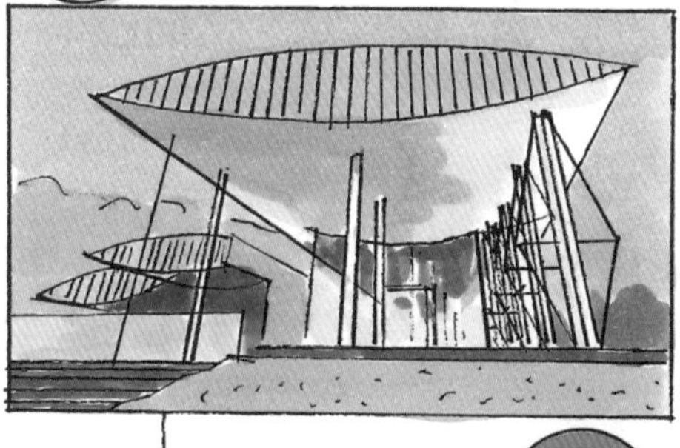

유스하라초의 구마 건축 제1호. 서쪽(일러스트의 오른쪽) 기둥은 삼나무에 금속강판을 끼워 넣고 금속강판으로 보강한 것이다. 'M2'의 느낌이 남아 있다. 구마 겐고의 설계를 바탕으로 개축할 계획이라고 한다. ※2024년 오픈 예정

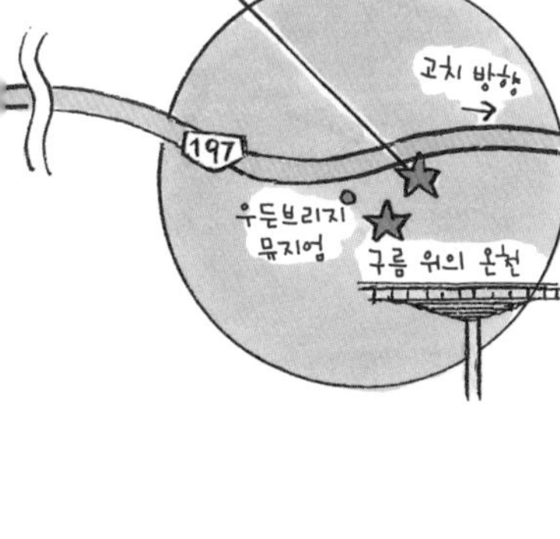

1948 두근두근 유스하라극장

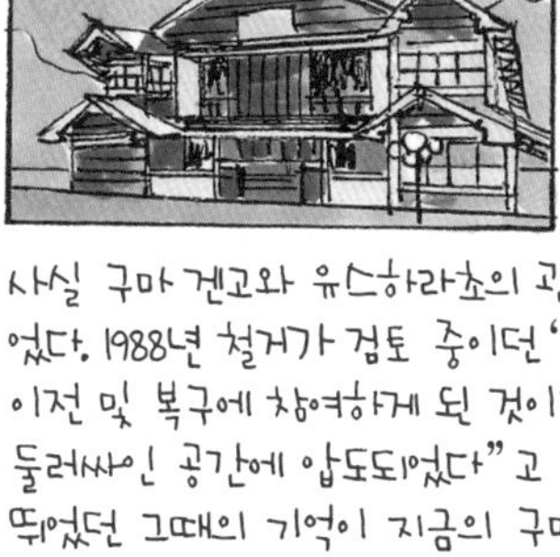

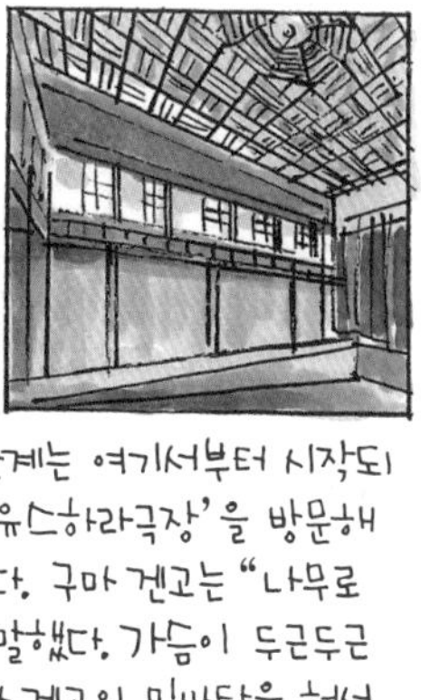

사실 구마 겐고와 유스하라초의 관계는 여기서부터 시작되었다. 1988년 철거가 검토 중이던 '유스하라극장'을 방문해 이전 및 복구에 참여하게 된 것이다. 구마 겐고는 "나무로 둘러싸인 공간에 압도되었다"고 말했다. 가슴이 두근두근 뛰었던 그때의 기억이 지금의 구마 겐고의 밑바탕을 형성하지 않았나 싶다. 반드시 보고 갈 것!

➔ 건축정보는 P.120-121

36 전통에 변주를 준 팔각지붕

니혼다이라유메테라스

가벼움의 건축	시즈오카시 시미즈구 구사나기 600-1
어긋어긋	JR시즈오카역에서 시즈테쓰버스 니혼다이라선 니혼다이라로프웨이행을 타고 약 40분, 니혼다이라 유메테라스 입구 버스정류장 하차, 도보 5분
2018	지상3층/전망시설 964.70m², 공중회랑 965.01m²

후지산이 보이는 니혼다이라산 정상에 위치한 전망시설과 공중회랑. 전망시설은 팔각형 평면에 현지에서 공수한 노송나무 목재를 붙여 복잡한 나뭇가지를 연출했다. 구조 설계는 오노 히로후미가 맡았다. 공중회랑은 둘레가 200m인 팔각형으로 되어 있다.

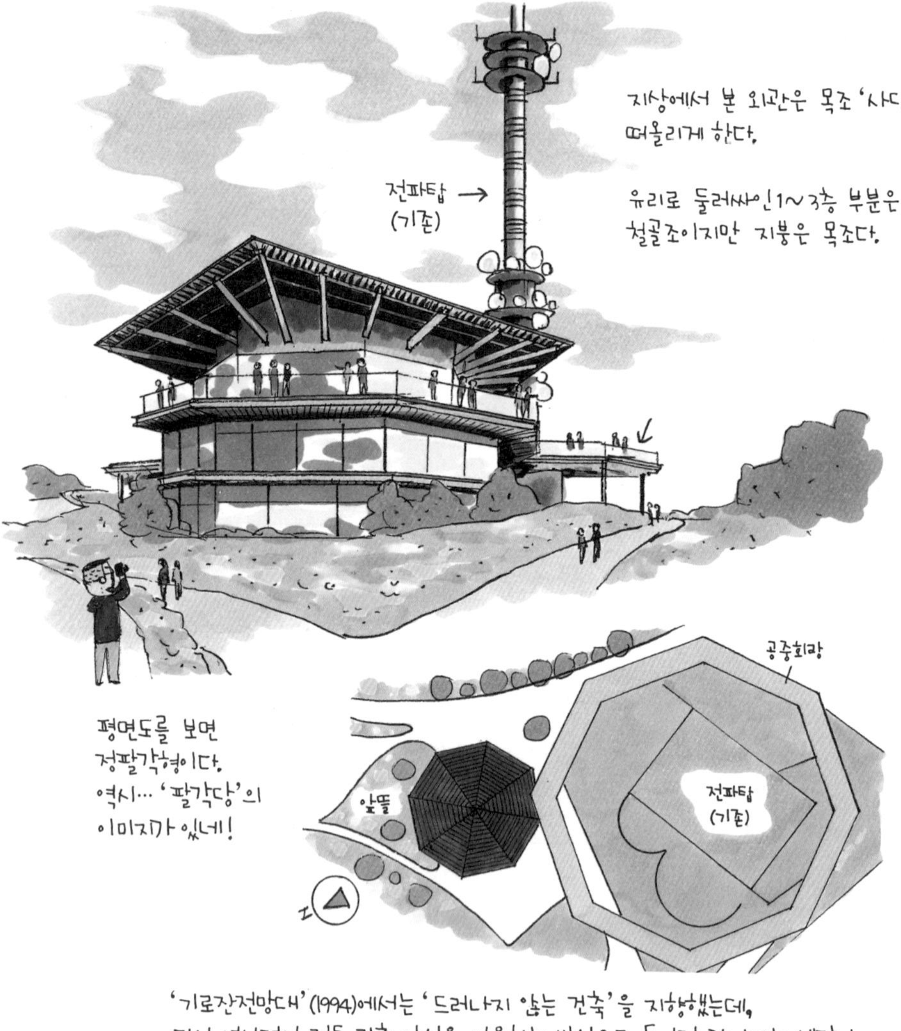

'기로잔전망대'(1994)에서는 '드러나지 않는 건축'을 지향했는데,
다시 역사적인 전통 건축 양식을 인용하는 방식으로 돌아간 걸까라는 생각이…

➔ P.174 참조

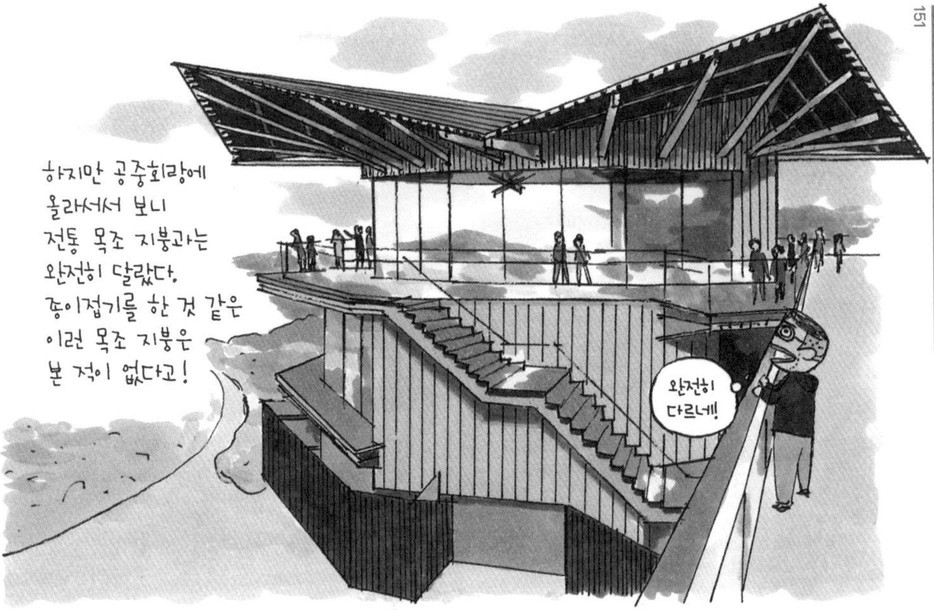

'이런 식으로 지으면 지붕에 빗물이 고이지 않나?' 하는 걱정도 들었지만, 조금 떨어져서 보니 지붕골과 지붕마루가 반복되고 있었다. 게다가 팔각형 지붕은 3층의 팔각형 바닥과 미묘하게 어긋나 있었다.

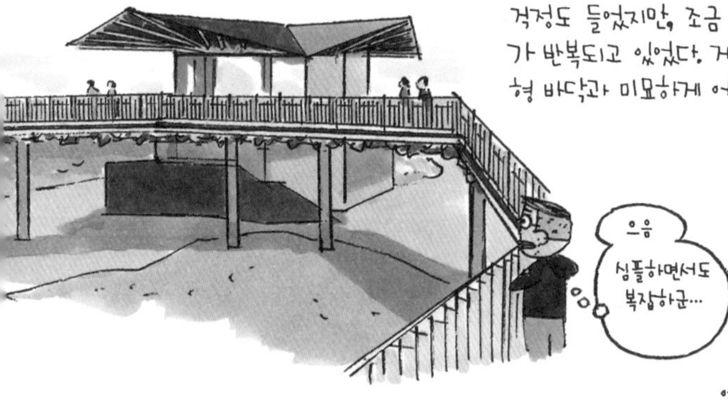

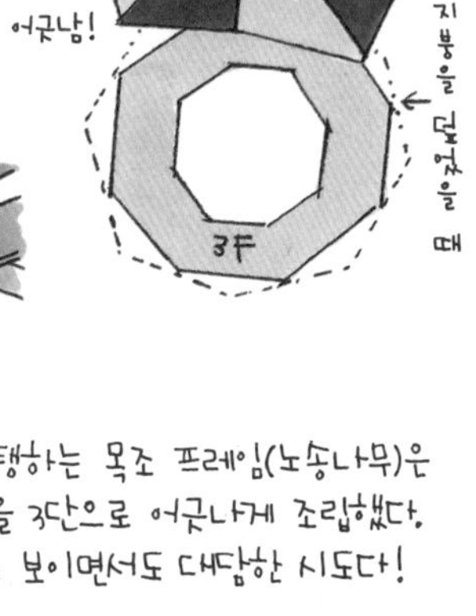

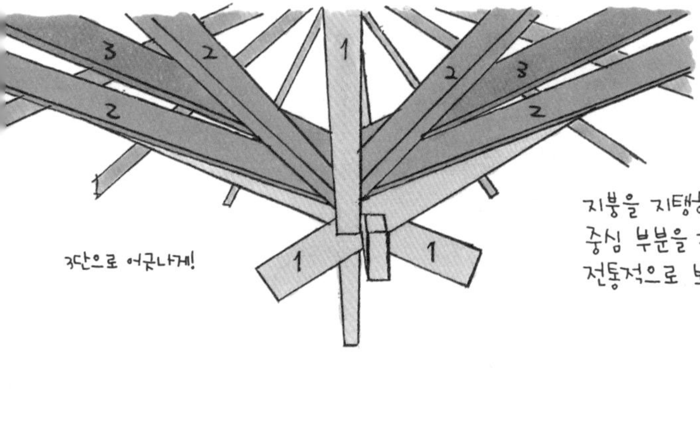

지붕을 지탱하는 목조 프레임(노송나무)은 중심 부분을 3단으로 어긋나게 조립했다. 전통적으로 보이면서도 대담한 시도다!

➔ 건축정보는 P.121

37 도로 위의 역을 기점으로 연이어 탄생하다

사카이 강변레스토랑 '차구라'
(미치노에키 사카이 '차구라')

가벼움의 건축	이바라키현 사카이마치 1341-1
팔락팔락	도부철도 도부 도부쓰코엔역에서 아사히버스 사카이샤코행을 타고 약 30분, 미치노에키 사카이 버스정류장 하차. 도보 2분.
2019	지상2층/$483.53m^2$

이바라키현 사카이마치는 일본에서 처음으로 해외에 차를 수출한 '사시마차'의 산지다. '차구라'는 도네강 강가의 미치노에키[18]에 신설된 레스토랑으로 사카이마치가 운영한다. 외관에서 보이는 삼나무 패널은 차를 심은 플랜터를 가리기 위한 것.

혹시 이바라키현 사카이마치에 구마 겐고의 건축물이 연이어 지어졌다는 사실을 알고 있나? '사카이마치'는 대체 어디일까?

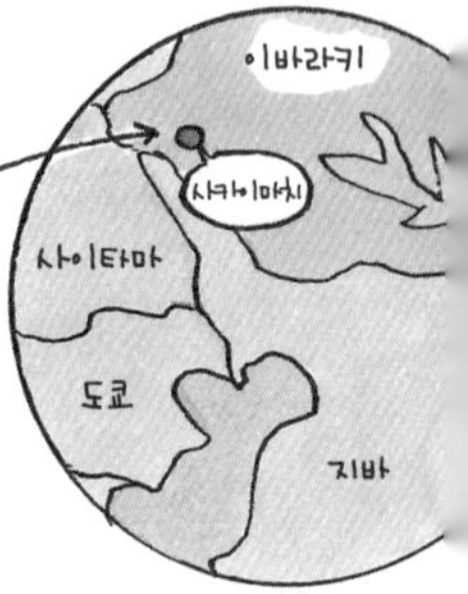

가장 찾기 쉬운 것은 '미치노에키 사카이' 바로 옆에 지은 '차구라'다.

① 사카이 강변레스토랑 '차구라'

2019년 4월에 오픈.

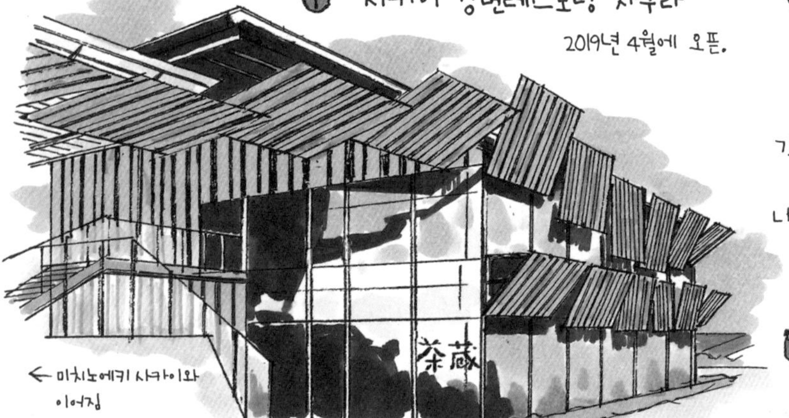

각도에 변화를 준 나무루버가 나란히 붙어 있다.

선봉장은 미치노에키 사카이 안에 위치한 매장!

② 사카이 샌드

2018년 10월 오픈. 여기는 입체 퍼즐식 목구조가 특징.

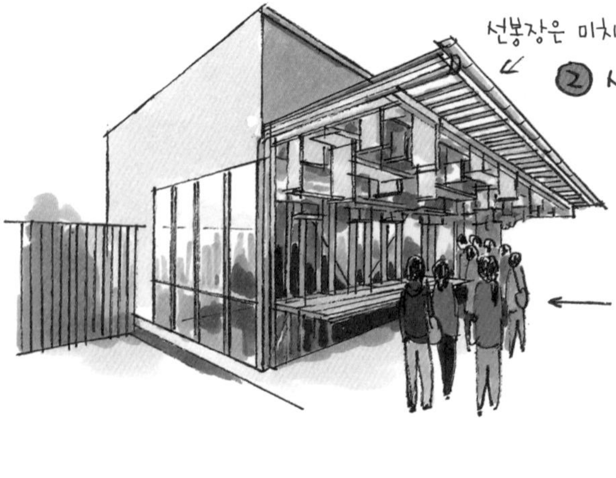

샌드위치를 사려고 기다리는 줄. 정말 맛있긴 하더라!

2020년 8월 ③ S랩과 ④ S갤러리 동시 오픈.

S랩은 지역 특산품 연구개발시설이고, S갤러리는 화가 슈쿠산포(肅粲寶, 1902~1994)의 작품을 전시한 미술관이다. 건물 두 개가 ㄱ자로 나란히 서 있다.

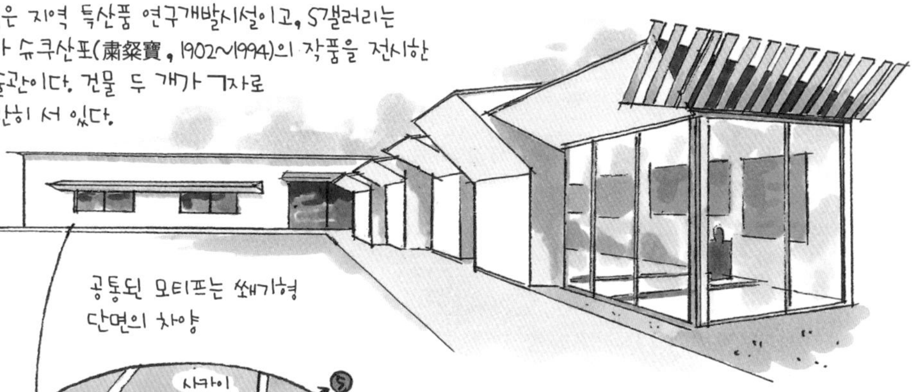

공통된 모티프는 쐐기형 단면의 차양

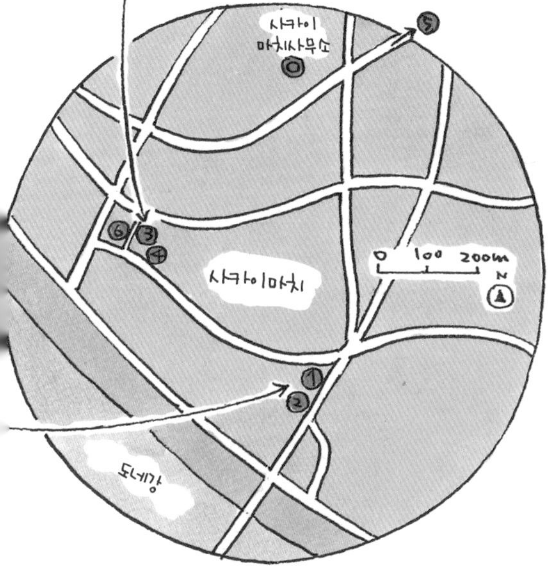

2020년 9월 ⑤ 몬테네그로 회관 오픈.

구 회관을 개축한 것으로, 기존 시설의 목재를 과감히 재이용했다.

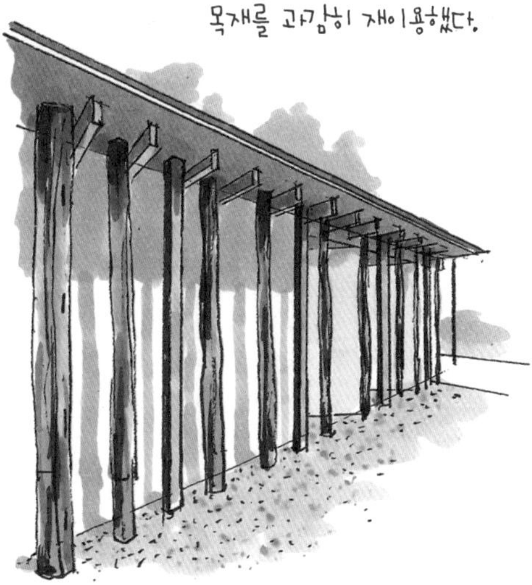

이렇게 작은 (심지어 저비용의) 건축물에서도 어떻게든 포인트를 만들어주다니, 역시 서비스 정신이 투철하다.

➔ P.205 참조

각 시설의 마크를 만들어 보고 싶은 충동이…!

(개인적인 상상입니다!)

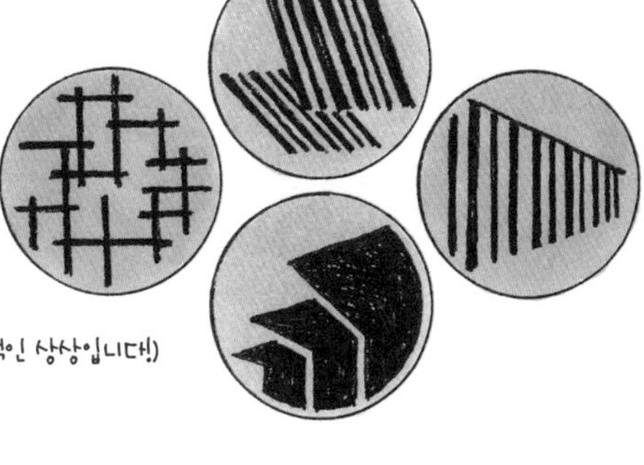

2021년 5월

⑥ 호시이모 카페도 오픈했다. 사카이마치, 여기 대체 정체가 뭐지?

➔ 건축정보는 P.120-121

38 현지의 재료와 전통으로 부흥을 도모하다

리쿠젠타카타 암웨이하우스 마치노엔가와

가벼움의 건축	이와테현 리쿠젠타카타시 다카타초 다테노오키 111
삐죽삐죽	JR오후나토선 BRT리쿠젠타카타역 서측
2020	지상1층/545.28m^2(창고 건물 포함)

대지진 후 둑 등을 높이 쌓아올린 지역에 건설된 목조 커뮤니티시설. 육아지원시설과 카페, 관광물산협회 등을 전망대가 있는 커다란 지붕으로 덮었다. 내부는 텍스타일 브랜드 '미나 페르호넨'과 함께 작업했다.

'구마 겐고의 목조 건축물이라고 하면 철골과 하이브리드를 꾀하거나 첨단 기술을 사용하지 않나?'
만약 이렇게 생각하는 사람이 있다면, 이 건축물을 꼭 봤으면 한다.
리쿠젠타카타시의 지진 피해 복구 사업의 일환으로 지어진 '마치노엔가와'[19]다.

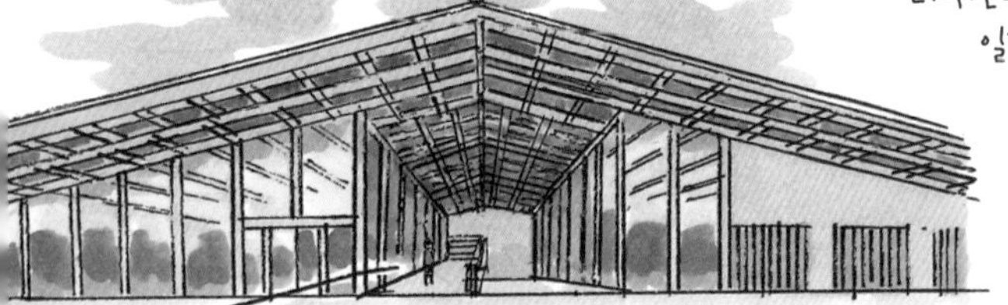

언뜻 보면 심플한 맞배지붕 형식!

커다란 단층 목조 건물로, 기둥과 들보에 현지에서 공수한 게센삼나무[20] 원목을 사용했다.
게센목수에게 대대로 전해진 '세가이즈쿠리'라는 공법을 응용하여 만들었다.

What's 세가이즈쿠리?

일본 재래식 목선 양쪽에 손잡이처럼 튀어나온 '세가이'(뱃전)처럼 처마 끝에 튀어나온 도리를 가로목으로 받치고 반자널[21]을 덮어 선반처럼 만든 구조.

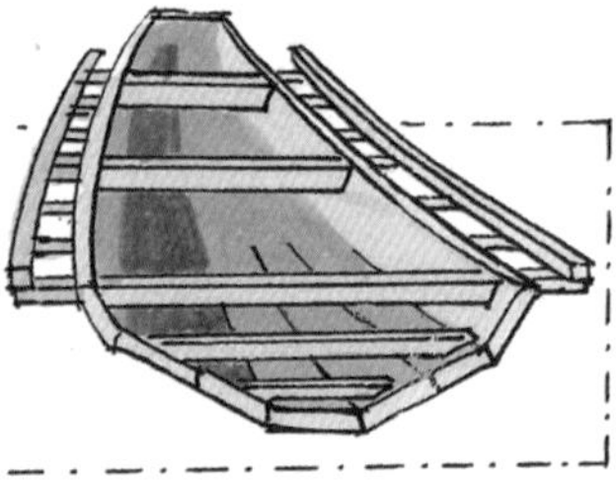

중앙 슬로프를 따라 올라가면…

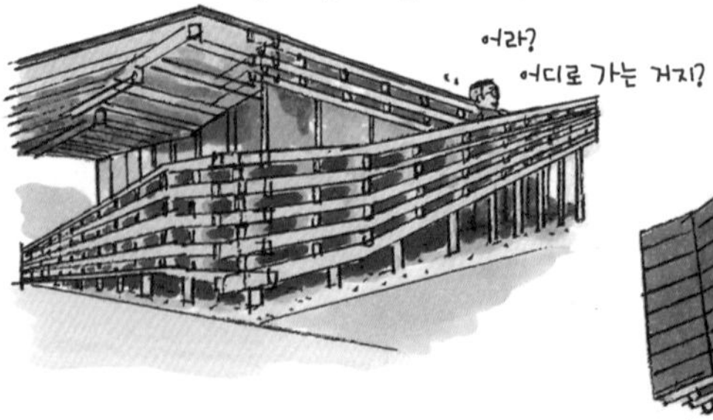

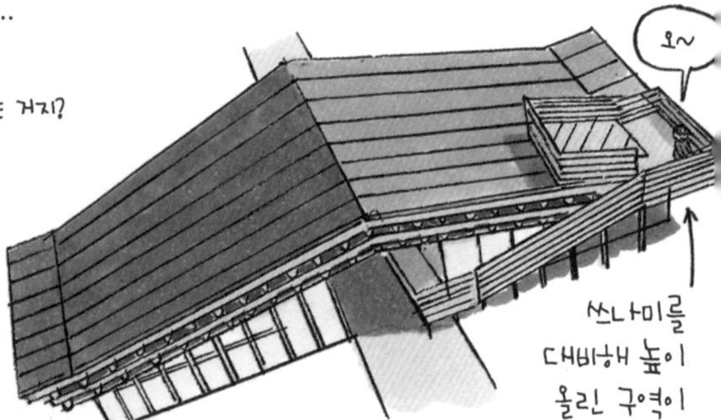

쓰나미를 대비해 높이 올린 구역이 한눈에 보인다.

목선의 '세가이'처럼
삐죽삐죽 튀어나온 모양의 슬로프를 계속 따라가다 보면 어느새 옥상 전망대에 도달한다.

동쪽에서 보면 난생 처음 보는 이런 형태…!

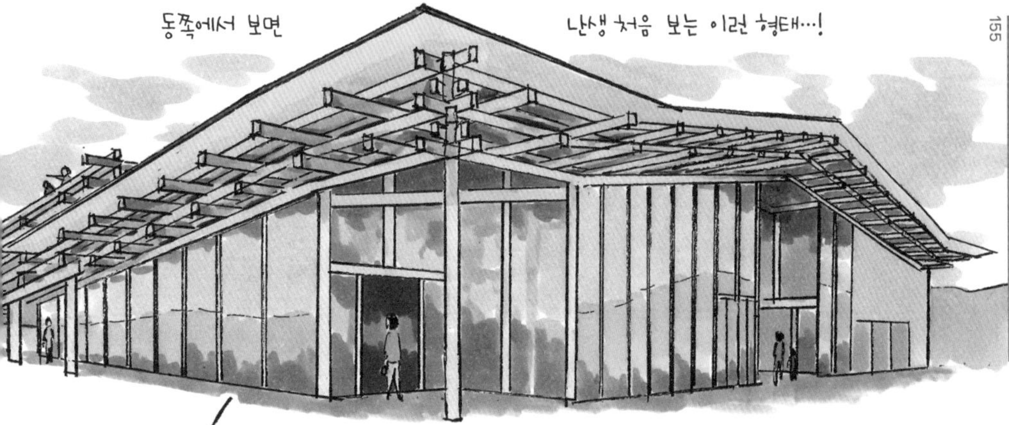

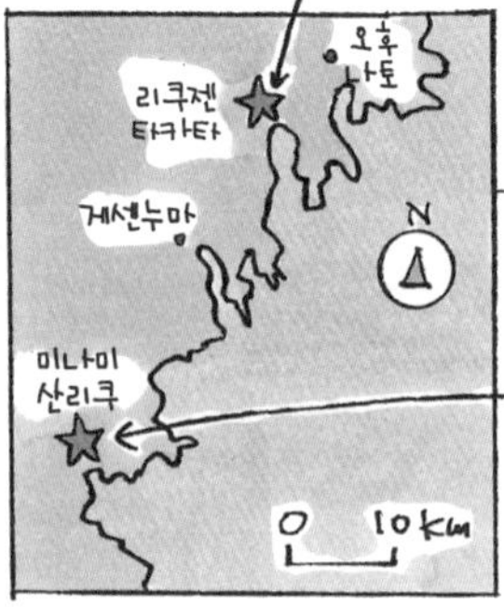

'삐죽삐죽'과 '반들반들'의 하이브리드!
단순히 전통적 양식을 계승하는 것으로 끝내지 않은 점이 훌륭하다.

'지진 피해 복구'라는 목적으로 지어진 또 다른 구마 겐고의 건축물로는 리쿠젠타카타시에서 남쪽으로 약 40km 떨어진 미나미산리쿠초에 위치한 이 다리를 꼽을 수 있다.

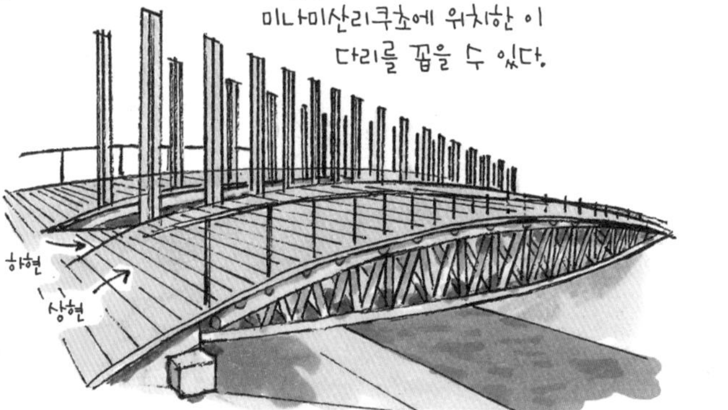

지진피해부흥기념공원으로 건너가기 위한 인도교(보도교량) '나카하시'는 '상현'과 '하현' 두 가지 길 중 선택하여 건널 수 있는 이중 아치교량(double arch bridge)이다.

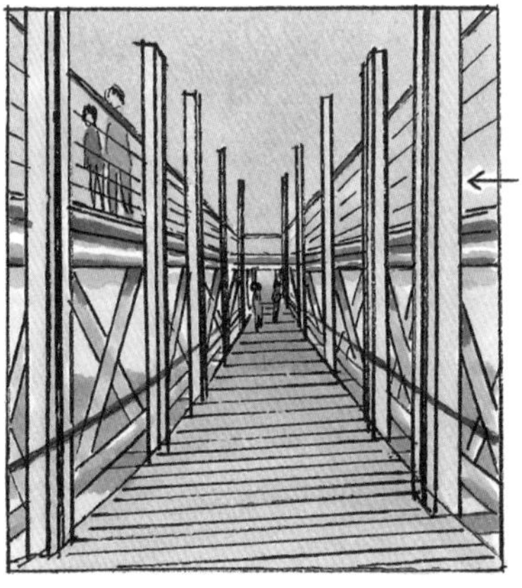

골조는 철과 콘크리트를 사용했지만, 바닥면 등은 삼나무를 다량 사용했다. 뭔가 센본도리이[22]가 떠오른다. 삼나무는 지진 재해 후 고지대 이전 공사 시 벌채한 것을 사용했다.

동쪽 기슭의 '산산상점가'(2017)도 구마 겐고가 설계한 것. 인근 부지에 건설 중인 '미치노에키'도 구마겐고의 작품. 이러다 여기 구마 월드가 탄생하는 거 아냐?

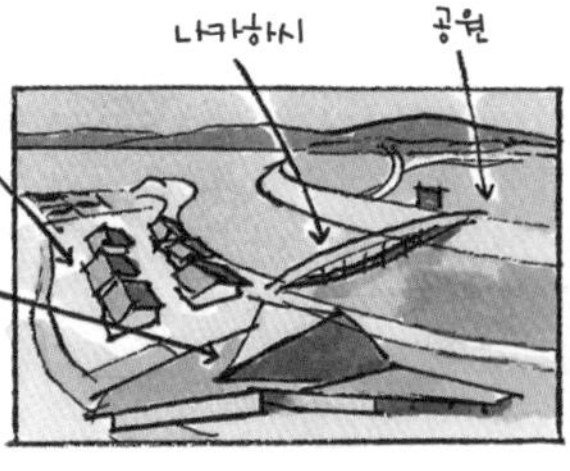

건축정보는 P.122

39 한 번쯤은 꼭 내려다보고 싶은 종이접기식 지붕

다카나와게이트웨이역

가벼움의 건축	도쿄도 미나토구 고난 2
반듯반듯	
2020	지하1층·지상3층/3969.52m²

야마노테선에서 30번째로 신설된 역. 역사 지붕으로 막구조를 선택했다. 철골과 삼나무 집성재로 만든 종이접기식 프레임으로 막을 지탱한다. 역사 내 벽과 기둥은 나무판을 겹쳐 붙이되 일정 간격을 두고 붙여 올록볼록 입체감을 주는 '야마토바리'라는 전통 기법을 사용했다.

다카나와게이트웨이역은 개통 첫날(2020년 3월 14일) 아침에 보러 갔다.

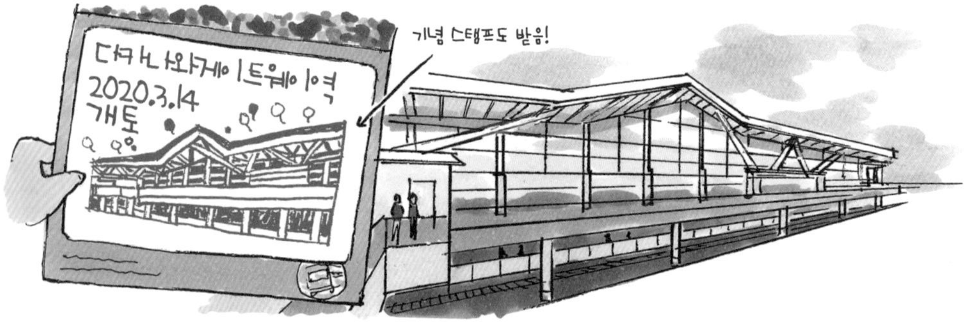

역사 안이 환하다! 나무 느낌도 강하고!

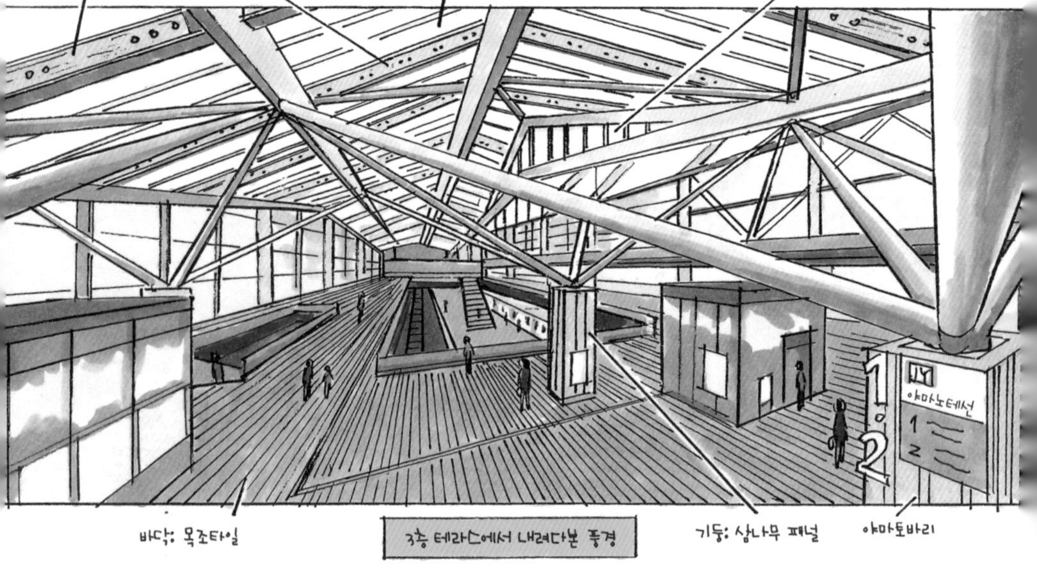

3층 테라스에서 내려다본 풍경

가장 눈길을 끈 것은 이 벤치다. 가구 랜드 덴도목공이 제작했다는데, 정말 멋지다!

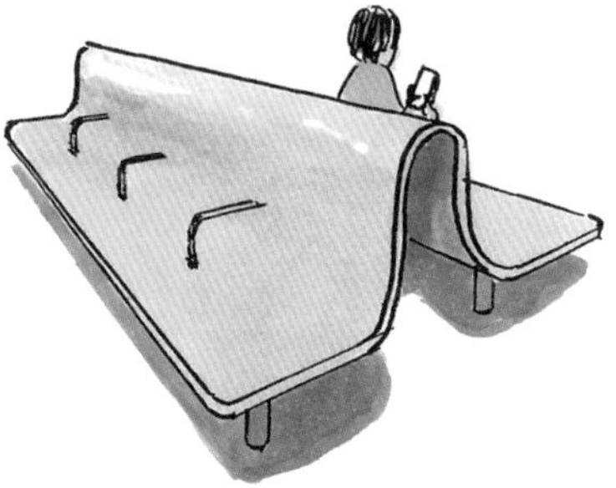

하지만 완성 전부터 모형이나 예상도를 몇 번이나 봤기 때문에, 가장 큰 특징이라고도 할 수 있는 '종이접기식 지붕'의 반듯반듯 각진 느낌에 솔직히 큰 감명을 받진 않았다.

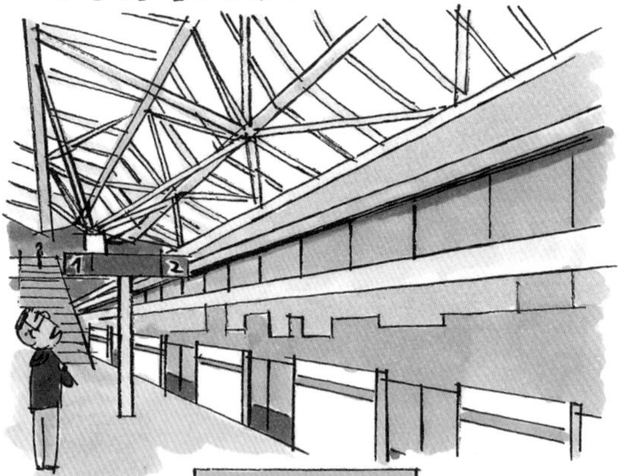

홈에서 보는 풍경

다만 이 역을 그런 식으로 평가하는 것은 성급하다. 역 서쪽에 이런 빌딩들이 모두 들어서고 나면 그야말로 진가를 발휘할 테니까!(2024년 오픈 예정)

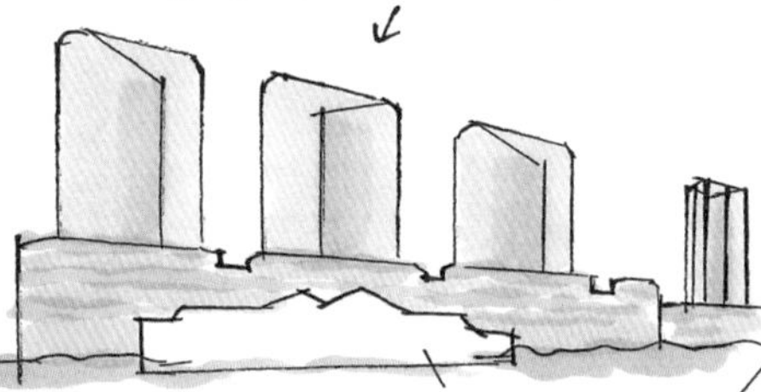

※ 개통 시 모습

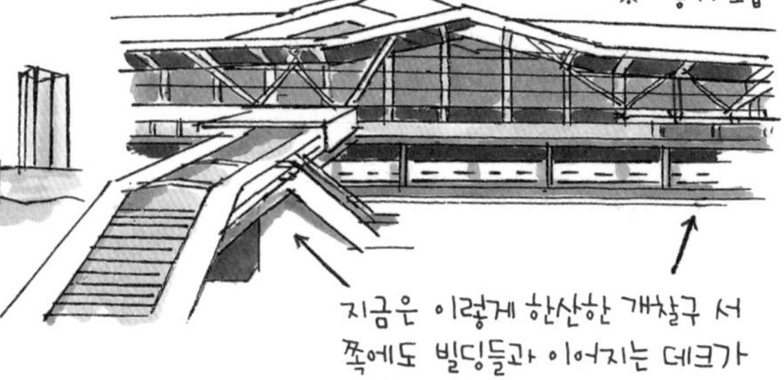

지금은 이렇게 한산한 개찰구 서쪽에도 빌딩들과 이어지는 데크가 생길 예정.

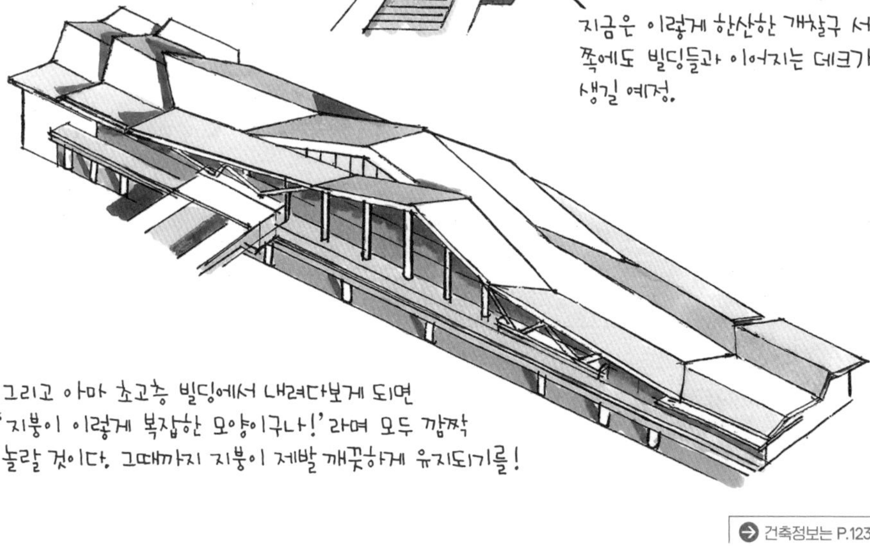

그리고 아마 초고층 빌딩에서 내려다보게 되면 '지붕이 이렇게 복잡한 모양이구나!'라며 모두 깜짝 놀랄 것이다. 그때까지 지붕이 제발 깨끗하게 유지되기를!

➔ 건축정보는 P.123

40 연속적인 나무 격자로 이질적인 것을 잇다

신푸칸

가벼움의 건축	교토시 나카교구 가라스마도리 아네야코지사가루바노초 586-2
가지각색	교토시영지하철 가라스마오이케역과 직통
2020	지하2층·지상7층/2만5610.97m^2

건축가 요시다 데쓰로가 제2차 세계대전 전에 설계한 교토중앙전화국을 보존하는 동시에, 호텔과 상업시설이 있는 복합시설로 바꾸었다. 신축한 건물에는 세 가지 재료(나무로 짜 올린 공포,[25] 알루미늄루버, 먹색의 프리캐스트콘크리트)를 사용했다.

호불호는 있을지도 모르겠지만, 이 '신푸칸'은 역사적 건축물에 증축을 하는 새로운 패턴을 제시했다고 생각한다.

Ⓐ 정통적 '계승' →

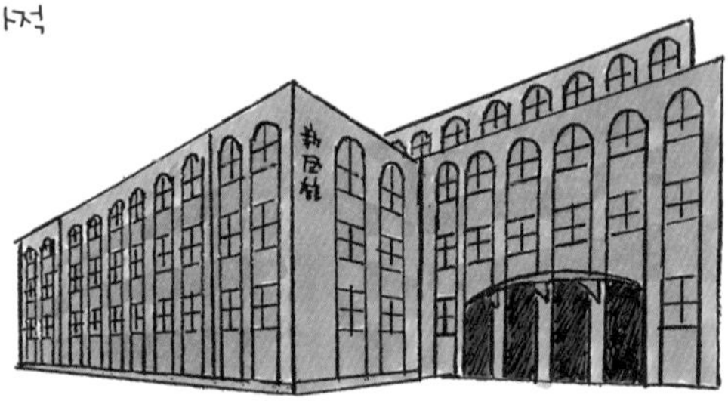

Ⓑ 도전심이 충만한 '대비' ↓

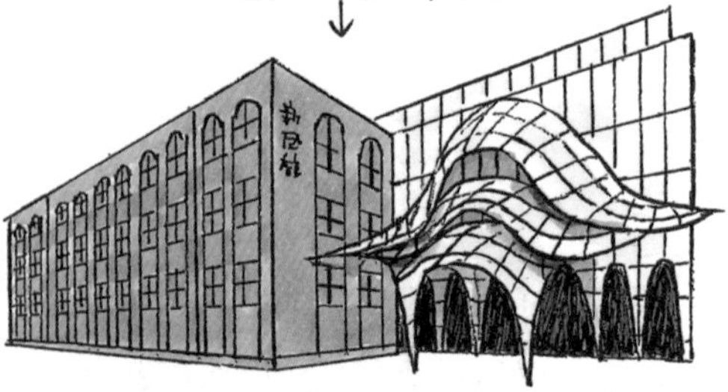

Ⓒ 구마 겐고가 여기서 제시한 것은 그 어느것도 아닌 '섞어찌개'

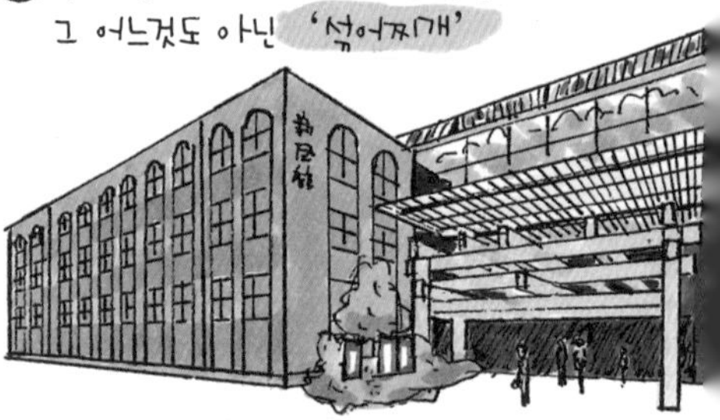

북쪽의 외관은 마치 다른 건물 같다.

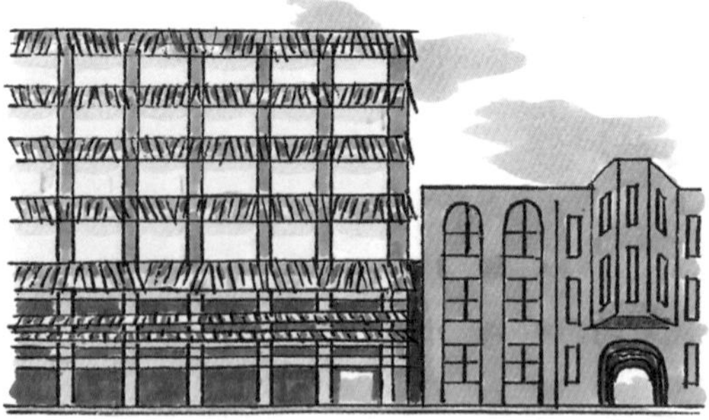

동쪽은 그보다 더 다른 느낌의 건물 같아 보인다.

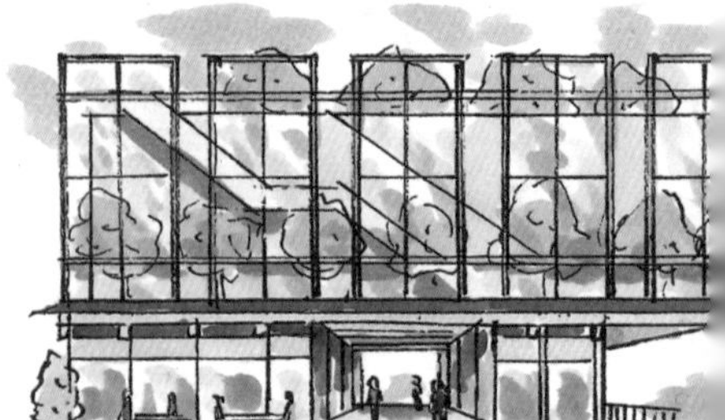

'하나의 이미지를 고수하지 않음으로써 오히려 건물의 자기주장을 없애는' 새로운 기법이다.

따로따로 노는 듯한 가지각색의 외관은 부지 내에 들어가면 느낌이 확 달라진다. 중정의 푸르른 녹음과 연속적인 천장 목구조가 신·구 건물을 위화감 없이 연결하고 있기 때문이다.

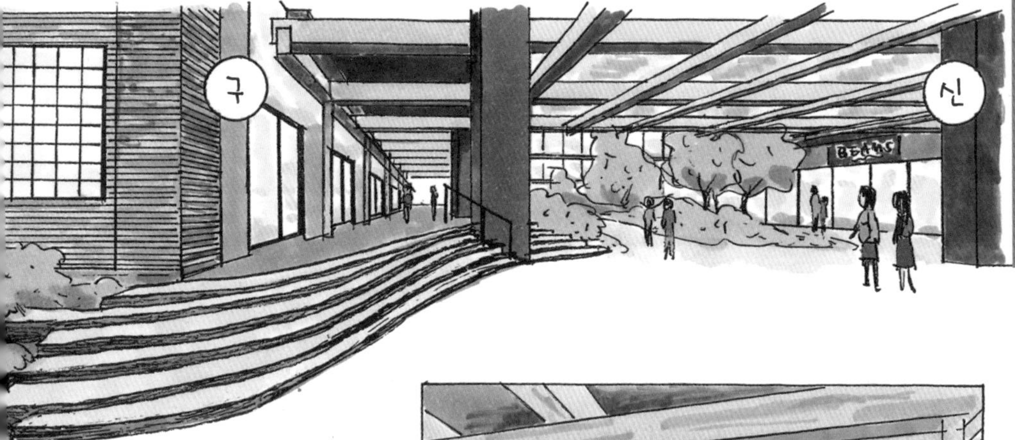

층고가 높은 호텔의 보이드 공간은 거친 느낌의 나무 격자로 채웠다. 투박해 보이지만 뭔가 가볍고 상쾌한 느낌이 든다.

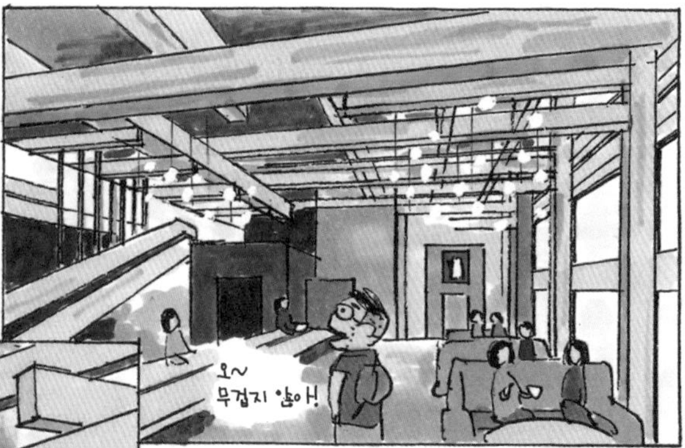

유리 안팎으로 나무 들보를 끼워 넣어 관통한 것처럼 보이게 만들었다. 이것도 가벼운 느낌을 주는 이유 중 하나인가?

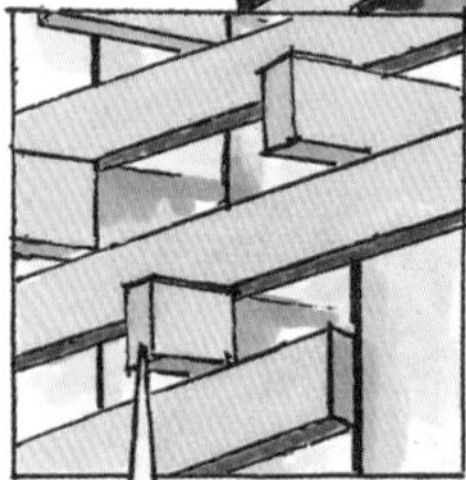

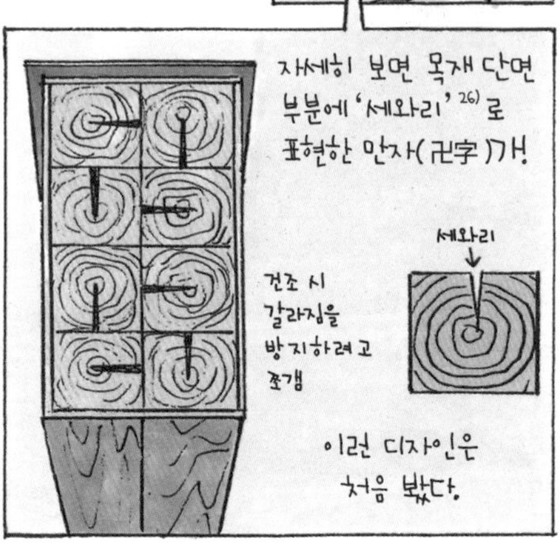

일본의 전통적인 스타일은 '굵은 재료를 사용해 무겁게 보이는 것'이었다.

조도지 정토당(1192년, 조겐[27])

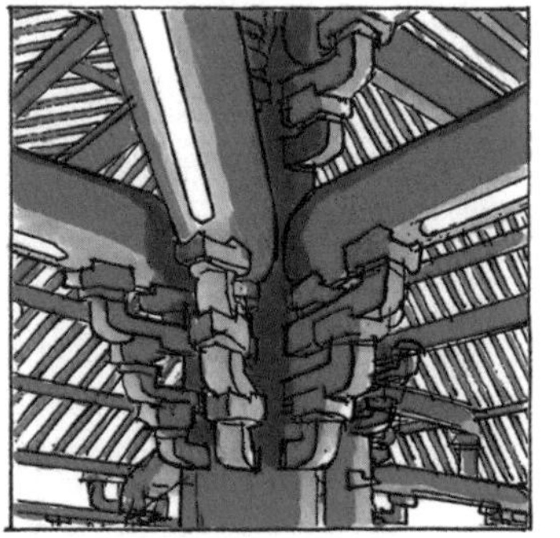

그런데 신푸칸은 '굵은데 가볍다!' 건축사상 일대 사건 아닌가?!

건축정보는 P.123

41 순수한 목조보다 매력적인 입체 격자

스노우피크 랜드스테이션 하쿠바

가벼움의 건축	나가노현 하쿠바무라 호쿠조 5497 JR오이토선 하쿠바역에서 도보 10분
빽빽	
2020	지상1층/972.52m^2

아웃도어라이프를 제안하는 아웃도어 기업의 '노아소비'[28] 거점. 숍과 레스토랑 외에 부지 내 숲에서는 캠핑도 즐길 수 있다. 철골로 만들어진 커다란 지붕은 시로우마산잔의 실루엣을 의식한 것. 노송나무 목구조의 모티프는 눈꽃이다.

전통 목조건축 용어 중 '출목'이라는 표현이 있다. 처마 아래에 퍼즐처럼 이어 붙인 목재가 몇 단으로 이루어졌는지를 표현하는 말이다. '삼출목'이라면 3단인 것. →

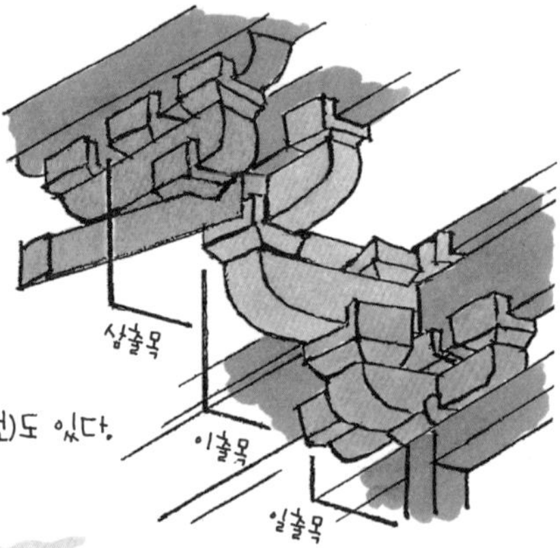

'사출목'과 '육출목'(ex. 도다이지 대불전)도 있다.

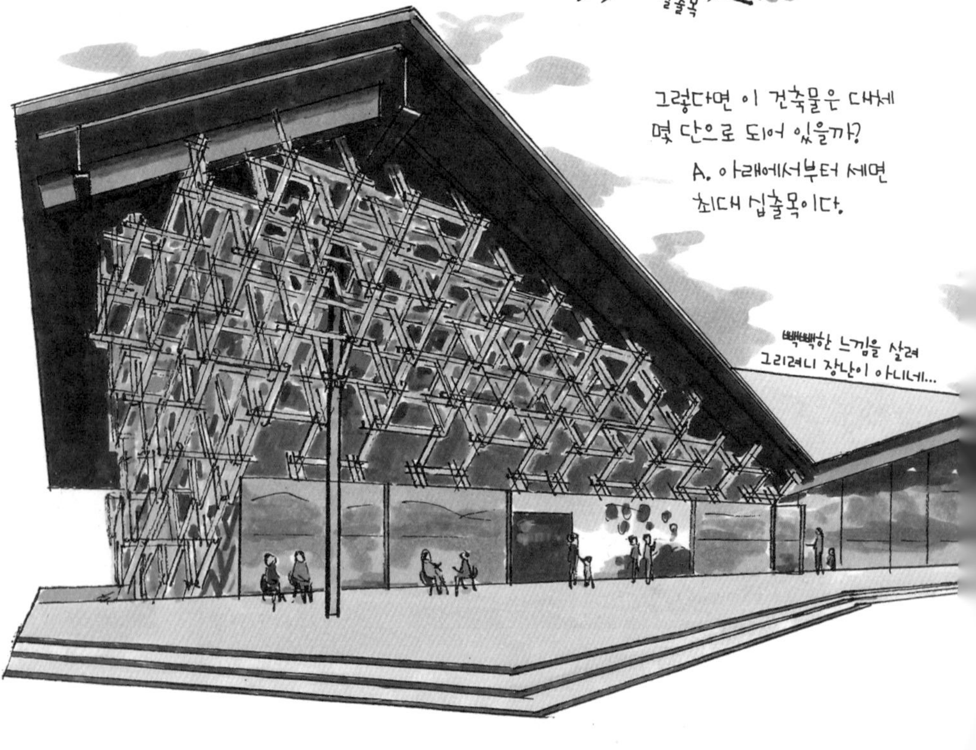

이 디자인, 정말 비용 대비 효과가 엄청나게 좋아 감탄이 절로 나왔다.

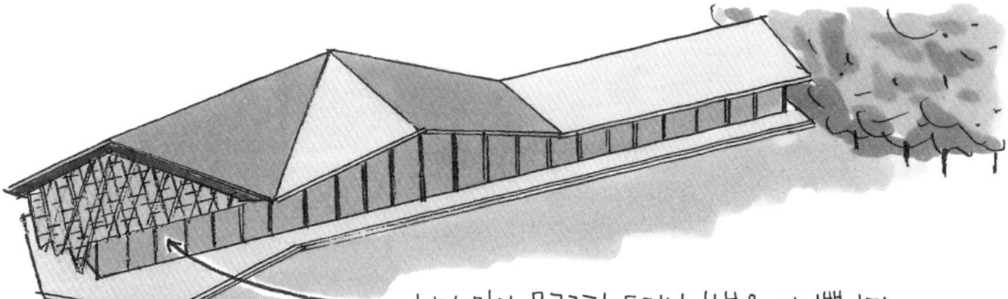

처마 밑의 목구조가 드러난 부분은 여기뿐이다.

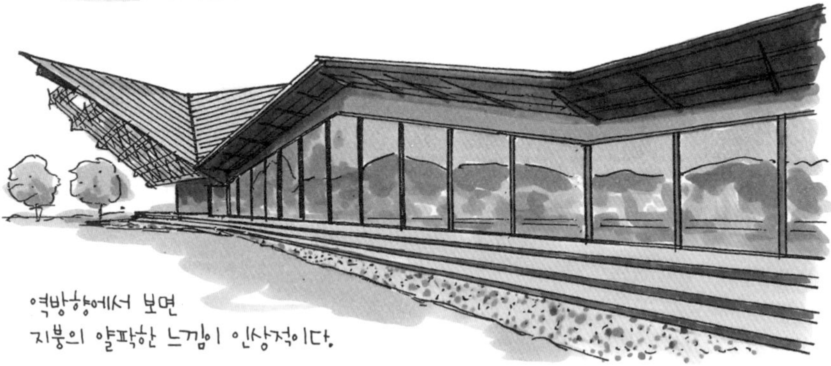

역방향에서 보면
지붕의 얄팍한 느낌이 인상적이다.

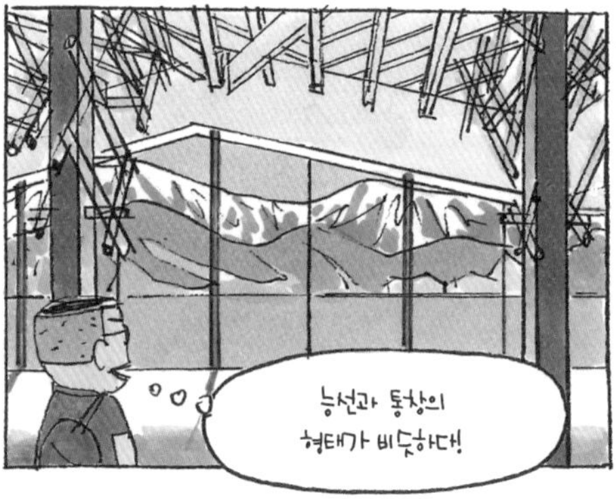

← 내부는 이런 느낌! 지붕의 주요 구조재는 누가 봐도 철이다. 하지만 나무를 살짝 섞으니 느낌이 확 달라진다. 역시 나무는 산이랑 어울려!

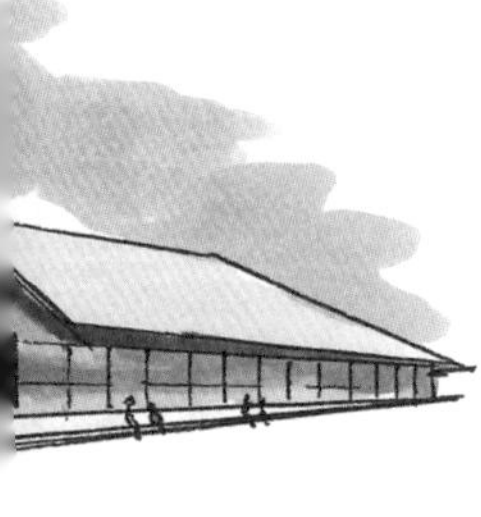

'철골조 + 나무'만이 줄 수 있는 멋을 처마 밑에서 발견했다.

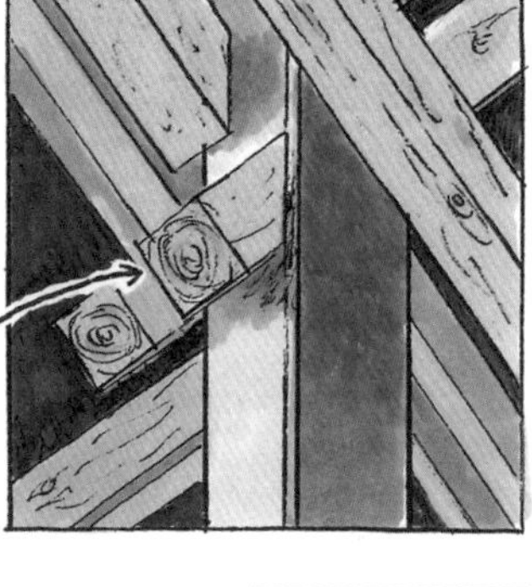

목재의 끝부분이 철골기둥을 '관통한 것'처럼 보인다. 기가 막힌데?!

➔ 건축정보는 P.123

Part 4

외관의 자기주장을 없앤

[드러나지 않는] 건축

일상에 녹아들어 '공간'을 만들다

—

구마 겐고의 건축을 상징하는 표현 중에 '약한 건축'이 있다.
다의적인 표현인데, 여러 의미 중에서도 '약한 건축'은
'(자기주장이) 강한 건축'='이기는 건축'에 반대되는 안티테제다.

—

출세작이 된 'M2'(1991년, P.036)는
그야말로 '이기는 건축'이었다.
그로부터 3년 후, 그와 정반대되는 건축물이
세토나이카이의 오시마(에히메현 이마바리시의 섬)에 완성되었다.
바로 '기로잔전망대'다.

—

산꼭대기에 있는 균열(틈새)에 시설을 파묻고
미로 같은 계단을 통해 사람들을 여러 개의 전망 테라스로 인도한다.
사반세기가 지난 지금까지도 전망대는 수많은 관광객으로 북적인다.

—

외관을 없앰으로써 일상에 녹아들지만 완전히 새로운 공간을 만드는 것.
그렇게 지은 건축물을 '드러나지 않는 건축'으로 분류했다.

P.174

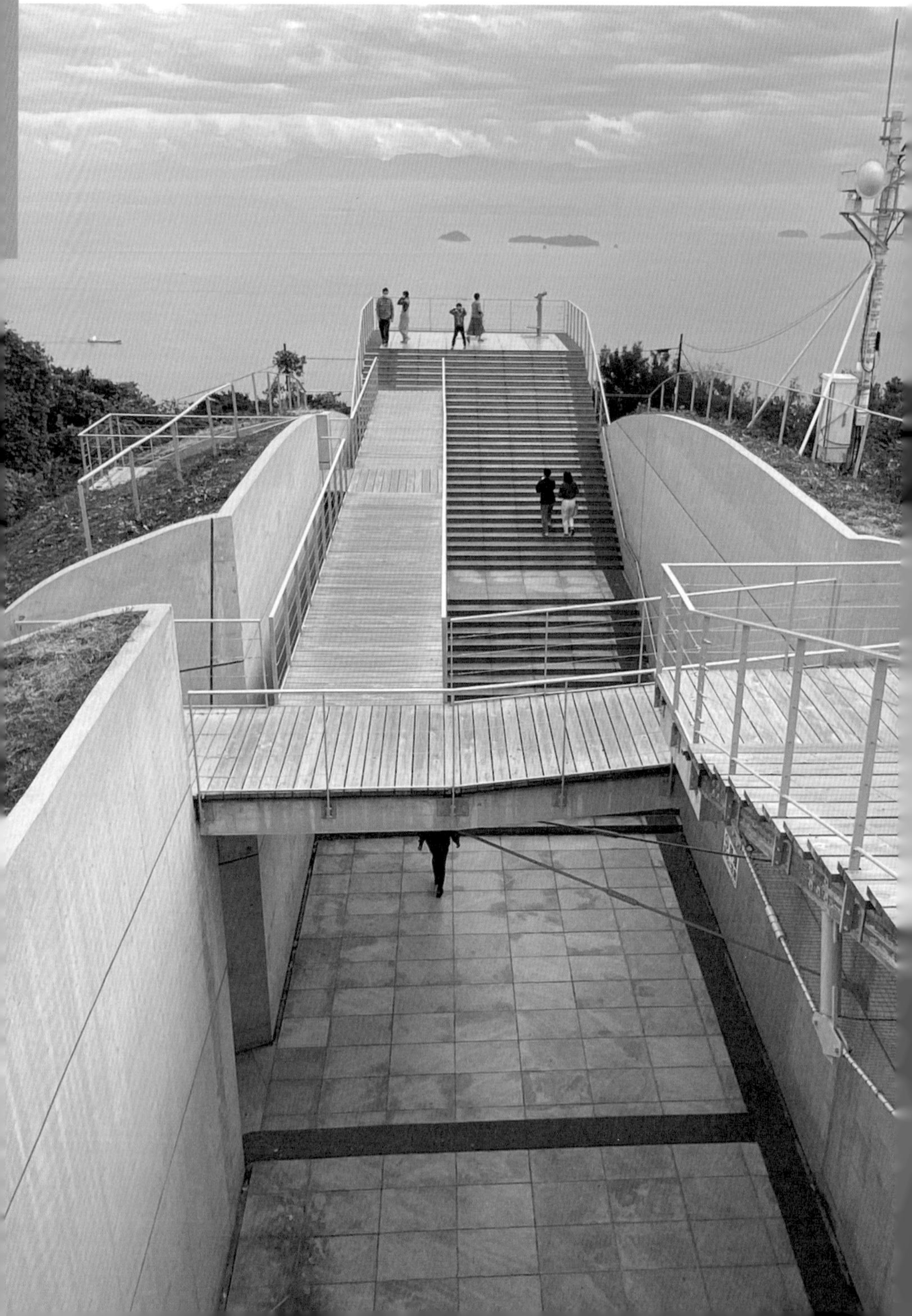

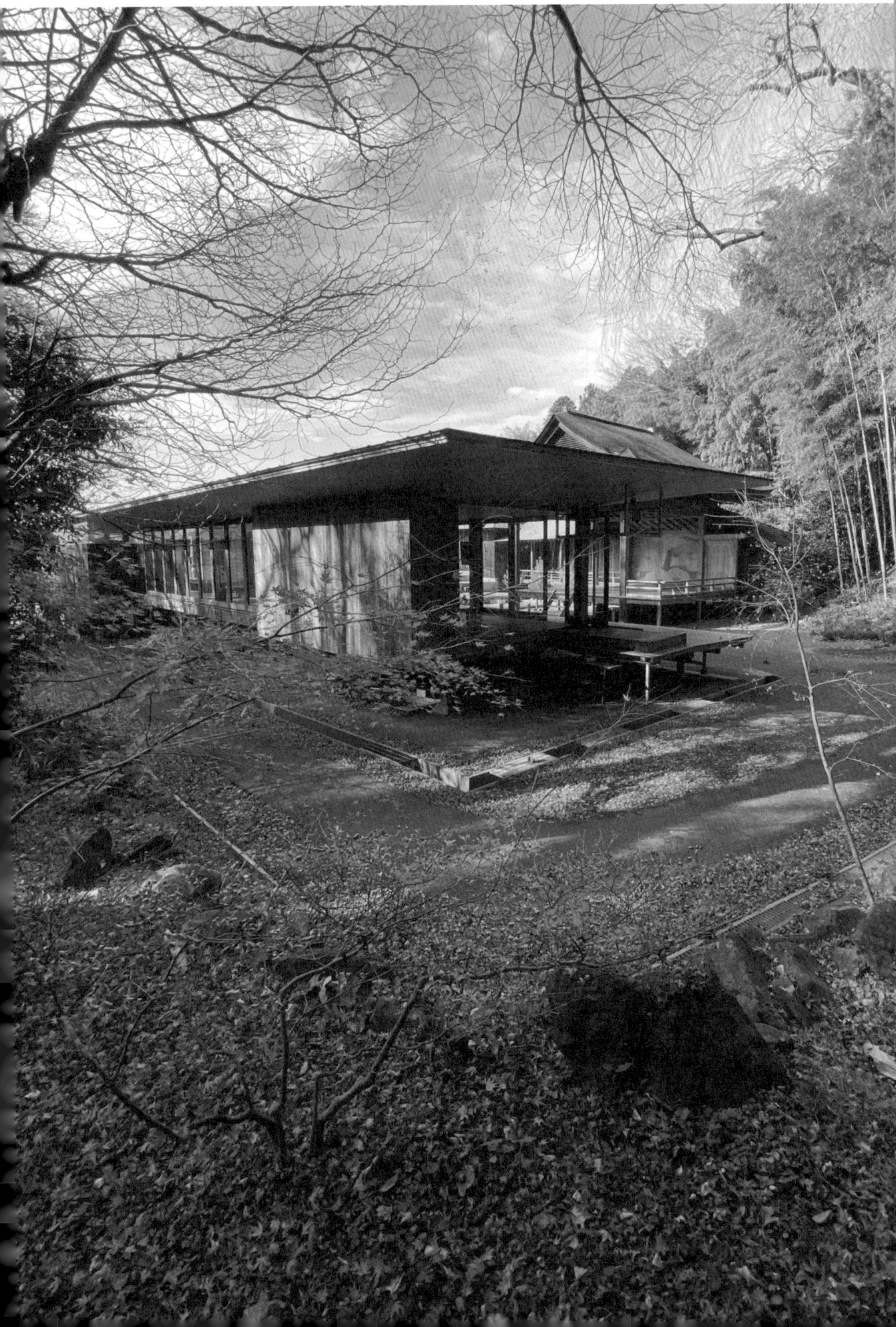

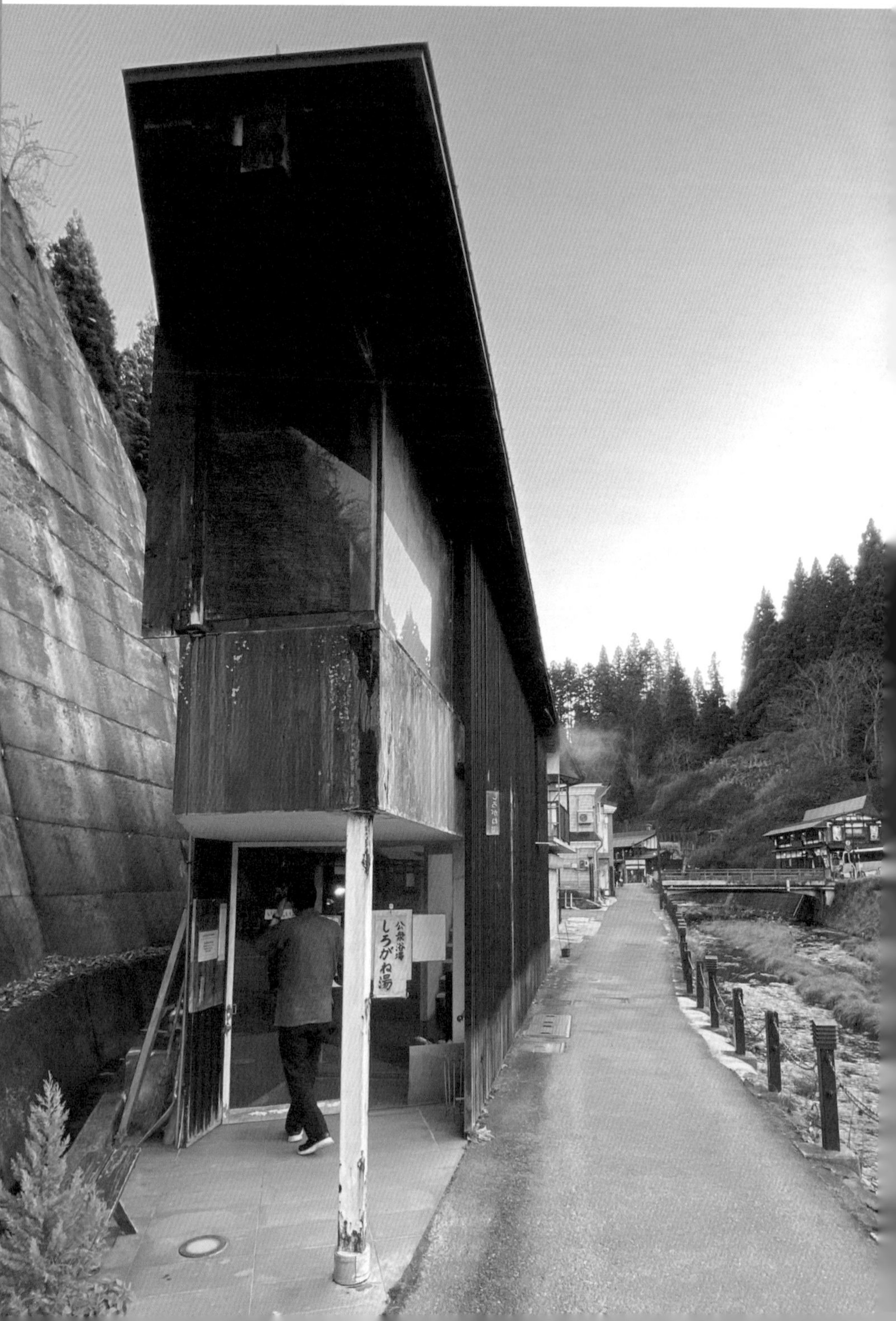
公衆浴場
しろがね湯

➔ P.188

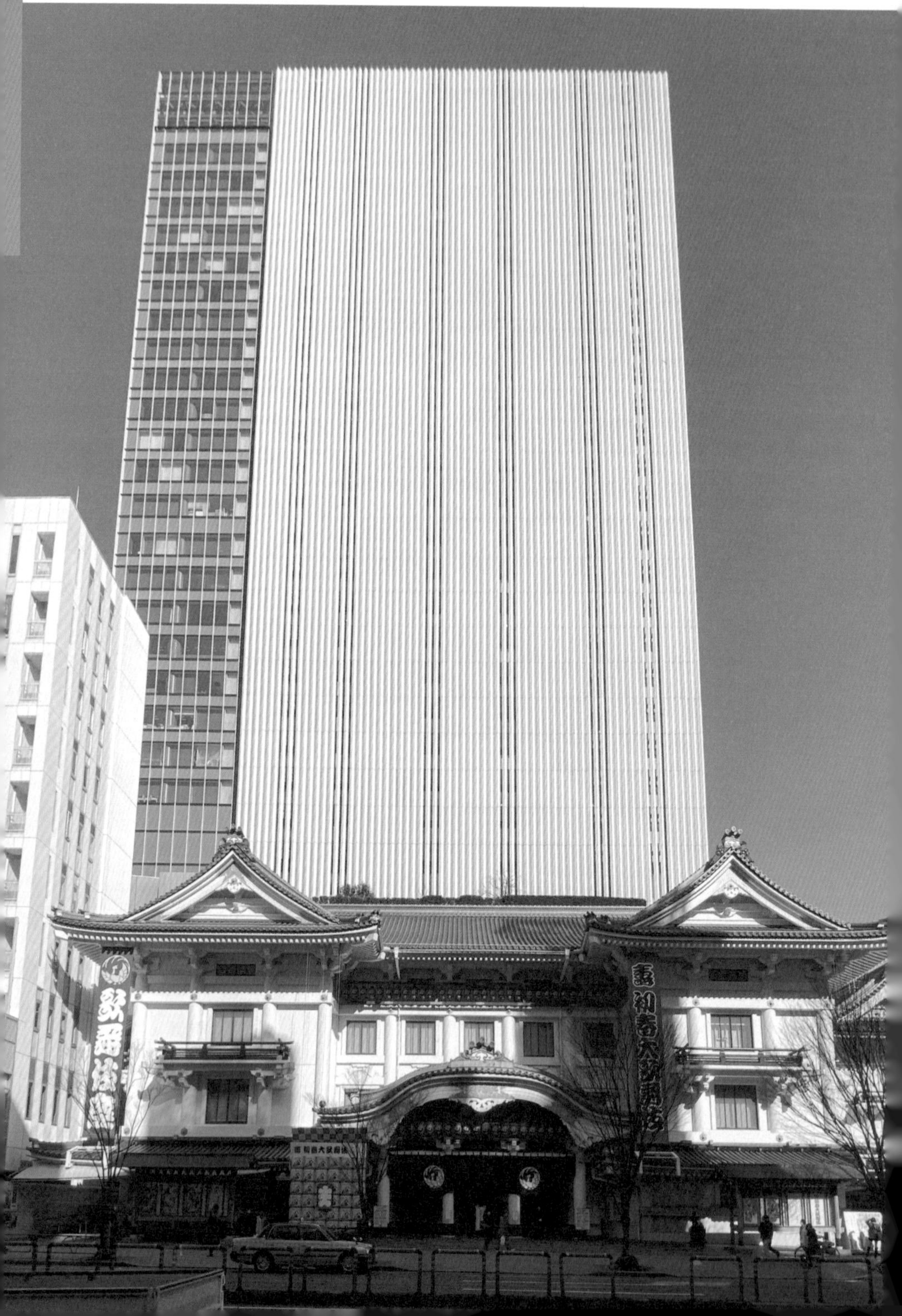

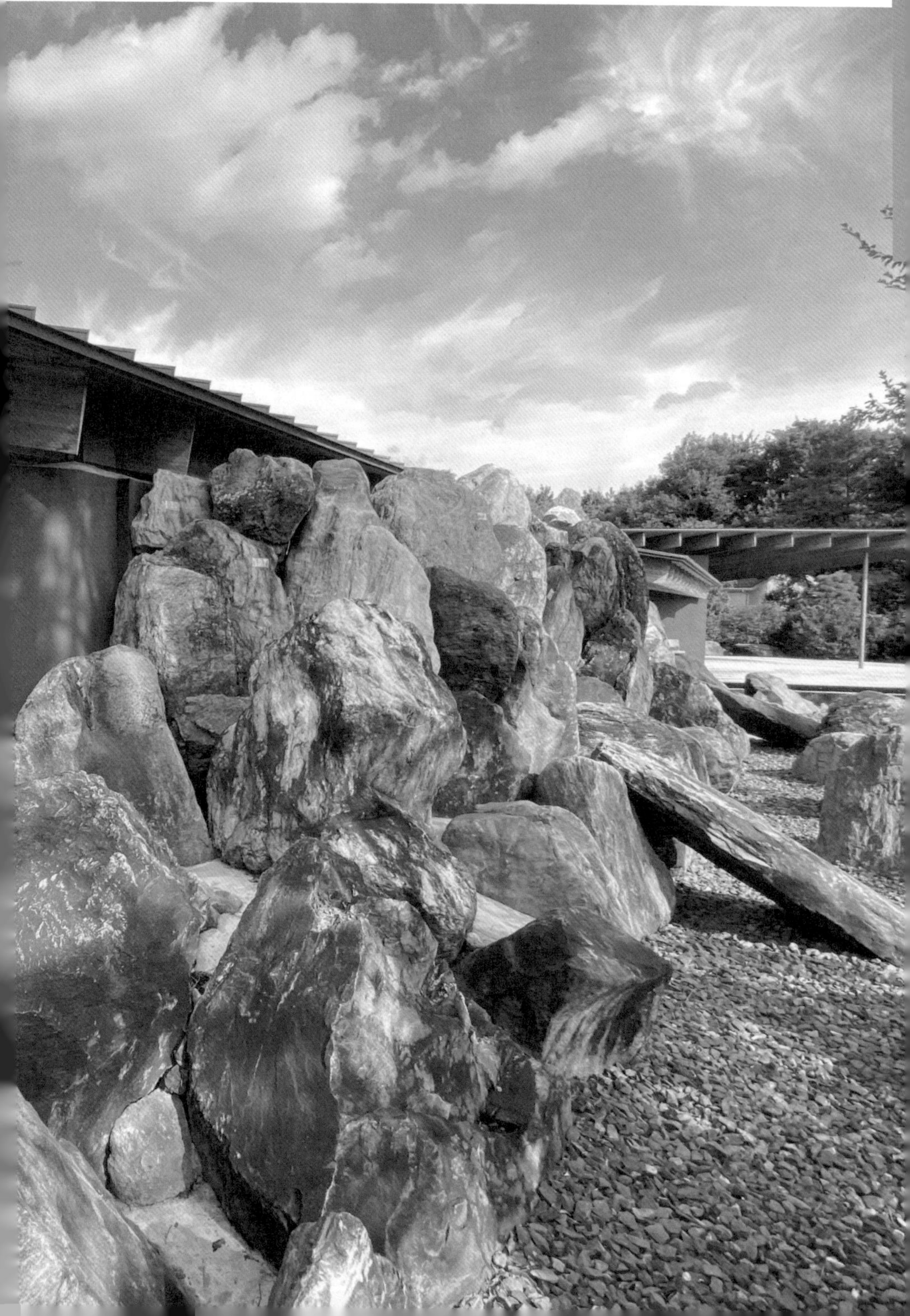

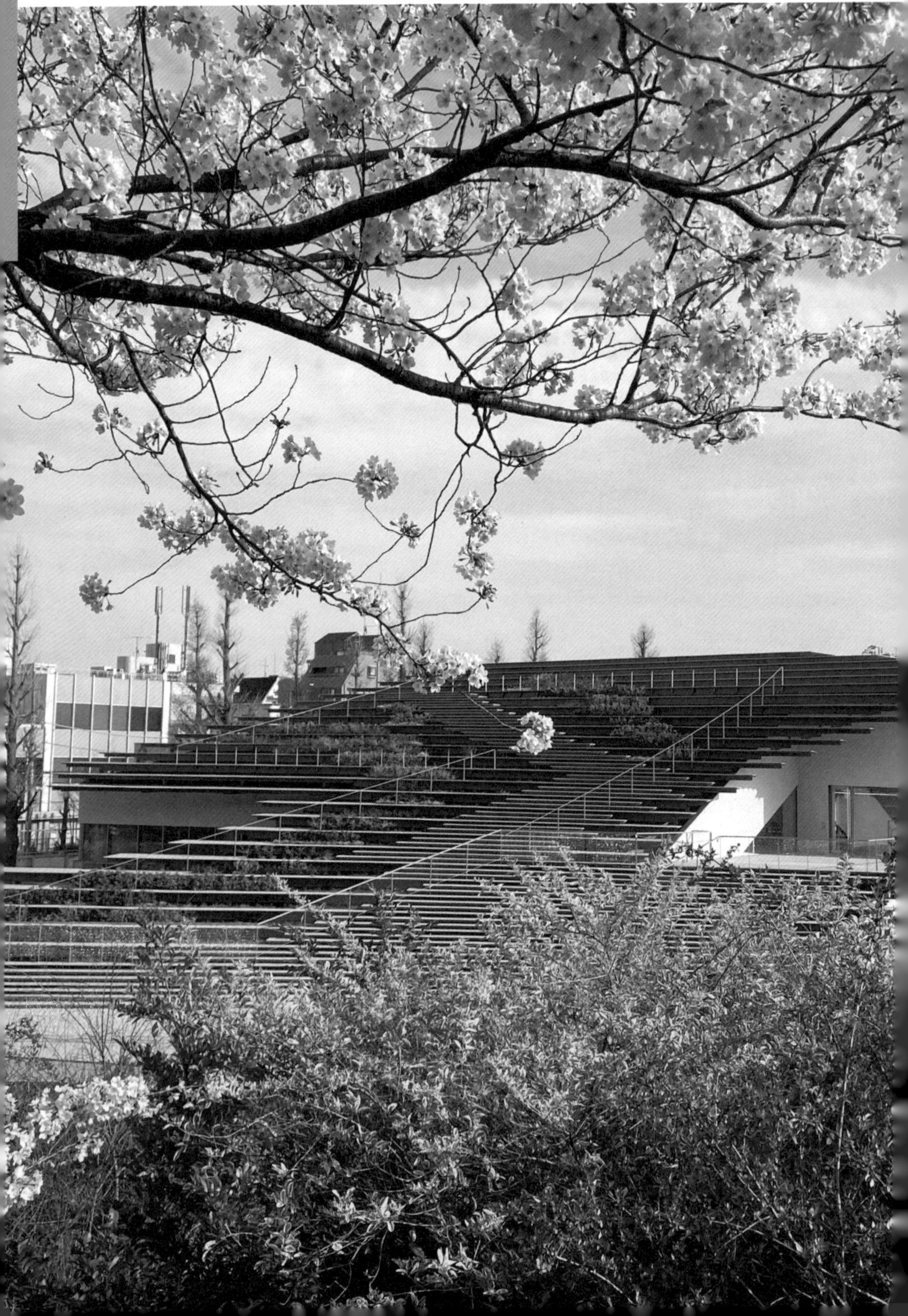

건물 명칭은 준공 시 명칭을 기본으로 하며, 구 명칭으로는 한 번에 알기 어려운 경우에 현재 명칭을 앞에 썼다. —는 공표하지 않거나 불명확한 것.

42 기로잔전망대

P.174

소재지: 에히메현 이마바리시 요시우미초 미나미우라 487-4
발주자: 요시우미초
설계자: 구마겐고건축도시설계사무소
구조설계자: 아키구조설계사무소
설비설계자: 환경계획
시공자: 후타가미구미
구조: 철근콘크리트조
층수: — | 연면적: 473.83m²
설계기간: 1991년 11월~1993년 5월
시공기간: 1993년 6월~1994년 3월
교통: 오시마키타IC에서 차로 15분

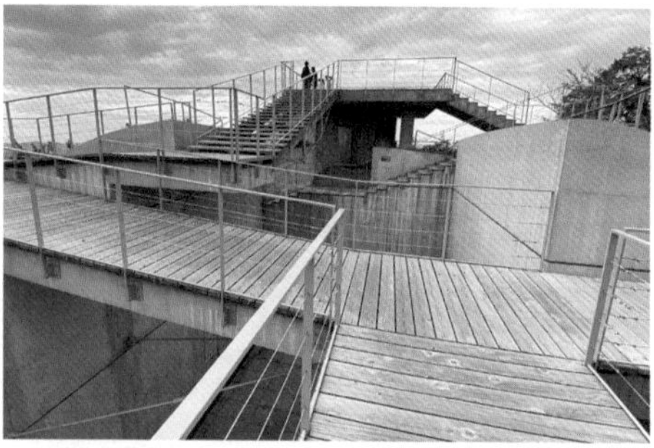

43 전통예능전승관 '모리부타이'

P.178

소재지: 미야기현 도메시 도요마마치 데라이케칸마치 42
발주자: 도요마마치 | 설계자: 구마겐고건축도시설계사무소
구조설계자: 아오키시게루연구실
설비설계자: 가와구치설비연구소
시공자: 도요마건설공동기업체(사쿠다건설·오이카와공무점)
구조: 목조(무대), 철골조(관람석), 철근콘크리트조(전시실)
층수: 지하1층·지상1층 | 연면적: 498.21m²
설계기간: 1995년 5월~8월
시공기간: 1995년 10월~1996년 5월
교통: 센다이역 서쪽 출구 버스정류장에서 동일본급행 도요마소고시쇼행 버스를 타고 약 95분, 종점에서 하차, 도보 5분

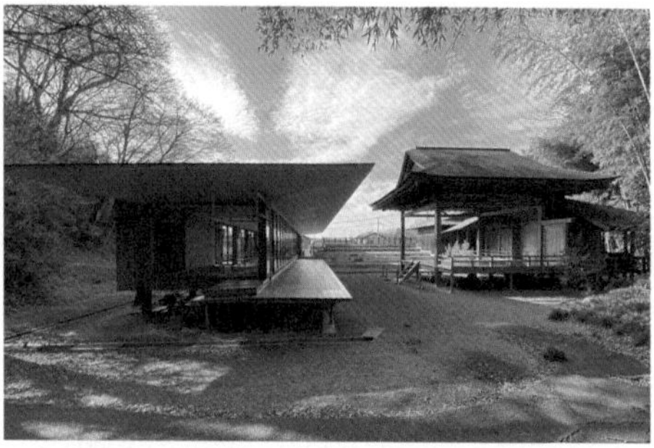

43-2 도요마 회고관

P.181

소재지: 미야기현 도메시 도요마마치 데라이케사쿠라코지 72-6
발주자: 도메시
설계자: 구마겐고건축도시설계사무소
시공자: 와타나베토건
구조: 철근콘크리트조, 일부 철골조
층수: 지상2층
연면적: 약 800m²
준공시기: 2019년
교통: 센다이역 서쪽 출구 버스정류장에서 동일본급행 도요마소고시쇼행 버스를 타고 약 90분, 도요마메이지무라 버스정류장 하차, 도보 1분

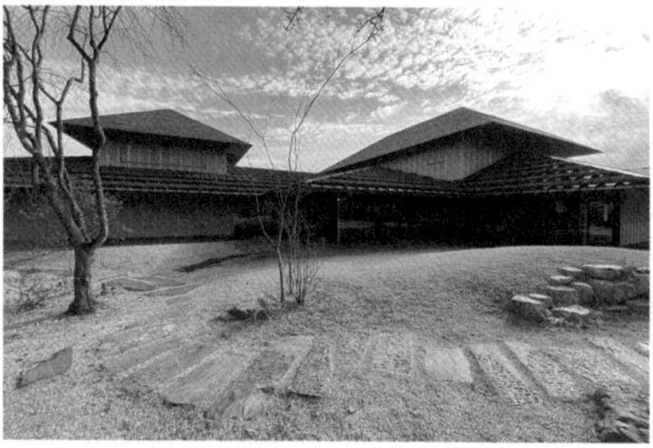

44 긴잔온천 공중목욕탕 '시로가네유'

P.182

소재지: 야마가타현 오바나자와시 긴잔신하타 433
발주자: 오바나자와시
설계자: 구마겐고건축도시설계사무소
구조설계자: 아오키시게루연구실
설비설계자: 오바전기설계사무소
시공자: 혼마건설 | 구조: 철근콘크리트조, 일부 철골조
층수: 지상2층 | 연면적: 63.24m²
설계기간: 2000년 11월~2001년 3월
시공기간: 2001년 4월~7월
교통: JR오이시다역에서 하나가사버스 긴잔온천행을 타고 약 40분, 종점에서 하차, 도보 5분

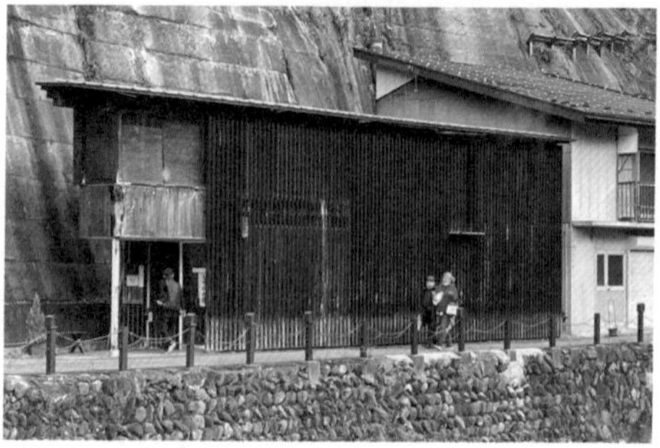

44-2 긴잔온천 후지야

P.183

소재지: 야마가타현 오바나자와시 긴잔신하타 443
발주자: 후지 아쓰시
설계자: 구마겐고건축도시설계사무소
구조설계자: 나카타가쓰오연구실
설비설계자: 모리무라설계사무소
시공자: 아이와건설 | 구조: 목조
층수: 지하1층·지상3층 | 연면적: 927.99m²
설계기간: 2002년 4월~2005년 3월
시공기간: 2005년 4월~2006년 7월
교통: JR오이시다역에서 하나가사버스 긴잔온천행을 타고 약 40분, 종점에서 하차

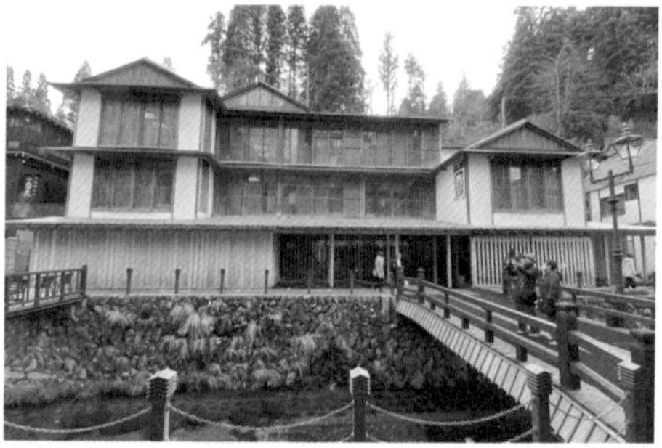

45 도쿄미드타운 산토리미술관

P.184

소재지: 도쿄도 미나토구 아카사카 9-7-4 도쿄미드타운 갤러리아 3층
사업주: 미쓰이부동산, 전국공제농업협동조합연합회, 메이지야스다생명보험, 후코쿠생명보험, 세키스이하우스, 다이도생명보험
설계자: 구마겐고건축도시설계사무소
시공자: 다케나카·다이세이 건설공사공동기업체
구조: 철골조, 일부 철골철근콘크리트조, 철근콘크리트조
층수: 미술관 부분은 지상 3~4층
연면적: 미술관 부분은 7200m²
설계기간: 2002년 11월~2003년 9월
시공기간: 2004년 5월~2006년 12월
교통: 도쿄메트로 히비야선 롯폰기역과 직통

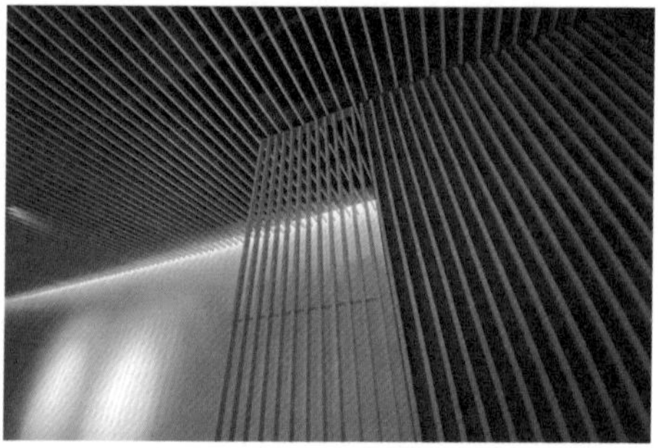

46 메무 어스 호텔(실험주택 메무)

P.186

소재지: 홋카이도 다이키초 메무 158-1
발주자: LIXIL주세이카쓰재단(구 토스템건재산업진흥재단)
설계자: 구마겐고건축도시설계사무소
구조설계자: 모리베 야스시(쇼와여자대학)(실험주택 메무)
설비설계자: 마고리 분페이(도쿄대, Factor M)(실험주택 메무)
시공자: 다카하시공무점 | 구조: 목조
층수: 지상1층(실험주택 메무) | 연면적: 79.50m²(실험주택 메무)
설계기간: 2009년 3월~2010년 10월
시공기간: 2010년 11월~2012년 6월
(실험주택 메무는 2011년 6월 준공)
교통: 도카치 오비히로공항에서 차로 약 50분

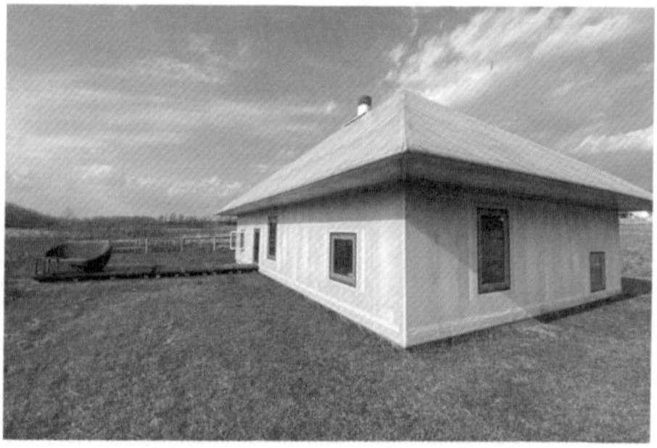

47 긴자 가부키극장(긴자 가부키자)

P.188

소재지: 도쿄도 주오구 긴자 4-12-15
발주자: 가부키극장, KS빌딩캐피탈특정목적회사
설계자: 미쓰비시지쇼설계(설계),
구마겐고건축도시설계사무소(디자인 총괄)
구조설계자: 미쓰비시지쇼설계 | 설비설계자: 미쓰비시지쇼설계
시공자: 시미즈건설
구조: 철골조(지상부), 철골철근콘크리트조(지하부)
층수: 지하4층·지상29층 | 연면적: 9만3530.40m²
설계기간: 2008년 1월~2010년 9월
시공기간: 2010년 10월~2013년 2월
교통: 도쿄메트로 히비야선, 도에이아사쿠사선 히가시긴자역과 직통

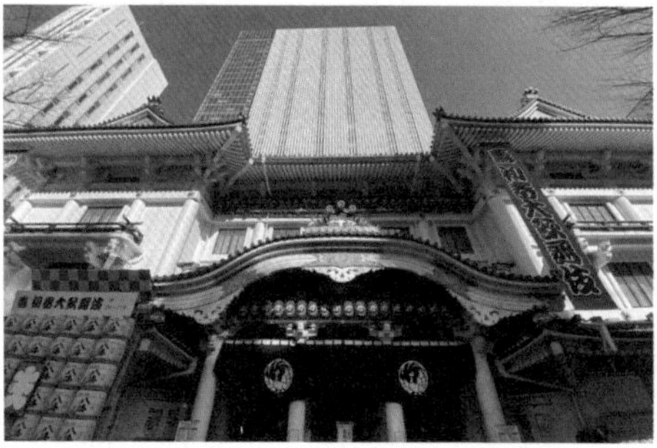

48 겐조테이

P.190

소재지: 가나자와시 겐로쿠마치 1-19
발주자: 겐조테이
설계자: 구마겐고건축도시설계사무소
구조설계자: 에지리건축구조설계사무소
설비설계자: 환경엔지니어링
시공자: —
구조: 목조 | 층수: 지상2층
연면적: 315.03m² | 준공시기: 2019년
교통: 가나자와역 동쪽 출구 버스정류장에서 가나자와주유버스(시계 방향 루트)를 타고 약 16분, 겐로쿠엔시타·가나자와성 버스 정류장 하차, 도보 3분

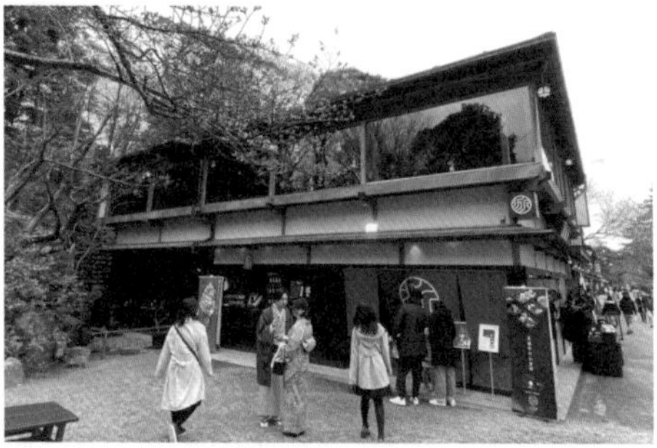

49 히로사와미술관

P.192

소재지: 이바라키현 지쿠세이시 오쓰카 599-1
발주자: 히로사와제작소
설계자: 구마겐고건축도시설계사무소
구조설계자: 사쿠라설계집단
설비설계자: 모리무라설계사무소
시공자: 다이세이건설 | 구조: 철근콘크리트조
층수: 지상1층 | 연면적: 534.43m²
설계기간: 2014년 10월~2015년 7월
시공기간: 2015년 10월~2020년 4월
교통: JR미토선, 간토철도 조소선, 모오카철도 시모다테역에서 차로 약 10분

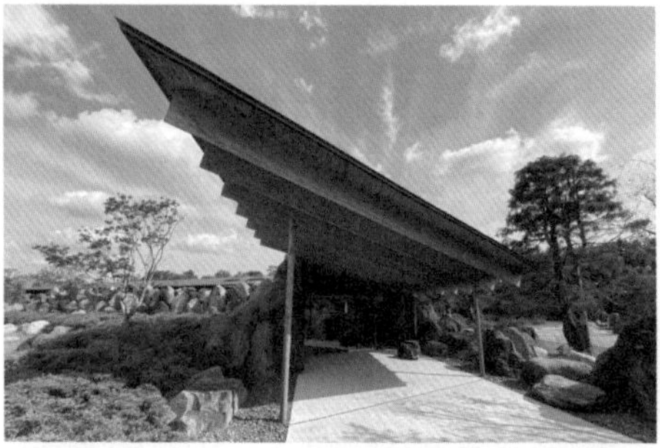

50 도쿄공업대학 '히사오 앤드 히로코 타키 플라자'

P.194

소재지: 도쿄도 메구로구 오오카야마 2-12-1
발주자: 국립대학법인 도쿄공업대학
설계자: 구마겐고건축도시설계사무소,
국립대학법인 도쿄공업대학 시설운영부 시설정비과
시공자: 가지마건설(건축공사)
구조: 철근콘크리트조
층수: 지하2층·지상3층
연면적: 약 4800m²
시공기간: 2019년 5월~2020년 12월
교통: 도큐 오이마치선, 메구로선 오오카야마역에서 도보 1분

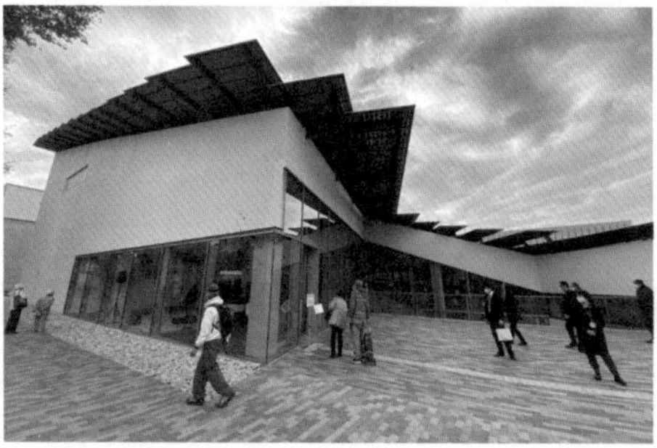

42 관광객도 풍경으로 바꿔버리는 층상 구조

기로잔전망대

드러나지 않는 건축	에히메현 이마바리시 요시우미초 미나미우라 487-4 오시마키타IC에서 차로 15분
두리번두리번	
1994	473.83m²

기존 전망대를 고쳐서 새로 지었다. 예전의 전망대는 산꼭대기 공원에 하나의 작품처럼 만들어둔 평범한 것이었다. 구마 겐고는 외관을 드러내지 않고 지면의 '균열'(틈새)을 전망대로 만들었다. 이곳에서는 앞에서 걸어가는 사람들의 움직임이 풍경이 된다.

건축 탐방을 하면서 '오길 잘했다!'는 생각이 드는 경우는 사진으로 보며 상상했던 것보다 실제 공간이 훨씬 더 매력적이었을 때다. 그런 점에서 '기로잔전망대'는 도쿄에서 가기는 쉽지 않지만 '오길 잘했다!'는 생각이 200%나 드는 곳이었다.

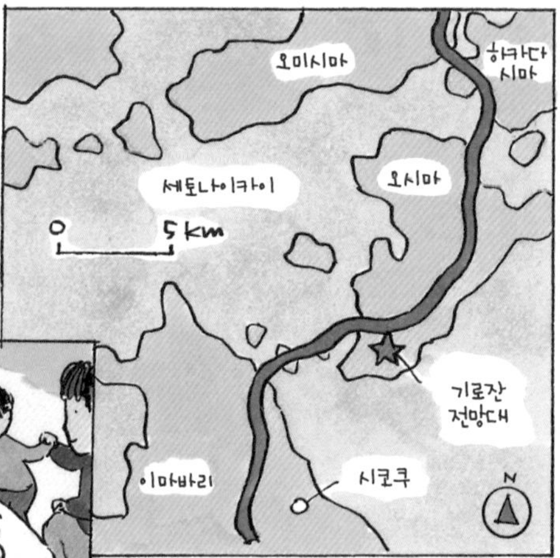

'기로잔'(亀老山)의 유래

1300년 전 이곳저곳 떠돌며 수행 중이던 한 승려가 황금 관음상을 등에 업은 커다란 거북이(亀)를 해안에서 발견하고 이 산에 절을 지었다고 한다.

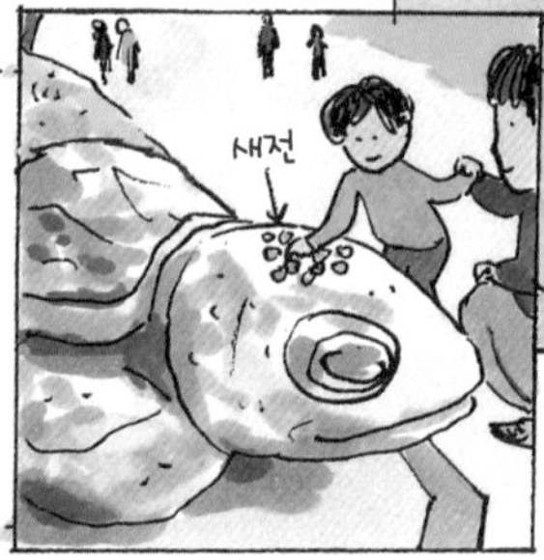

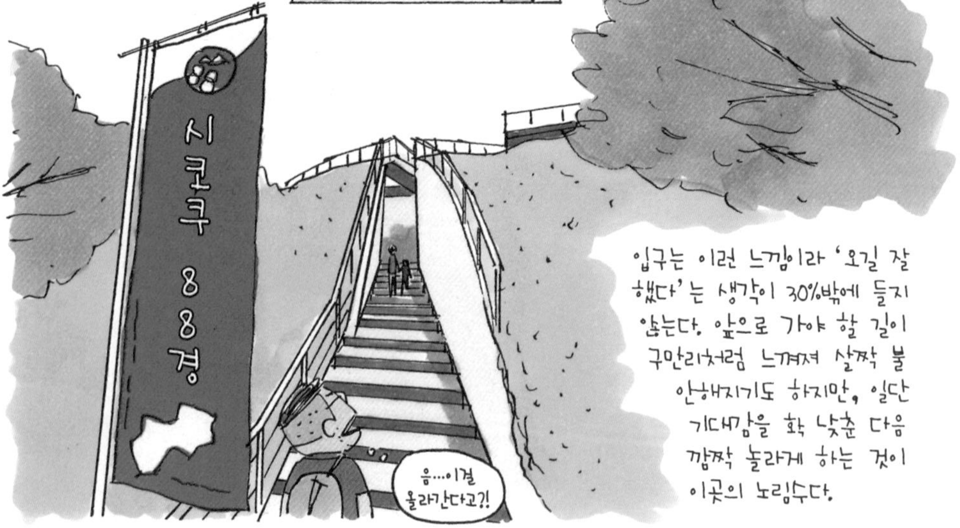

입구는 이런 느낌이라 '오길 잘했다'는 생각이 30%밖에 들지 않는다. 앞으로 가야 할 길이 구만리처럼 느껴져 살짝 불안해지기도 하지만, 일단 기대감을 확 낮춘 다음 깜짝 놀라게 하는 것이 이곳의 노림수다.

드디어 도착~!! 뭡지, 이 입체적인 공간은?! 와…오길 잘했다!

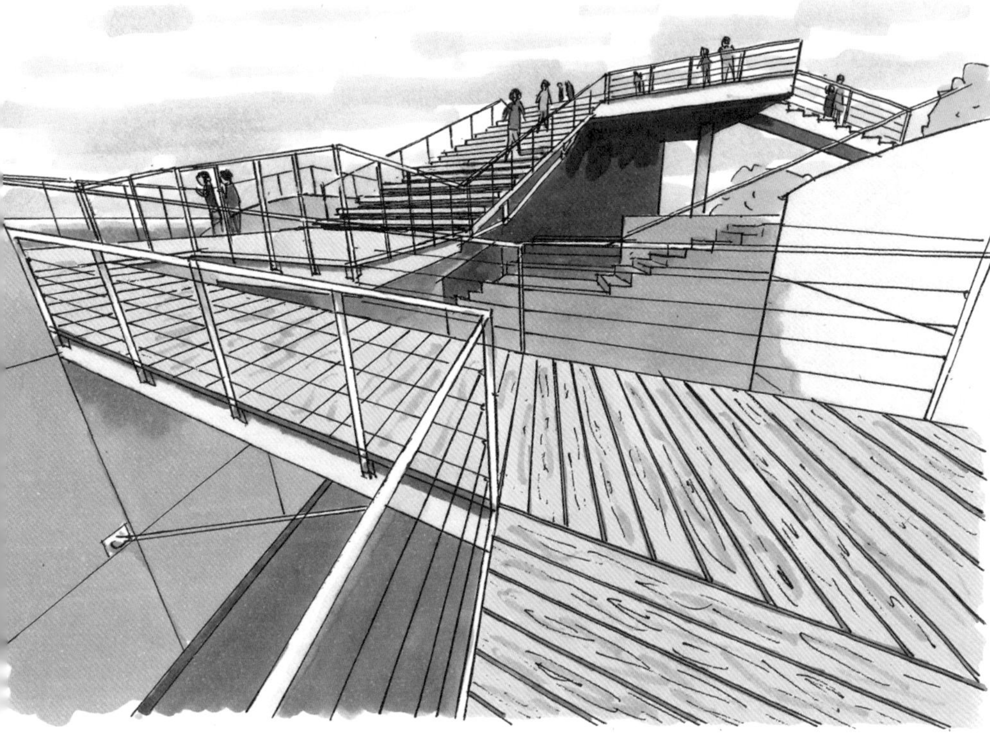

흥분을 가라앉히고 일단 그 매력을 파헤쳐 보자!

① 프랭크 로이드 라이트를 떠올리는 층상 구조

이 공간을 보고 떠오른 것이 바로 미국의 건축가 프랭크 로이드 라이트가 설계한 '구 야마무라저택'(현 요도코 영빈관, 1924)이다. 외관은 나무에 가려 거의 보이지 않고, 복잡한 단차로 인해 다양한 공간이 탄생했다.

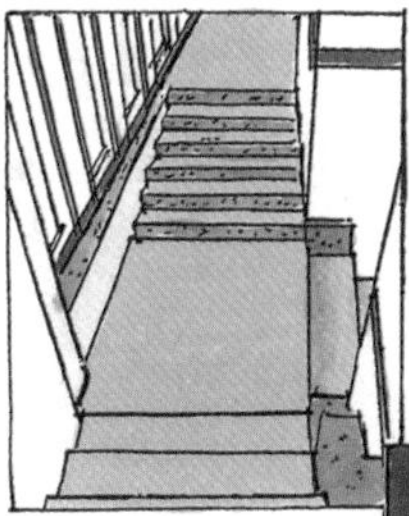

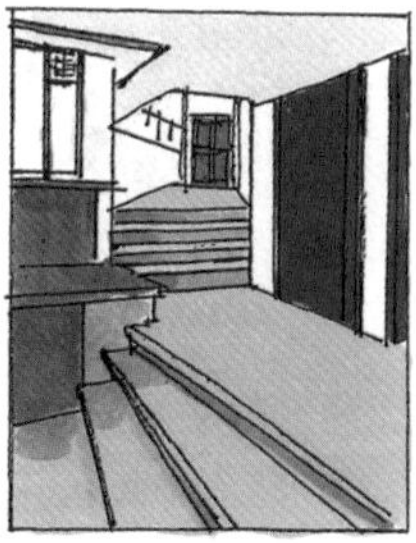

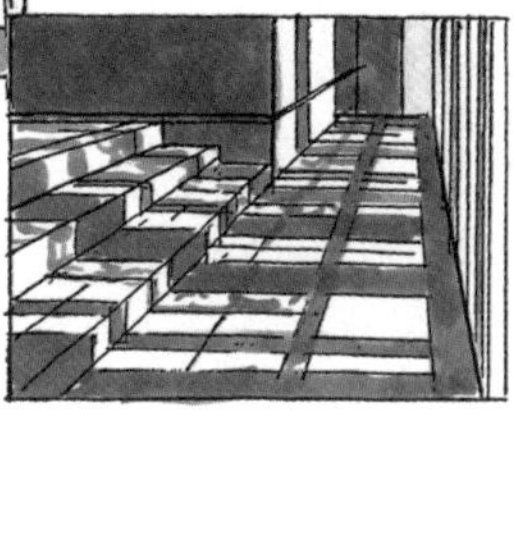

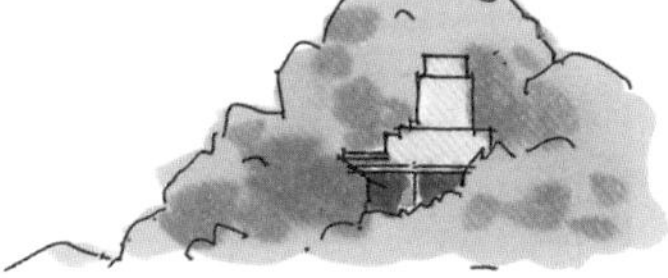

구마 겐고는 프랭크 로이드 라이트를 좋아한다고 공언한 바 있으니, 기로잔의 층상 공간에도 영향을 미친 것이 분명하다.

② '사람'까지도 풍경으로 만들어버리다

프랭크 로이드 라이트가 설계한 야마무라저택과의 큰 차이는 '사람'이 풍경의 일부가 된다는 점.

관광객의 움직임이 눈에 보이니, 동선이 복잡하지만 그대로 따라 걷고 싶어진다. 다들 하나같이 두리번두리번.

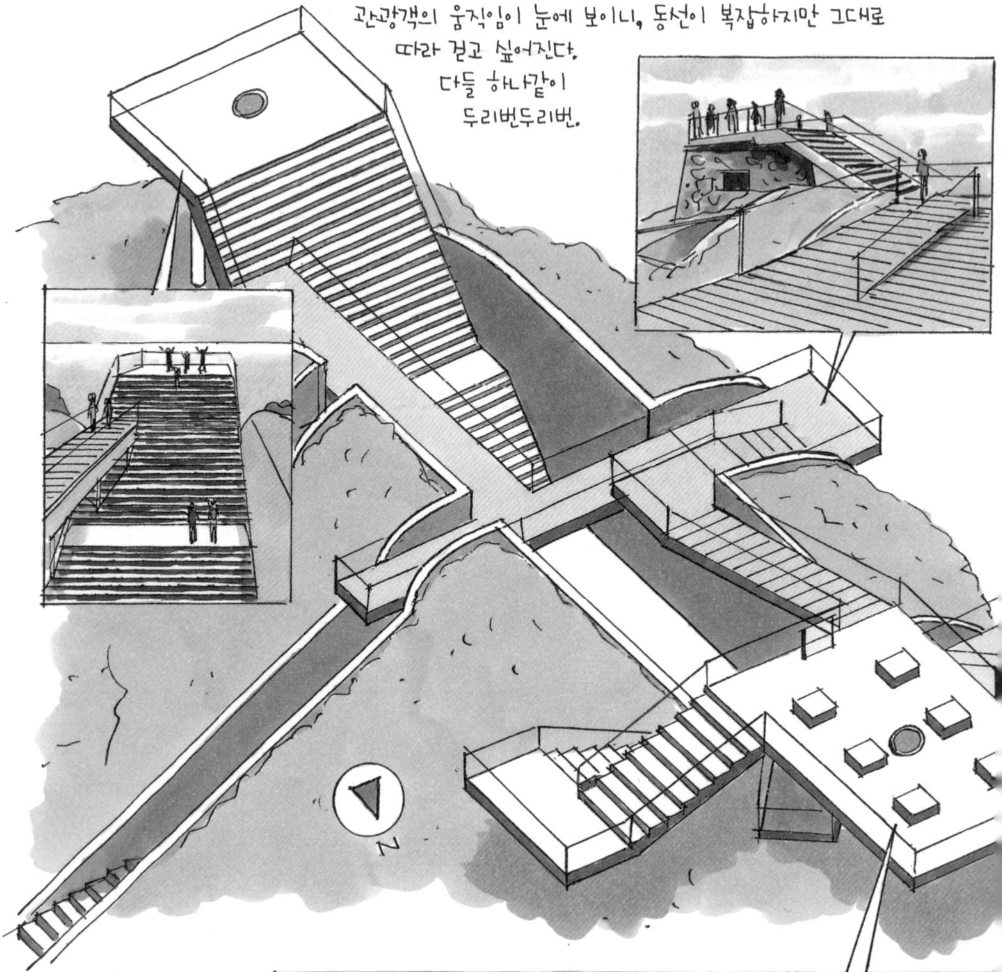

두리번거리며 걷게 되는 동선의 클라이맥스는 북쪽 데크.

시코쿠 방향으로 놓인 구루시마해협 대교와 세토나이의 섬들을 한눈에 볼 수 있는 뷰포인트다. 절경이 따로 없네!

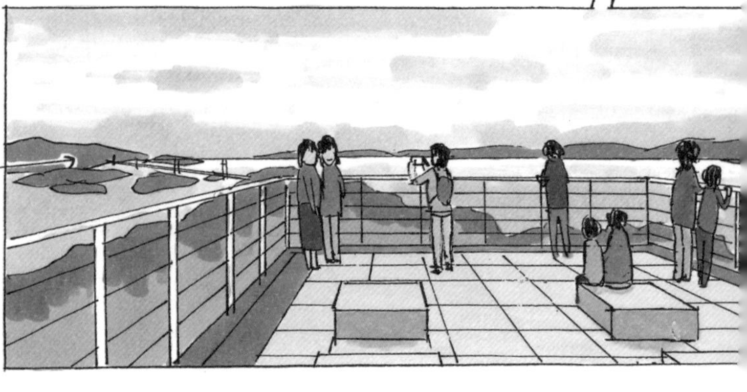

③ 외관을 없애다

구마 겐고는 기로잔전망대를 완성하며 이렇게 말했다. "전망대는 원래 보기 위한 장치다. 하지만 거의 모든 전망대는 보이는 것으로서 주변 환경 가운데 돌출되어 있다." 이른바 '반전'을 꾀하는 것이 이 프로젝트의 목표였던 것이다.

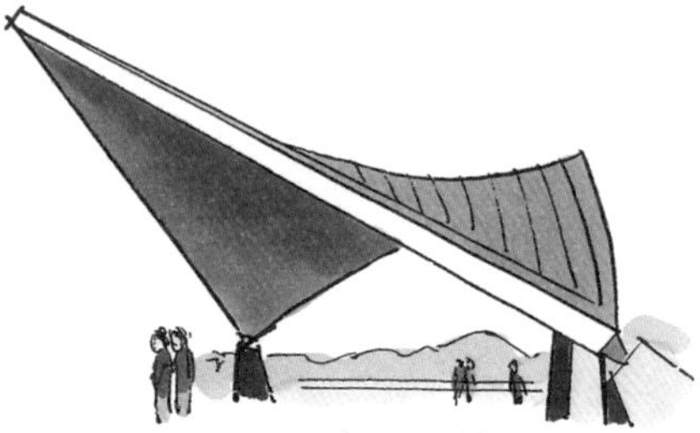

유미하리다케전망대
(쓰보이 요시카쓰, 1965)

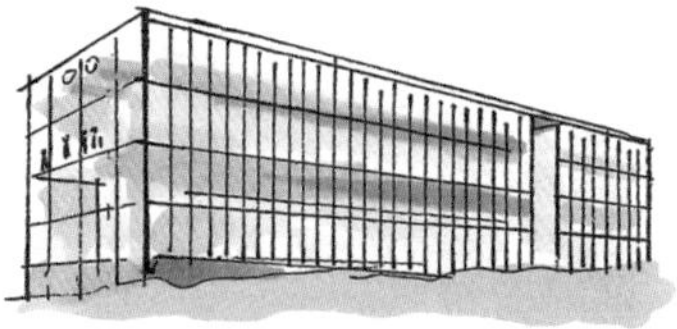

가사이임해공원 레스트하우스 '크리스탈 뷰'
(다니구치 요시오, 1995)

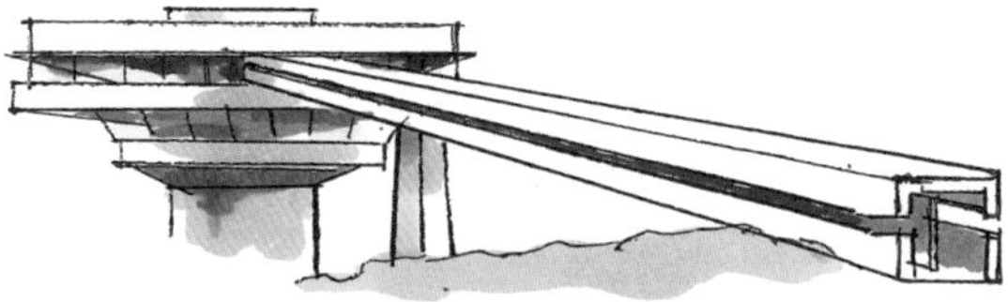

히노야마전망대
(기쿠타케 기요노리, 1973, 현재는 철거된 상태)

역시…확실히 전부 다 외관이 한 폭의 그림 같다.

'기로잔전망대'(1994)와 '워터/글래스'(1995)를 통해 구마 겐고는 '외관이 없어도 괜찮을 수 있다'는 자신감을 갖게 되지 않았을까? '은근함'이라는 새로운 진화 루트가 열린 것이다.
예를 들면 이것 ↓

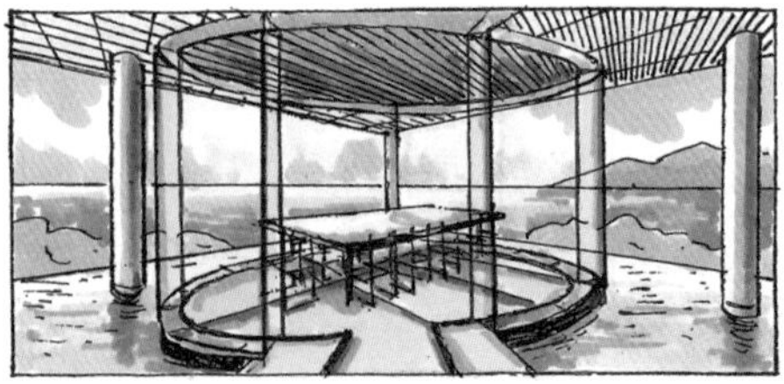

P.040 참조

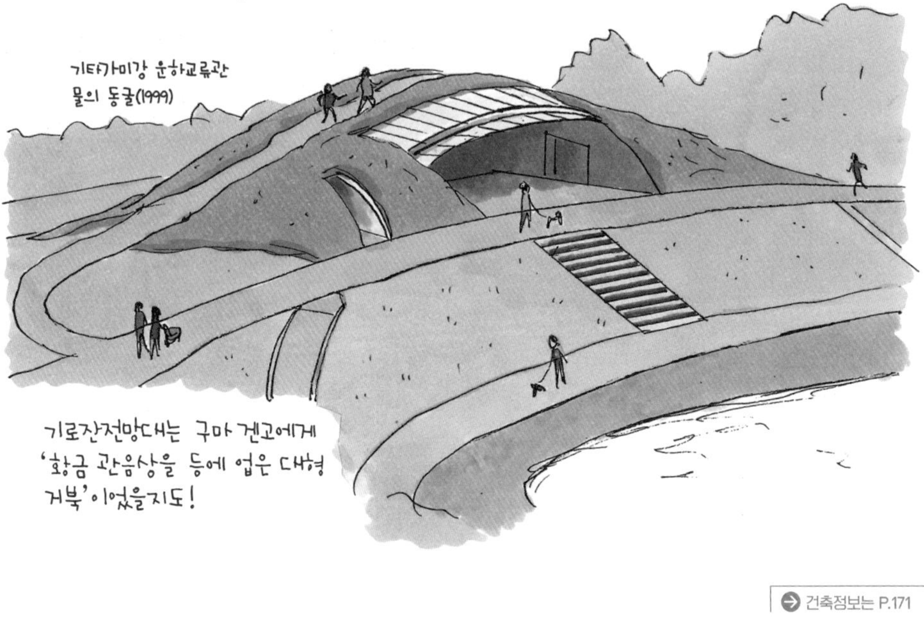

기타가미강 운하교류관
물의 동굴(1999)

기로잔전망대는 구마 겐고에게 '황금 관음상을 등에 업은 대형 거북'이었을지도!

건축정보는 P.171

43 전통과 대치하는 '일본판 미스 반 데어 로에'

전통예능전승관 '모리부타이'

드러나지 않는 건축	미야기현 도메시 도요마마치 데라이케칸마치 42 센다이역 서쪽 출구 버스정류장에서 동일본급행 도요마소고시쇼행 버스를 타고 약 95분, 종점에서 하차, 도보 5분
활짝	
1996	지하1층·지상1층/498.21m²

우진각지붕으로 된 일본 전통극 노의 무대와 일자형 관람석이 외부 공간을 사이에 두고 마주보며 위치. 관람석은 수평선을 강조한 일본식 모더니즘 형식인데, 건축가 미스 반 데어 로에[29]의 '판스워스 하우스'(미국)가 떠오른다. 관람석은 마을 사람들의 교류의 장이 되기도.

1997년 구마 겐고에게 건축계의 아쿠타가와상이라 불리는
일본건축학회상 작품상을 안겨준 건축물은 무엇일까?
M2? 워터/글래스? 바토히로시게미술관? 전부 다 땡!
답을 아는 사람은 구마 겐고에 대해 상당히 정통한 사람이라
할 수 있다. 정답은 이것↓
바로 미야기현 도메시에 위치한 '전통예능전승관 모리부타이'다.

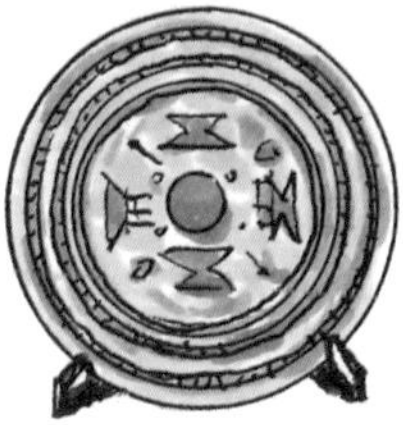

구리거울을 준다고 함

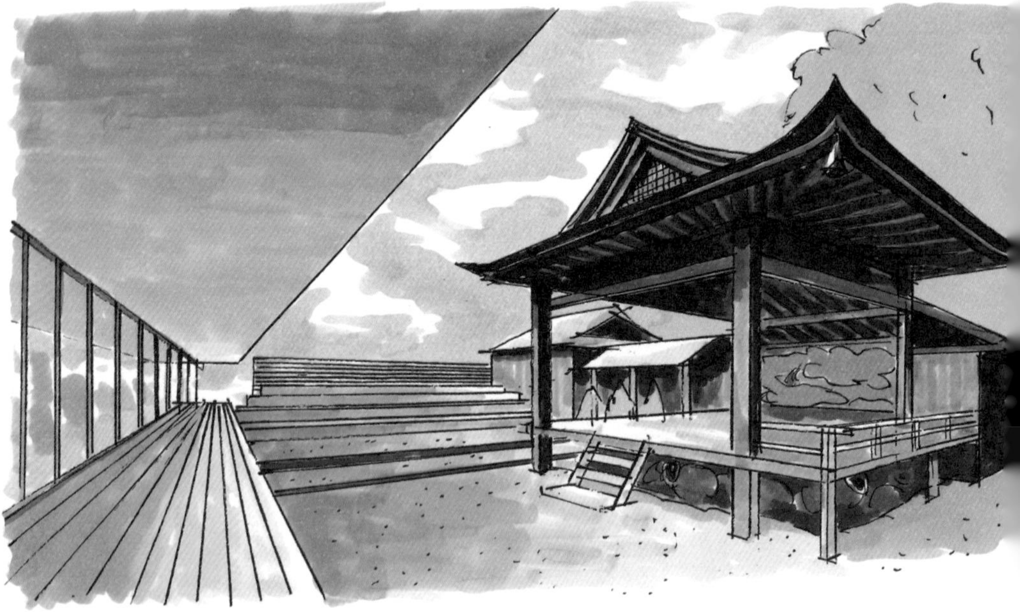

나 역시 이 책 때문에 답사를 가게 되면서 처음으로 봤다.
지금까지 구마 겐고의 작품 중 학회상을 수상할만한 건 바토히로시게미술관이나
돌 미술관이라고 생각했는데, 모리부타이도 막상 보니 정말 훌륭해서 한편으로 반성하는 계기가 되었다.
이 건축물에서는 구마 겐고의 '기본적인 특징'(base)을 엿볼 수 있다.

KUMA'S BASE 1

외부를 '공간'화하다

연면적 500m²가 조금 안 되는 작은 건축물인데, 무대와 관람석을 평행이 되게 두고 그 사이에 '야외 관람석'을 두어 전체를 '하나의 공간'으로 크게 보여준다.

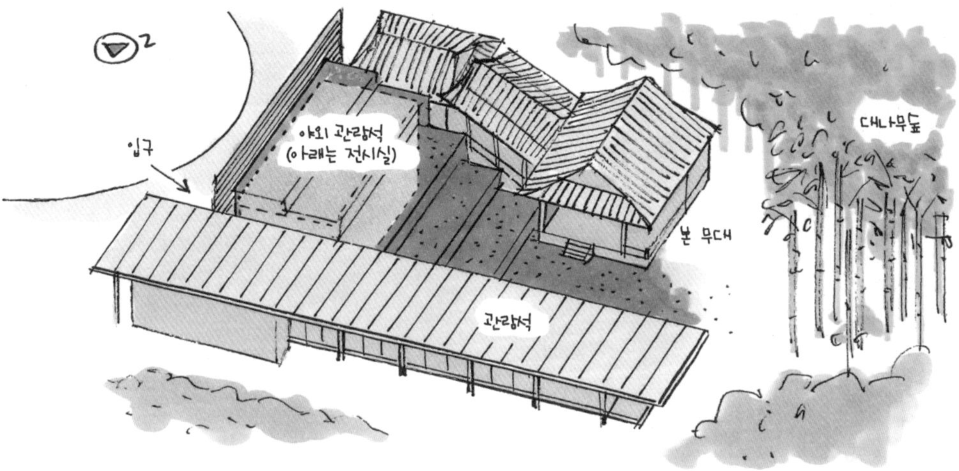

KUMA'S BASE 2

전통은 과하지 않게

야외무대는 생각보다 전통적이다. 완성된 지 25년이 넘어서 목재들이 거무스름해진 탓인지, 마치 에도 시대에 지어진 건축물 같다.

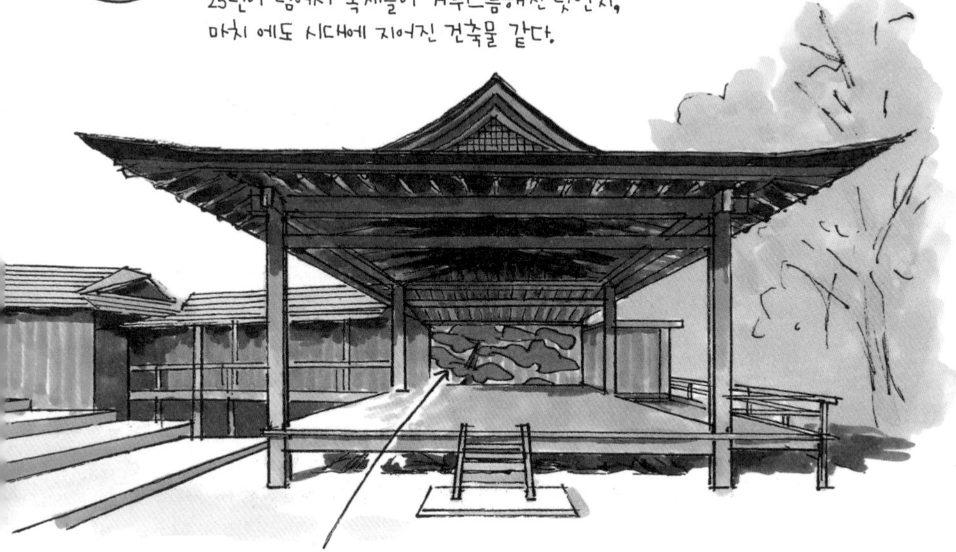

무대 뒷면에 그린 무대화는 현재 일본 미술계의 거장인 센주 히로시의 작품.
이런 부분에서는 과감한 시도를 하지 않고 '100년 후의 문화재를 만드는' 진지한 일면을 보여준다.

KUMA's BASE 3

나무루버로 볼륨감을 줄이다

대부분의 외관은 나무루버로 뒤덮여 있다.
전시실의 '뒤편'을 어떻게 처리할지 고민하고 또 고민한 끝에 내놓은 '고육지책'으로도 보이지만, 결과적으로는 이게 구마 겐고의 미래를 여는 계기가 되었다.

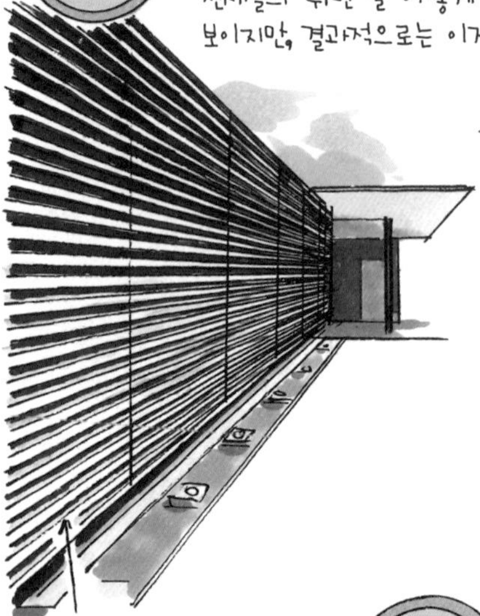

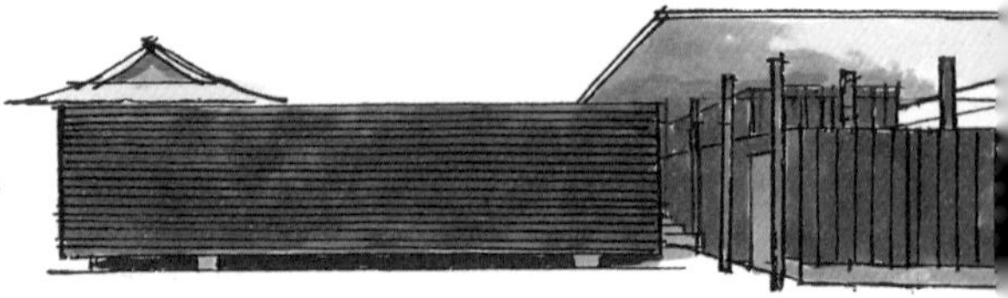

나무루버는 '모리부타이'(1996) →
'하야마문화원'(1999) →
'바토히로시게미술관'(2000)에 ➔ P.086 참조
이르기까지 점점 진화하여 구마 건축의
상징이 된다.

KUMA's BASE 4

방어와 동시에 '공격'하기

물론 보수적이기만 한 건축물은 아니다.
과감히 도전한 곳이 바로 '관람석'

유리문(나무창틀)이 전부 여기에 쏙 들어간다고
한다(덧문식). 산 쪽 유리문도 마찬가지.
문이란 문은 전부 활짝 걷어 버린 이 개방감,
정말 기가 막히다!

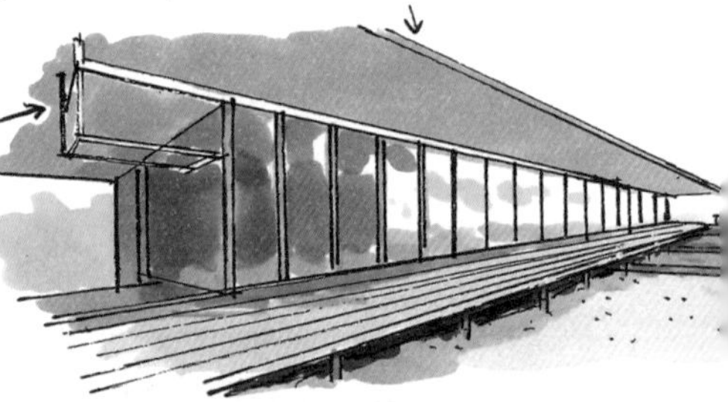

전면 개방 상태

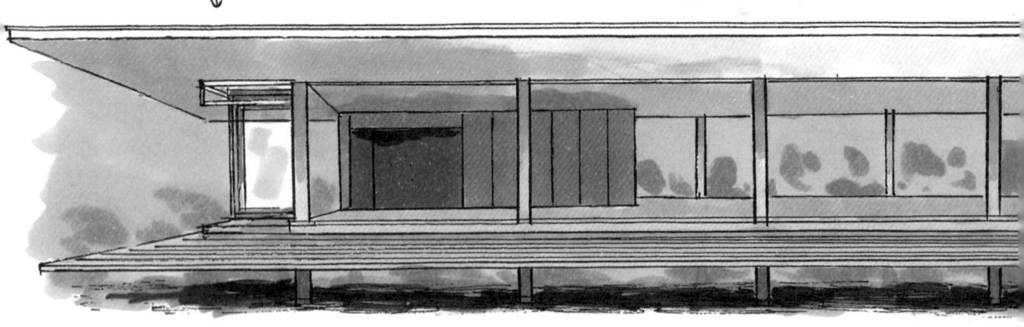

이렇게 하고 싶어서 무대 쪽은 전통을 고수한 것인가…
훌륭한 대비 효과다. 그야말로 일본판 '판스워스 하우스' →
(1951년, 미스 반 데어 로에가 설계)다.

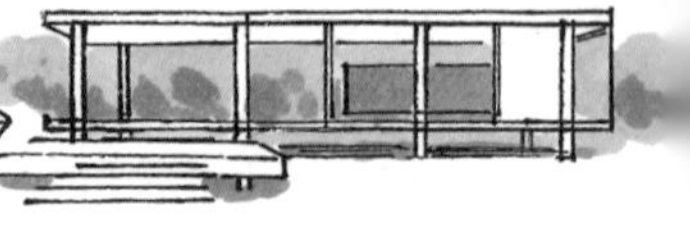

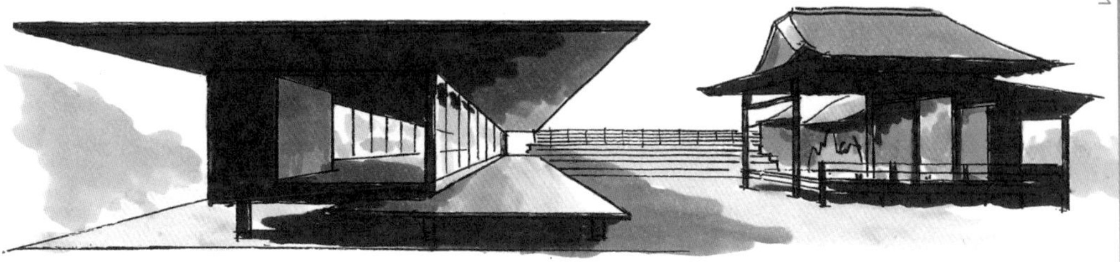

유리문은 지금도 여닫을 수 있다. 공연 중에는 실제로 전체를 다 개방하여 사용한다고 한다. 다만 지면과 수평으로 되어 있는 지붕은 '눈이 쌓이면 치우는 게 힘들다'며 담당자가 불평을 토로했다. 그렇겠네… 젊은 건축가들은 따라하지 않도록!

KUMA'S BASE 5 흔들림 없는 신뢰를 얻는 능력

그런 불편함이 있어도 클라이언트는 만족한 듯하다. 그렇게 단언할 수 있는 이유는 '모리부타이'에서 차로 5분 정도 거리에 구마 겐고가 지은 새 공공 건축이 생겼기 때문이다. 바로 2019년 9월에 오픈한 '도요마 회고관'이다.

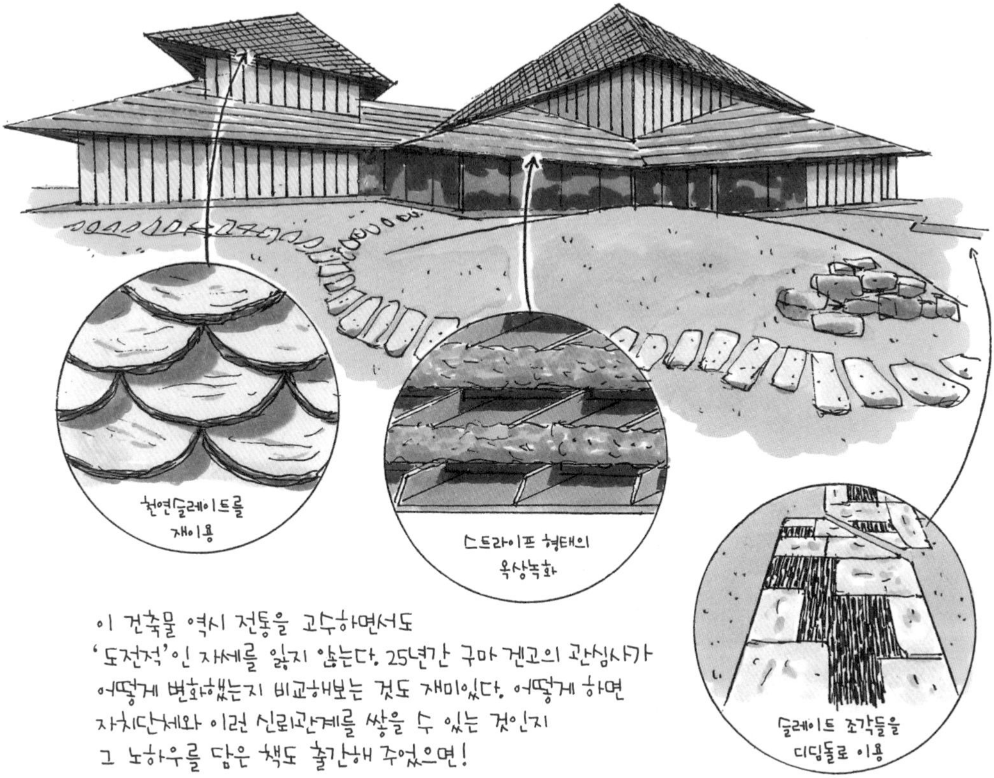

이 건축물 역시 전통을 고수하면서도 '도전적'인 자세를 잃지 않는다. 25년간 구마 겐고의 관심사가 어떻게 변화했는지 비교해보는 것도 재미있다. 어떻게 하면 자치단체와 이런 신뢰관계를 쌓을 수 있는 것인지 그 노하우를 담은 책도 출간해 주었으면!

➔ 건축정보는 P.171

44 사방이 새카만 목욕탕으로 승부하다

긴잔온천 공중목욕탕 '시로가네유'

드러나지 않는 건축

얄팍얄팍

2001

야마가타현 오바나자와시 긴잔신하타 433
JR오이시다역에서 하나가사버스 긴잔온천행을 타고 약 40분, 종점에서 하차, 도보 5분

지상2층/63.24m²

역사가 있는 긴잔온천의 북쪽 끝에 위치한 자그마한 공중목욕탕. 낮에는 관광객, 밤에는 시민들이 이용한다. 건물 폭이 좁아 '대체 어디에 목욕탕이 있다는 거지?'라는 생각이 들지만, 들어가 보면 깜짝 놀랄 만한 공간이 펼쳐진다.

처음에 갔을 때는 모르고 그냥 지나쳤다. 온천거리의 북쪽 끝에 위치한, 긴잔강과 절벽 사이에 낀 삼각형의 협소한 부지에 지어진 건물이다. 입구의 폭은 2m정도로 매우 좁다.

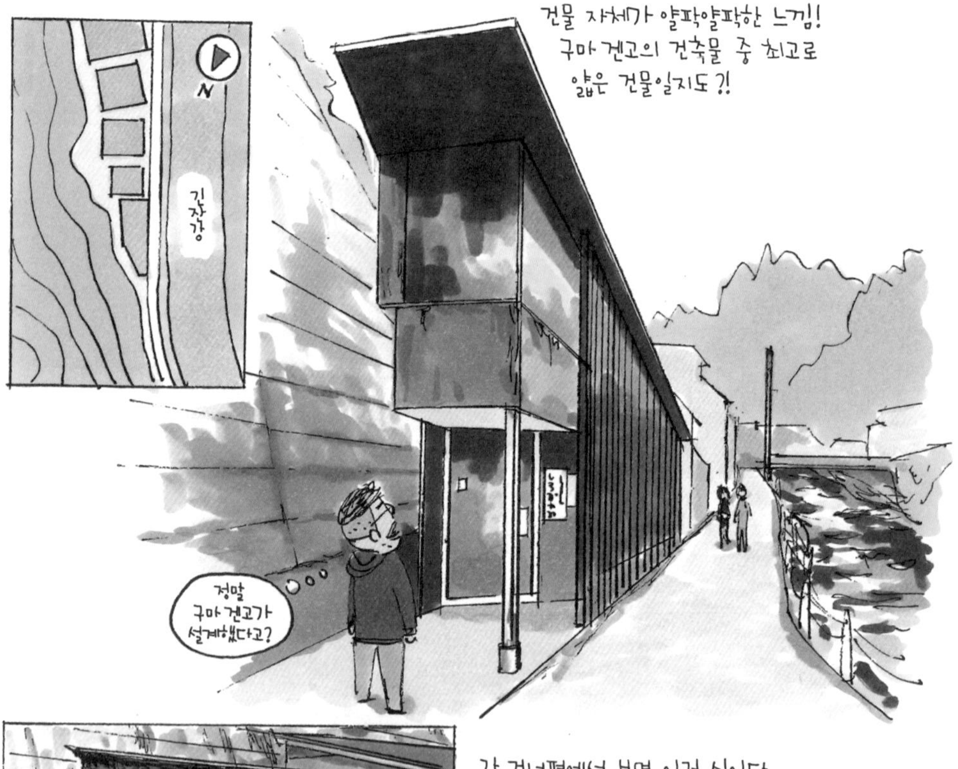

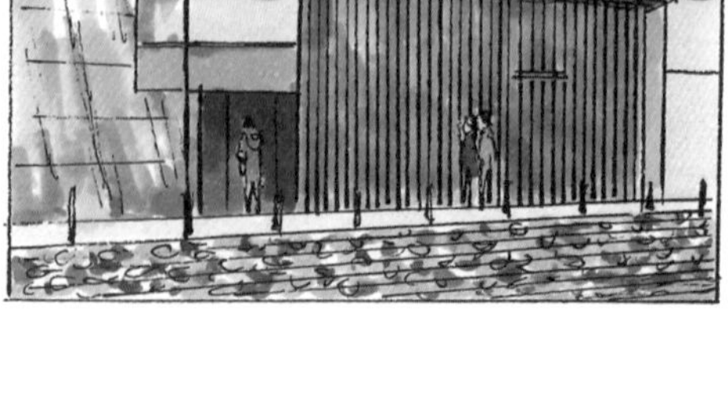

강 건너편에서 보면 이런 식이다. 건축물이라기보다는 뭔가 커다란 칸막이 같은 느낌이랄까? 이런 입지라면 좀 더 외관을 화려하게 만들어도 좋을 텐데, 역사가 깊은 마을이라 전부 '검은색'으로 칠한 듯하다.

그래도 이 건축물을 꼽고 싶었던 이유는 욕탕이 너무 좋았기 때문이다!

2층 건물인데 연면적이 $63m^2$에 불과하다. 거기에 두 개의 욕탕이 어떻게 들어가 있는지를 보자. 일단 1층 욕탕은 세로로 긴 폐쇄형이다.

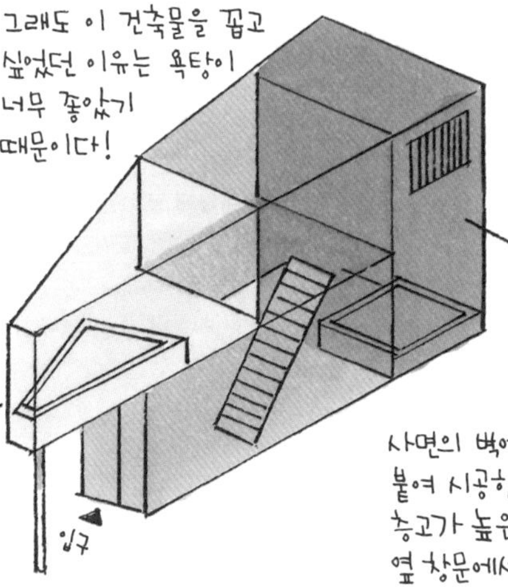

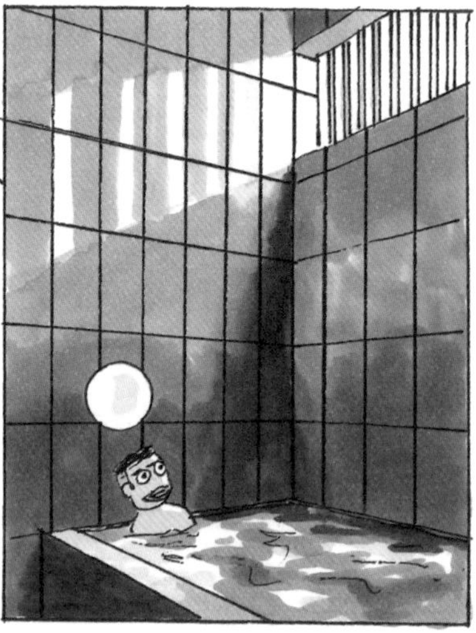

사면의 벽에 돌을 붙여 시공했으며, 층고가 높은 천장 옆 창문에서 들어오는 빛이 뭔가 성스럽게 느껴진다.

그리고 2층 욕탕은 가로로 긴 개방형이다.

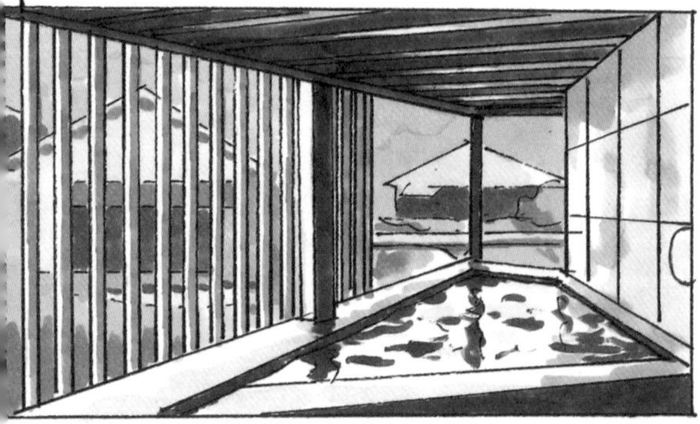

← 주마창(나무 세로 창살과 아크릴 세로 창살)[30]을 열면 노천탕 기분을 낼 수 있다.

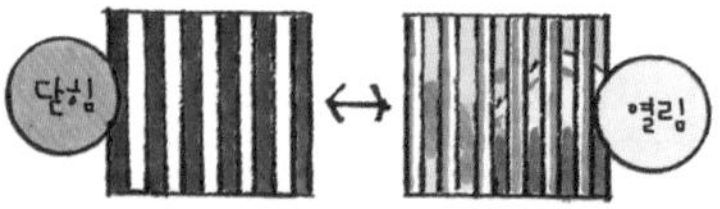

욕탕은 날마다 남탕, 여탕의 위치를 바꾸기 때문에 1박을 해서 둘 다 들어가 보고 싶다!

마찬가지로 긴잔온천에 있는 '후지야'(개수, 2006)는 '차분한' 느낌이 일품이다. '후지야'는 내부의 섬세한 마감이 포인트이니, 좀 높은 곳에 있긴 하지만 숙소를 찾는다면 이곳을 추천한다.

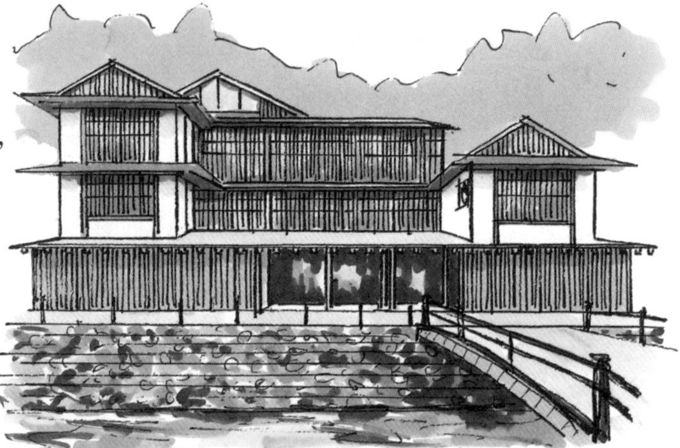

➔ 건축정보는 P.172

45 초고층 건물 사이에 숨은 '수수하면서도 멋진' 외장

도쿄미드타운 산토리미술관

드러나지 않는 건축	도쿄도 미나토구 아카사카 9-7-4 도쿄미드타운 갤러리아 3층 도쿄메트로 히비야선 롯폰기역과 연결
뾰족뾰족	
2006	미술관 부분은 지상 3~4층/7200m^2

외벽의 루버는 하얀 세라믹과 알루미늄으로 처리하고 끝을 최대한 뾰족하게 디자인했다. 루버의 안쪽은 '주마창'처럼 되어 있는데, 느낌이 다르긴 하지만 '시로가네유'(P.182참조)에서 진화한 형태라고 할 수 있다.

여러 설계자가 참여하는 대규모 개발의 경우에는 스포트라이트를 받기가 쉽지 않다. '산토리미술관'은 거대한 '도쿄미드타운'의 극히 일부에 불과하다. 구마 겐고는 여기서 '아는 사람만 알 수 있게' 매직아이처럼 문자를 숨겨둔 디자인을 시도했다.

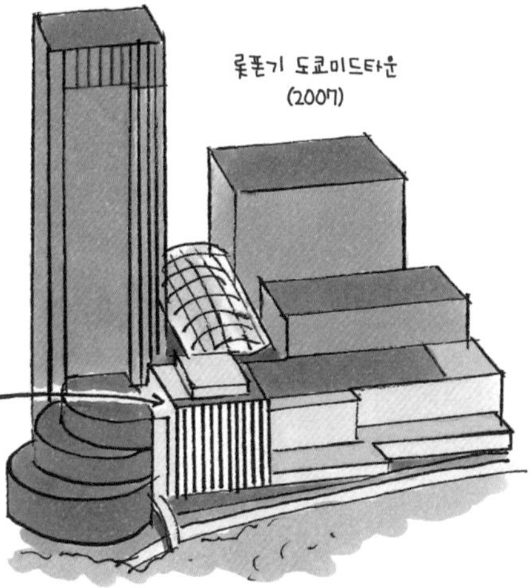

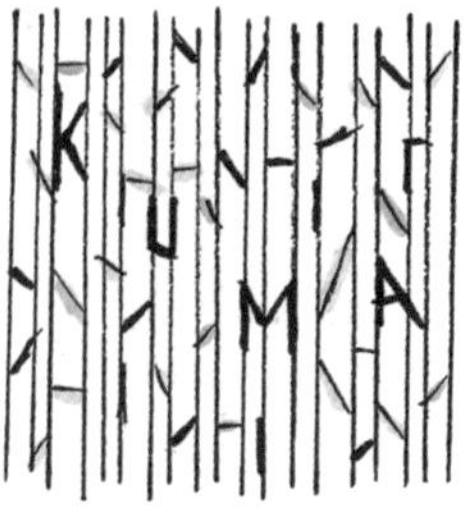

전경은 이런 느낌!
언뜻 보면 대형설계사무소의 오피스 빌딩 같다. 주변 분위기에 잘 녹아들어 전체적으로 다른 건물들과 잘 어우러지긴 하는데, 그래서 '이빨 빠진 호랑이가 다 됐네?'라는 생각이 들 정도였다.

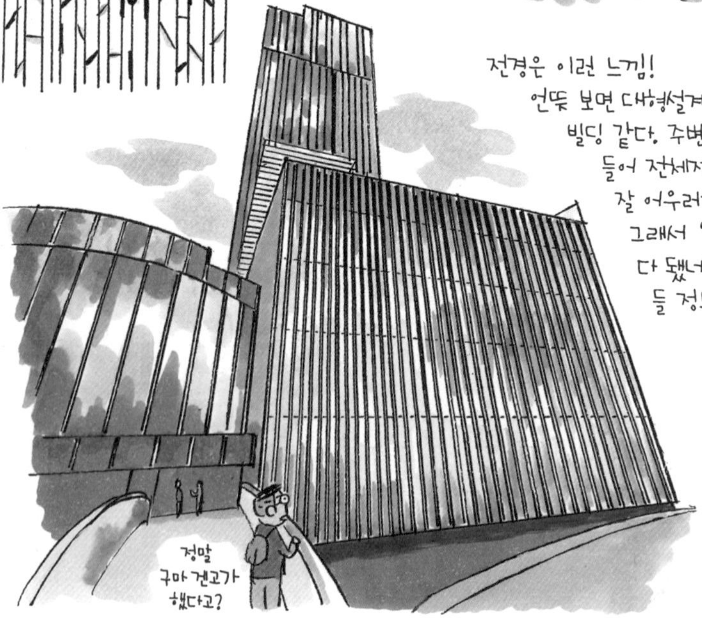

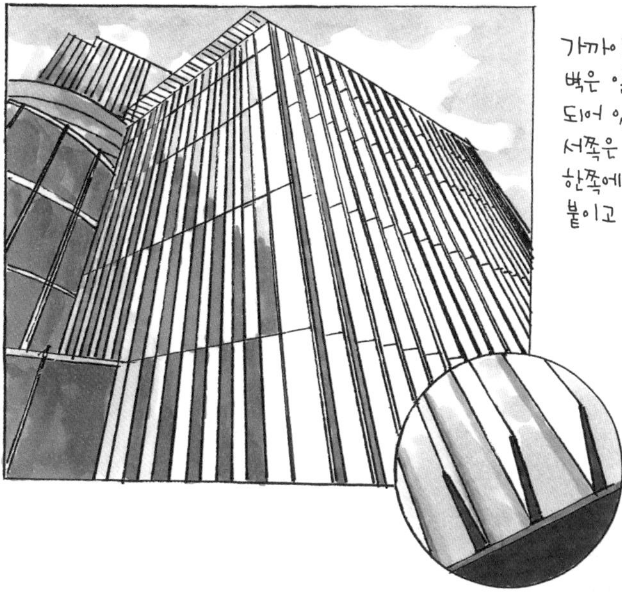

가까이 가서 보니, 남쪽과 북쪽의 벽은 알루미늄 패널이 바둑판무늬로 되어 있어 구마 겐고다웠다. 그리고 서쪽은 루버의 끝이 뾰족뾰족 날카롭다. 한쪽에 '아가토스'라는 세라믹을 붙이고 끝을 뾰족하게 만들었다.

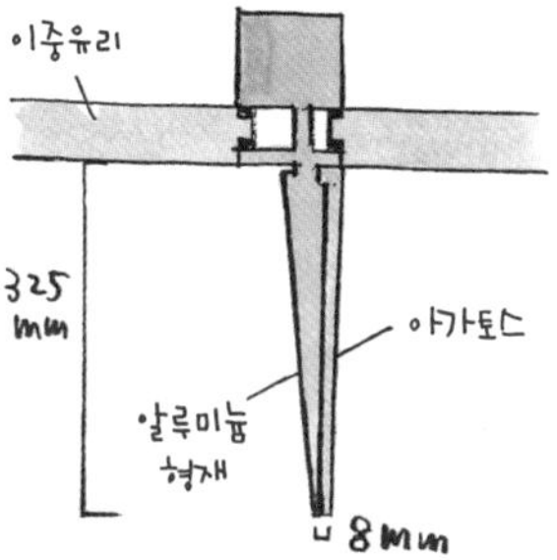

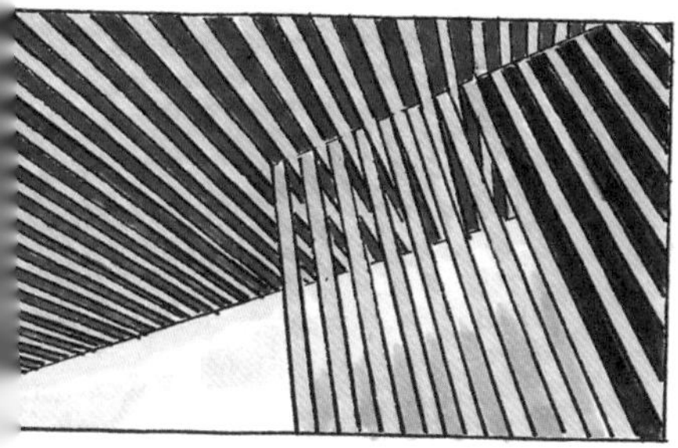

실내는 벽뿐만 아니라 천장까지 루버로 처리했다 (얇은 오동나무 목판을 붙임). 바토히로시게미술관을 방불케 한다.

높은 층고를 자랑하는 이곳의 루버는 → '주마창' 방식으로 되어 있어, 자연광이 들어온다고 한다. 그건 몰랐네!

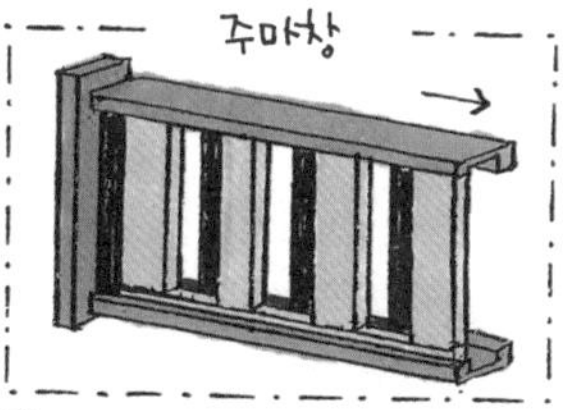

➔ P.183 참조

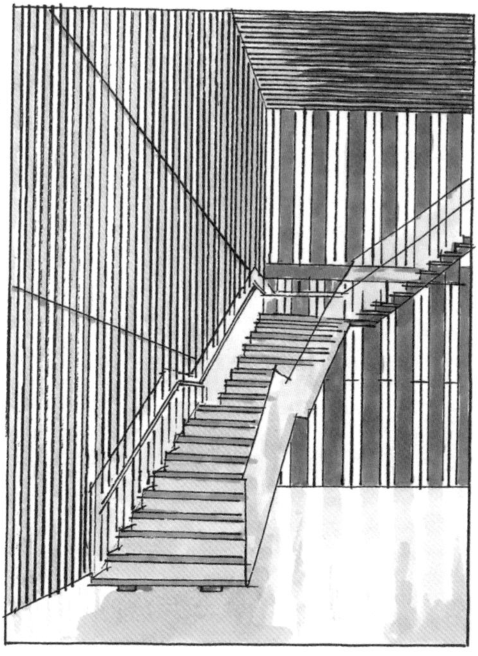

자기를 강하게 어필하려 애쓰지 않고 과거에 경험한 적 있는 디테일을 세련되게 다듬어 흔적을 남기다니…. 이 프로젝트를 통해 구마 겐고는 분명 대기업의 신뢰를 얻었을 것이다.

46 아이누족에게서 힌트를 얻은 이중막 집

메무 어스 호텔
(실험주택 메무)

드러나지 않는 건축

후끈후끈

2011

홋카이도 다이키초 메무 158-1
도카치 오비히로공항에서 차로 약 50분

실험주택 메무는 지상 1층/79.50m²

경주마 목장을 지속 가능한 건축 연구의 장으로 재탄생시킨 '메무 메도즈'. 구마 겐고가 설계한 '메무' 같은 실험주택들을 호텔로 쓸 수 있게 한 것이 '메무 어스 호텔'이다. 여기에 구마 겐고가 설계한 숙박시설이 추가로 지어질 예정.

'메무 어스 호텔' 내에 있는 실험주택 '메무'

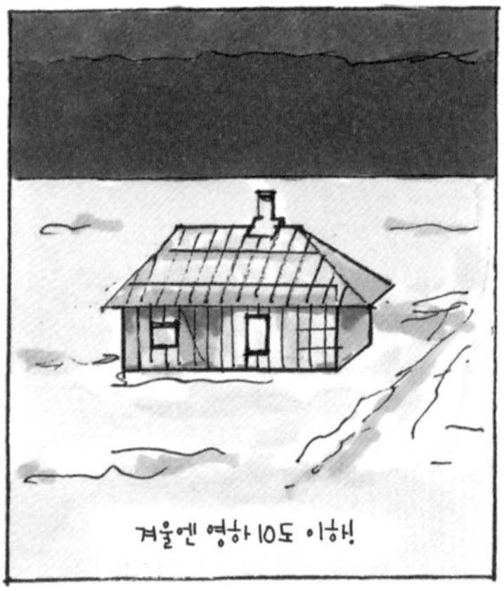

이 건물에 대해 알아보기 전에, 아이누족의 전통적인 주거 형태인 '지세'에 대해 먼저 알아보자.

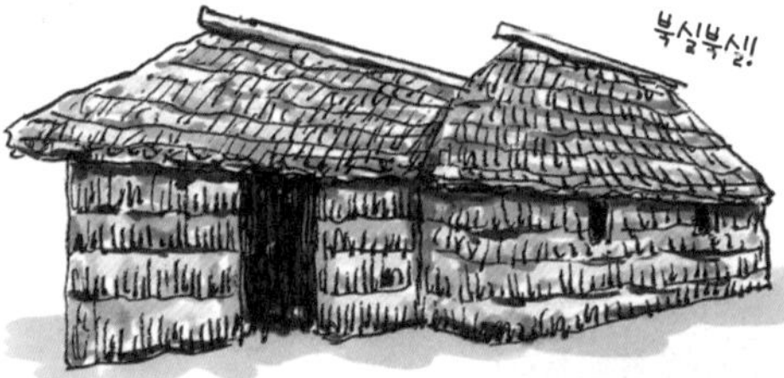

못 등의 인공물이 아닌 나무와 잎으로 지었다. 지붕과 외벽도 전부 억새풀이다. 바닥을 띄워 시공하지 않고 지면에 화로를 박은 뒤 다다미를 깔았다.

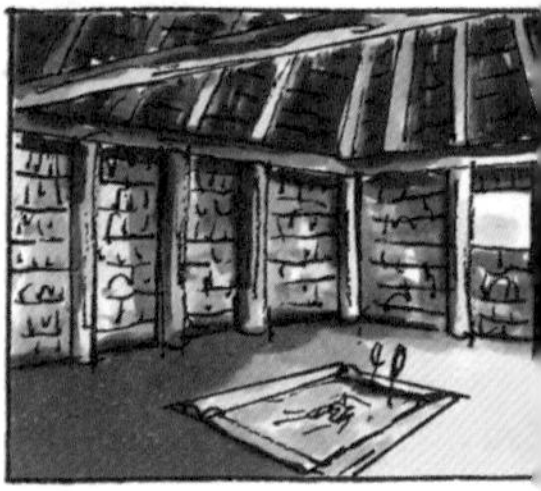

그럼 이제 '메무'를 보자. 원래는 토스템건재산업진흥재단(현 LIXIL주생활재단)이 홋카이도 다이키초에 지은 환경기술연구기구 '메무 메도즈'의 실험동 중 하나로, 2011년에 완성되었다.

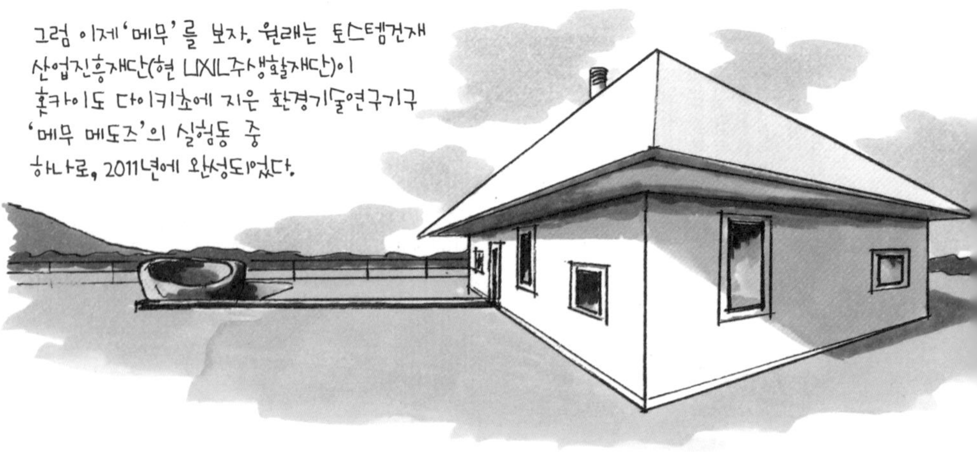

구마 겐고식 지세는 현지 낙엽송 목재로 골조를 만들고 반투명 이중막으로 덮었다. 그 사이에 투광성 단열재를 끼워 넣었다.

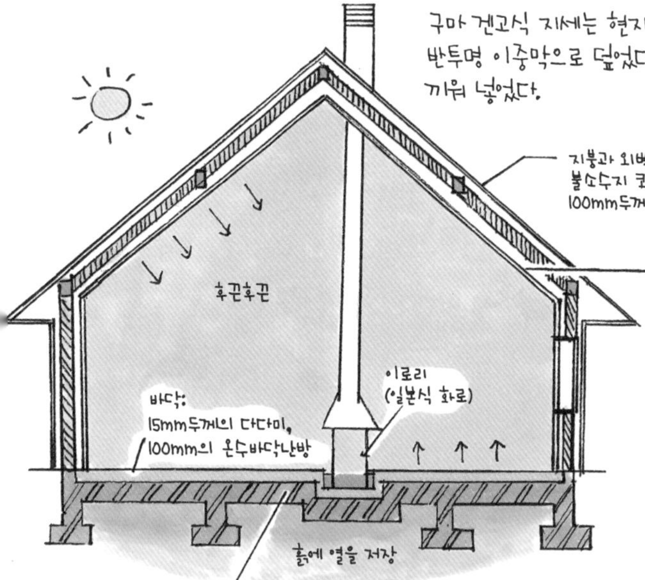

바닥을 '매트기초+온수바닥난방'으로 시공함으로써 지면에 저장된 열을 이용해 에너지 절약을 꾀한다.

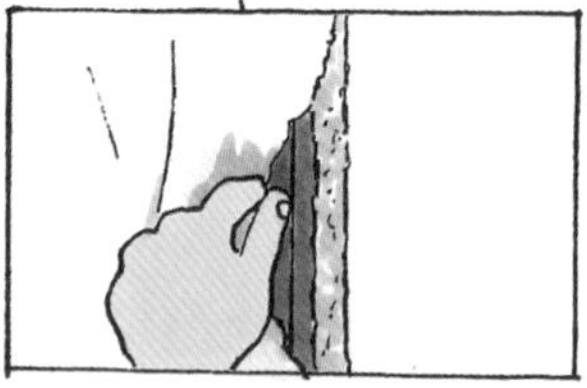

내막은 매직테이프로 시공해 탈부착이 가능하다. 단열재를 교환할 수가 있는 것!

그 성능이 이론상에 그치는 것이 아니라는 점은 2018년부터 겨울에도 호텔 객실로 일반인들이 이용하고 있는 것만 봐도 알 수 있다.

그리고 또 하나! '호텔'로 사용한다는 점에서 구마 겐고가 실험주택이지만 디자인을 소홀히 하지 않았다는 사실을 알 수 있다. 세상에 수많은 실험주택이 있을 텐데, 이렇게 '언젠가는 꼭 묵어 보고 싶다!'는 생각이 들게 만드는 곳은 별로 없지 않을까… →

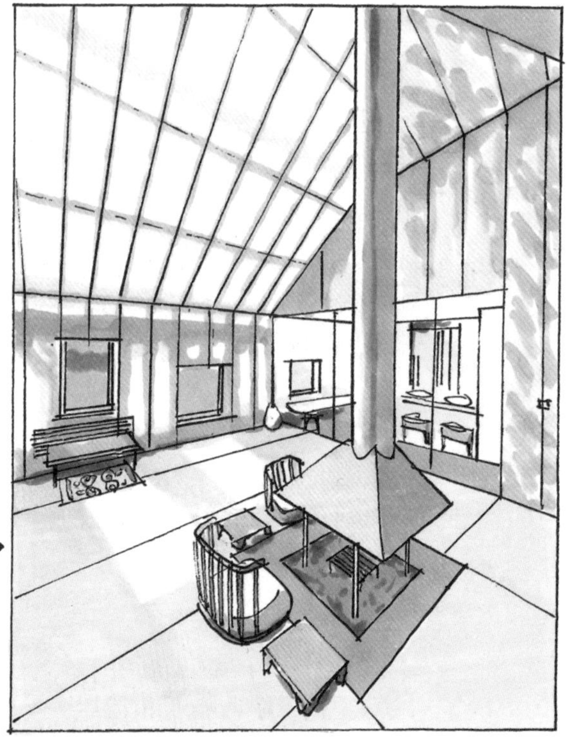

건축정보는 P.172

47 VIP들을 납득시킨 새하얀 폭포수

긴자 가부키극장(긴자 가부키자)

드러나지 않는 건축

콸콸

2013

도쿄도 주오구 긴자 4-12-15
도쿄메트로 히비야선, 도에이아사쿠사선
히가시긴자역과 직통

지하4층·지상29층/9만3530.40m^2

일본 전통양식 건축의 대가 요시다 이소야가 개수 설계(전쟁 피해 복구)를 담당한 제4대 가부키극장을 개축. 오피스타워를 극장 상부에 올리고, 극장 외장은 개축 전 가부키극장의 외관을 복원했다. 미쓰비시지쇼설계와 공동 설계.

이 프로젝트는 '역사적 건축물의 재생'에 '복원'이라는 선택지도 있다는 것을 알게 한 신기원이기도 하다.

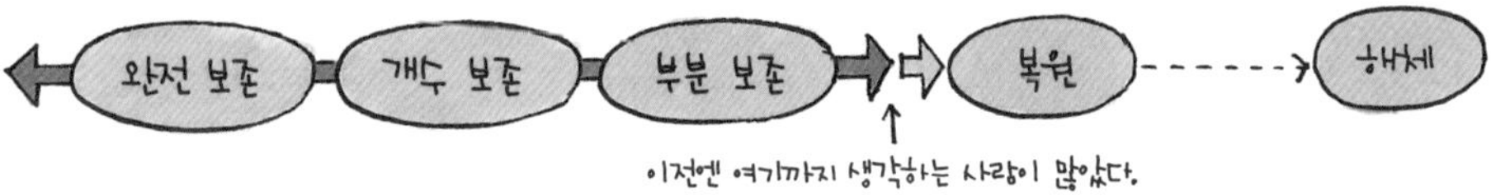

'복원하는 것도 괜찮네…'라고 많은 사람이 생각한 이유는 두 도로(하루미도리, 고비키초도리)와 접한 서쪽과 남쪽의 두 면이 개축 전의 이미지를 거의 그대로 유지했다는 점이다.

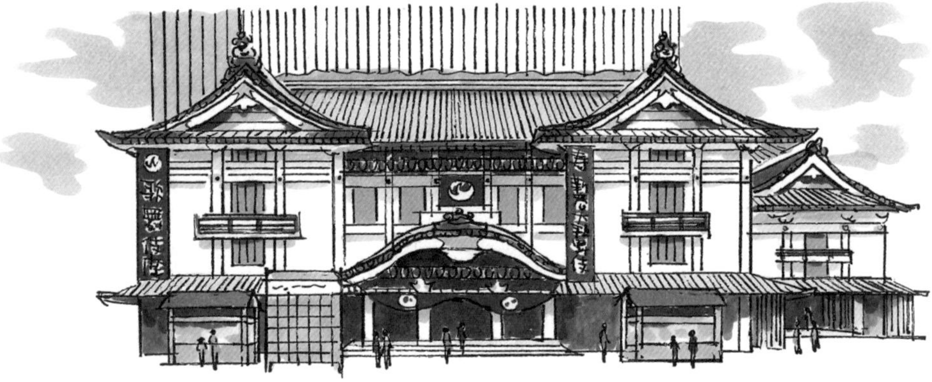

고비키초도리(남쪽) 방향은 내부가 바뀌었지만 어지간히 기억력이 좋은 사람이 아니면 잘 모른다.

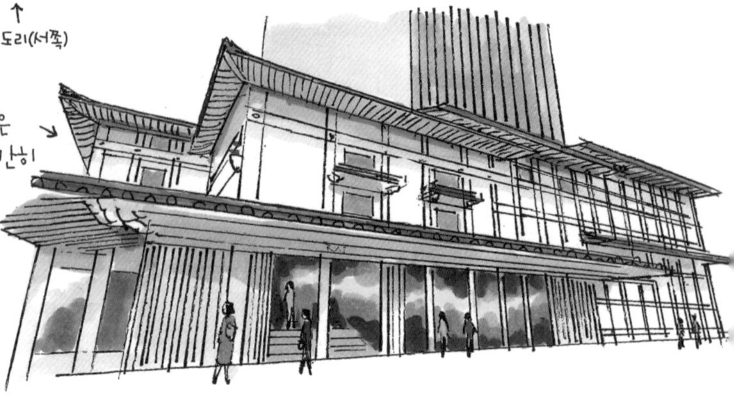

그리고 또 하나의 이유는, 뒤에 서 있는 타워의 디자인이 뛰어나다는 점이다. 왼쪽의 이 부분만 유리를 노출시키고 오른쪽의 루버 부분이 가부키극장 정중앙에 위치하도록 만들었다. 마치 가부키극장을 향해 쏟아지는 폭포수처럼!

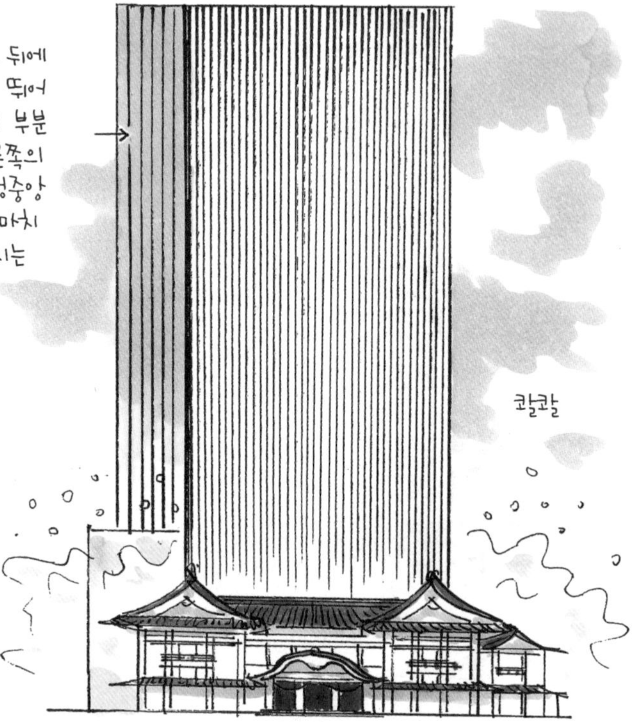

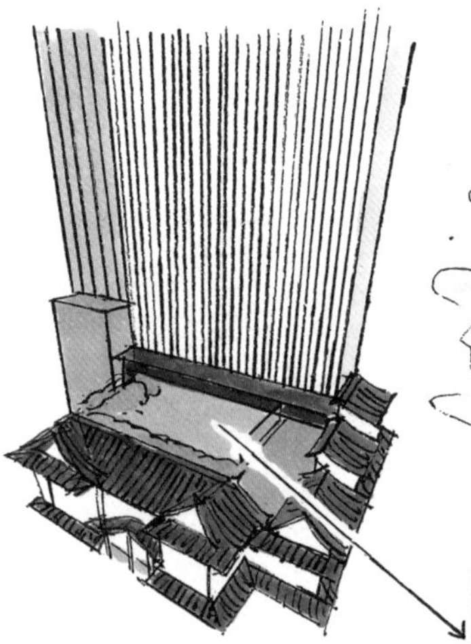

가부키극장 옥상(5층)에는 입장료 없이 들어갈 수 있는 정원이 있다.

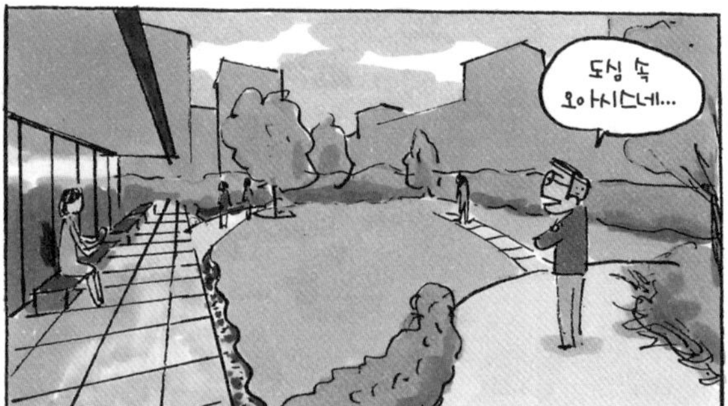

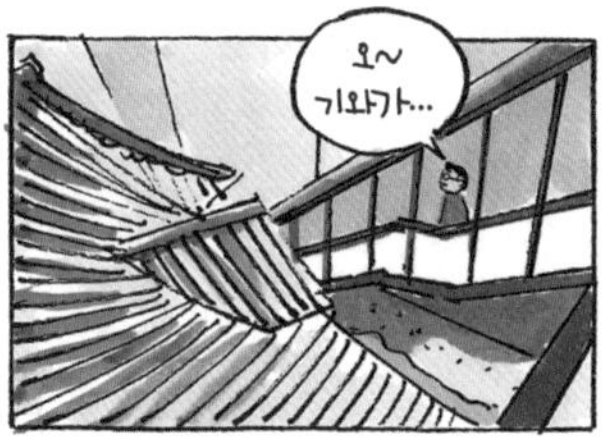

옥상정원에서 이어지는 외부 계단을 따라 내려가면 가부키극장의 옥상 기와가 → 자세히 보인다. 예전에는 보이지 않던 부분까지 볼 수 있게 만들었다는 점에 오랜 가부키극장 팬들도 고개를 끄덕이지 않았을까?

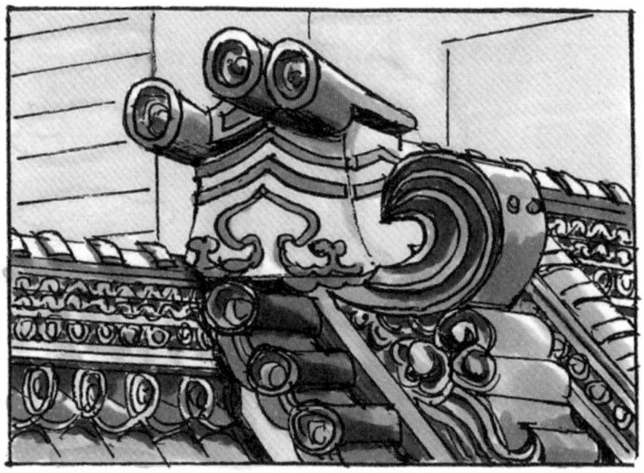

건축정보는 P.173

48 어둠 속에 부유하는 황금빛 조명

겐조테이

드러나지 않는 건축

반짝반짝

2019

가나자와시 겐로쿠마치 1-19
가나자와역에서 가나자와주유버스로 약 16분,
겐로쿠엔시타·가나자와성 버스정류장 하차, 도보 3분

지상2층/315.03m^2

겐로쿠엔 찻집 거리에 위치한 찻집을 리모델링했다. 호쿠리쿠의 민가를 폭설로부터 보호한 '사시모노'(못을 사용하지 않음) 공법을 이용해 기존의 건물을 보강했다. 뼈대 보강 시에는 탄소섬유 로드도 사용했다. 캄캄한 어둠 속 같은 공간에 금박을 입힌 조명이 반짝반짝 빛난다.

특별히 이 건물은 2층 실내부터 보겠다.
구마 겐고가 이런 '정통' 목조 리노베이션도 가능하네···.

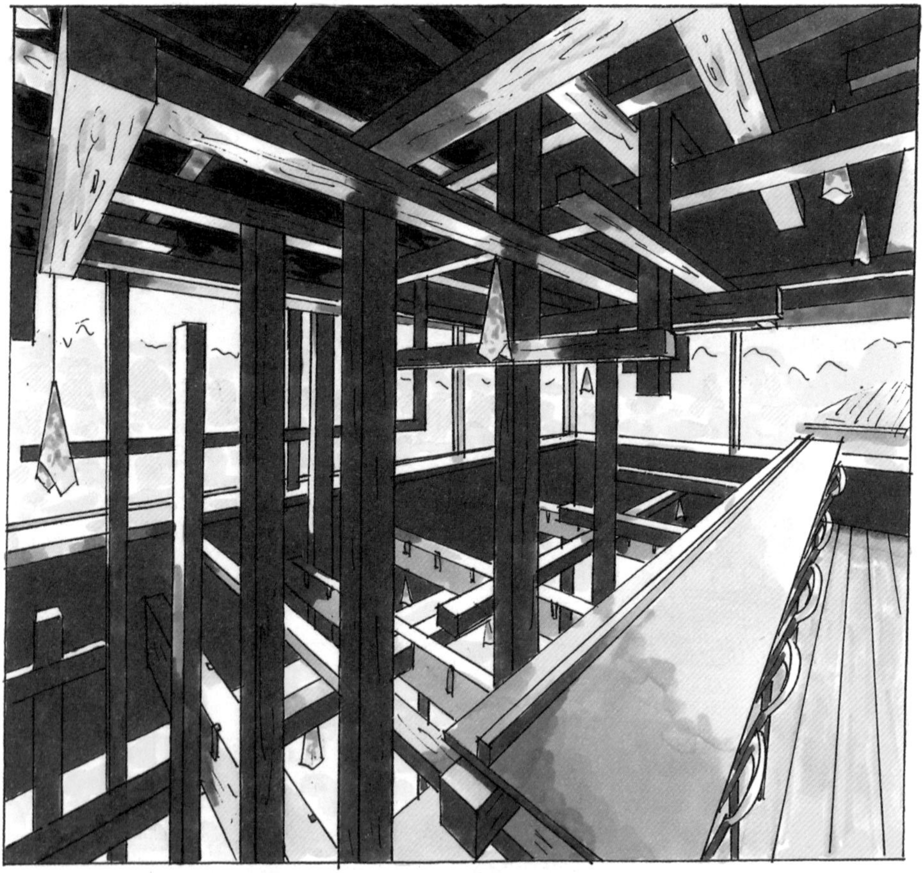

겐조테이는 겐로쿠엔 가쓰라자카 근처의 노포(창업한 지 약 100년 된 찻집)이다.
구마 겐고는 기존 건물의 바닥을 없애고 기둥과 들보를 검게 칠해 중후한 느낌을 연출했다.

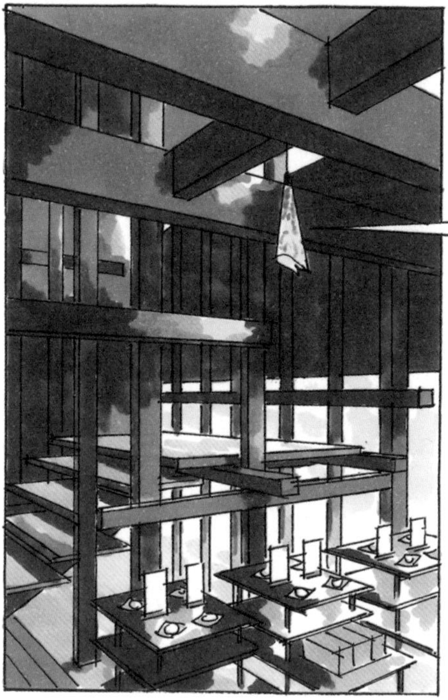

← 1층 계단 주변. 격자의 입체감이 끝내준다!

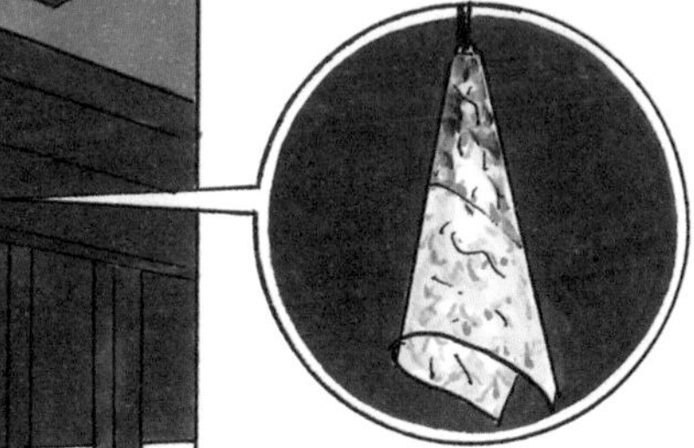

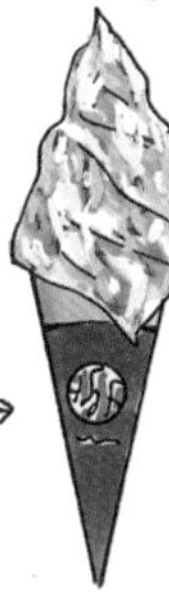

이 조명의 모티프는 겐조 테이의 명물 '황금 소프트 → 아이스크림'인가?

※1층에서는 금박과 화과자를 살 수 있다.

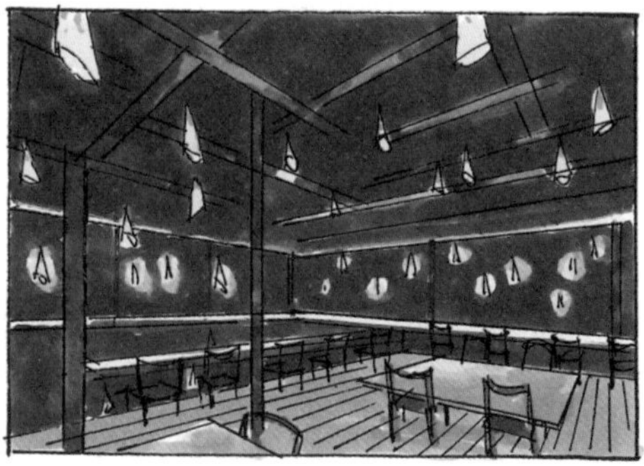

조명이 유리에 비쳐서 밤에도 환상적이다!

이 건축물을 '드러나지 않는 건축'으로 분류한 이유는 처음에 못 알아보고 그냥 지나쳐 버렸기 때문이다. 외관이 너무 평범해서….

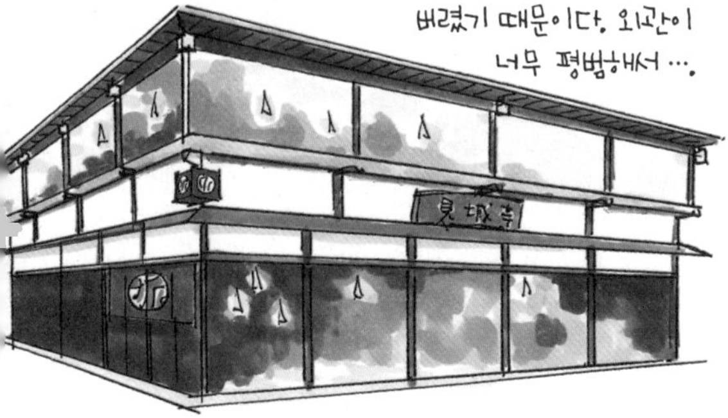

알아보니 전에도 외관은 지금과 거의 다르지 않았다고 한다.

Before

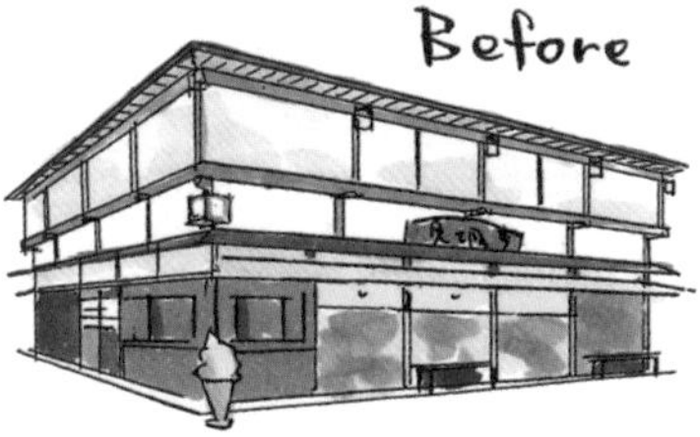

외관도 손을 볼 수 있었을 텐데, 겐로쿠엔을 배려해 '예전 그대로' 두었다. 그리고 안팎의 차이를 이용해 깊은 인상을 남기는 '갭(gap) 효과'도 노린 듯하다. 구마 겐고가 인테리어까지 이렇게 해버리니 전업 인테리어 디자이너들은 참 괴롭겠네….

➔ 건축정보는 P.173

49 쌓아올린 돌로 위장술을 부리다

히로사와미술관

드러나지 않는 건축	이바라키현 지쿠세이시 오쓰카 599-1 JR미토선, 간토철도 조소선, 모오카철도 시모다테역에서 차로 약 10분
울멍줄멍	
2020	지상1층/534.43m²

이바라키현 지쿠세이시에 있는 테마파크 '더 히로사와 시티' 안에 2021년 1월 개관했다. 오너는 이바라키현 내에서 사업을 하고 있는 히로사와 그룹의 히로사와 기요시 회장. 히로사와 회장이 전국 각지에서 모은 돌은 약 6000톤에 달한다. 정원도 볼 만하다.

이 건축물은 '난초사마귀'가 보호색과 의태로 위장술을 부리는 것과 비슷하다.
위장술을 부렸기에 풍경 속에 섞여버리긴 하지만, 바로 그 위장 방법이 정말 '깜짝' 놀랄 만하다.

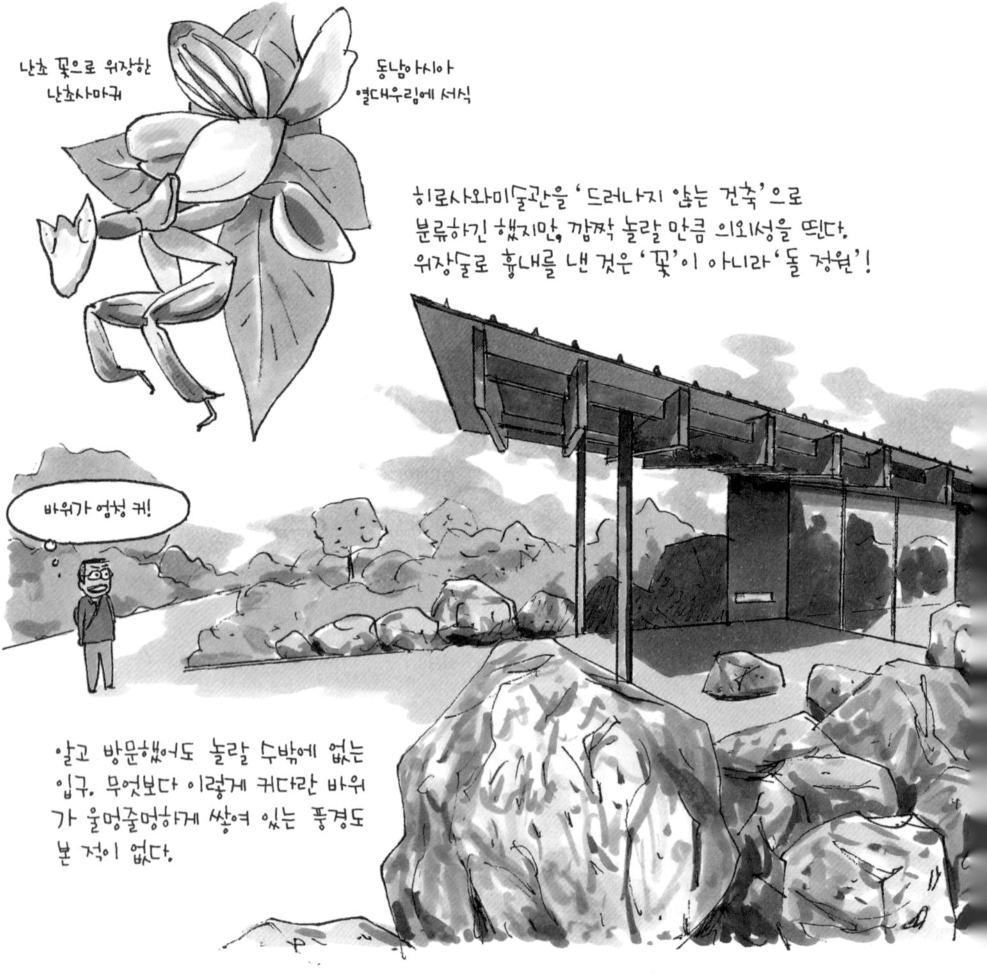

어디서 보느냐에 따라 이렇게 은밀한 공간이 될 수도 있고…

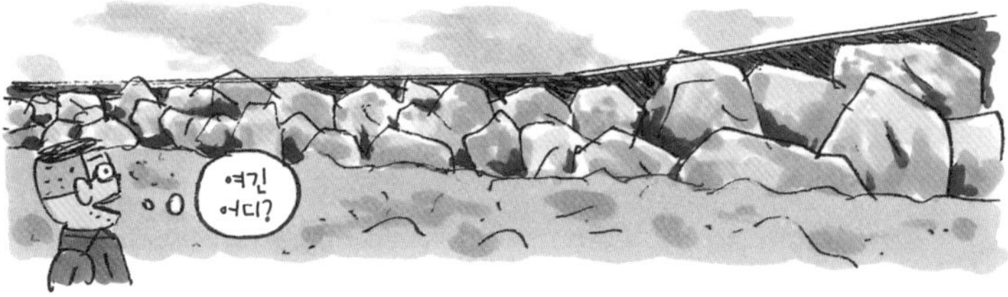

이렇게 '전형적인 미술관'처럼 보일 수도 있고…

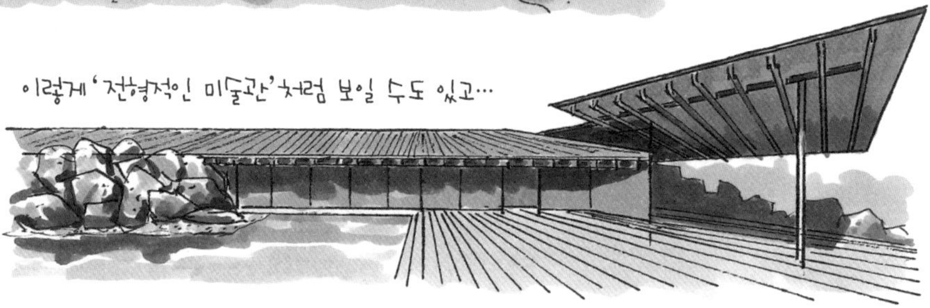

건물 모양을 상상하기가 어려운데,
위에서 보면 마치 수리검 같은 형태다.

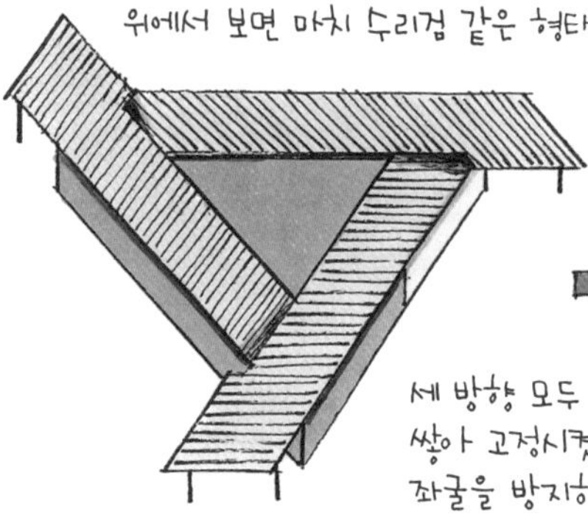

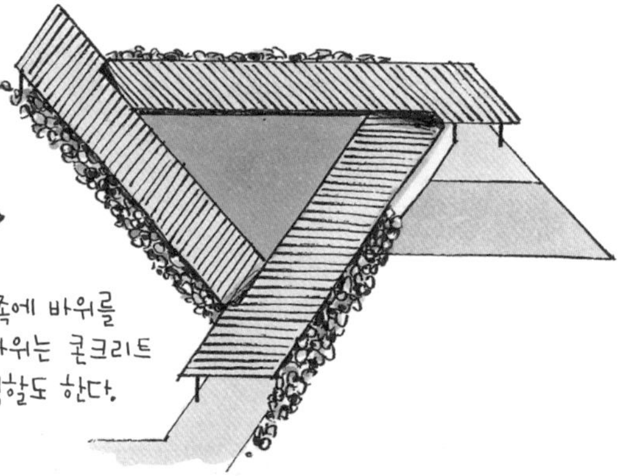

세 방향 모두 바깥쪽에 바위를
쌓아 고정시켰다. 바위는 콘크리트
좌굴을 방지하는 역할도 한다.

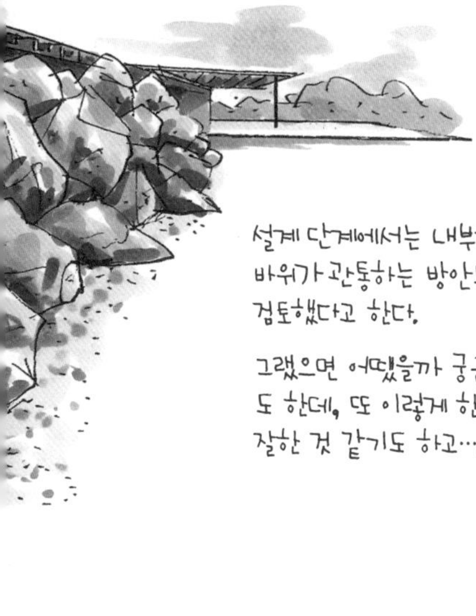

설계 단계에서는 내부까지
바위가 관통하는 방안도
검토했다고 한다.

그랬으면 어땠을까 궁금하기
도 한데, 또 이렇게 한 게
잘한 것 같기도 하고….

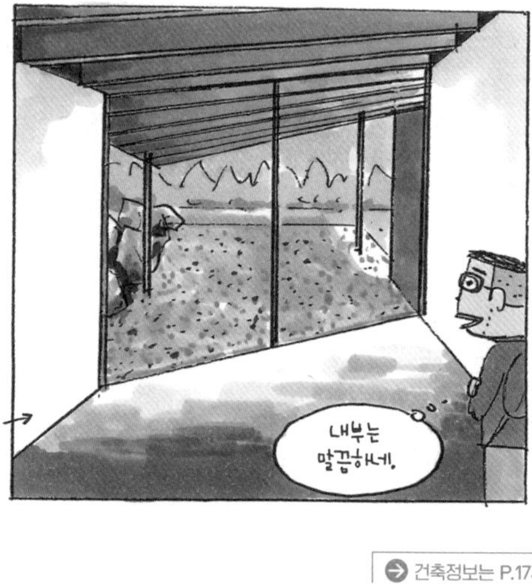

건축정보는 P.173

50 널빤지 모양의 광장에 건축을 숨기다

도쿄공업대학 '히사오 앤드 히로코 타키 플라자'

드러나지 않는 건축	도쿄도 메구로구 오오카야마 2-12-1 도큐 오이마치선, 메구로선 오오카야마역에서 도보 1분
와르르	
2020	지하2층·지상3층/약 $4800m^2$

도쿄공업대학 오오카야마 캠퍼스 정문 입구 근처에 2020년 말 완성된 국제교류시설. 구루나비 대표이사 회장이자 도쿄공업대학 OB인 다키 히사오의 기부로 지어졌고, 다키 히사오가 구마 겐고를 설계자로 추천했다.

'대계단 건축'이라 하면 '압도적인 존재감'을 떠올리기 마련이다.

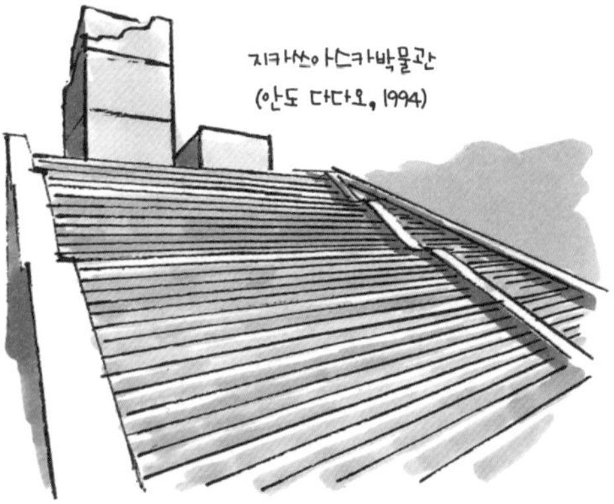

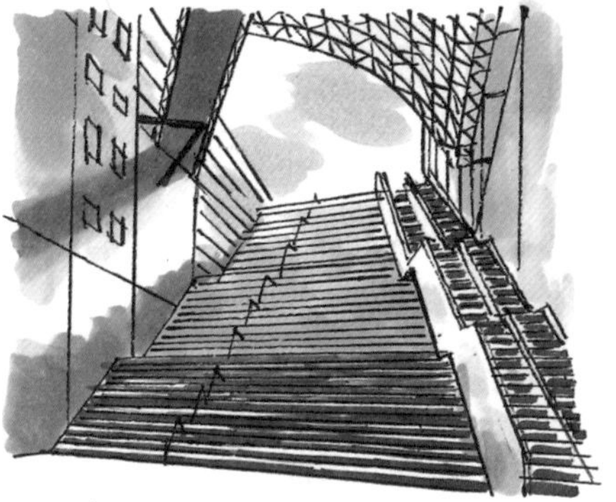

하지만 이 건물은 '전체가 대계단'이라 해도 무방한 형태인데 존재감이 별로 없다.

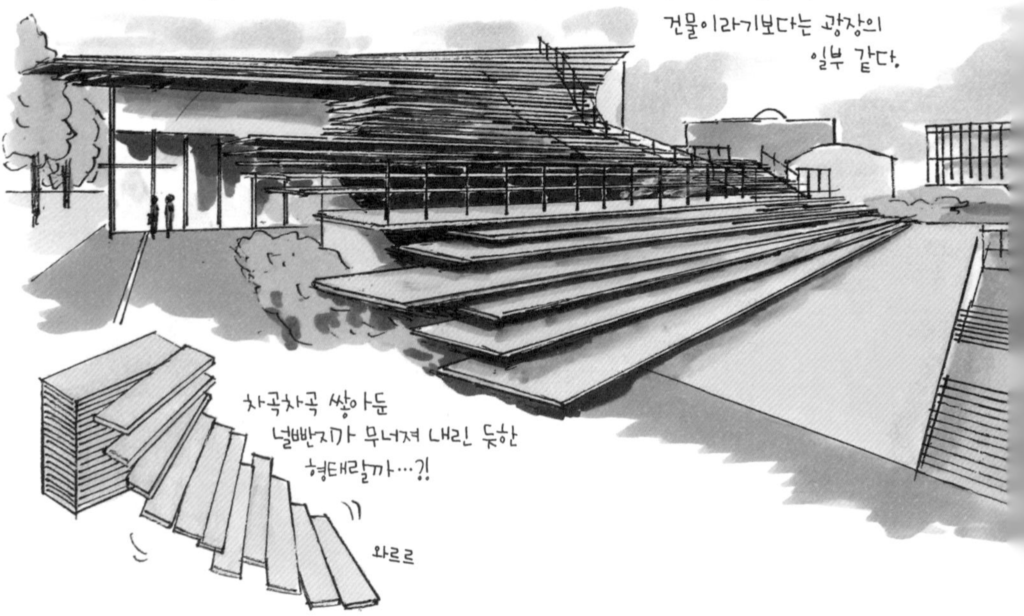

일러스트로는 알아보기 힘든데, 옥상면이 3차원으로 비틀어져 있다.

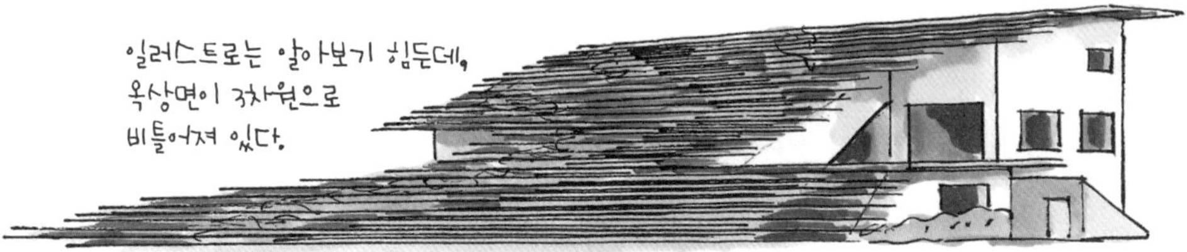

사다리꼴 모양의 보이드 공간을 조금씩 어긋나게 겹쳐 이런 비틀림이 탄생한 것이다.

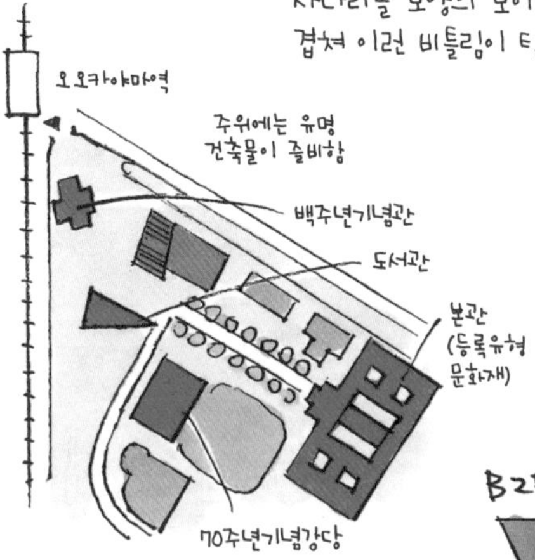

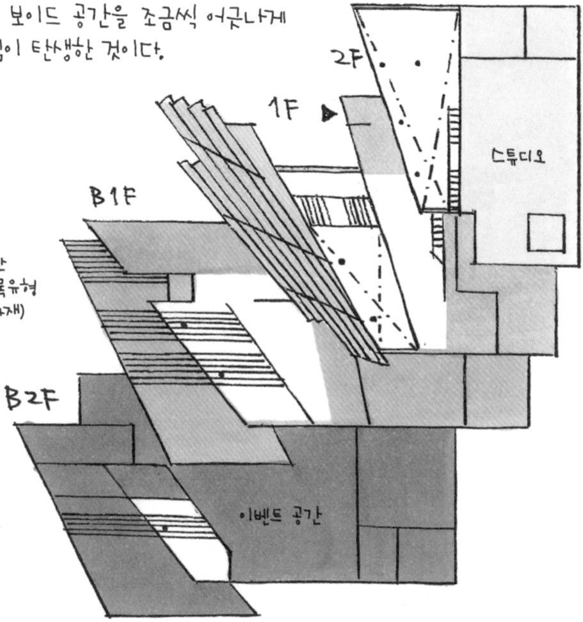

외관의 존재감을 약하게 만든 건 나름의 배려를 한 것일 테다. 구마 겐고는 특히 '오오카야마역에서 본관의 시계탑이 보이도록' 하는 것에 집착했다고 한다.

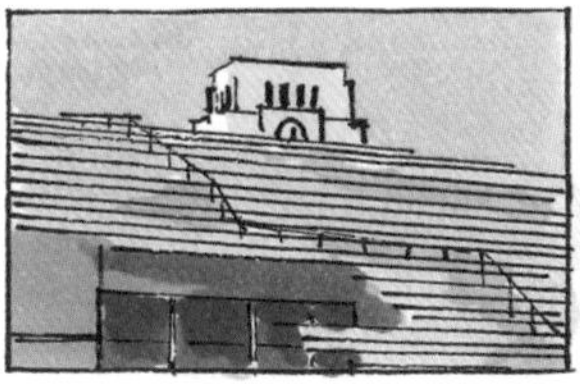

아, 확실히 탑이 보인다!

하지만 이왕 할 거 이렇게 잘 보이게 확 드러냈으면 더 좋았을 듯!

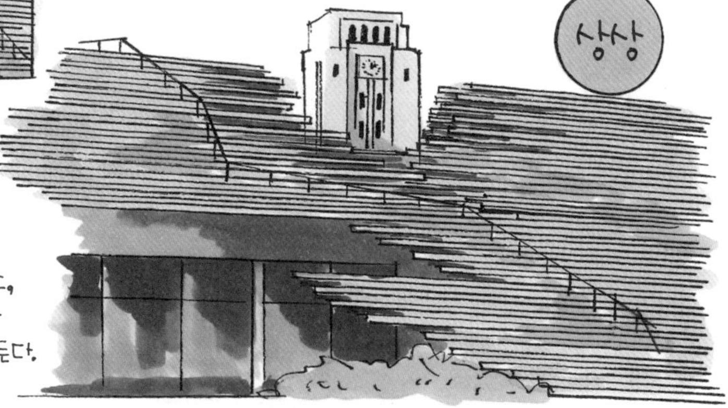

아무튼 와르르 쏟아진 널빤지 같은 이 테라스, 구마 겐고의 새 무기가 될 것만 같은 예감이 든다.

건축정보는 P.173

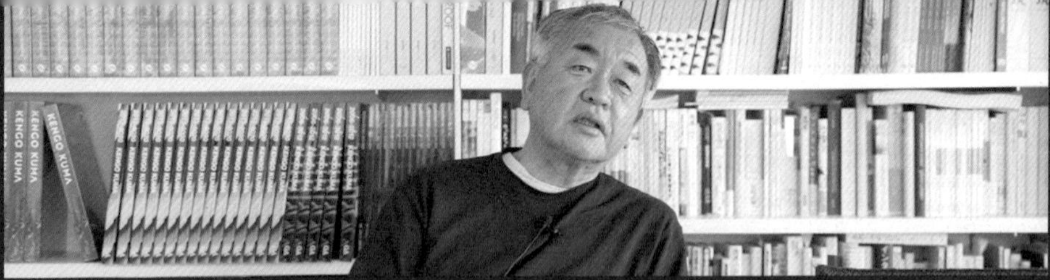

인터뷰 | 구마 겐고를 바꾼 10개의 건축물

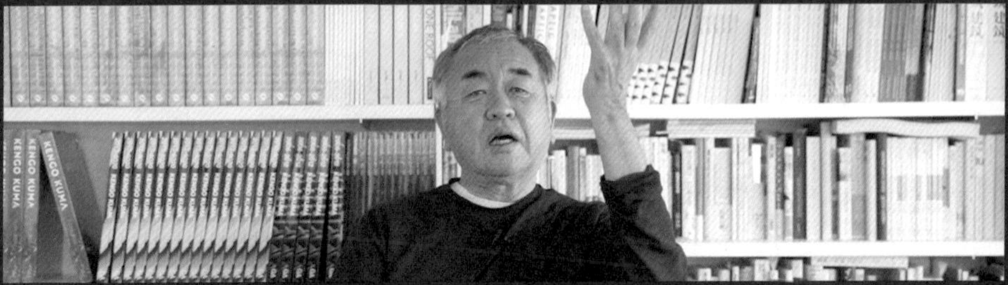

- 2 -

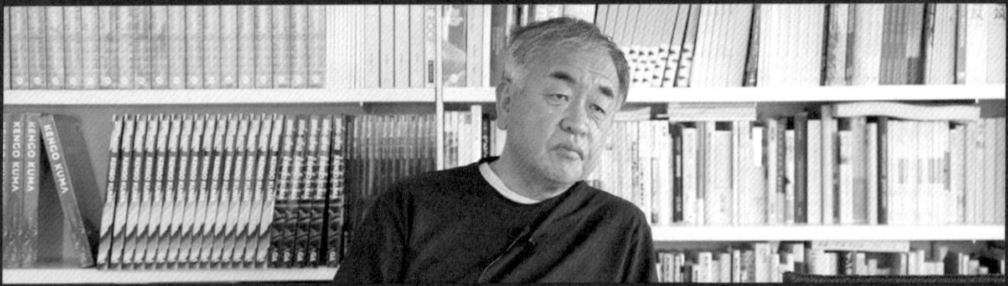

잡지에는 실리지 않아도

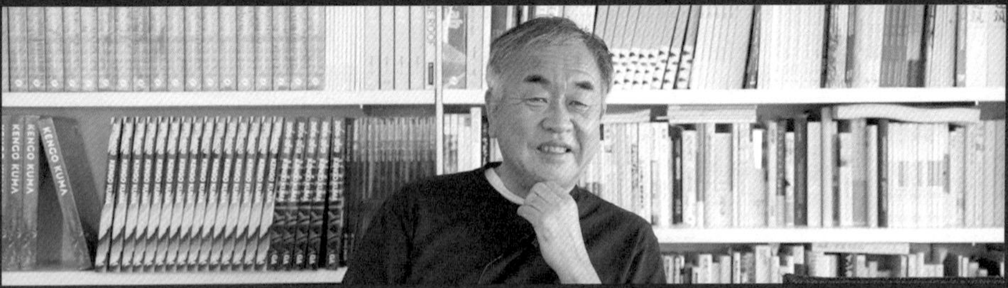

'하나가 더해질 때' 오는 성취감이 있다.

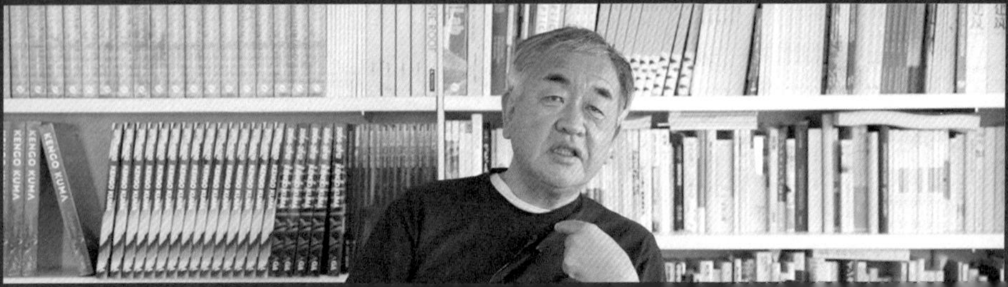

[인물사진] 시마지 쇼 / 닛케이크로스텍

M2 이후 도쿄에서 의뢰가 끊기며
'공백의 10년'을 경험한 구마 겐고는
2000년에 완성한
'나카가와마치 바토히로시게미술관'과
'돌 미술관'에서
자신이 나아갈 방향을 찾게 된다.
인터뷰 후편에서는
2000년대 이후 전환점이 된
5건의 프로젝트에 대해 이야기를
나누어 보았다.

인터뷰어: 미야자와 히로시

무라이 마사나리 기념미술관

[2004년 ➔ P.092]

예전 건물의 고재를 재이용해 질감을 이어가다

__ 제가 꼽은 무라이 마사나리 기념미술관(2004년)은 중국에 지은 대나무집(2002년)과도 통하는 부분이 있다고 생각합니다. 이 건축물을 보고 나서 구마 겐고 씨가 '낡고 오래된 재료를 좋아한다'고 말씀하신 게 괜히 멋있어 보이려고 폼을 잡는 게 아니라 진심이라는 걸 알았습니다.

● 거긴 낡은 고재만이 주는 멋이 있죠. 저도 정말 좋아합니다.

__ 낡고 오래된 재료가 공간의 질을 높여준다고 생각했습니다. 세월의 흐름이 공간에 녹아 있는 느낌이 독특했거든요. 잡지에서 봤을 때는 정중앙에 있는 아틀리에를 왜 저렇게 남겨둔 건지 궁금했는데, 막상 가서 보니 확실히 은근한 존재감이

건축 사진・출처가 없으면 미야자와 히로시가 촬영한 것이다

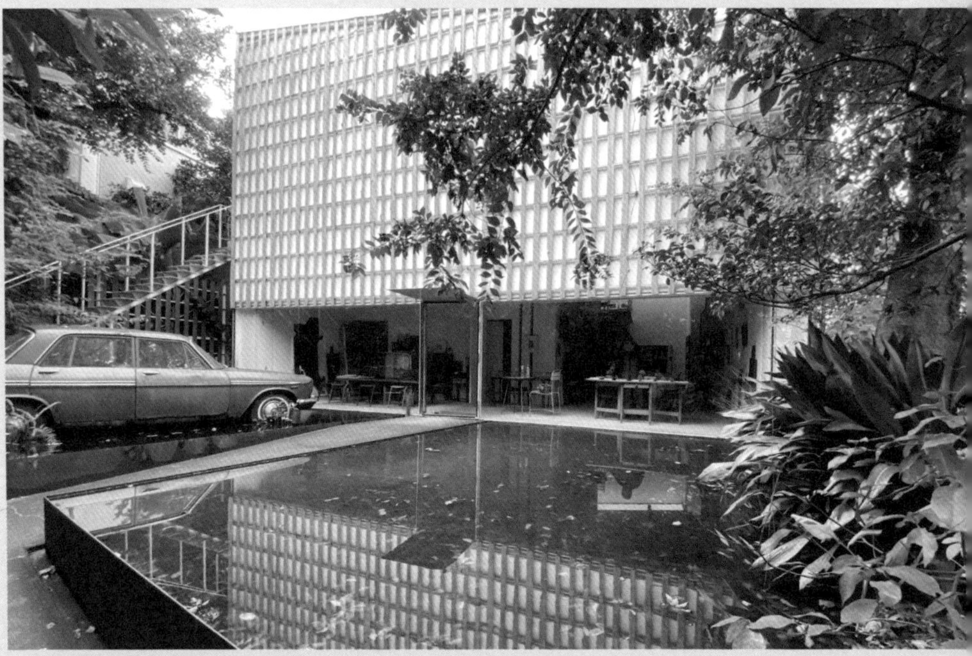

느껴졌습니다. 풍경까지도 멋진 건축물이 완성되었다 싶었어요. 그 후 리노베이션을 수차례 하셨는데, 무라이 마사나리 기념미술관이 그 시작점일까요?

- 기존의 건물을 보존하는 방식의 프로젝트로 따지자면 그게 초기 작품이긴 하죠. 무라이 마사나리 기념미술관의 경우엔 당시 낡은 집이 남아 있다고 해서 그 상태를 보러 갔는데, 그때 '내가 태어난 집이랑 똑같다!'는 생각이 들었습니다. 무라이 선생님께서 사셨던 집이잖아요? 전쟁 전에 지은 목조 건물이라 전쟁 후의 목조 건물과는 조금 다릅니다. 핸드메이드 느낌이 있죠. 스키야 양식[31]처럼 '인위적인 소박함'이 아니라, 돈이 없어서 직접 작업하느라 소박할 수밖에 없는 그런 느낌이랄까요? 그게 제가 자란 집과 비슷했습니다. 그래서 그립고도 반가운 기분이 들었죠.

- 저희 아버지와 무라이 선생님이 연령대가 비슷하신데, 방 안에 물건을 두는 방식이나 장식 같은 것도 비슷하더군요. 부인께서는 다른 건축가들에게 받은 제안서가 전부 남편의 이미지와 맞지 않았다고 하셨습니다. 저도 봤는데, 연식이 오래된 무라이 선생님 댁을 완전히 새롭게 싹 바꾸는 안이었습니다.

— 그렇군요. 그렇게 추억을 전달할 수도 있겠네요.

- 그건 머리로 기억하는 방법이라 생각했습니다. 전 이 집의 질감을 계속 유지하고 싶었어요. 그러기 위해서는 무조건 고재를 주재료로 사용하는 설계를 해야겠다고 생각했습니다. 고재를 사용한다 해도 도코노마[32]의 기둥 같은 것은 재료에 한계가 있습니다. 바닥 아래의 판이라든가 천장의 산자널(지붕 서까래 위에 까는 널빤지)을 봤더니 평평하지가 않더군요. 지금처럼 깔끔하고 정확하게 가공한 재료가 아니라서요. 하지만 오히려 괜찮다 싶었습니다.

— 외벽 루버로 사용한 판 말이군요. 정말 미묘하게 굴곡이 있더군요. 그게 또 매력이 있던데요?

- 그런 형태는 지금 다시 만들려고 해도 쉽지가 않습니다. 이걸 주재료로 사용하면 무라이 선생님 댁의 질감을 남길 수가 있겠구나 싶었죠. 그것도 일종의 리얼리티 아닐까요.

— 아틀리에를 남겨 달라는 요청이 있었던 건가요?

- 제가 제안한 것으로 기억합니다. 무라이 선생님은 물건을 잘 버리지 못하는 성격이신지 집안 전체가 물건들로 넘쳐났습니다. 아틀리에 안에도 겨우겨우 그림을 그릴 수 있을 정도의 공간밖에 남아 있지 않더군요. 이 분위기는 공간으로 꼭 남기고 싶다는 생각이 들었습니다.

No.07 전환점이 된 10개의 건축물

유스하라 우든브리지 뮤지엄
(현 구름 위의 갤러리)
[2010년 ➔ P.046]

입자의 집합체인 건축물을 짓다

— 다음은 유스하라 우든브리지 뮤지엄입니다. 이건 구마 겐고 씨가 꼽은 것이니 이유를 좀 여쭤 봐도 될까요?

- 유스하라(고치현)라는 지역 자체가 제겐 중요한 전환점이 되었다고 생각합니다. 90년대에 도쿄에서 일거리가 없었을 때 절 불러주었고, 그때 나무라는 소재를 본격적으로 접하게 되었죠. 하지만 그 후로 나무를 소재로 한 여러 프로젝트를 진행하면서 시행착오도 많이 겪었고, 바토히로시게미술관을 건축할 때처럼 나무를 활용할 수 있기까지는 꽤 오랜 시간이 걸렸습니다.

- 유스하라의 건축물들은 제가 나무에 대해 알아가는 과정이기도 했습니다. 우든브리지 뮤지엄은 그중에서도 집대성적인 경지에 도달한 것이라 할 수 있죠.

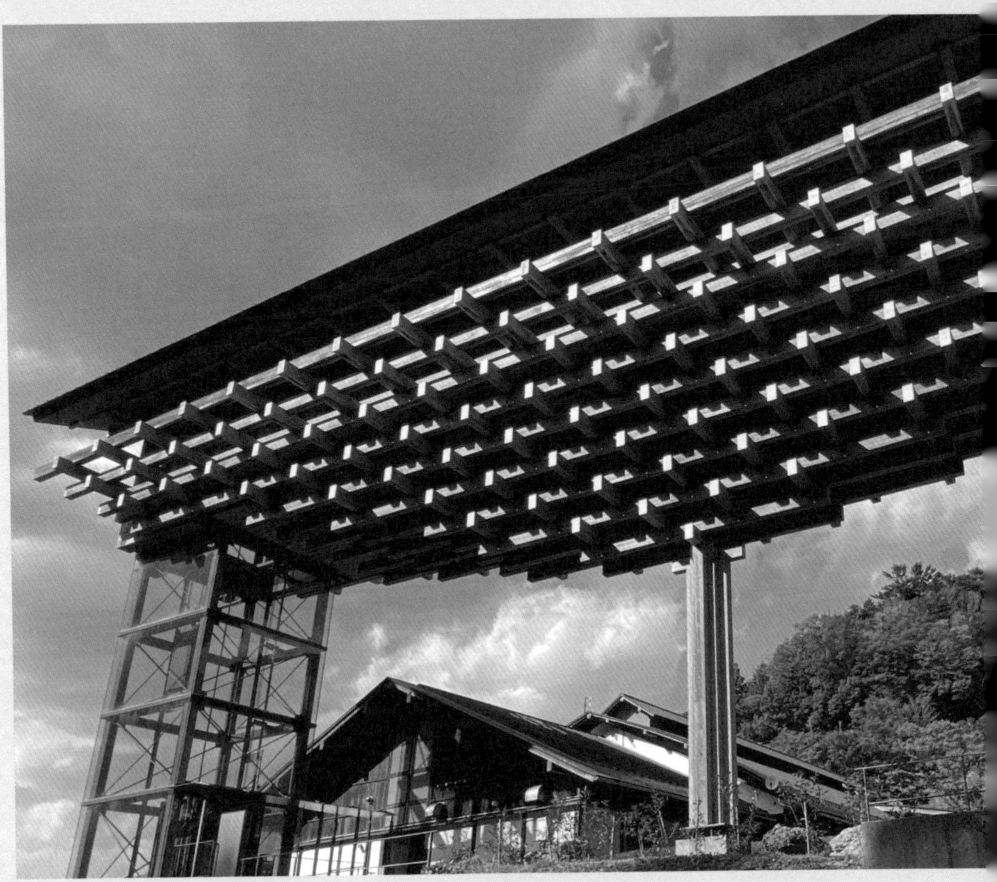

_ 원래 다리 모양으로 하기로 되어 있던 건가요?

- 네, 사실 호텔과 온천을 잇는 시설이기 때문에 굳이 목교(우든브리지)로 만들 필요는 없는 장소였습니다. 하지만 유스하라에는 이곳 말고도 목교가 더 있는데, '목교'라는 것을 지역의 대표적인 상징물로 만들고 싶어했습니다. 나무로 가교를 만들면 어떻겠냐고 유스하라 지자체에서 먼저 제안을 하더군요.

_ 그럼 수많은 목조 건축물 중에서 우든브리지 뮤지엄이 전환점이 되었다고 생각하시는 건가요?

- 저는 입자의 집합체인 건축물을 짓는 것이 구마 건축의 핵심 중 하나라고 생각합니다. 보통 건축가들은 프레임으로 보여주려고 하거나 볼륨감을 강조합니다. 우든브리지 뮤지엄은 나무로 프레임이 아니라 작은 입자의 집합체를 표현하는 데에 성공했습니다.

_ 그렇군요. 그 표현이 좀 더 섬세해진 것이 바로 다자이후 스타벅스(2011년 ➔P.050)와 도쿄 오모테산도의 카페 서니힐스(2013년 ➔P.050)라 보면 되겠네요.

No.08 전환점이 된 10개의 건축물

아오레 나가오카

[2012년 ➔ P.130]

활기를 불어넣은 '뒤집은 양말'

_ 다음은 '아오레 나가오카'(2012년)입니다. 전 이 건축물이 '가벼움의 건축'을 확대해 가는 데에 중요

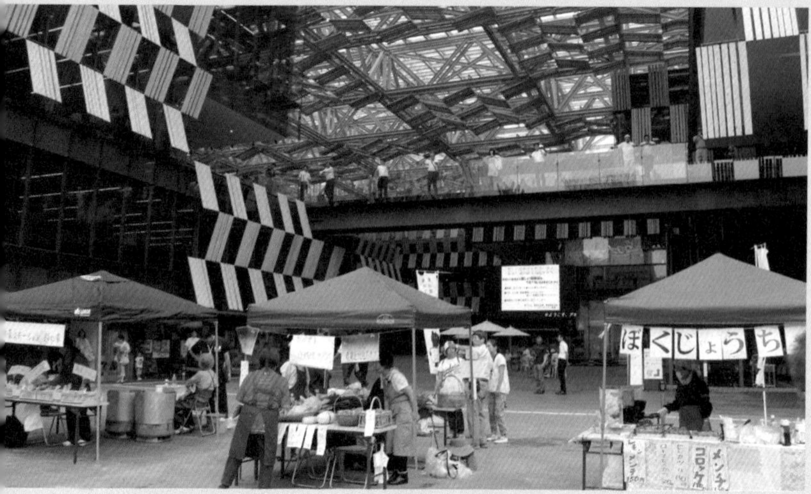

한 역할을 했다고 생각합니다. 사실 건설 단계에서 예상도를 봤을 때는 그렇게 매력적인 공간이 될 줄 상상도 못했거든요. 그 나카도마 공간은 단게 겐조(건축가, 1913~2005)를 시작으로 2차대전 이후 건축가들이 추구해 왔던 '열린 청사'(city hall)를 진정한 의미에서 실현한 것이라 생각합니다.

• '아오레 나가오카'를 '가벼움의 건축'으로 분류한 것은 정말 탁월했다고 봅니다. 규모가 꽤 큰 편이지만 뭔가 공중에 떠 있는 듯한 느낌이거든요.

— 공모전이었죠?

• 공모전에서 내건 조건은 광장이 딸린 청사로 만들고 싶다는 것이었습니다. 심사위원장이 마사 후미히코 씨였는데, 그 분의 취향에 맞는 건물일지는 모르겠지만, 한가운데에 나카도마(공공광장)를 떡하니 두고 광장에 나무를 사용하는 안을 냈더니 마사 씨가 좋게 봐주셨습니다. 마사 씨는 '양말을 뒤집은 것 같은 건축'이라고 했지요.

— 역시 마사 후미히코 씨네요, 비유가 기가 막힙니다.

• 정말 예리하지 않나요? 그 부지는 외관이 거의 보이지 않는 까다로운 위치였습니다.

— 그런 부지는 드물죠.

• 하지만 공모전 때 다른 사람의 안을 봤더니, 다들 어떻게든 정형적인 건축을 하려 했더군요. 어떻게든 형태가 있는 건축물을 반들려고 한 겁니다. 그래서 힘든 것이었죠. 저희는 일찌감치 일정한 형태를 갖는 걸 포기하고 정중앙에 광장을 두는 안을 검토했습니다. 그런 과감한 선택이 신의 한 수였던 것이죠.

• 하지만 공모전에선 통과했어도 전체적으로 숭숭 뚫려 있는 것이 불안했습니다. 외관이 거의 없는 건축이었으니까요. 그래도 뭔가 즐거운 테마가 있는 건축물이었으면 좋겠다는 생각에, 나무 외벽이 덜거덕덜거덕 움직이게 하거나 건축가들이 흔히 '플랭크'(plank)라 부르는 얇은 널빤지를 랜덤으로 나열해 패널로 만들거나 경사를 주는 등 디테일한 부분에 조금 신경을 써 보았습니다. 전체적인 실루엣으로 승부를 보는 것이 아니라, 디테일로 재미를 주자는 것이었죠. 가볍고 느슨한 유형을 즐기는 방법을 여기서 다양하게 발견했습니다.

— 세세한 디테일을 조합하여 전체적으로 가벼운 느낌이 들게 하셨는데, 이건 원래 예상한 이미지와 일치하나요? 사람들에게 설명하기는 쉽지 않은 공간인 것 같은데요.

• 각각의 디테일은 예상한 이미지대로 나와서, 그게 넓은 공간에 붕 떠 있는 것처럼

만들어 본다면 재밌겠다고 생각했습니다. 작업을 하면서 불안한 건 없었습니다.

- 실제로 시민들의 발길이 끊이지 않는 흥미로운 공간이 되었죠. '이렇게 두둥실 떠 있는 듯한 공간을 사람들은 좋아하는구나'라는 확신이 들었습니다.

No.09 전환점이 된 10개의 건축물

고마쓰 마테레 패브릭 연구소 'fa-bo'

[2015년 ➔ P.054]

구조가와의 콜라보로 미지의 소재를 실용화하다

_ 이제 두 개가 남았는데요. 먼저 제가 꼽은 고마쓰 마테레 패브릭 연구소 'fa-bo'부터 보겠습니다. 일러스트에서도 설명했지만, 이건 '구마 건축'이라기보다 '건축사'에 커다란 한 획을 그은 건물이 아닐까 생각합니다. 탄소섬유로 만든 '줄'(로드)로 보강했다는 점, 그걸 디자인으로 보이게 만들었다는 점에서 지금까지의 건축물에선 볼 수 없었던 아주 새로운 형태가 아니었나 싶습니다.

- 탄소섬유로 보강하면 어떻겠냐는 이야기를 처음 들었을 때는 사실 '어렵지 않을까?' 하며 반신반의했습니다. 콘크리트와 철로 지어진 건물이 그런 흐늘흐늘한 걸로 보강이 될까 싶었던 거죠. 솔직히 탄소섬유를 보강재로 쓴다는 걸 쉽게 상상하긴 힘들잖아요?

- 하지만 고마쓰 마테레(당시 고마쓰 세이렌) 사에서 엄청 의욕적으로 나와 일단 함께 해 보자 싶었습니다. 그래서 구조 전문가인 에지리 노리히로 씨(에지리건축구조설계사무소 대표, 나가오카조형대학 교수, 1962~)에게 자문을 했더니 에지리 씨가 '방법은 있다'고 하더군요.

- 에지리 씨가 다양한 가능성을 제시해 주셔서 그걸 발전시킨 것인데, 디자인적으로는 마지막 순간까지 불안했습니다(웃음). 지상에서 잡아당기면 단단히 고정될 거라는 것이 구조적으로는 이해가 되지만 미적으로는 과연 어떠할지…. 건물을 둘러싸는 스크린 같은 것과 본 건물의 밸런스를 잡는 것은 쉽지 않은 문제거든요. 너무 섬세하면 스크린이 사라지고, 너무 투박하면 겹쳐지는 느낌이 사라지니까요.

- 건물 외벽이 어느 정도의 회색이어야 바깥의 스크린이 돋보일지, 줄(탄소섬유)의 길이와 탄력은 어느 정도가 적당할지, 실물 크기 모형으로 몇 번이나 체크하면서 진행했습니다. 완성될 때까지 얼마나 불안했는지 모릅니다.

_ 패브릭 연구소 이후, 목조 건축에도 탄소섬유를 사용하신 것 같던데요.

- 나무를 철로 보강하면 철 때문에 무거워집니다. 구조적으로는 쓸데없는 짓을 하는 셈이죠. 탄소섬유로 보강하는 것은 나무와의 상성이 매우 좋습니다. 에지리 씨는 저와 함께 패브릭 연구소 'fa-bo'를 검토하고 곧바로

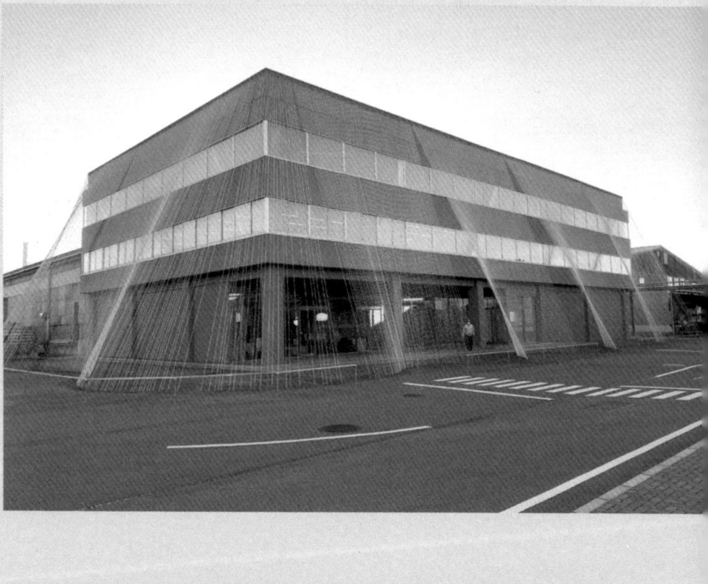

본인이 의뢰를 받았던 중요문화재 보강 프로젝트에도 사용하기 시작했습니다. 에지리 씨가 그 가능성을 살려 잘 활용하고 있는 것 같아 저도 사용을 해 봤죠.

No.10 전환점이 된 10개의 건축물

V&A(빅토리아 & 앨버트) 뮤지엄 던디

[영국 | 2018년]

내가 목표로 한 건 '일종의 자연'이었다

_ 마지막은 구마 겐고 씨가 꼽은 V&A(빅토리아&앨버트) 뮤지엄 던디(2018년)입니다. 영국 스코틀랜드에 지은 건축물이죠?

- V&A 던디는 제가 진정으로 하고 싶었던 게 '일종의 자연을 만드는 것'이라는 사실을 깨닫게 한 프로젝트입니다.

_ '일종의 자연'이요?

- 예를 들어 아까 낡음에 대한 이야기를 했습니다만, 왜 낡은 것을 좋아하냐면 낡음이 바로 '자연'이 가진 잠재적인 성질이라 생각하기 때문입니다. 임의성도 마찬가지입니다. 아무래도 전 자연이 잠재적으로 가진 성질을 좋아하는 듯합니다.

- 건축을 묻어버리려 했던 시절(인터뷰 전편 참조)에는 '흙 속에 묻어버리고 푸른 식물들로 덮어버리면 자연이지'라고 생각했는데, 그렇게 하지 않아도 될 것 같다는 생각이 들었습니다. 땅 속에 묻는다는 것은 사실 상당한 무리를 하는 것이거든요. 그보다 '낡음'과 '임의성'을 이용하면 자연에 가까워질 수 있다고 생각했습니다.

- 당시 '물 위로 뻗어 나오듯 만들 것'이 공모전의 요건이었습니다. 보통 네모반듯한 것이 물 위로 튀어나오면 위화감이 들기 때문에 절벽 같이 만들어보고 싶었죠. 그리고 어떻게 자연의 요소를 넣으면 좋을까 고민하다가, 불규칙하고 주름이 진 형태를 만들어 그림자가 생기게 해야겠다고 생각했습니다. 자연물에는 반드시 그림자가 존재하고, 그림자는 움직이며 변화하기 때문이죠.

- M2 때는 절단면을 보여주는 방식을 이용했지만, V&A 던디에서는 그렇게 극단적으로 절단하지 않아도 자연이 가진 본질적인 것에 조금 가까워진 것 같다고 느꼈습니다. 앞으로 제가 할 건축의 방향성을 찾은 프로젝트라 할 수 있죠.

- 20세기 초반 아르누보 시대부터 지금까지 건축은 자연에 가까워지고 싶을 때 자연의 형태를 흉내 내는 방식을 택했습니다. 하지만 울퉁불퉁하거나 임의적인 것이 보다 본

사진・무토 쇼이치

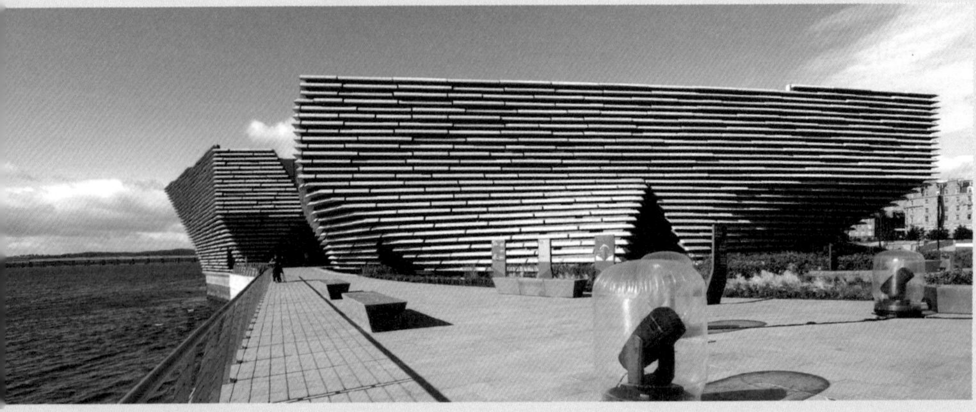

질에 가깝지 않나 싶어요. 거기까지 도달할 수 있다면, 근대 건축가들이 꺼냈으나 결국 좌절한 '자연으로 회귀하라'는 말에 제 나름의 답을 낼 수 있지 않을까 생각했습니다.

— 그건 예를 들면, 금속적인 소재라 해도 일종의 자연에 가까울 수 있다는 것인가요?

• 그렇습니다.

인터뷰도 막바지에 접어들고…

'작품' 지향에서 벗어나 '하나를 더하는 것'의 재미를 알다

— 이렇게 전환점이 된 10건의 프로젝트에 대해 이야기를 나누어 봤습니다. 마지막으로, 이 책을 출판하면서 꼭 여쭤보고 싶었던 게 하나 있는데요. 구마 겐고 씨는 예전에 '건축 설계는 꾸준해야 자산이 된다'고 쓰셨고, 건축 진화도를 그릴 수 있다는 것 자체도 그런 신념이 있었기 때문이 아닐까 싶습니다. 건축가들 중에는 한 번 시도한 것은 다시 반복하지 않는 타입의 사람도 많은데, 구마 겐고 씨는 언제 어떤 계기로 '꾸준함'을 중시하게 되신 겁니까?

• 그건 말이죠, 이 책이 찾아준 '가벼움의 건축'과 관련이 있습니다. '가벼움의 건축'은 하나의 건축으로 완결되는 듯한 대단한 무언가를 목표로 하지 않습니다.

— 아, 역시 그렇군요. 다른 건축가들이 잘 하지 않는 이유는 '작품'이라 말하기가 힘들기 때문이라는 거네요.

• 그렇습니다, 작품이 되기가 힘들죠. '작품'이라는 개념 자체가 위험한 근대적 개념인데, 그것이 지금껏 환경을 파괴하고 건축가들의 신뢰를 무너뜨려 왔습니다.

• 실제 건축을 하다 보면 '이건 아무리 봐도 작품이라 할 수 없다, 비용적으로나 물리적으로나…'라는 생각이 드는 것이 대부분입니다. 머릿속에서는 다양한 아이디어가 떠올라도 현장에 가서 부지를 보고 예산과 용도까지 모두 듣고 나면 '이건 아무리 해도 작품이 될 순 없겠다'는 생각이 듭니다.

• 하지만 반드시 클라이언트가 만족하도록 하고, 저 스스로도 그걸 통해 어떠한 식으로든 성취감을 느끼고 싶죠. 그 '성취감'은 작품을 만든다는 의미가 아니라 지금껏 해 왔던 것에서 무언가 하나를 더한다는 의미입니다. 그렇게도 성취감을 느낄 수 있습니다.

• 무언가 하나가 더해진 것으로는 잡지에서 실어주지 않겠죠. 하지만 저한테는 '새로운 무언가를 하나 해냈다'는 성취감이 매우 큽니다. 어쩌면 그럴 때 '작품'을 창조하는 것 이상으로 만족감을 느낄지도 모릅니다. 그래서 '가벼움의 건축'들이 점점 늘어난 것이죠.

— 그렇군요.

• '연구실'을 떠올리면 설명이 쉬울 것 같습니다. 연구실은 작품을 만들어내는 것이 목적이 아닙니다. 지금까지 연구해 온 것의 연장선상에서 하나라도 새로운 발견을 하게 되면 성공한 것이죠. 그게 즐거운 겁니다.

— 재미있는 비유네요. 이 인터뷰를 읽은 사람들은 구마 겐고 씨를 더 좋아하게 될 것 같습니다.

• 저야말로 일반적으로 이해하기가 힘든 '가벼움의 건축'을 이렇게 발견해줘서 감사할 따름입니다.

— '가벼움의 건축'들이 잡지에 거의 실리지 않아서 지금까지 잘 몰랐는데, 직접 현장에 가서 보니 정말 좋던데요?

• 잡지엔 실리기는 어려울지 몰라도 인터넷으로는 금세 확산됩니다. 인터넷이 발달하니 이런 면에서는 참 좋네요.

— 그러게요, 이제 점점 그런 재미를 느끼는 건축가들이 늘어날지도 모르겠습니다. 오늘 오랜 시간 인터뷰에 응해주셔서 감사합니다.

다음 페이지에서는 일러스트에 미처 넣지 못한 화제작 4건을 구마 겐고 씨가 꼽아주었다.

구마 겐고 · 2021년 화제작

이 책의 분류법에 맞추어 하나씩 소개함

[2021년 10월 개관]

기존의 학교 건물이
세계적인 작가의 자료관으로 다시 태어나다

무라카미 하루키 라이브러리

(와세다대학교 국제문학관)

와세다대학교 캠퍼스(도쿄도 신주쿠구)에 위치한 기존 학사 건물을 구마 겐고의 설계를 바탕으로 개수해 세계적인 작가 무라카미 하루키의 기념 도서관으로 만들었다. 장소는 무라카미 하루키와 인연이 깊은 쓰보우치 쇼요를 기념하는 쓰보우치박사기념연극박물관과 인접한 4호관. 건축 비용은 와세다 OB인 사업가 야나이 다다시(패스트리테일링 회장 겸 사장)가 전액 기부했다. 건물 내에는 연구자들을 위한 자료실, 열람석, 세미나룸 외에 무라카미 하루키에 대해 알 수 있는 체험 카페와 오디오룸 등이 마련되었다. 외부에는 날씨 변화와 부식에 강한 목재인 아코야 우드를 과감히 사용했다.

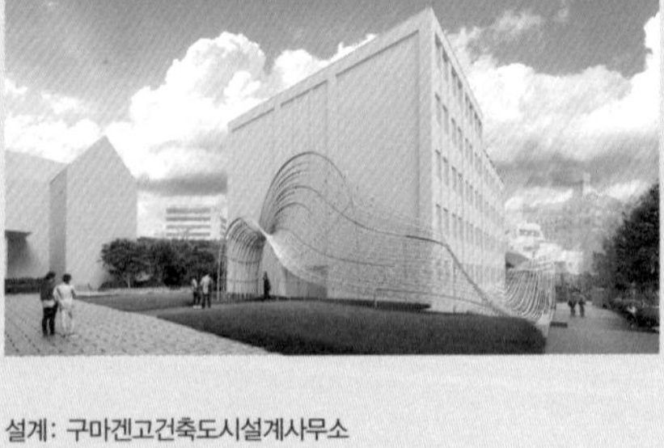

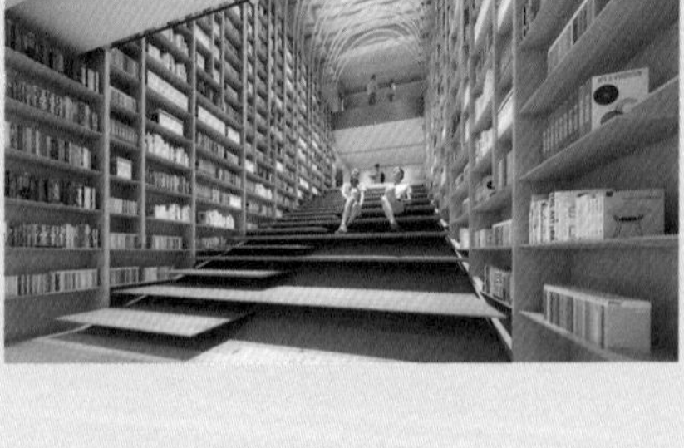

설계: 구마겐고건축도시설계사무소
구조: 철골철근콘크리트조 / 층수: 지상5층
개관: 2021년 10월 1일

[2021년 3월 개관]

세계 최초의
CLT 절판 구조 음악홀

도호가쿠엔 무네쓰구홀

도쿄도 조후시 도호가쿠엔대학교 센가와캠퍼스 내에 구마 겐고가 디자인한 목조 음악홀. 목조 음악홀 자체가 드문데, 목조의 새 주역으로 주목받는 CLT(직교집성판)를 절판 구조로 이용했다. CLT는 노송나무와 삼나무의 하이브리드 목재를 사용했다. 이것은 구조재임과 동시에 소리를 튕겨내는 반사판 역할을 한다. CLT를 구조재로 쓴 음악홀은 전 세계에서도 전례가 없다고 한다. 음악홀 옆에 2017년 완성한 학사 건물(4층짜리 목조)도 구마 겐고가 설계에 참여한 것이다.

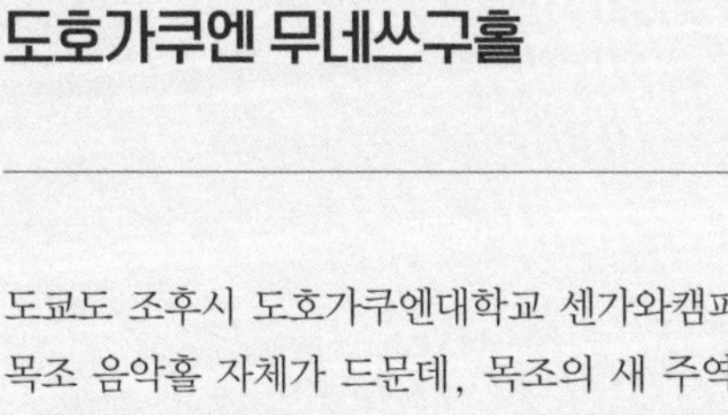

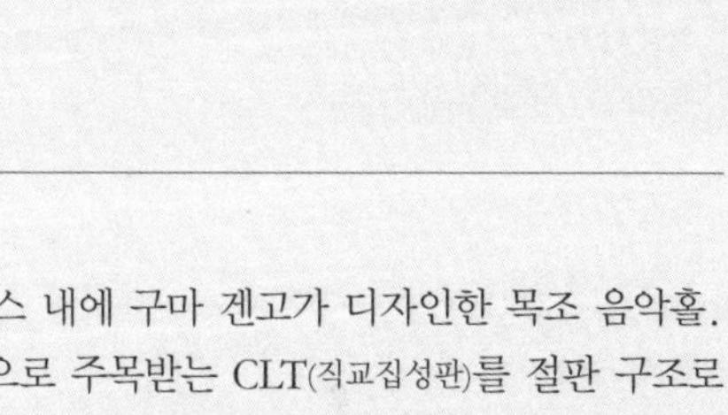

사진 • 2장 모두 미야자와 히로시

설계: 구마겐고건축도시설계사무소(기본 설계, 디자인 감수), 마에다건설공업 · 스미토모임업 공동기업체
구조: 목조 / 층수: 지상3층 / 연면적: 2392.59m²
개관: 2021년 3월

[2021년 5월 개관]

특산물인 고구마 말랭이를 삼나무 루버로 표현하다

호시이모 카페
(사카이마치 길모퉁이 카페)

사카이 강변레스토랑 '차구라'(2019년 ➔P.152) 등 다섯 개의 구마 건축물이 있는 이바라키현 경계 마을에 새로이 더해진 2층짜리 목조 카페. 이바라키현은 고구마 말랭이 특산지로, 카페에서 판매하는 고구마 말랭이의 섬유를 형상화한 삼나무 목재 스크린을 외벽에 설치했다. 사카이마치에 따르면 구마 겐고의 건축물이 6개로 전국 지자체 가운데서 가장 많다고 한다. 2020년 11월에 하시모토 마사히로 사카이마치 정장(기초자치단체장)과 함께 온라인 회견에 임한 구마 겐고는 "사카이마치의 네트워크형 마을 조성은 전국적으로 주목을 받을 것이다"라고 했다.

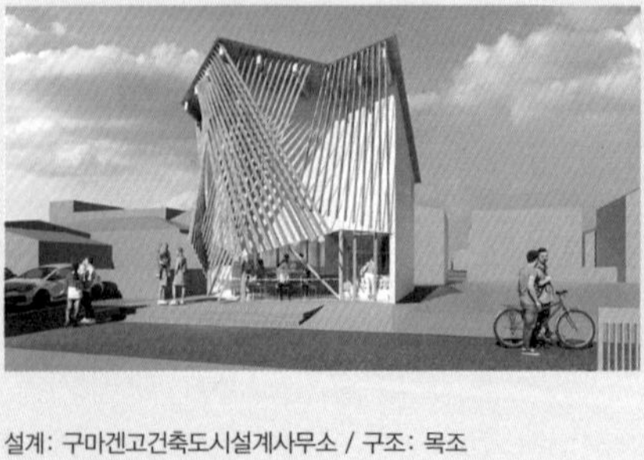

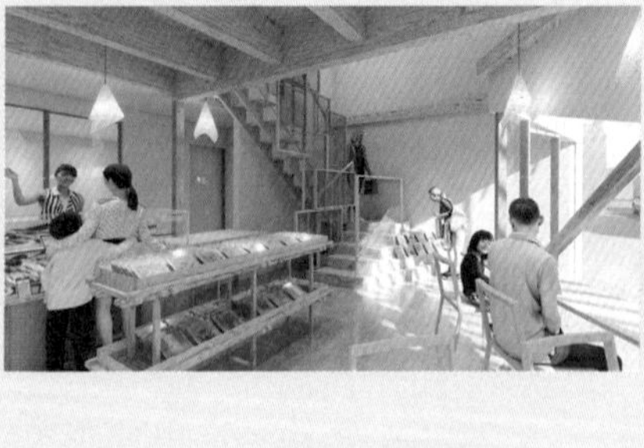

설계: 구마겐고건축도시설계사무소 / 구조: 목조
층수: 지상2층 / 연면적: 106.33m^2
개관: 2021년 5월

[2021년 4월 개관]

역에서부터의 유동 인구를 끌어오고 시민들에게 오픈하다

도요대학교 아카바네다이 캠퍼스 'WELLB HUB-2'

2017년 4월에 문을 연 도요대학교 아카바네다이 캠퍼스(도쿄도 기타구)에 추가로 지어진 새 학사 건물 'WELLB HUB-2'. 2021년 4월 개관하여 이용이 가능하며, 라이프디자인학부 · 라이프디자인학연구과(현 사이타마현 아사카 캠퍼스)가 이곳으로 이전했다. 2017년 완성된 학사 건물(INIAD HUB-1)과 마찬가지로 구마 겐고가 설계를 담당했다. 구마 겐고는 동 대학 홈페이지에 게재된 인터뷰에서 "(JR아카바네)역에서부터의 유동 인구가 그대로 캠퍼스로 이어진다. '연결'이라는, 대학의 새 방향성을 상징하는 학사 건물이 될 것이다"라고 설명했다. 3개의 광장을 지역 주민들도 이용할 수 있게 만들겠다는 구상.

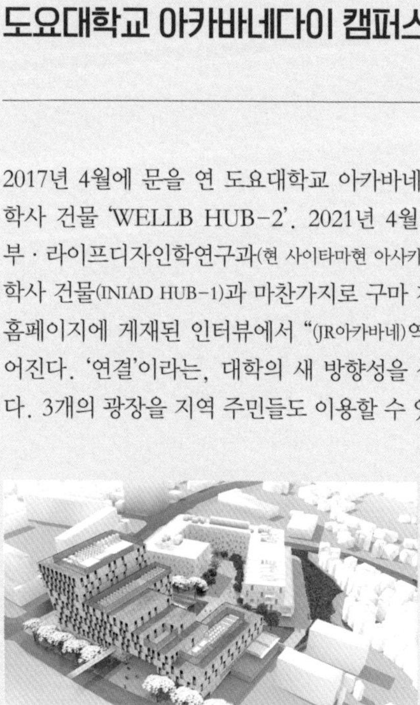

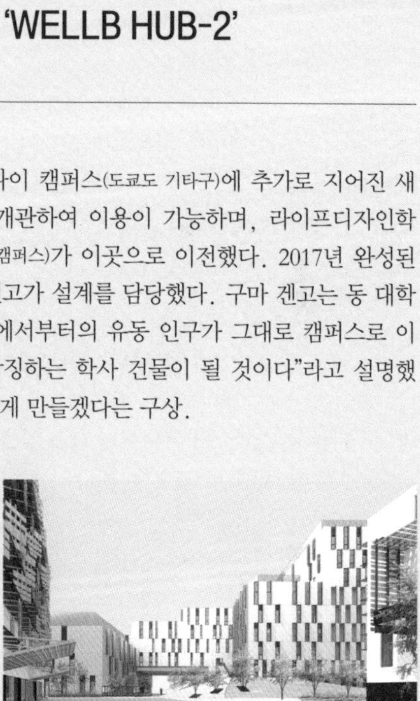

설계: 구마겐고건축도시설계사무소 / 구조: 철골조
층수: 지하1층 · 지상6층 / 연면적: 3만1723.89m²
개관: 2021년 4월

P.204~207의 예상도는 구마겐고건축도시설계사무소 제공

마치며

사실 솔직히 말하자면 구마 겐고의 건축물을 그렇게 좋아한 것은 아니다. 1990년부터 2020년까지 30년간 건축 전문 잡지 《닛케이아키텍처》의 기자로서 구마 겐고를 봐 왔다. 구마 겐고의 건축물은 전부 사진으로 찍었을 때 그럴 듯하다. 인터뷰도 잘 해서 잡지에 싣기가 편하다. 하지만 실물을 보고 그 도전적인 디테일이나 앞뒤가 명확한 디자인에 화들짝 놀란 적도 많았다. 그는 10년 전까지만 해도 '일본을 대표할지도 모르는' 건축가 중 하나에 불과했다.

그런데 최근 10년간 구마 겐고의 눈부신 활약상은 나의 예상을 아주 가볍게 뛰어넘었다. '왜 이 정도로 의뢰가 물밀 듯이 밀려오는 걸까?' '왜 이렇게까지 대중들에게 먹히는 거지?' 그런 생각을 하게 만든 건축가는 구마 겐고가 처음이었다.

진지하게 그 이유를 찾아봐야겠다는 생각을 하게 된 것은 출판사를 그만둔 후부터다. '건축의 재미를 전문가뿐 아니라 일반인들에게도 알려주고 싶다'는 생각이 점점 커져 갔고, 특기인 일러스트를 살려 '일러스트레이터'가 되었다. 그 첫걸음에 어울린다고 생각한 것이 바로 이 책이었다.

당연히 '구마 겐고를 사랑하는' 사람들이 이 책을 읽어주길 바란다. 하지만 이 책의 저자로서는 '구마 겐고는 별로다'라고 생각했던 사람들이 이 책을 읽고 '왜 사람들이 이렇게까지 구마 겐고에 열광하는 건지' 생각해보게 된다면 더 기쁠 것 같다. 각자 나름의 답을 찾았을 즈음에는 아마 구마 겐고를 사랑하게 될 것이다. 그렇게 생각하는 이유는 내가 그런 사람 중 하나이기 때문이다.

2021년 4월
미야자와 히로시

'신은 디테일 안에 있다'고 니체를 따르던 미스 반 데어 로에와 '집은 살기 위한 기계'라고 현대 건축 개념을 송두리째 바꿔놓은 르 코르뷔지에의 굵직한 모더니즘에 등을 돌린 구마 겐고는 한 때 파격의 길을 걸으며 보란 듯이 모더니즘을 깨부수었다. 하지만, 이제는 아무도 모르게 모더니즘을 잘게 썰어낸 다음에 다시 조립하고 배치해서 아주 자연스럽게 다시 모더니즘을 기만한다. 거기다가 그는 전통문화를 건축에 여실히 담아내면서 일본이라는 정체성을 잊지 않고 조용히 파격을 이어 나가고 있다. 이 책에서는 구마 겐고의 성향을, 격식을 깨뜨리는 '의외성'에서부터 '드러나지 않는' 은근함까지 그의 건축을 담아내고 있지만, 난 그의 모든 건축이 파격적이라고 생각한다. 보통의 건축물은 표정도 없이 네모반듯하게 생겨 땅 위에서 오랜 세월을 단 한 번의 미동조차 하지 않고 덤덤하게 서 있지만, 구마 겐고의 건축은 그 장소에서 생산된 재료가 작은 단위로 쪼개지고 다시 조립되어 자연스럽게 새롭게 태어난 하나의 유연한 생명체 같다. 이 과정은 자연의 순환과 다를 게 없이 마치 신의 행위를 좇아 건축하는 것 같아 보인다. 나는 이 책에서 작가가 구마 겐고를 대가가 아닌 명인이라고 이야기한 부분에서 고개를 끄덕였다. 벽을 세우는 일에도 간단한 법이 없이 수많은 나무막대를 조립해 많은 시간을 할애해 쌓아 올렸고, 지붕을 얹는 일에도 전통 형식에 어긋남 없이 그 나라의 고유성을 그대로 보여준다. 그리고 비일상을 일상처럼 그곳에 원래 있었던 건축처럼 자연스럽고 낮게 짓는다. 이렇게 건축가가 자신의 명확한 건축 언어를 가지고 있다는 것은 굉장히 어려운 일이다. 자신만의 건축 언어를 만들기 위해 얼마나 많은 시도를 했었을까? 그만큼 파격은 수많은 노력과 오랜 기다림에서 비롯되는 것이다. 그렇게 두껍게 쌓인 무게가 걸작을 만들어낸다.

김홍철, 《건축의 탄생》 저자

미주

* 다음의 용어 해설은 한국어판 독자들의 이해를 돕기 위해 추가한 것이다.

1) 표층 디자인: 포스트모더니즘을 흔히 표층적이라고 표현하는데, 이는 표층+심층적인 모더니즘과 달리, 포스트모더니즘은 의미(심층) 없이 보이는 것(표층)이 전부라는 의미이다.

2) 하네기(刎ね木): 서까래를 대신해서 지붕의 하중을 기둥에 전달하는 별도의 부재. 하네기 덕분에 서까래는 실제로 지붕의 하중을 거의 받지 않게 되어 하중으로부터 자유로워졌다고 한다.

3) 하네바시(刎橋): 일본 전통 가교 형태. 교량 중간에 교각을 만들지 않고 나무를 하나하나 켜켜이 쌓아 올려 양쪽을 연결하는 방법이다.

4) 도리(けた): 기둥 위에 횡목과 평행이 되게 놓은 가로대. 건축물 윗부분의 하중을 지탱하는 부재를 가리킨다.

5) 사루하시(猿橋): 일본의 3대 기이한 다리 중 하나로, 수많은 원숭이가 손을 맞잡아 그네처럼 골짜기를 건너는 것에서 힌트를 얻어 만들었다고 한다. 교각을 쓰지 않고 하네기라는 구조물로 양쪽을 연결한 것이다.

6) 외팔보: 캔틸레버(cantilever). 한 쪽 끝은 고정되고 다른 쪽 끝은 돌출시켜 아무 것도 받쳐지지 않은 상태로 되어 있는 구조.

7) 무크(MUKK): 1973년에 방송된 어린이를 위한 TV프로그램 〈히라케!폰키키〉에 등장한 캐릭터. 45년간 TV나 행사, 광고 등 다양한 분야에서 활약한 일본의 대표적 캐릭터 중 하나이다.

8) 지고쿠구미(地獄組み): 가늘고 긴 각재를 짜 맞추어 대바구니 같은 구조를 만든 것.

9) 욋가지(lath): 지붕에나 벽에 회반죽을 바르기 위해 엮어 넣는 가느다란 나무 막대기

10) 단게 겐조(丹下健三, 1913~2005): 일본 전통 감성과 서양의 모더니즘을 조화롭게 결합해 현대 일본 건축의 기반을 확립한 건축가. 일본 건축가 최초로 건축계의 노벨상이라 불리는 프리츠커상을 수상했으며, 후대 건축가들에게 지대한 영향을 미친 거장이다. 건축은 인간의 마음을 울리는 무언가가 있어야 하고, 창의적인 작품은 기술과 인간성의 결합으로 표현된다고 말했다. 히로시마 평화기념관, 요요기 국립경기장, 도쿄도청사, 후지TV방송국 등을 설계했다.

11) 수관(tree crown, 樹冠): 나무에서 가지와 잎이 달린 부분으로 원 몸통에서 나온 줄기.

12) 사이니지(signage): 옥외에서 사용하는 시각적 구조물을 통칭. 최근에는 디스플레이를 활용한 디지털 사이니지가 기존의 옥외 광고물을 빠르게 대체하고 있다.

13) 자하 하디드(Zaha Hadid, 1950~2016): 이라크계 영국 건축가. 여성 건축가 최초로 2004년에 건축계의 노벨상인 프리츠커상을 수상하고 2010년과 2011년 연속으로 스털리아 상을 수상했다. 러시아 아방가르드 건축가들의 영향을 받아 독창적이고 실험적인 디자인으로 유명해졌으며, 미래주의 건축물(비트라 소방서)로 주목을 받았다. 광저우 오페라 하우스, 2022 피파 월드컵 경기장(카타르), BMW본사 등 대규

모 프로젝트를 많이 수주한 건축가다. 2007년엔 한국의 동대문 디자인 플라자(DDP)를 설계했다. 일본 국립경기장 설계자로 선정됐는데, 경기장 건립에 책정된 예산이 지나치게 많다는 일본 건축가들의 비판에 결국 자하 하디드의 설계안이 백지화 철회되었고 두 번째 공모전에서 구마 겐고의 설계안이 채택되었다.

14) 무라노 도고(村野藤吾, 1891~1984): 일본 근대 건축의 아버지라고도 부르는 일본의 건축가. 일본 최고의 건축상인 '무라노 도고상'은 무라노 도고를 기념해 제정한 상으로, 후보 작가의 3년 간의 작품을 심사한 뒤 심사위원 10명이 만장일치로 동의해야 수상이 가능한 엄청나게 까다로운 상이라고 한다.

15) 도미오카제사장(富岡製糸場): 일본이 본격적으로 명주실을 생산하기 시작한 첫 방적 공장이다. 1872년에 세워진 공장 건물과 누에 창고 등이 현재까지도 남아 있다. 일본의 근대화, 실크 산업의 기술혁신 및 기술교류에 큰 공헌을 한 공장으로 일본의 사적으로 지정되어 있으며, 초기 건조물은 국보 및 중요문화재로 지정되어 있다. 2014년 6월 21일에 세계문화유산에 정식 등재되었다.

16) 오야석(大谷石): 오야 지역에서 나는 돌로 오야이시, 오야돌, 대곡석이라고도 함. 화산 활동으로 생겨난 응회암이며 가볍고 무르면서 부드럽다. 내구성이 뛰어나고 가공하기가 쉬워서 건축물에 많이 사용된다.

17) 간기 지붕 끝을 연장해 만든 외부 이동 공간

18) 미치노에키(道の駅): 일본의 지자체와 도로 관리자가 설치하고 국토교통성에 의해 등록된 도로 시설로, 상업 · 휴식 · 숙박 · 지역진흥시설이 한데 모여 있다. 2022년 2월 기준 전국적으로 1194곳이 존재한다. 도로이용자를 위한 '휴식 기능', 도로이용자와 지역 주민들을 위한 '정보 발신 기능', 미치노에키를 중심으로 그 지역의 지자체끼리 연계하는 '지역 연계 기능', 이렇게 세 가지 기능을 수행한다. 우리나라의 고속도로휴게소와 비슷하다고 생각하면 될 듯하다.

19) 마치노엔가와(まちの縁側): 직역하면 '마을의 툇마루'라는 뜻. 옛날에 툇마루에 옹기종기 모여서 대화를 나누던 것처럼, 단순한 공간으로서의 장이 아니라 사람들과 만나고 음식을 나눠 먹고 전통 행사를 치르는 등 다양한 교류가 이루어지면서 인간관계가 보다 풍성해지는 지역 공생의 장이다. 지역 곳곳에 이런 '마치노엔가와'가 존재한다.

20) 게센삼나무: 이와테현 게센군, 시모헤이군 남부 지방에서 구할 수 있는 목재. 나이테 폭이 넓고 가벼우면서 부드럽기 때문에 가공하기가 쉽다. 껍질에 광택이 나고 만졌을 때 따뜻한 느낌이 나며 독특한 향이 난다. 기둥 등에 많이 사용된다. 게센 지방은 에도 시대 때부터의 전통을 유지한 '게센목수(気仙大工)'로 유명한 곳이다. 좋은 재료를 선택하고 전통공법을 이어받은 임업, 건축 기술로 정평이 나 있는 곳이다.

21) 반자널: 천정(반자) 밑면에 댄 면재(널 또는 넓은 판). 반자판이라고도 한다.

22) 센본도리이: 붉은색 도리이(신사에 세운 기둥 문)가 일렬로 빽빽하게 늘어서 있는 것.

23) 하이사이드라이트: 고창(高窓). 천장 부근에 다는 창문. 벽과 천장에 반사된 빛이 들어오는 효과가 있다.

24) 가새(brace): 목조 또는 철골조에서 기둥의 상부와 다른 기둥 하부를 대각선으로 잇는 경사재. 지진이나 태풍의 영향을 덜 받고 변형을 막기 위한 것.

25) 공포: 규모가 큰 목조 건물의 기둥 윗부분에서 지붕을 받치며 짜 올린 구조. 두공이라고도 한다.

26) 세와리(背割り): 기둥이 갈라지는 것을 막기 위해 안 보이는 쪽을 미리 세로로 쪼개 틈새를 만드는 것.

27) 조겐(重源, 1121~1206): 헤이안 시대 말기부터 가마쿠라 시대에 걸쳐 활동했던 일본 승려. 도다이지 대권진(大勧進)직을 맡아 소실된 도다이지를 부흥시킨 인물로 진언종, 정토종, 화엄종, 천태종 등을 두루 공부했고 송나라에서 건축을 공부했다고 한다. 현재의 쵸도지 정토당을 지은 인물.

28) 노아소비(野遊び): 들에 나가 노는 것. 스노우피크가 내세우는 기업 메시지가 바로 '밖에 나가서 놀자'는 것이다.

29) 루드비히 미스 반 데어 로에(Ludwig Mies van der Rohe, 1886~1969): 대표적인 독일의 20세기 모더니즘 건축가. 전통적인 고전주의 미학과 근대적 소재를 교묘하게 통합했으며, 특히 유리와 철강에 관심을 보였다. 대표작은 뉴욕의 시그램 빌딩, 베를린 국립미술관, 판스워스 하우스 등이 있다. 죽기 전에 꼭 봐야 할 세계 건축으로도 꼽히고 있는 판스워스 하우스는 모더니즘과 미니멀리즘의 정수이자 완고한 건축적 교만의 대표적인 예다. 얇고 하얀 바닥과 지붕의 슬래브 때문에 까치발을 단 유리상자처럼 생겼다. 판스워스 하우스는 조각 작품 같은 분위기가 나지만, 직접 들어가서 살기에는 사생활 보호도 되지 않고 설계는 비실용적이며 실내는 쪄죽을 것만 같이 더운 단점이 있다.

30) 주마창: 창살이 있는 창문에 한 칸 걸러 구멍이 뚫린 창짝을 이중으로 겹쳐서 끼운 창. 닫으면 한 장의 판자처럼 보이고 열면 창살이 있는 창문이 된다.

31) 스키야 양식: 일본식 다실풍 건축 양식

32) 도코노마: 일본식 방 한쪽 벽의 움푹 들어간 곳에 단을 만들고 벽에는 족자, 바닥에는 꽃이나 장식물로 꾸민 공간

건축물 색인

*차례대로 건축명, 준공연도, 페이지 번호

ㄱ

ㄴ

ㄷ

ㄹ

ㅁ

ㅅ

ㅇ

ㅈ

ㅊ

ㅋ

ㅎ

구마 겐고
건축 산책

그의 건축을 바라보는 새로운 시선

초판 1쇄 2022년 5월 27일 발행
2쇄 2024년 8월 20일 발행

지은이 미야자와 히로시
옮긴이 김현정
감수 김홍철

주간 이동은
책임편집 김주현
편집 성스레
미술 강현희
마케팅 사공성 장기석 한은영
제작 박장혁 전우석

발행처 북커스
발행인 정의선
이사 전수현

출판등록 2018년 5월 16일 제406-2018-000054호
주소 서울시 종로구 평창30길 10
전화 02-394-5981~2(편집) 031-955-6980(마케팅)

값 18,000원
ISBN 979-11-90118-38-5 (03600)

※ 북커스(BOOKERS)는 (주)음악세계의 임프린트입니다.